버락 오바마

담대한 희망

BARACK OBAMA
The AUDACITY of HOPE

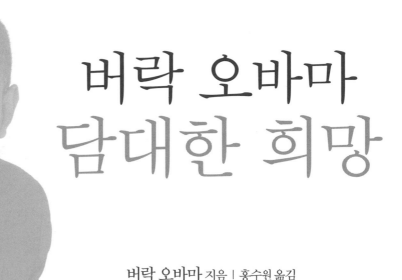

버락 오바마
담대한 희망

버락 오바마 지음 | 홍수원 옮김

랜덤하우스

내가 공직에 처음 출마한 지 벌써 10년 가까운 세월이 흘렀다. 당시 나는 35세로, 법과대학원을 마친 지 4년쯤 되었고 결혼한 지 얼마 안 되었으며 인생에 대해 조바심을 느끼고 있었다. 그때 마침 일리노이 주 의회 의석이 하나 비자 몇몇 친구는 나에게 출마를 권유했다. 그들은 내가 민권 변호사로 일하고 있으며 지역 사회 운동가로 활동하던 시절부터 많은 사람을 알고 지냈기 때문에 당선 가능성이 충분하다고 판단했다. 나는 아내와 의논한 뒤 선거에 뛰어들었고, 처음 출마하는 사람들이 하던 방식을 그대로 따랐다. 이야기를 들어 줄 만한 사람이면 누구에게나 내 생각을 전하고 다녔다. 반상회와 교회 친목회, 미용실, 이발소를 찾아다니는 것은 물론 길가에 두 사람만 서 있어도 선거홍보물을 건네주곤 했다.

나는 어디에서나 거의 비슷한 내용의 두 가지 질문을 받았다.

"그런 별난 이름을 누가 지어 주었습니까?"

"꽤 괜찮은 사람 같은데, 무엇 때문에 정치판처럼 더럽고 추잡한 곳에 뛰어들려고 합니까?"

나는 이런 질문에 익숙했다. 몇 년 전 저소득층 거주 지역에서 활동하기 위해 시카고에 처음 왔을 때도 그와 비슷한 질문을 많이 받았기 때문이다. 사람들은 이런 질문을 하면서 정치뿐 아니라 공직 생활을 하겠다는 생각 자체에도 냉소적이었다. 내가 출마한 사우스사이드 지역 사람들은 희망이 사라진 세대가 가슴에 품었던 그런 냉소를 보여 주었다. 그 대답으로 나는 보통 웃으면서 고개를 끄덕이고 나서 이렇게 말하곤 했다.

"그런 회의를 갖는 건 이해하지만 정치에는 다른 전통도 있습니다. 즉 건국 당시부터 민권 운동에 이르기까지 이어져 온 전통 말입니다. 그 전통은 우리가 서로 이해관계로 얽혀 있기 때문에 우리를 하나로 결집시키는 힘이 분열시키는 힘보다 더 강하며, 이런 주장의 진실성을 믿고 그에 따라 행동하는 사람이 충분히 많다면 모든 문제를 해결하지는 못해도 상당한 성과를 거둘 수 있다는 단순한 믿음에 바탕을 두고 있습니다."

나는 이런 말이 상당히 설득력을 발휘한다고 생각했다. 내 이야기를 들은 사람이 어느 정도나 감명을 받았는지는 알 수 없으나 적잖은 사람들이 내 진정성과 젊은이다운 패기를 인정해 준 덕분에 나는 일리노이 주 의회의원으로 당선되었다.

그로부터 6년 뒤 연방 상원 의원에 출마하기로 결심을 굳혔을 때, 나는 별로 자신이 없었다.

어느 모로 보나 정계 입문이라는 선택은 잘 풀려 나가는 듯했다. 소수당 소속으로 재선 임기까지 적잖은 어려움을 겪다가 민주당이 마침내 주 상원의 다수당이 되면서 나는 일리노이 주 사형제 개혁에서 어린이 대상 의료 보호 프로그램의 확대 실시에 이르기까지 많은 법안을 통과시킬 수 있었다. 시카고 대학 법과대학원 강의도 내 뜻대로 계속할 수 있었고, 주변 여러 지역으로부터 강연 초청도 자주 받았다. 흔히 정치판에 발을 들여놓는 순간부터 독립성과 호의적인 평판, 결혼 생활이 위태로워진다고들 하지만, 나는 그런 것들을 모두 탈 없이 지켜나갔다.

그러나 이 기간 동안 나빠진 것도 있다. 그중엔 그저 나이가 들어가면서 나타나는 현상으로 여겨지는 것도 있었다. 사람은 대개 세월이 흐름에 따라 자신의 결점에 익숙해지게 마련인데, 가령 늘 같은 식으로 생각하는 버릇의 경우 맹점이 되기도 한다. 이런 맹점은 타고난 것이거나 자란 환경 탓일 수 있지만 시간이 지날수록 더 심해진다. 절름거리는 걸음걸이가 틀림없이 고관절의 통증으로 이어지는 것만큼이나 세월이 흐름에 따라 그런 성격상의 결점이 더 나빠질 것은 분명하다.

내 결점 중 하나는 자족하지 못하고 부단히 무언가를 추구하는 태도였다. 일이 잘 풀려 나가고 있어도 만족할 줄 몰랐고, 고마운 일이 눈앞에 뻔히 보여도 감사할 줄 몰랐다. 물론 오늘날 많은 사람이 이런 결점을 갖고 있으며, 이는 미국인 고유의 특성으로도 여겨지지만 이런 결함은 정치판에서 가장 두드러진다.

사실 정치판이 이런 특성을 부추기는 것인지, 아니면 그런 특성을 지닌 사람들을 끌어들이는지는 알 수 없다. 전에 어떤 사람이 "누구나 아버지의 기대에 부응하려 하거나 아버지의 실수를 만회하려 한다"는 말을 한 적이 있다. 다른 것도 마찬가지겠지만 아마도 내 별난 고질병도 이 때문이 아닐까 싶다.

여하튼 이런 성격 때문에 나는 2000년 총선에서 민주당 현직 하원 의원을 상대로 후보 선출 예비 선거에 뛰어들기로 결정했다. 그러나 무분별한 도전이 결국 참패로 끝나면서 인생이 늘 계획대로 풀리는 것은 아니라는 사실을 깨닫게 되었다.

그로부터 1년 반쯤 지나 패배의 상처가 어느 정도 아물었을 즈음, 어느 미디어 컨설턴트와 점심 식사를 할 기회가 있었다. 그는 한동안 나에게 일리노이 주 전체를 관장하는 공직에 출마하라고 권유했다. 공교롭게도 이때는 2001년 9월 하순쯤이었다.

"정치 역학이 바뀌었다는 점은 당신도 알지 않습니까?"

컨설턴트가 샐러드를 집어 들며 말했다.

"무슨 뜻이죠?"

나는 그 의미를 훤히 알면서도 반문했다. 우리는 옆에 놓인 신문을 바라보았다. 1면에 '오사마 빈 라덴'이라는 큼직한 활자가 보였다.

"고약하게 되었네요."

그가 고개를 절레절레 내저으면서 말했다.

"정말 운이 따르지 않는군요. 물론 당신이 개명할 리도 없을 테고. 유권자들은 공연히 의심할 것입니다. 이제 막 정계에 입문하는 처지라면 별명 같은 것이라도 쓸 수 있겠지만 지금은 그나마도……."

컨설턴트는 말꼬리를 흐리면서 미안하다는 듯이 어깨를 한 번 들썩하고는 웨이터에게 계산서를 가져오라고 손짓했다.

그의 말이 맞다는 생각이 들자 가슴이 쓰렸다. 정계로 뛰어든 이래 처음으로 나보다 젊은 정치인들이 내가 좌절한 분야에서 성공해 더 높은 공직으로 올라서고 더 많은 것을 이뤄 내는 것에 대해 부러움을 느끼기 시작했다. 한편 열정적인 토론이나 사람들과 주고받는 따뜻한 악수, 군중과의 접촉 등 정치 활동의 즐거움도 의무적으로 감당해야 하는 언짢은 일들 때문에 무색해지기 시작했다. 언짢은 일이란 정치 헌금을 부탁하는 것, 예정보다 두 시간쯤 늘어진 연회를 끝낸 뒤 장시간 차를 몰고 집으로 돌아오는 일, 몸에 좋지 않은 음식과 탁한 공기 속에서 생활하는 것, 아내와의 통화를 짧게 잘라 버리는 것 등이었다. 아내는 늘 충실했지만, 혼자 아이들을 키우는 일에 지쳐 내가 정한 우선순위에 의문을 갖기 시작했다. 심지어 입법 활동, 즉 내가 두각을 나타낸 정책 수립도 너무 점진적인 일로 느껴졌다. 조세와 안보, 보건, 고용 등 전국적 차원에서 전개되는 더 큰 문제와 동떨어져 있다는 느낌도 들었다.

나는 내가 선택한 길에 회의를 품기 시작했다. 마치 배우나 운동선수가 꿈을 이루기 위해 여러 해 동안 혼신의 노력을 다했지만 능력이나 운이 한계에 이르렀음을 느낄 때의 심정과 비슷했다. 여러 차례 오디션 대기자 명단에 오르거나 아니면 마이너리그에서 간간이 힘겹게 안타를 치면서 오랜 세월을 보냈지만 더 이상 희망이 보이지 않을 때 그들이 느꼈음직한 그런 기분 말이다.

그런 꿈은 이뤄지지 않을 것이므로 이제 성숙한 태도로 현실을 받아들이고 실현 가능한 목표를 좇아야 할지, 아니면 이런 실상을 외면함으로써 결국 괴로움 속에서 남에게 쉽게 핏대나 올리는 그런 딱한 처지로 굴러떨어지는 것을 내버려 둬야 할지 선택해야 했다.

부인, 분노, 타협, 절망. 전문가들은 이런 감정의 단계들을 거쳐야 한다고 했지만, 나는 그렇게 할 자신이 없었다. 그러나 결국 어느 시점에 이르자 내게 한계가 있다는 것, 그리고 세상에는 어쩔 수 없는 일들도 있다는 것을 받아들이게 되었다. 주 상원 의원으로서 의정 활동에 다시 전력을 다하면서 내 재량으로 이뤄 낼 수 있는 개혁과 의안 제출에 만족했다. 또한 전보다 많은 시간을 가정에서 보내며 두 딸이 자라는 모습을 지켜보고 아내를 아끼며 장기적으로 가정 경제를 꾸려 나가야 하는 내 의무에 대해 곰곰이 생각했다. 운동을 즐기고 소설책을 읽는 여유도 되찾았다. 그리고 지구가 태양 주위를 공전함에 따라 내 노력과는 상관없이 계절이 찾아오고 바뀌는 원리를 헤아리게 되었다.

연방 상원 의원에 출마하겠다는 완전히 정신 나간 발상을 하게 된 것은 이렇듯 내 한계를 인식하게 되었기 때문이다. 나는 안 되면 때려치우겠다고 아내에게 말했다. 지금보다 편안하고 안정적이며 수입도 좋은 생활 방식에 안주하기 전에 마지막으로 내 구상을 시험해 본다는 심정이었다. 확신보다는 불쌍한 생각이 들었기 때문이었는지는 몰라도 아내는 나의 마지막 출마 시도에 찬성했다. 그러나 가족을 위해서 조용한 생활을 원하는 만큼 자신의 표를 얻을 수 있을 것으로 기대해서는 안 된다는 말도 덧붙였다.

나는 아내가 내 성공 가능성이 낮다는 점을 위안으로 삼게 했다. 나의 도전 상대인 공화당 소속 현직 상원 의원 피터 피츠제럴드(Peter Fitzgerald)는 전임 의원인 캐럴 모즐리 브라운(Carol Moseley Braun)의 의석을 뺏기 위해 1,900만 달러의 개인 재산을 선거 자금으로 썼다. 그는 인기가 많지 않았다. 사실 그는 정치 활동을 썩 즐기는 것 같지도 않았다. 그러나 그는 집안의 재산이 엄청난 데다 매우 성실했기 때문에 유권자로부터 그런대로 존경을 받았다.

캐럴 모즐리 브라운은 뉴질랜드 주재 미국 대사의 임기를 마친 뒤 상원 의원 자리를 되찾겠다는 생각으로 한때 다시 모습을 드러냈다. 그러나 그녀가 다시 후보로 나설 가능성이 보임에 따라 나는 출마 계획을 보류했다. 그녀가 상원 의원 대신 대통령 후보로 출마하겠다고 결정하자 그동안 출마를 꿈꿔 왔던 사람들이 모두 상원 의원 자리를 노리기 시작했다. 피츠제럴드가 재선에 나서지 않겠다고 선언할 즈음에는 나와 겨룰 예비 선거 후보가 6명이나 되었다. 그중에는 일리노이 주 현직 감사원장, 수억 달러의 재산을 지닌 사업가, 지난날 리처드 데일리 (Richard Daley) 시카고 시장의 비서실장을 지낸 사람, 흑인 여성 보건 전문가도 있었다. 전문가들은 이 여성이 흑인 표를 나누기 때문에 다른 누구보다도 내게 큰 타격을 입혀 얼마 안 되는 가능성마저 짓밟아 버릴 것이라고 판단했다.

나는 개의치 않았다. 가능성이 낮아 별로 걱정하지 않았고 몇몇 사람들이 나를 추천해 주어 내 신뢰성을 높여 주었기 때문이다. 나는 실패해도 좋다는 생각으로 활기차게 선거에 뛰어들었다. 4명의 직원은 모두 20대에서 30대 초반의 똑똑한 젊은이들이었는데 급여가 많지 않아 안성맞춤이었다. 우리는 조그만 사무실을 구한 뒤 발신자와 연락처를 적은 편지 용지를 인쇄하고 전화를 여러 대 가설하였으며 컴퓨터도 몇 대 들여놓았다.

나는 민주당에 정치 헌금을 하는 유력 인사들에게 하루 네댓 시간 씩 전화를 걸어 답변을 요청했다. 기자 회견도 가졌지만 회견장에 아무도 나타나지 않았다. 우리는 해마다 열리는 성 패트릭의 날(Saint Patrick Day) 퍼레이드에 참가했지만, 행렬의 맨 끝에 배치되고 말았다. 그 바람에 10명의 자원 봉사자들과 함께 시 청소 차량들보다 몇 걸음 앞선 위치에서 몇 사람 남지 않은 구경꾼들에게 손을 흔들었을 뿐이다. 뒤따르는 청소원들은 쓰레기를 청소하고 가로등에 붙여 놓은 아일랜드 국장 표시의 녹색 클로버 스티커를 떼어 냈다.

나는 이곳저곳 누비고 다니는 데 대부분의 시간을 보냈다. 혼자 승용차를 몰고 다니며 처음에는 시카고의 여러 구역을, 그다음에는 카운티와 소도시들을, 마지막에는 일리노이 주를 종단했다. 그러면서 끝없이 이어지는 옥수수밭과 콩밭, 철길, 사일로를 따라 달렸다.

이런 활동은 별 효과가 없었다. 민주당 주 지부 조직을 활용할 수 없는 데다 우편물을 보낼 만한 명부를 작성하지도, 인터넷을 이용하지도 못했기 때문에 친구들이나 지인들에게 의지해야 했다. 나는 사람들을 만날 수 있도록 그들의 집을 개방해 달라고 부탁했고 교회, 노조 사무실, 브리지 클럽, 로터리 클럽 등을 방문할 수 있도록 주선해 달라고 요청했다. 어떤 때는 몇 시간씩 차를 몰고 가보면 두세 명이 식탁에 앉아 나를 기다리기도 했다. 그런 경우에도 주인에게 이만하면 충분하다고 안심시키며 다과를 준비해 준 데 대한 인사도 빠뜨리지 않았다. 교회를 방문했다가 예배가 끝날 때까지 목사가 나의 존재를 깜빡 잊어버리거나, 노동 조합 관계자들을 만났을 때 지부장이 방금 다른 사람을 지지하기로 노조가 결정했다고 발표한 뒤 내게 발언할 기회를 준 적도 있었다.

그러나 나를 기다리는 사람이 두세 명이든 50명이든, 찾아간 곳이 노스쇼어의 으리으리한 집이든 엘리베이터가 없는 웨스트사이드의 아파트든, 블루밍턴 외곽의 농가든 상관하지 않았다. 또한 기다리는 사람들이 호의적이면 좋겠지만 냉담하거나 적대적이어도 나는 입을 다문 채 이들이 쏟아 놓는 이야기를 귀담아들었다.

나는 사람들이 자신의 직업이나 사업, 학교 문제를 이야기하는 데 귀를 기울였으며 부시에게 분노하고 민주당에 분개하는 이야기도 경청했다. 심지어 애완견 이야기나 등 쪽의 통증, 참전 경험, 어린 시절의 추억에도 귀를 기울였다. 어떤 사람은 제조업 일자리가 줄거나 의료비가 비싼 이유를 논리정연하게 설명하기도 했다. 몇몇 사람은 러시 림보 (Rush Limbaugh, 공화당을 적극 지지하는 보수적인 라디오 토크 쇼 진행자 겸 정치평론가 - 옮긴이 주)나 공영 방송인 NPR에서 들은 내용을 그대로 되풀이했다. 그러나 대부분은 자신의 일이나 자녀 문제에 너무 골몰한 나머지 정치에 별로 관심이 없었다. 그 때문인지 폐쇄된 공장이나 승진, 비싼 난방비, 요양소에 들어가 있는 부모, 어린아이의 첫걸음처럼 눈에 보이는 가까운 일이나 문제에 대해 이야기했다.

몇 달 동안 이런 대화를 나누었지만 터무니없이 맹목적인 의견은 듣지 못했다. 오히려 나는 보통 사람들이 과하지 않은 온당한 소망을 품고 있으며 인종이나 지역, 종교, 계급에 관계없이 이들의 판단 가운데 상당 부분이 옳다는 점을 새삼 깨달았다. 이들 대부분은 일하고자 하는 사람이라면 누구나, 생계를 꾸려 갈 만한 급여를 지급하는 그런 일자리를 찾을 수 있어야 한다고 생각했다. 이들은 병이 들었다고 해서 파산하게 되는 일이 있어서는 안 된다고 생각했다. 모든 어린이가 진정한 의미의 충실한 교육을 받아야 하고, 부모가 넉넉하지 않더라도 자녀가 대학 교육까지 받을 수 있어야 한다고 믿었다. 범죄와 테러의 피해를 입지 않기를 바라고 맑은 공기와 물, 자녀와 함께 보낼 시간을 원했다. 또한 나이가 들면 체면을 유지하고 존중받으면서 은퇴 생활을 누릴 수 있기를 바랐다.

그런 정도였다. 많은 것을 바라지도 않았다. 그들은 자신이 어떤 삶을 누리느냐가 대체로 스스로의 노력에 좌우된다는 점을 알고 있었다. 그들은 정부가 자신의 모든 문제를 해결해 줄 것이라고 기대하지 않을 뿐더러 자신이 낸 세금이 낭비되는 것을 달갑게 생각하지 않았지만 정부가 도움의 손길을 뻗어야 한다고 생각했다.

나는 그들의 생각이 옳다고 말했다. 그들이 당면한 모든 문제를 정부가 해결할 수는 없는 일이다. 그러나 우리가 우선순위를 약간만 조정한다면 모든 어린이가 인생을 개척해 나가도록 뒷받침할 수 있고, 국가적으로 당면한 여러 가지 난제에 대처할 수 있다. 이렇게 말하면 대체로 사람들은 고개를 끄덕이며 참여할 수 있는 방법에 대해 묻곤 했다. 이런 만남을 마친 후 자동차 뒷좌석에서 지도를 펴 들고 다음 행선지로 향할 때면 내가 무엇 때문에 정치 활동에 뛰어들었는지 다시 한 번 되새기곤 했다.

바로 그런 순간, 나는 내 인생에서 그 어느 때보다 열심히 뛰고 있다는 느낌이 들었다.

이 책은 선거 유세 중 나눈 대화를 바탕으로 하였다. 나는 유권자와의 만남을 통해서 미국인들의 고결한 품성을 확인했다. 그뿐 아니라 유권자들은 나에게 미국인들의 경험 근저에는 집단적 양심을 지속적으로 일깨우는 이상, 여러 차이점들에도 불구하고 우리 모두를 결속시키는 공동의 가치 체계, 그리고 가능성이 희박해 보이는 민주주의 실험이 성공하도록 이끌 희망의 끈이 있음을 상기시켜 주었다.

이런 가치와 이상은 기념탑의 대리석판이나 역사책의 낭송에서만 그 모습을 드러내는 것이 아니다. 여전히 미국인 대부분의 가슴과 머릿속에 살아 있으며 자부심과 의무, 희생을 일깨울 수 있다.

나는 이런 식으로 말하는 데는 여러 위험 부담이 따른다는 점을 잘 알고 있다. 세계화와 현기증이 날 정도로 하루가 다르게 변하는 기술 혁신, 치열한 정쟁과 끊임없는 문화 전쟁의 시대에 살다 보니 이상적인 목표를 논의할 공동의 언어조차 지니지 못한 것처럼 보인다. 이런 상황에서 우리가 한 국민으로서 그런 이상을 실현하기 위해 어떻게 협력할 것인지에 대해 대체적인 합의를 이룰 수단이 없음은 말해 무엇하랴.

우리는 광고 업자나 여론 조사 요원, 연설문 작성자, 전문가연하는 사람들이 어떤 수를 쓰고 있는지 잘 안다. 우리는 야심찬 발언이 냉소적인 목표를 위해 어떤 식으로 악용되는지, 더없이 훌륭한 생각도 권력이나 편의주의, 탐욕, 편협성으로 인해 어떻게 쉽사리 깨질 수 있는지를 잘 알고 있다. 심지어 고등학교 표준 역사 교과서도 처음부터 미국인들의 현실이 미국의 신화와 얼마나 동떨어져 있는가를 지적하고 있다.

이런 풍토에서 이상의 공유나 공동의 가치를 내세우는 것은 아주 위험한 행위까지는 아니더라도 대책 없이 순진한 사람처럼 비치기 십상이다. 다시 말해, 정책 수립과 집행을 둘러싼 심각한 견해 차이를 적당히 얼버무리려는 시도나, 더 나쁘게 말하면 현행 제도로부터 별다른 도움을 받지 못하는 사람들의 이의 제기를 억누르려는 술책쯤으로 비치는 것이다.

그러나 내 주장은 선택의 여지가 없는 것이다. 공화당원과 민주당 지지자, 무소속 유권자를 포함하는 대다수 미국민이, 정치가 사각지대화해 편협한 세력들이 우위를 다투고, 이념적 소수파가 그들이 주장하는 이른바 절대적 진리를 강요하려 하는 데 대해 진저리를 친다는 점은 굳이 여론조사를 하지 않더라도 누구나 알 수 있기 때문이다. 나서 자란 주가 진보 성향이든 보수적이든 간에 국민들은 정치가들이 정책을 놓고 토론을 벌일 때 정직하지도, 엄격하지도 않으며 기본적으로 상식이 결여되어 있다는 점을 직감한다. 그뿐 아니라 그릇되거나 답답한 선택이 계속 이어지는 듯한 정치 현실에 염증을 느낀다. 종교적이거나 세속적이거나 또는 피부가 검거나 희거나 갈색이거나 간에 국민들은 현재 미국의 가장 중대한 과제가 간과되고 있음을 느낀다. 게다가 빠른 시일 안에 진로를 바꾸지 않으면 약화되고 분열된 아메리카를 후손에게 물려주는 첫 번째 세대가 될 수도 있다는 점을 인식하고 있다. 이런 판단은 옳다. 아마도 근년의 역사 중 그 어느 때보다도 새로운 형태의 정치, 즉 미국인들을 결속할 수 있는 공통의 인식을 찾아내고 이를 강화할 수 있는 새로운 정치가 필요하다.

이 책의 주제가 바로 그것이다. 지금의 정치와 시민 생활을 바꾸는 과정을 어떻게 시작할 수 있느냐 하는 것이다. 내가 그 방법을 명확하게 안다는 뜻은 아니다. 나는 그 방법을 모른다. 내가 이 책의 각 장마다 가장 절박한 정책상의 난제들을 제기하면서 우리가 따라야 한다고 믿는 행로를 대강 제시하고 있긴 하지만, 그런 쟁점을 다루는 방식은 때때로 한쪽에 치우쳐 있거나 불완전하다.

나는 이 책에서 미국 정부가 지녀야 할 통일된 논리를 제시하지 못했을뿐더러 차트와 그래프, 예정표, 10개 항쯤 되는 계획안을 빠짐없이 갖춘 실천 선언문을 내놓지도 못했다.

그 대신 내가 제안하는 것은 다소 신중한 접근법이다. 이 책은 나를 공직생활로 나아가게 만든 가치와 이상에 대한 개인적 견해를 담고 있다. 또한 현재와 같은 정치적 논란이 우리를 불필요하게 분열시키는 양상에 대한 분석과, 어떻게 하면 우리의 정치가 공동선의 관념에 바탕을 두게 만들 수 있을지 나 자신이 내린 최선의 결론을 제시한다. 상원 의원과 변호사, 남편과 아버지, 기독교도와 무신론자로서의 내 경험은 그러한 판단의 기초가 되었다.

이 책의 구성에 대해 좀 더 구체적으로 밝히고자 한다. 1장에서는 최근의 정치적 변천 과정을 자세하게 살펴보면서 오늘날처럼 극심하게 표출되는 당파성의 근원이 어디에 있는지 설명한다. 2장에서는 새로운 정치적 합의의 바탕이 될 만한 공통의 가치들을 다룬다. 3장에서는 개인적인 권리의 원천일 뿐 아니라 우리 모두의 미래에 대한 민주적 대화를 이끌어 낼 수 있는 수단인 헌법에 대해 살펴본다. 4장에서는 아무리 올바른 의도를 가진 정치인이라도 그 앞에서는 숨이 막히고 마는 제도화한 영향력들, 즉 돈과 미디어, 이익 집단, 입법 과정에 대해 살펴본다. 5장부터 9장까지는 많은 미국인이 느끼는 경제적 불안정과 미국 내의 인종적·종교적 긴장 상태, 그리고 해외에서 빈번하게 일어나고 있는 테러 행위에서부터 세계적 전염병에 이르는 초국가적 위협과 같은 구체적 당면 과제들을 살펴보고 이에 효과적으로 대처하기 위해 분열을 극복해 나갈 방법을 제시한다.

일부 독자들은 이들 쟁점에 대한 내 설명이 충분히 균형 잡혀 있지 않다고 생각할지도 모른다. 이런 비난을 나는 기꺼이 감수할 것이다. 결국 나는 민주당원이다. 대부분의 주제에 대한 내 견해는 「월스트리트저널」보다는 「뉴욕타임스」 사설란 내용에 더 가깝다. 나는 보통 사람들보다 부유하고 유력한 사람들에게 더 혜택을 주는 정책에 분노하며, 정부가 해야 할 중요한 역할은 모든 사람에게 기회가 돌아가도록 하는 데 있다고 주장한다.

나는 진화론과 과학 연구, 지구온난화를 믿는다. 정치적으로 옳은 견해든 그렇지 않든 언론의 자유를 신봉하며, 특정인들의 종교적 믿음(내가 믿는 종교도 포함해서)을 비종교인들에게 강요하는 일에 정부가 이용당하고 있다는 의혹을 느낀다. 더구나 나는 내 삶의 역정에서 벗어날 수 없다. 즉, 나는 여러 인종의 혈통과 문화를 물려받은 흑인의 눈으로 미국의 경험을 바라볼 수밖에 없는 것이다. 나처럼 생긴 사람들이 수 세대에 걸쳐 어떻게 예속되고 낙인찍혔는지, 또 인종과 계층이 노골적인 방식으로, 혹은 미묘한 방식으로 우리의 삶을 어떻게 바꿔 놓을 것인지 영원히 의식하지 않을 수 없다.

물론 이것이 내 전부를 말해 주지는 않는다. 나는 가끔 민주당이 독선적이고 국민으로부터 유리되어 있으며 교조적이라고 생각한다. 나는 자유 시장과 경쟁, 기업가 정신을 신봉하며 적잖은 정부 정책이 선전과는 달리 제구실을 못한다고 생각하며, 미국에서 변호사가 줄어들고 기술자들이 늘어나기를 바란다.

나는 미국이 국제 무대에서 잘못된 쪽보다는 올바른 편에 선 경우가 더 많았다고 생각한다. 그리고 적대적인 국가들에 대해 환상을 갖고 있지 않으며 미군의 용기와 능력에 경의를 표한다. 나는 인종적·성적 정체성이나 성적 지향성, 일반적으로 피해 의식에만 기반한 정치 행위를 배격한다. 한편 도심을 병들게 만드는 요인 가운데 상당수는 돈만으로 치유되지 않을 문화적 쇠퇴와 연관이 있고, 우리의 가치와 정신생활이 적어도 GDP만큼 중요하다고 생각한다.

틀림없이 이런 견해 중 몇 가지 때문에 앞으로 나는 곤란한 처지에 놓일 것이다. 워싱턴 정치 무대에 처음 진출한 탓으로 나는 정치 스타일이 크게 다른 사람들이 자신의 견해를 투영할 수 있는 백색 스크린 구실을 할 수 있다. 바로 이런 점 때문에 모두는 아니라 하더라도 일부에게는 실망감을 안겨 줄 수밖에 없다. 아마도 이런 점이 이 책의 두 번째 주제이자 한층 깊숙한 주제를 드러내 줄지 모른다. 어떻게 하면 나 자신과 공직에 진출한 다른 사람들이 명성에 따른 여러 가지 예기치 못한 위험이나 남에게 호감을 사려는 열망, 권력 상실에 대한 두려움에서 벗어나 진실의 핵심, 곧 마음 깊숙한 곳에서 우러나오는 헌신을 일깨워 줄 독자적인 목소리를 놓치지 않을 수 있는가를 모색하는 것이다.

최근 의회를 취재하는 어느 기자가 사무실로 향하는 나를 불러 세운 후 내 첫 번째 책을 잘 읽었다고 말했다.

"지금 쓰고 있는 책에도 그만큼 흥미로운 내용이 담길 수 있을지 모르겠군요."

나는 이 기자의 말에는 이런 뜻이 담겨 있지 않을까 하고 생각한다.

'이제 연방 상원 의원이 되었는데 전처럼 정직할 수 있을까?'

나도 가끔씩 그런 생각이 들 때가 있다. 이 책이 그런 의문에 답하는 데 도움이 되었으면 한다.

● 옮긴이의 말 ●

버락 오바마, 그는 젊다. 워싱턴 중앙 정치 무대로 진출한 지 이제 3년이 채 안 된다. 그런데도 그의 이름 뒤에는 열풍과 신드롬이라는 말이 따라붙는다. 그것도 서너 달이나 반년쯤 열풍에 휩싸였다가 소리 없이 사라져 버리는 신드롬이 아니다. 2년여 동안 계속 폭넓게 확산되다가 요즘엔 일종의 마니아까지 낳을 정도로 강한 열기를 뿜어낸다. 무엇이 이런 열풍을 자아내는 것일까? 희망과 통합이다. 정치 영역에선 누구나 쉽게 입에 올리는 지극히 상투적인 메시지다. 그러나 오바마가 전하는 희망은 추상적인 구호가 아닌, 희생과 위험까지 무릅쓰는 끈질기고 대담한 희망이다. 통합 또한 미국 건국의 기본 정신 및 종교적 믿음과 연결된 공동의 가치 기준을 바탕으로 삼는다.

그는 2007년 2월 민주당 대통령 후보 경선에 출마하겠다고 공식 선언하면서도 통합과 희망의 메시지를 앞세웠다. 희망과 확신에서 힘이 솟아오르고, 인종과 종교, 믿음과 신분의 차이를 걷어 내면 우리 모두가 하나이며, 따라서 분열하면 쓰러지되 뭉치면 새로운 미래를 열 수 있다고 역설했던 것이다. 이 같은 하나됨과 새로운 미래에 대한 희망은 오바마만의 메시지는 아니었다. 에이브러햄 링컨의 믿음이기도 했다. 오바마는 링컨이 변호사로, 주 의회 의원으로 활동했던 일리노이 주 스프링필드에서 대권 도전을 선언함으로써 통합과 희망의 메시지를 고리 삼아 링컨과의 상징적 연결성을 노렸다. 링컨은 오바마의 영웅이자 이상이다. 오바마가 대권 도전을 선언한 때는 당내 경선에서 선두 주자가 뚜렷하게 부각되거나 대세가 판가름 난다는 이른바 슈퍼 화요일(2008년 대선에서는 과거보다 한 달 정도 앞당겨졌다)을 정확히 1년 앞둔 시점이었다.

널리 알려진 대로 오바마가 미국 전역에 이름을 알리게 된 계기는 2004년 여름 보스턴에서 개최된 민주당 전당 대회의 기조 연설이다. 이 연설에서 오바마는 '하나의 미국'과 '희망의 정치'를 외치고 미국 본연의 모습으로 되돌아가자고 촉구했다. 그로부터 3개월 뒤 상원 의원으로 선출된 오바마는 가치와 이념의 분열 속에 극단으로 치닫는 정치 상황을 통합의 메시지로 극복하겠다고 줄기차게 주장했다. 그는 미국 건국이 다름 아닌 '대타협'의 산물이며, 타협은 곧 통합의 기초가 된다고 역설했다. 진지하고 나지막한 어조로 이런 주장을 펼치고 메시지를 전달하는 그의 커뮤니케이션 스타일은 진정성과 설득력을 동시에 발휘한다. 그에 대한 관심이 날로 높아진 이유다.

오바마는 두 번째 저서 『버락 오바마, 담대한 희망』에서 미국 정치 상황을 위기로 진단하고, 이를 극복할 수 있는 새로운 정치를 제시한다. 즉 미국민을 결속시킬 공통의 인식과 가치를 찾아내 더욱 강화시키는 새로운 정치가 필요하다는 것이다. 오마바가 위기로 규정한 미국의 정치는 당파적 대립이 심화되면서 거의 봉합조차 불가능할 정도로 분열되어 있다. 우리만이 대립과 분열 속에서 정쟁에 시달리고 있는 것은 아니었다. 우리가 오히려 스스로 안도할 만큼 그 정도는 극심하다. 이에 따라 오바마는 그런 파당성의 근원을 살피면서 새로운 정치적 컨센서스의 바탕이 될 만한 다양한 가치 기준을 모색한다. 아메리카의 건국 이념과 합중국의 기본 틀을 만든 제헌 정신을 그가 새삼 주목하는 이유가 거기에 있다.

　오바마는 바로 그런 점을 이 책의 초반부인 1~3장에서 깊이 있게 다루고 있다. 그는 이 밖에 인종 문제와 세계화의 다양한 측면, 가족, 신앙, 대외 정책을 폭넓게 다룬다. 그중에서 인종 문제, 특히 흑인에 대한 미국 사회의 뿌리 깊은 편견과 차별의 근원이 어디에 있고 그것이 어떤 결과를 빚었는가를 분석한 내용은 이 문제에 대한 우리의 인식이 얼마나 피상적이었는가를 일깨워 준다. 오바마의 아버지는 잘 알려진 것처럼 케냐 출신의 숯덩이처럼 새까만 흑인이지만 그를 키운 사람은 '우윳빛처럼 희디흰' 백인 어머니와 외조부모였다. 그 때문에 청소년 시절 정체성의 혼란으로 방황하면서 술과 마리화나에 빠지기도 했지만 나중에 이를 극복하고 백인에게 전혀 주눅 들지 않은 흑인으로 성장할 수 있었다.

　그럼에도 오바마는 흑인으로서 사소한 모욕과 냉대를 수없이 받았다고 털어놓는다. 전당 대회 기조 연설과 연방 상원 의원 당선으로 이름과 얼굴이 미국 전역에 널리 알려진 뒤에는 그런 일이 없었겠지만, 그 이전에는 고급 레스토랑 바깥에서 주차 관리원이 승용차를 가져오도록 기다리고 있노라면 도착하는 백인 부부들마다 그에게 예사롭게 승용차 키를 던졌다. 쇼핑을 하려고 백화점에 들어가면 경비원이 계속 뒤를 졸졸 따라다니는 모욕도 자주 겪었다. 오바마의 복장과 태도로 그가 좀도둑이나 주차 관리원이 아니라는 점을 알 수 있을 법한데도 백인들 눈에는 오로지 검은 피부만 보이고 그에 따른 조건반사식 반응만이 나타났던 모양이다. 이런 편견의 해악과 정체성의 혼란을 뼈저리게 느낀 오바마가 TV 프로그램이나 뮤직 비디오 따위에 스며든 인종 차별적 내용이나 영상이 어린 두 딸에게 깊은 상처를 입히지 않을까 노심초사하는 모습은 보기에 딱하고 안쓰럽기까지 하다.

오바마의 전당 대회 기조 연설은 민주당 지지자들뿐만 아니라 공화당 지지 세력으로부터도 상당한 호응을 받았다. 공화당 지지 블로거들은 '민주당의 몸속에 갇힌 공화당의 혼'이라는 제목의 글을 올리는가 하면 '오바마를 지지하는 공화당원 모임'이 등장하기도 했다. 적잖은 보수 세력은 '내가 지지할 수 있는 유일한 민주당원'으로 그를 치켜세우면서 그 이유로 "견해의 합치 여부를 떠나 그가 최소한 내 생각을 진지하게 받아들일 것이라는 생각이 들기 때문"이라고 밝혔다. 이처럼 그가 공화당 지지자들이나 보수 세력, 공화당 소속 동료 의원들의 거부감을 사지 않거나 이들에게 어필하는 이유는 진보적인 목표를 보수적인 언어로 표현하기 때문일 법하다. 더욱이 전통을 존중하는 태도나 지속성과 안정성을 중시하는 자세, 혁명의 현실화 가능성을 낮게 보는 입장 등은 보수 세력을 편안하게 해줄 수 있는 측면이다.

이처럼 오바마는 보수 세력이 큰 거부감을 갖지 않는 데다, 대학생을 위시한 젊은 유권자층으로부터 열띤 호응을 받고 있어 최소한 민주당 내 대통령 후보 경선에서 승산이 있는 후보자로 꼽힌다. 이쯤 되면 우리로서는 그의 외교 정책에도 관심을 기울이지 않을 수 없다. 다행히 그는 북한 핵 문제 해법으로 6자 회담과 북·미 양자 협상의 병행을 촉구하고 있다. 민주당의 기존 방침에서 벗어나지 않는 입장이다. 상원 외교위원회 소속인 그가 대외 정책 분야에서 가장 주력했던 두 가지 이슈 중 하나가 핵 확산 금지 문제였던 만큼, 이란 핵과 함께 북한 핵에 대한 관심이 매우 컸을 것임은 쉽사리 짐작할 수 있다. 이라크 전쟁에 대한 그의 입장은 처음부터 잘못된 전쟁인 만큼 빨리 종결시켜야 한다는 것이다. 이 전쟁으로 이라크를 점령한 뒤 약간의 경제 원조와 민주화 훈련으로 그 땅에 '제퍼슨식 민주주의'를 만개시킬 수 있다고 생각하는 것

자체가 위험한 순진성의 발로라는 것이다.

　많은 서평이 지적한 것처럼 오바마는 문장력이 뛰어나고 글이 매끄럽다. 법률을 공부한 사람답게 논리도 정연하다. 그러나 '글을 쓸 수 있는 드문 정치인'이라는 「뉴욕타임스」의 서평 속에는 오바마를 높이 평가하는 의미보다 정치 일반을 비하하고 혐오하는 여론의 냉소가 더 짙게 깔려 있다. 두 주먹 불끈 쥐고 공허한 열변을 토해 내는 허황된 정치인의 이미지는 바다 건너 그 땅이나 이 땅이나 별반 차이가 없는 모양이다. 그러나 오바마는 열변을 토하지 않는다. 자신을 낮추는 겸손함과 지적인 유머 감각, 강한 호소력도 있지만 어조를 높이는 일은 없다. 주제나 내용, 제시하는 방안이 거창하지도 않다. 그의 연설 스타일처럼 글도 대체로 차분하고 냉정하다. 섣부른 비판을 자제하며, 조심스럽고 신중하게 에돌아서 주장을 펴는 그의 문체는 중간중간 독서를 멈추고 문장의 의미를 되씹게 만든다. 사실 이런 부분이 번역자에게는 어려운 도전이 되었으나, 우리 정치 풍토에서는 그런 문체와 정치 스타일이 그의 참신성을 돋보이게 만든다는 생각이 든다.

　오바마가 이 책을 펴낸 시기는 대권 도전을 선언하기 약 4개월 전이다. 이미 도전 가능성에 대한 예상과 추측이 무성하고 오바마 본인도 신중한 검토를 내비치며 저울질을 계속하던 시기였다. 따라서 오바마로서는 그런 가능성에 대비한 정치 지형 전반이나 파당성에 대한 분석, 당파성을 극복하는 정치적 컨센서스의 모색, 이런 컨센서스의 기초가 될 가치 기준과 합중국의 기본 틀을 만든 제헌 정신을 자세하게 설명하는 과정이 새로운 정치 비전을 제시하기 위해서라도 필요했을 법하다. 그러나 초반부 1~3장에 걸쳐 다소 장황하게 언급된 이 내용이 한국의 독자들에겐 생경하게 느껴질 수도 있다. 좀 더 효율적인 독서를 위해 4장으로 건너뛰어 읽은 뒤 첫머리로 되돌아온다 하더라도, 가계의 다인종적 배경과 새로운 가치 기준으로 통합의 메시지를 던지는 미래형 지도자 오바마를 파악하는 데는 무리가 없을 것이다. 우리는 언제 세대와 계층, 정파 간 다리를 놓고, 민족적 통합의 비전을 제시하며 이를 실천하는 젊은 희망의 정치를 기대할 수 있을까?

2007년 6월 2일

홍 수 원

● 차례 ●

제1장

공화당과 민주당

BARACK OBAMA
The AUDACITY of HOPE

평범한 시민들은 온갖 정치적, 문화적 분쟁과 대립 속에서 성장했지만

적어도 그들 자신의 개인적 삶 속에서는 이웃과,

나아가 그들 자신과 화해할 방도를 찾아냈다.

남부 지역 백인들은 아버지로부터 검둥이에 대해 이런저런 이야기를

많이 들으면서 자랐지만 사무실에서는 흑인 동료들과 우정을 다졌다.

중년의 여성해방론자는 과거의 임신 중절을 아직도 애도하고,

임신한 십대 딸의 중절 수술비를 대준 기독교도 어머니도 마찬가지다.

● ● ● 나는 대개 지하층을 통해 의사당으로 들어간다. 내 사무실이 있는 하트 빌딩에서 소형 지하철에 오르면 50개 주의 깃발과 문장이 도열하듯 벽에 장식되어 있는 지하 터널을 통해 의사당에 도착한다. 열차가 끽 소리를 내며 정차하면 나는 사무처 직원이나 유지·보수 담당자들, 의사당 방문단으로 북적거리는 통로를 지나 낡은 엘리베이터를 타고 2층으로 올라간다. 엘리베이터에서 내리면 늘 그곳에 포진해 있는 출입 기자들을 헤치고 나아가 의사당 경위에게 인사를 건네고 양쪽으로 여닫는 육중한 문을 통해 미국 상원 본회의장으로 들어간다.

상원 회의장이 의사당 안에서 가장 멋진 곳은 아니지만 꽤 인상적이다. 암갈색 벽은 파란색 패널과 결이 섬세한 대리석 기둥으로 장식되어 있다. 아이보리색의 천장은 타원형이고, 한가운데에 아메리카 독수리가 새겨져 있다. 방청석 위로는 건국 초기 20명의 부통령 흉상이 근엄한 표정으로 앉아 있다.

완만한 경사의 계단들에는 4개씩 열을 지어 편자 형태를 보이는 100개의 마호가니 책상이 놓여 있다. 이들 책상 중 일부는 1819년에 비치해 놓은 것인데, 모든 책상 위에는 잉크병과 깃펜을 놓아두는 작은 그

룻이 있다. 책상 서랍을 열어 보면 지난날 이 책상을 사용했던 태프트, 롱, 스테니스, 케네디 같은 상원 의원들의 이름이 보이는데, 이는 모두 상원 의원들이 직접 새기거나 펜으로 써놓은 것이다. 회의실에 서 있다 보면 가끔씩 폴 더글러스(Paul Douglas)나 휴버트 험프리(Hubert Humphrey)가 이들 책상 중 어디에 앉아 민권 법안의 채택을 다시 한 번 역설하는 모습이 머리에 떠오른다. 조 매카시(Joe McCarthy)가 저 너머에서 대상자를 지목하기 위해 목록을 훑어보고 있는 모습이나 린든 존슨(Lyndon Baines Johnson)이 통로를 어슬렁거리며 사람들의 옷깃을 붙들고 표를 끌어 모으는 모습도 떠오른다. 때로는 대니얼 웹스터 (Daniel Webster)의 책상 쪽을 배회하며 그가 방청석을 가득 메운 사람들과 동료 의원들을 이글거리는 눈빛으로 바라보면서 남부 분리에 반대하고 연방을 옹호하는 사자후를 토하는 모습을 떠올린다.

그러나 이런 순간은 곧바로 사라진다. 나나 동료 의원들은 표결하는 몇 분 동안 말고는 상원 본회의장에서 많은 시간을 보내지 않는다. 상정할 법안과 상정 시기, 법안의 수정안 처리 방식, 반대하는 의원의 동의를 받아 내는 방법 등 대부분의 결정은 다수당 총무와 관련 상임 위원회 위원장 및 이들의 보좌진 그리고 법안을 둘러싼 논란의 정도와 법안 처리를 주도하는 공화당 지도부의 아량에 따라 참여하게 되는 민주당 쪽 위원들이 사전에 충분한 협의를 거쳐 미리 내려 놓기 때문이다. 따라서 우리가 본회의장에 들어서고 의사 진행 요원이 호명할 즈음이면 상원 의원 개개인은 해당 쟁점에 대한 입장 정리가 이미 끝나 있다. 보좌진이나 소속 정당의 지도부, 호감이 가는 로비스트, 이익 집단, 선거구 유권자의 메일, 이념적 성향 등을 감안하여 조정했기 때문이다.

이런 의안 처리 과정은 능률적이어서 의원들이 선호한다. 의원들은 하루 열두세 시간의 스케줄을 곡예하듯이 소화하면서 많은 일들을 해야 하기 때문이다. 그들은 사무실에서 선거구민들을 만나고 받지 못한 전화에 답해 주며, 정치 헌금을 받기 위해 가까운 호텔에서 사람들을 만나 공을 들여야 한다. 또한 생중계 인터뷰를 하기 위해 텔레비전 스튜디오로 달려가기도 한다.

그러나 방청객이 자리를 그대로 지키고 있을 경우, 다른 의원들이 떠나간 회의장에 홀로 남은 상원 의원을 볼 수 있을 것이다. 그는 좌석에서 일어선 채 발언권을 요구한다. 본회의장에서 자신의 견해를 밝히기 위해서다. 이때의 발언은 자신이 제출한 법안을 설명하는 내용이거나, 아니면 제대로 대처하지 못한 국정 과제에 대한 개괄적인 논평일 수도 있다. 발언자의 목소리에는 열정이 넘치며 빈곤층 구호 계획의 축소나 법관 인준 관련 의사 방해 및 에너지 자립 필요성에 관한 주장은 충분한 논거를 갖추고 있다. 그러나 그가 발언을 계속하는 동안 본회의장은 거의 텅 빈다. 의사 진행 담당관과 몇 명의 보조관들, 상원 출입 기자들, 그리고 의원들의 발언이 계속되는 한 꺼질 줄 모르는 C-스팬(케이블 사업자들이 공동 출자하여 1979년에 설립한 미국 연방 의회 중계 방송국. 1986년에는 상원을 전담하는 위성·케이블 보도 지원용 방송국인 C-스팬Ⅱ가 설립되었다-옮긴이 주)의 카메라맨이 그의 발언을 지켜볼 뿐이다. 발언이 끝나면 푸른색 제복을 입은 사환이 의사록에 올리기 위해 발언 문건을 조용히 수거한다. 그가 떠나면 다른 상원 의원이 회의장에 들어와 자신의 책상 앞에 서서 발언권을 요구하고 이어 발표를 시작하면 앞에 경우와 동일한 절차가 진행된다. 세계에서 가장 큰 힘을 발휘하는 심의 기구지만 의원들의 발언에 귀를 기울여 주는 사람은 아무도 없는 셈이다.

2005년 1월 4일은 아름다운 추억으로 내 기억 속에 남아 있다. 그날 나는 전체 상원의 3분의 1 정도되는 일단의 의원들과 함께 109대

의회 의원으로서 취임 선서를 했다. 날씨는 화창한 데다 한겨울답지 않게 따뜻했다. 일리노이 주와 하와이, 런던, 케냐에서 몰려온 가족과 친지들은 붐비는 상원 본회의장 방청석에서 나를 지켜보다가 내가 함께 당선된 동료들과 대리석 연단에 서서 오른손을 들고 취임 선서를 하자 일제히 환호했다. 나는 옛 상원 본회의장에서 아내 미셸과 두 딸을 만나 취임 선서를 재연하고 체니 부통령과 사진을 찍었다. 당시 여섯 살이던 말리아는 새침을 떨면서 부통령과 악수를 했지만 세 살짜리 사샤는 악수 대신 부통령과 손바닥을 마주친 뒤 몸을 돌려 카메라맨들에게 손을 흔들었다. 그런 다음 나는 두 딸이 의사당 동쪽 계단을 깡충깡충 뛰어 내려가는 것을 지켜보았다. 아이들이 입은 핑크색과 붉은색 드레스가 바람에 살짝 들리는 가운데 멀리 보이는 대법원의 흰색 기둥들은 아이들 놀이의 장대한 배경 구실을 했다. 미셸과 나는 두 아이의 손을 잡고 넷이서 의회 도서관으로 향했다. 그곳에서 나는 기꺼이 워싱턴으로 올라와 준 수백 명의 지지자들을 만났고 이후 계속 이어지는 악수와 포옹, 사진 촬영, 사인으로 몇 시간을 보냈다.

　의사당을 찾아온 사람들의 눈에는 이날 하루가 미소와 감사, 정중한 예절과 화려한 구경거리로 점철된 것처럼 보였을 것이 틀림없다. 그러나 워싱턴 전체가 모두 한숨 돌린 채 민주주의의 연속성을 확인하는 이날 행사를 원만하게 치러냈다고 할지라도 여전히 대립은 존재하며, 이런 분위기가 지속되지 않을 것이라는 인식은 그대로 남아 있었다. 가족과 친지들이 돌아가고 연회도 끝나 태양이 한겨울의 잿빛 장막 뒤로 스러진 뒤, 워싱턴에는 결코 바뀔 수 없을 것 같은 분명한 현실, 즉 미국이 분열함에 따라 워싱턴도 분열했다는 사실만 그대로 남아 있었다. 정치적인 면에서 이런 분열상은 2차 대전 이래 그 어느 때보다 심하다.

　대통령 선거와 갖가지 통계 수치는 모두 일반적인 통념을 뒷받침하는 듯했다. 미국민들은 이라크와 세금 문제, 임신 중절, 총기 문제, 십계명, 동성 결혼, 이민, 통상 문제, 교육 정책, 환경 규제, 정부의 규모, 법원의 역할 등 온갖 쟁점을 놓고 서로 의견이 엇갈렸다. 의견이 다른 것으로 그치지 않았다. 분열된 쌍방이 파당을 만들어 아무런 절제 없이 상대방에게 신랄한 공격을 퍼부으면서 격렬하게 대립했다. 우리는 의견 대립의 범위와 본질, 이유 등에 대해서도 생각이 달랐다. 또한 모든 문제가 논쟁의 대상이 되었다. 기후 변화의 원인이든 기후 변화라는 사실 그 자체든, 재정 적자의 규모든 재정 적자의 원인이든 가리지 않고 논란거리로 삼았다.

나는 이런 일들에 전혀 놀라지 않았다. 멀리서나마 갈수록 치열해지는 워싱턴의 정쟁을 계속 지켜보았기 때문이다. 그런 정쟁에 속하는 것들은 다음과 같다.

이란 콘트라 사건과 올리버 노스(1986년 폭로된 사건으로 미국이 이란에 억류된 미국인 인질들을 풀어 주는 대가로 판매 금지된 무기를 이란에 밀수출하고 그 대금으로 니카라과 산디니스타 정권을 무너뜨리기 위한 반군 게릴라 조직 콘트라를 지원한 사건. 올리버 노스는 이 사건의 주역이었다-옮긴이 주), 로버트 보크(Robert Bork) 지명과 윌리 호턴(Willie Horton), 클래런스 토머스(Clarance Thomas)와 아니타 힐(Anita Hill, 1991년 연방대법원 판사로 지명된 흑인 클래런스 토머스는 상원 인준 과정에서 법대 교수인 흑인 아니타 힐을 성희롱했다는 의혹이 제기되어 큰 곤욕을 치른 끝에 간신히 인준을 받았다-옮긴이 주), 클린턴 선출과 깅리치 혁명, 화이트워터 사건과 스타 특별 검사 수사, 연방 정부 기관 폐쇄와 탄핵(1994년 중간 선거에서 이른바 깅리치 선거 혁명으로 대승을 거둬 의회를 장악한 공화당은 예산안 처리 권한으로 클린턴 행정부의 기능을 일부 마비시키고 모니카 르윈스키와의 섹스 스캔들로 클린턴을 탄핵 위기로까지 몰아붙였다-옮긴이 주),

붙어 있는 천공 부스러기(지지 후보 옆에 구멍을 뚫는 카드 형태의 투표지 기표에서 손아귀 힘이 부족한 노령층 유권자가 제대로 누르지 못해 구멍이 완전히 뚫리지 못하고 움푹 파인 자국만 남거나 일부만 떨어진 채 매달려 있는 형태가 모두 무효 처리되어 큰 논란의 불씨가 되었던 2000년 대선 플로리다 개표 상황을 뜻함-옮긴이 주)와 부시 대 고어 대결 등이 그것이다.

나는 일반 시민들과 함께 이 같은 선거 문화가 나라 전체로 스며드는 모습을 지켜보았다. 남을 모욕하는 행위가 무슨 온전한 사업이라도 되는 것처럼 케이블 텔레비전과 라디오 토크쇼, 『뉴욕타임스』의 베스트셀러 순위를 좌지우지하기에 이르렀던 것이다.

또한 8년 동안 일리노이 주 의회 상원 의원으로 활동하면서 정치 게임이 어떤 식으로 전개되는지 어느 정도 맛보았다. 상원 의원에 당선되어 1997년 주 의회가 있는 스프링필드로 왔을 때, 일리노이 주 상원의 다수당이었던 공화당은 당시 연방 하원 의장인 깅리치가 하원을 계속 철저하게 장악하기 위해 활용하고 있던 방식을 그대로 차용했다. 민주당 의원들은 아무리 온당한 수정안을 제출하더라도 통과는커녕 심의조차 제대로 이루어지지 않자 고함을 지르고 불만을 토로하며 맹렬한 비난을 퍼부었지만 그저 그뿐이었다. 민주당 의원들은 공화당 의원들이 기업에 조세상의 대규모 혜택을 제공하고 노동 조합을 부당하게 다루며 사회 서비스를 대폭 축소하는 법안과 조치를 통과시킬 때 이를 저지하지 못한 채 무기력하게 지켜볼 수밖에 없었다.

이런 상황이 계속되자 민주당 지도부는 도저히 용서할 수 없다는 격렬한 감정에 사로잡혔고, 나는 동료 의원들과 함께 공화당 의원들이 저지른 온갖 모욕과 권한 남용 행위를 낱낱이 기록했다. 그로부터 6년 뒤 민주당이 마침내 상원을 장악하자 공화당 의원들이 우리와 똑같은 처지에 놓이게 되었다. 나이 든 몇몇 고참 의원들은 공화당과 민주당 의원들이 저녁 만찬장에서 만나 스테이크와 시거를 즐기면서 충분한 대화와 협의로 타협안을 도출했던 지난날을 그리운 듯 회상하기도 했다. 그러나 이런 고참 의원들도 상대방 활동 요원들이 자신을 공격 대상으로 삼아 그가 위법 행위와 부정, 비윤리적인 행위를 저지르며 무능하다고 비난하는 홍보물을 지역구로 물밀듯이 보내면 이런 애정 어린 추억을 곧바로 지워 버렸다.

나는 이런 정치 상황에서 소극적인 방관자로만 머물러 있었다고 주장하지는 않는다. 나는 정치가 온몸을 부딪히면서 벌이는 스포츠와 같다고 이해하기 때문에 팔꿈치로 찌르거나 아니면 가끔씩 상대방의 허를 찌르는 행위에 별로 개의치 않았다. 그러나 내 선거구가 민주당의 아성이었기 때문에 나는 공화당이 퍼붓는 가장 심한 독설의 대상에서는 벗어나 있었다. 오히려 나는 법안에 따라 가끔씩 보수 성향이 가장 심한 동료 의원들과도 협력했고, 이들과 포커 게임을 하거나 맥주를 한잔하면서 대화를 나눠 보면 공개적으로 선뜻 인정하지는 못해도 서로 공통점이 꽤 많다는 결론을 내리게 했다. 내가 일리노이 주 스프링필드에서 의원으로 활동하는 동안 내내 다음과 같은 생각에 집착했던 것은 아마도 그 때문이었을지 모른다. 즉 정치가 달라질 수 있고 유권자들도 달라지기를 원한다는 생각, 유권자들이 건강부회와 중상, 복잡한 문제에 대한 짤막한 촌평 식 해법 따위에 넌더리를 내고 있다는 생각, 그리고 내가 유권자와 직접 접촉해 이들 문제를 내가 느끼는 대로 재구성한 뒤 진실된 자세로 여러 가지 대안을 설명할 수 있다면 공정성에 대한 본능적 직감과 상식을 자극해 결국 유권자들을 설득할 수 있으리라는 생각 말이다. 나는 우리 중 상당수가 그런 위험을 무릅쓴다면 정치뿐 아니라 제반정책도 개선될 것이라고 생각한다.

내가 2004년 연방 상원 의원에 출마했을 때의 마음가짐은 이런 것이었다. 선거 운동 기간 내내 내 생각을 밝히고 그런 마음가짐이 변치 않도록 지키며 핵심적인 내용에 집중하기 위해 최선을 다했다. 민주당 예비 선거와 본선에서 모두 큰 표차로 승리를 거두자 나는 내가 정곡을 찔렀다는 것이 입증되었다고 믿고 싶었다.

그러나 딱 한 가지 문제가 있었다. 선거 운동이 무리 없이 잘 풀려 나가서인지, 나의 승리가 요행처럼 비쳤던 것이다. 정치 옵서버들은 후보 선출을 위한 당내 경선에 나선 7명의 후보자들이 선거 운동을 펼치면서 어느 한 사람도 상대방을 비난하거나 비리를 폭로하는 식의 네거티브성 텔레비전 광고를 내보내지 않았다고 지적했다. 후보자 중 가장 부유한 사람은 선거 자금으로 2,800만 달러를 썼지만 대부분 자신의 긍정적 이미지와 공약을 널리 알리는 포지티브성 광고에 집중했다. 그는 무역업에 종사했던 인물로, 재산이 최소한 3억 달러에 이른다. 그러나 선거 막바지에 언론이 그의 이혼 관련 기록을 폭로함에 따라 그대로 무너지고 말았다. 본선에서 나와 대결을 벌인 공화당 후보는 골드만 삭스의 공동경영자로 재임하다 대도시 서소득층 거주 지역의 교사로 변신한 잘생긴 외모의 부유한 인물이었는데, 거의 처음부터 내 이력을 겨냥한 공격을 퍼부었다. 그러나 그 또한 이혼 관련 스캔들로 본격적인 선거 운동을 펼쳐 보지도 못한 채 무너지고 말았다.

나는 한 달 가까이 아무 공격도 받지 않은 채 일리노이 주를 누비고 다니다가 민주당 전당 대회의 기조 연설자로 선정되어 전국에 텔레비전으로 생중계되는 17분간의 연설을 하게 되었다. 생중계였기 때문에 연설이 중간에 끊어지거나 편집되지 않았음은 물론이다. 연유를 알 수는 없으나 그 뒤 공화당 일리노이 주 지부는 대통령 후보 경선에 나선 경력이 있는 앨런 키스(Alan Keyes, 전직 외교관이자 TV 및 라디오 토크쇼 사회자-옮긴이 주)를 나와 겨룰 후보자로 선정했다. 일리노이 주에 거주한 적이 없는 그는 성격이 거칠고 자신의 입장을 좀처럼 굽히지 않는 사람이어서 보수적인 공화당 인사들조차 꺼리는 인물이었다.

나중에 몇몇 기자는 전체 50개주에서 나만큼 큰 행운을 누린 정치인은 없다고 밝혔다. 보좌관 중 몇 사람은 이런 평가가 우리의 전력투구와 설득력 있는 메시지를 도외시했다고 분개했지만, 그런 감정을 공개적으로 드러내지는 않았다. 그럼에도 내가 억세게 운이 좋았다는 사실을 부인할 수는 없었다. 나는 국외자이자 별종이었던 만큼 정계 사정을 잘 아는 사람들의 눈에는 당선으로 내가 검증받은 것은 아무것도 없는 것처럼 비쳤다.

2005년 1월 워싱턴으로 왔을 때 내가 신출내기 같다는 느낌이 들었던 것은 당연했다. 마치 경기가 끝난 뒤 팀의 다른 선수들은 진흙탕으로 엉망진창이 된 모습으로 저마다 자신의 상처를 보살피기에 여념이 없는데 나는 유니폼에 흙탕물 한 방울 튀기지 않은 채 아직도 더 뛰고 싶다는 표정으로 나타난 그런 신참의 모습이었다. 나는 당파성과 살벌한 전쟁을 누그러뜨릴 필요가 있다는 자못 고상한 생각과 주장에 열을 올리면서 인터뷰와 사진 촬영으로 바쁘게 움직였지만 정작 민주당은 대통령과 상원, 하원 선거에서 모조리 패배했다. 이런 상황에서 민주당의 새로운 동료 의원들은 나를 더없이 환영해 주었다. 그나마 몇 안 되는 성공한 경우 중 하나가 나의 당선이라는 것이었다. 그렇지만 이들은 복도에서 나를 만나거나 본회의 중 중간 휴식 시간이 되면 나에게 상원 의원 선거 운동의 전형적인 모습이 어떤 것인지를 되새겨 주었다.

이들은 민주당 상원 원내 총무이자 사우스다코타에서 낙선한 톰 대슐(Tom Daschle)의 선거 운동 상황을 알려 주었다. 대슐이 신문 전단 광고와 텔레비전 스팟 광고 등 수백만 달러에 이르는 네거티브 광고 공세에 시달렸다는 것이다. 매일같이 그의 이웃들에게 전해지는 이런 광고들은 그가 아기를 죽이는 임신 중절과 남성 간 결혼을 지지했다는 내용이나, 심지어 첫 번째 아내가 대슐의 재선을 돕기 위해 사우스다코타로 내려왔는데도 그가 아내를 함부로 대했다고 비난하는 내용을 담고 있었다. 동료 의원들은 세 차례나 절단 수술을 받은 참전 용사이며 조지아 주 상원 의원이었던 맥스 클리랜드(Max Cleland)도 이전 선거에서 오사마 빈 라덴을 지원하고 부추기는 등 애국심이 부족하다는 비난을 받은 뒤 결국 낙선했다고 전했다.

베트남 전쟁 참전 군인 단체인 SBVT(Swift Boat Veterans for Truth, 베트남 전쟁 중 미 해군 소속의 소형 쾌속선 스위프트 보트의 승무원으로 참전했던 군인들과 포로로 억류되었던 사람들이 만든 단체. 2004년 대통령 선거에서 민주당 후보였던 존 케리의 참전과 군 복무 활동을 비판하고 그의 신뢰성에 의문을 제기해 큰 논란을 자아냈다 - 옮긴이 주)의 문제도 있었다. 공격 대상을 정확하게 설정한 몇 차례 광고가 엄청난 효과를 거두고, 보수적인 미디어들이 일제히 맞장구를 치며 호응함에 따라 훈장을 받은 베트남 전쟁 참전 영웅이 나약한 유화론자로 바뀌고 말았다.

공화당 의원들 중에서도 이런 행태가 너무 지나치다고 느끼는 사람이 분명 있었을 것이다. 그리고 의회가 개원한 첫 주 여러 신문에 실린 사설 내용이 옳았을지도 모른다. 어쩌면 이들 사설 내용처럼 이제 선거는 잊어버리고 공화 · 민주 양당이 비난과 공격을 접어 둔 채 최소한 한두 해 정도는 국정에 전념해야 할 때일지도 몰랐다. 선거 결과가 그런 근소한 차이를 보이지 않았거나 이라크 전쟁이 계속 격화되지 않았다면, 지지 단체나 전문가를 자처하는 사람들과 온갖 미디어들이 선거 이후의 상황을 이용해서 재미를 보겠다는 생각을 하지 않았다면, 그런 격앙된 분위기를 진정시키는 일이 가능했을지도 모른다. 아니 백악관이라도 다른 모습을 보였다면, 그런 평화가 찾아왔을지도 모른다. 즉 백악관이 선거판의 격앙된 분위기를 끝없이 이어 갈 것 같은 태도를 버리고 득표율 51퍼센트 대 48퍼센트의 승리를 누구도 이의를 제기할 수 없는 국민의 통치권 위임으로 받아들일 것이 아니라 겸양과 타협을 촉구하는 소리로 해석했다면 말이다.

그러나 이런 화해를 위해 필요한 조건이 어떤 것이든 간에 2005년에는 그런 여건이 조성되지 못했다. 어떤 양보나 호의의 기미도 찾아볼 수 없었던 것이다. 선거가 끝난 이틀 뒤 부시 대통령은 카메라 앞에서 자신에겐 아량을 베풀 정치적 자산이 있으며 이런 자산을 활용할 생각이라고 밝혔다. 같은 날 보수 성향의 사회운동가인 그로버 노퀴스트(Grover Norquist)는 공직자다운 화법 따위에 개의치 않는 탓인지, 민주당의 처지와 관련해 거친 이야기를 쏟아 냈다. 그는 "어떤 동물들은 제멋대로 쏘다니며 만족을 못 느끼다가도 거세를 당하면 자족하고 차분해진다는 점을 농부라면 누구나 잘 안다"고 말했던 것이다. 취임 선서를 한 지 이틀 뒤 클리블랜드 출신의 여성 하원 의원 스테파니 텁스 존스(Stephanie Tubbs Jones)는 하원에서 투표 당일 부정이 있었다는 이유를 들어 오하이오 주 선거인단의 공인에 이의를 제기했다. 그러자 공화당 소속 의원들이 모두 험악한 표정으로 쏘아보았다. "선거에서 져놓고 골치 아프게 하는군" 하고 중얼거리는 소리도 몇 군데에서 들렸다. 그러나 해스터트 하원 의장과 공화당 하원 원내 총무인 딜레이는 연단 뒤 높직한 자리에서 싸늘한 표정으로 존스 의원을 주시하면서도 다수 의석과 의사봉을 공화당이 차지하고 있다는 사실 때문인지 침착한 표정이었다. 캘리포니아 출신의 바바라 복서(Barbara Boxer) 상원 의원이 이의 신청에 동의한 뒤 우리는 상원 본회의장으로 돌아왔다. 곧바로 나는 첫 번째 표결권을 행사하게 되었다. 나는 그날 표결에 참여한 다른 74명의 상원 의원 중 73명과 함께 조지 부시를 미국의 재선 대통령으로 임명하는 데 동의했다.

　나는 이 표결이 끝난 뒤 처음으로 항의 전화와 반대 서한을 무더기로 받았다. 나는 그중 몇 명에게 전화를 걸어 내가 오하이오 주 상황을 잘 알고 있으며 그에 대한 조사가 당연하다고 생각하지만, 그래도 조지 부시가 대통령 선거에서 승리했다고 생각하는 데는 변함이 없다고 말했다. 이와 함께 내가 상원 의원으로 활동한 지 단 이틀 만에 지지자들을 배신했거나 본분을 지키지 못했다고는 생각하지 않는다고 납득시켰다.

　그 주에 나는 은퇴하는 상원 의원 젤 밀러(Zell Miller)와 우연히 마주쳤다. 호리호리한 체격에 눈매가 날카로운 그는 조지아 출신의 민주당 상원 의원으로서 미국총기협회(NRA)의 이사직을 맡고 있었는데, 소속 정당인 민주당을 마땅찮게 생각해 조지 부시를 지지하고 공화당 전당 대회에서 통렬한 내용의 기조 연설을 했다. 그는 이 연설에서 존 케리가 불성실하고 안보 문제에 취약하다며 폭언에 가까운 격렬한 비난을 쏟아 냈다.

　이 만남은 짧게 끝났지만 그 속에는 이심전심으로 느낄 수 있는 아이러니가 감돌았다. 즉 한쪽은 퇴장하는 나이 든 남부 사람이고 다른 쪽은 중앙 정치 무대에 새로 진출하는 북부 출신의 젊은 흑인이었던 것이다. 앞서 언론은 공화·민주 양당의 전당 대회에서 다 같이 기조 연설을 한 두 사람의 대조적인 모습을 한껏 부각시킨 바 있다. 밀러 의원은 상당한 호의를 보이면서 상원 의원 활동에 행운이 따르기를 바란다고 말했다. 나중에 그가 펴낸 저서 『부족한 품위 A Deficit of Decency』의 발췌 내용을 우연히 보았는데, 그는 내 기조 연설이 자신이 들어본 연설 중 가장 뛰어난 축에 들었다고 밝히면서도 선거에 대한 기여 면에서는 썩 효과적이지 못했다고 덧붙였다.

　달리 표현하자면 이런 것이다. 내가 지지한 후보는 패배했고 젤 밀러가 지지한 후보는 당선되었다는 것이다. 그것은 냉혹하고 엄연한 정치 현실이었다. 그 밖의 것은 모두 감정에 불과했다.

아내는 내가 기질상 실속 있는 편이 못 된다고 말한다. 나는 앤 쿨터(Ann Coulter, 40대의 유명한 여성 보수 논객이자 작가-옮긴이 주)나 션 해니티(Sean Hannity, 보수 세력을 대변하는 폭스의 뉴스 평론가-옮긴이 주)가 텔레비전에 나와 이러쿵저러쿵 떠들어 대는 것을 보면 그들의 이야기를 진지하게 들어 줄 생각이 별로 들지 않는다. 주로 자신의 저서 판매량을 늘리거나 시청률을 끌어 올리기 위해 그런 얘기를 하고 있음이 분명하다는 생각이 든다. 물론 그들이 인상 쓰는 모습을 바라보면서 귀중한 저녁시간을 보낼 사람이 과연 얼마나 될까 의문스럽기도 하다.

행사장에 나가면 민주당 지지자들이 나에게 몰려와 우리가 정치적인 면에서 최악의 시기에 살고 있으며 소리 없이 다가온 파시즘이 우리의 목을 죄려 한다고 목청을 높인다. 그럴 때면 나는 루스벨트 대통령 시절 일본계 미국인들을 억류했던 사실이나 2대 존 애덤스 대통령 시절 외국인 및 선동방지법(Alien and Sedition Acts)이 제정·시행된 일 또는 지난 100년 동안 수십여 행정부가 교체되면서도 더 심해진 것처럼 보이는 사적 제재(lynch)를 상기시키며 우리 모두 심호흡을 하고 길게 생각해 보자고 제안한다. 또한 만찬장 같은 곳에서 사람들이, 모두 네거티브 캠페인과 인신공격을 벌이는 정치 환경에서 내가 어떻게 활동할 수 있느냐고 물으면 나는 넬슨 만델라와 솔제니친 그리고 중국이나 이집트의 교도소에 수감되어 있는 사람들을 한번 생각해 보라고 말한다. 사실 욕을 먹는다는 것이 그 정도로 나쁜 것은 아니다.

그렇다고 내가 이런 상황에 면역이 되어 있는 것은 아니다. 대부분의 미국민들처럼 요즘 나도 우리의 민주주의가 크게 잘못되었다는 느낌을 떨쳐 버리기 어렵다. 단순히 한 국가로서 공언한 우리의 이상적 목표와 일상적으로 목격하는 현실 사이에 간격이 있다는 데 문제가 있다는 것은 아니다. 어떤 형태로든 그런 격차는 미국이 세워진 이후 계속 존재했다. 그동안 목표와 실천 간의 간격을 좁히기 위해 전쟁을 벌이는가 하면, 법률을 제정하고 시스템을 개혁했으며, 노동 조합을 결성하고 항의 시위를 벌이기도 했다.

문제는 우리가 당면한 난제가 엄청난 데 반해 우리의 정치는 참 왜소하다는 것이다. 즉 사소한 문제에 쉽사리 정신을 빼앗기는 바람에 어려운 결정을 회피하는 행태가 만성적으로 되풀이되면서 중대한 문제에 대처하기 위한 실행상의 합의를 도출해 내지 못하는 것처럼 보이는 것이다.

우리는 기회가 균등하게 주어지고 상향식 사회 이동이 용이하도록 만드는 데 진정한 노력을 기울여야 함은 물론, 세계화된 경쟁 속에서 살아남기 위해 현장의 목소리가 잘 반영되지 못하는 교육 제도를 개편해야 한다는 점을 잘 알고 있다. 그뿐 아니라 교육 분야에 인재를 보충하고 수학과 과학 교육을 강화하며, 도심 빈곤층 거주 지역 어린이들을 문맹에서 벗어나게 해야 한다는 점 또한 잘 알고 있다. 그런데도 교육 문제를 둘러싼 논의는 공립 학교 제도를 폐지하려는 쪽과 이미 불가능해진 현상 유지를 그대로 옹호하는 쪽 사이에서 표류하고 있는 것 같다. 또한 교육 부문에 투자해 봐야 별다른 효과가 없다고 주장하는 쪽과 효과적인 활용을 입증하지 못하면서도 더 많은 자금을 쏟아 부어야 한다고 주장하는 쪽 사이에서 공허하게 맴돌고 있는 듯하다.

우리는 건강 보험 제도가 엉망이라는 것을 잘 알고 있다. 부담금이 터무니없이 높고 매우 비효율적이다. 특히 더 이상 평생 고용이 힘들어진 경제 상황의 변화 속에서, 건강 보험 제도는 사람들이 열심히 일하면서도 항상 불안감에서 헤어나지 못하고 언제라도 빈곤층으로 떨어질 수 있게 만드는 그런 제도가 되어 버렸다. 그러나 한 해 두 해 세월이 흘러가도 관념적인 논리와 비열한 정략 때문에 아무런 조치도 취해지지 않다가 2003년에야 처방 약제 법안이 나왔지만, 이 또한 공공 보험과 민간 보험의 가장 취약한 측면들만 모아 놓았을 뿐이다. 터무니없는 가격으로 바가지를 씌우는 데다 관료적 혼선을 빚으며, 보험 대상 면에서 들쭉날쭉 차이를 보이고 납세자들에게 깜짝 놀랄 정도의 큰 부담을 지웠다.

우리는 테러와의 전쟁이 무력 투쟁이면서 동시에 사상 투쟁이라는 점, 우리의 장기적인 안전 보장은 군사력의 적절한 투입뿐만 아니라 다른 나라와의 협력 강화에도 좌우되고, 지구촌의 빈곤과 실패한 국가들의 문제 해결에 적극 나서는 것은 자비와 관용의 문제라기보다는 우리의 국익에 긴밀하게 연결된 문제라는 것을 잘 알고 있다. 그러나 외교 정책을 둘러싼 대부분의 논란들을 지켜보면 우리에겐 전쟁과 고립주의라는 두 가지 길밖에 없는 것처럼 보인다.

우리는 신앙을 위안과 화합의 원천으로 생각하지만 그런 신앙을 드러내는 것이 분열의 씨앗이 되고 있다. 우리는 인종적, 종교적, 문화적 긴장 상태가 우리 주변을 소란스럽게 만들 때에도 우리 자신이 관대한 국민이라고 믿고 있다. 그런데도 정치권은 이런 긴장을 해소하거나 중재하기는커녕, 그것을 부채질하고 이용함으로써 더욱 골이 깊어지게 만든다.

개인적으로는 정부 측 인사들도 현재의 정치 현실과 우리에게 필요한 정치적 전망 사이에 큰 차이가 있다는 점을 인정할 것이다. 민주당은 당연히 현재의 상황을 유쾌하게 받아들이지 않는다. 당분간은 민주당이 열세이고 모든 것을 공화당이 좌지우지하기 때문이다. 더구나 승자 독식의 선거 방식으로 정부의 각 부문을 모조리 장악했기 때문에 타협의 필요성을 느끼지 못한다. 그러나 사리 분별이 있는 공화당원이라면 이런 이점에 지나치게 기대서는 안 될 것이다. 민주당은 선거에서 패배했다. 그러나 승리한 공화당 역시, 세금을 줄이면서도 행정 서비스를 축소하지 않겠다거나, 사회 보장 제도를 민영화하면서도 수혜 폭은 그대로 유지하겠다거나, 희생 없이 전쟁을 수행하겠다는 등 현실을 무시한 공약들로는 국정을 제대로 이끌어 갈 수 없을 것처럼 보인다.

그럼에도, 적어도 공개적으로는, 대립하는 양쪽 모두에서 자성하는 태도를 별로 찾아볼 수 없고, 앞뒤가 꽉 막힌 현 상황이 자신의 책임임을 인정할 기미는 털끝만치도 보이지 않는다. 그 대신, 선거 운동 과정뿐만 아니라 사설이나 저서, 날로 확대되는 블로그에서도 들려오는 얘기들은 모두 편파적인 비난과 책임 전가뿐이다.

현재의 상황은 극단적 보수주의나 비뚤어진 자유주의, 톰 딜레이(Tom DeLay)나 낸시 펠로시(Nancy Pelosi, 공화당 하원 원내 총무인 딜레이와 민주당 하원 원내 총무인 펠로시는 보수와 진보로 대비되는 대표적 정치인이다. 딜레이는 불법 선거 자금 모금 혐의로 2006년 6월 의원직을 사퇴한 반면, 펠로시는 2006년 11월 의회 선거에서 민주당이 승리한 뒤 하원 의장으로 선출되었다 - 옮긴이 주), 거대 석유 업자나 탐욕스러운 법정 변호사, 종교적 광신자나 게이 활동가, 폭스 뉴스나 뉴욕타임스(폭스 뉴스가 보수 성향이 강한 미디어인 반면 뉴욕타임스는 진보 성향이 강한 신문이다 - 옮긴이 주)가 빚어낸 당연한 결과일 뿐이다. 이런 주장이 얼마나 설득력이 있고, 논리나 근거가 얼마나 신뢰할 만한지는 그런 주장이나 논리를 펴는 사람에 따라 다를 것이다. 나 또한 민주당 지지자들의 주장에 더 끌리고 진보 성향 인사들의 견해가 더욱 타당하고 근거가 확실한 경우가 많다고 믿는다는 점을 부인하지 못한다. 그러나 그 본질을 들여다보자면 좌우 양쪽의 주장과 설명은 거울에 비친 모습처럼 좌우만 바뀌었을 뿐이다. 즉 사악한 무리가 작당해 미국을 강탈한다는 음모론을 펼치고 있는 것이다. 그럴싸한 모든 음모론이 그렇듯이 양쪽의 주장에는 어느 한쪽에 경도된 사람들이 선뜻 받아들일 정도의 진실이 담겨 있다. 이들은 자신의 생각이나 추측과 어긋나는 모순된 측면이 보여도 이를 외면한 채 일방적인 주장을 그대로 믿어 버린다. 결국 양쪽의 의도는 상대방을 설득하겠다는 것이 아니라 지지층을 부추겨 각자의 정당성을 확신하게 만들고 나아가 상대를 굴복시킬 수 있을 정도의 표를 가져다줄 새로운 지지층을 끌어들이겠다는 것이다.

물론 매일 생업에 매달리고 있는 수많은 미국민들의 생각은 이와 다르다. 이들은 출근을 하거나 일거리를 찾거나 창업에 나서고 아이들의 숙제를 도와주는 일상 속에서 비싼 휘발유 가격과 보장이 불충분한 건강 보험, 압류된 연금 등으로 고통을 겪는다. 이들은 미래에 대해 희망을 품다가도 깊은 불안에 휩싸이기도 한다. 삶이 불안정하고, 모순에 가득 차 있기 때문이다. 그런데도 그들이 겪고 있는 어려움을 정치가 어루만져 주거나 대변하는 일이 거의 없기 때문에 정치판의 소란과 흥분, 끊임없는 공방을 외면하게 된다. 국민들은 오늘날의 정치를 사명이 아닌, 하나의 직업으로 생각하고 정계에서 논란을 벌이는 것을 구경거리나 쇼 정도로 치부한다.

국민을 진정으로 대변하고 이들을 진정으로 받들고자 한다면 정치는 달라져야 한다. 달라진 정치는 우리의 실제 삶을 그대로 반영하고 대변해야 할 것이다. 이런 정치는 이미 포장을 해놓거나 미리 만들어 놓은 기성품 같은 것을 꺼내 놓는 식이 되어서는 안 된다. 우리의 전통 중에서 가장 바람직한 것을 모아 새로운 정치를 만들어 나가되, 과거의 어두운 측면을 규명하고 넘어가야 한다. 그런 과정을 통해 어쩌다가 우리가 적대적 파쟁과 붕당적 증오로 들끓는 이 지경에까지 오게 되었는가를 파악해야 한다. 또한 우리는 온갖 형태의 의견 대립에도 불구하고 얼마나 많은 것을 공유하고 있는지 되새겨야 할 것이다. 우리에겐 함께 공유한 꿈과 희망이 있고 서로를 묶어 주는 결속의 끈이 존재한다.

워싱턴에서 정치 활동을 하게 된 후 제일 먼저 눈길을 끈 일 중하나는 고참 상원 의원들이 서로 비교적 따뜻한 관계를 유지하고 있는점이었다. 존 워너(John Warner, 은퇴를 앞둔 공화당의 고령 상원 의원-옮긴이 주)와 로버트 버드(Robert Byrd, 최다선 최고령의 민주당 상원 의원-옮긴이 주)는 대화와 토론 등 모든 형태의 만남에서 서로 정중함을 잃지않았고, 공화당의 테드 스티븐스(Ted Stevens) 의원과 민주당의 대니얼이누예(Daniel Inouye) 의원 사이에도 진정한 우정과 유대감을 엿볼 수있었다. 공통적으로 이들은 상원을 아낄 뿐만 아니라 각 정파의 색깔을덜 드러낸다. 그래서 이들은 사라져 가는 마지막 유형의 정치인들로 알려져 있다. 사실 의견이 합치되는 일이 별로 없는 보수와 진보 성향의시사 해설자들이 모두 동의하는 것 하나가 과거 워싱턴의 황금기에는어느 정당이 집권하든 상관없이 양당 간 서로 존중하며 정부가 잘 굴러갔다는 것이다.

어느 날 저녁 식사 모임 중 의사당 안팎에서 50년 가까이 활동한 노련한 인물을 만났다. 나는 그에게 과거와 현재의 정계 분위기가 어떻게다르냐고 물었다.

그러자 그는 망설임 없이 대답했다.

"그건 세대의 문제입니다. 과거에는 워싱턴에서 실권이나 영향력을 행사하는 거의 모든 사람들이 2차 대전에 참전했었지요. 이런 공동의 체험이 없었다면 우리도 이런저런 쟁점을 놓고 심하게 대립했을지 모릅니다. 우리 중에는 출신 배경이나 거주 지역, 정치 철학이 다른 사람들이 적지 않았지만 전쟁을 치르면서 공동의 체험을 갖게 되었습니다. 그런 경험을 공유하다 보니, 서로를 일정 수준 신뢰하고 존중했습니다. 이것이 서로의 차이를 극복하고 국정이 원만하게 이뤄지게 만드는 데 큰 힘이 되었던 것입니다."

나는 드와이트 아이젠하워와 샘 레이번, 딘 애치슨, 에버렛 더크센(Everett Dirksen)의 일화를 이야기하며 지난날을 회고하는 이 노인의 말에 귀를 기울였다. 24시간 뉴스와 논스톱 선거 자금 모금이 생기기 전, 진지한 사람들이 중요한 활동을 벌이던 때를 아련하게 묘사하는 그 이야기에 빠져 들지 않을 수 없었다. 나는 지난 시절에 대한 그의 애정 어린 회고는 당시 상황을 전체적으로 보여 주는 것은 아니며, 어느 정도 선택적인 회고라는 것을 스스로 일깨워야만 했다. 즉 그는 남부 출신 의원 모임이 상원 본회의장에서 민권 법안을 비난한 일이나 매카시즘의 음흉한 파워, 암살되기 전에 보비 케네디가 부각시켰던 끔찍한 빈곤, 그리고 당시에는 여성과 소수 민족이 주요 조직에서 배제되었다는 점 등을 이런 회고담에서 빼버렸던 것이다.

나는 또 당시의 특수한 시대 상황이 국정 운영을 안정적으로 유지하는 밑바탕이 되었다는 점을 깨달았다. 즉 2차 대전이라는 공동의 체험뿐만 아니라 냉전과 소련의 위협으로 조성된 광범위한 공감대, 유럽과 일본이 전후의 폐허에서 허우적거리던 1950~1960년대 미국이 누린 압도적인 경제적 우위가 사회적 합의와 공론 형성에 기여했던 것이다.

그러나 전후 미국 정치가 오늘날에 비해 이념 지향성이 약했고 정당 참여율 및 결속력도 낮았다는 점 또한 부인할 수 없다. 대체로 당시 의회를 지배했던 민주당 연합은 휴버트 험프리 같은 진보 성향의 북부 출신 정치인들과 제임스 이스틀랜드(James Eastland) 같은 보수적인 남부 민주당 인사들, 그리고 대도시의 당 지부 조직들이 끌어 모은 충실한 당원들의 혼합체였다. 이런 연합을 하나의 조직으로 결속시킨 것은 뉴딜이라는 이름 아래 적정 임금과 부가 급부, 시혜성 지원과 공공 사업, 생활 수준의 점진적 향상이란 비전을 내세운 경제적 포퓰리즘이었다.

그 밖에 민주당에는 내 방식도 맞고, 다른 방식도 맞다는 정치 철학이 만연했다. 이런 철학은 남부에서 벌어지는 흑인 억압을 묵인하거나 조장했다. 이것은 여러 사회 규범이 뿌리박고 있던 폭넓은 문화에 기초하고 있었다. 예를 들어 당시의 문화적 토양에서는 성 정체성이나 전통적인 여성의 역할 등은 아직 도전받지 않았고, 이런 쟁점들에 대해 정치적 논란이 일어나기는커녕, 불쾌감을 적절하게 표현할 수단조차 없었다.

공화당도 1950년대부터 1960년대에 걸쳐 원칙상의 분열을 그대로 용인했다. 즉 배리 골드워터(Barry Goldwater)의 서부식 자유주의와 넬슨 록펠러(Nelson Rockfeller)의 동부식 온정주의 간의 차이를 인정했던 것이다. 뿐만 아니라 연방주의를 적극적으로 옹호하면서도 링컨과 루스벨트(Theodore Roosevelt)의 공화주의를 되살려 낸 사람들과 사회적 실험보다는 전통을 중시하는 에드먼드 버크(Edmund Burke)의 보수주의를 추종하는 사람들 간의 분열을 용인했다.

민권, 연방 정부의 규제, 심지어 조세 문제에서 지역적·기질적 견해 차이를 조화시키는 것은 깔끔하게 마무리할 수 없을뿐더러 적절하지도 않았다. 그러나 민주당과 마찬가지로 경제적 이해관계는 공화당을 한 덩어리로 묶어 놓았다. 즉 자유 시장 원리와 재정지출 억제는 도심의 상점 주인에서 컨트리클럽 매니저에 이르기까지 모든 공화당 지지자들에게 호소력이 있었다. 공화당은 1950년대 반공주의라는 뜨거운 브랜드로 승부하기도 했다. 그러나 존 F. 케네디가 입증했듯이 민주당 역시 선거철만 되면 공화당보다도 한 술 더 떠, 반공의 목소리를 한껏 높였다.

그러나 양당의 이 같은 정치 지형은 1960년대 들어 깨지고 말았다. 어떤 이유로, 또 어떤 식으로 정치판이 뒤흔들렸는지에 대해서는 연대별로 비교적 잘 규명되어 있다. 처음 밀어닥친 것은 민권 운동이었다. 이 운동은 비교적 조용하게 진행되던 초기에도 이미 기존 사회 구조의 밑바탕을 뒤흔드는 도전이 되어 미국민에게 어느 한 편에 서도록 강요했다. 결국 린든 존슨은 이 싸움에서 올바른 쪽을 선택했지만 남부 출신인 그가 이런 선택을 함으로써 어떤 대가를 치러야 하는지 누구보다도 잘 알고 있었다. 1964년 민권법에 서명한 뒤 존슨은 보좌관인 빌 모이어스(Bill Moyers)에게 펜으로 몇 자 휘갈겨 적은 문건을 통해 앞으로 한동안 남부를 공화당에 넘겨주게 되었다고 토로했다.

뒤이어 베트남 전쟁에 반대하는 학생들의 시위와 함께 미국이 항상 정당한 것은 아니라는 주장들이 터져 나왔다. 따라서 다음 세대는 윗세대가 요구하는 대가나 부담을 치르지 않을 것이라는 주장도 나왔다.

그다음에는 현상 유지의 장벽이 깨지면서 온갖 형태의 '아웃사이더'들이 모습을 드러냈다. 이들은 여권 신장론자, 라틴계 미국인, 히피족, 블랙팬서(Black Panthers, 1965년 결성된 급진적 흑인 단체로 흑표당으로도 불린다 - 옮긴이 주), 생활 보호 대상자인 싱글맘, 게이 등이었다. 이들은 저마다 그들의 존재를 인정해 주고 권리를 보호해 줄 것을 요구하는 한편, 정치 참여와 영향력 확대를 위해 협상 테이블 한 자리와 파이한 조각을 요구하고 나섰다.

이런 사회운동의 논리가 제풀에 꺾여 스러질 때까지 몇 년의 세월이 흘렀다. 닉슨은 남부 전략(Southern strategy, 1972년 대통령 선거에서 공화당의 닉슨 후보가 남부 여러 주의 선거인단 확보를 통해 재선을 도모한 전략-옮긴이 주), 즉 흑백 통합을 위한 강제 버스 통학 관련 법원 판결에 대한 도전과 말없는 다수 국민에 대한 호소가 먹혀 들면서 선거에서 곧바로 성과를 거두었다. 그러나 닉슨의 국정 철학은 단 한 번도 확고한 이데올로기로 정착되지 못했다. 연방 정부 최초로 차별 철폐 조치를 제안하는가 하면, 환경청 및 산업안전보건청 신설법에 서명해 발효시킨 것은 다름 아닌 닉슨 대통령이었다. 반면에, 지미 카터(Jimmy Carter)는 민권 지지가 민주당의 전통적인 보수적 메시지와 결합될 수 있음을 입증했다. 그리고 당에 잔류한 남부 지역의 대다수 민주당 의원들은 비록 지지층과 유리되긴 했어도 현직의 이점을 활용해 의석을 그대로 유지함으로써 민주당이 최소한 하원만은 계속 지배할 수 있었다.

그러나 여론의 성격 자체가 바뀌고 있었다. 이제 정치는 경제적 이해관계를 대변하는 데에서 나아가 윤리적인 쟁점이 되었다. 따라서 도덕적 의무와 절대적 윤리에 종속되었다. 또한 정치는 명백하게 개인적 활동이 되었고, 흑인과 백인, 남녀 사이 등 모든 상호 작용에 스며드는가 하면, 모든 형태의 주장이나 권위에 대한 거부 속에 깃들게 되었다.

그에 따라 이제는 진보주의와 보수주의가 계층보다는 전통 문화 및 반문화에 대한 입장에 따라 구별되기에 이르렀다. 따라서 파업권이나 법인세에 대한 생각뿐만 아니라 섹스와 마약, 로큰롤, 라틴식 미사나 서구식 교회법을 어떻게 받아들일 것인가가 중요한 쟁점이 되었다. 북부의 전통적 백인 유권자와 남부의 일반적인 백인에겐 이런 새로운 진보주의가 낯설고 잘 이해되지 않았다. 거리에서 폭력 사태가 벌어지는데도 지식 사회가 이것을 용인하고, 이웃에 흑인들이 이사 오며 백인 어린이들은 거주지역 바깥의 학교로 버스 통학을 하도록 강제당하는가 하면, 국기를 불태우고 참전 군인들에게 침을 뱉는 일들이 벌어지는 상황은 그들이 가장 소중하게 생각하는 가족과 믿음, 국기, 이웃, (그리고 적어도 일부에겐) 백인의 특권 같은 가치들을 공격하는 것까지는 아니라 하더라도 모욕하고 약화시키는 것처럼 보였기 때문이다. 게다가 연이은 암살과 방화, 베트남 전쟁 패배의 굴욕 속에서, 석유 파동으로 주유소 앞에 길게 늘어선 인파와 인플레이션 압력, 공장 폐쇄가 보여 주듯 경제마저 어려워졌다. OPEC(석유수출국기구)이 미국 경제에 끼친 충격에 더해 이란 과격분자들이 미국을 모욕하기까지 하는데도, 고작 난방 온도를 낮추라고 권고하는 것이 지미 카터가 내놓은 최선의 대안이었다. 그러자 뉴딜을 매개로 결속했던 민주당 연합의 한 축이 다른 정치적 안식처를 찾기 시작했다.

나는 그동안 1960년대와 기묘하게 얽혀 있다는 느낌을 떨쳐 버리지 못했다. 어떤 면에서 나는 순전히 1960년대의 산물인 셈이다. 인종이 다른 양친의 자식으로 태어난 나는, 당시 벌어지고 있던 사회적 격변이 없었다면 온전한 삶이 불가능했고 인생의 기회 또한 완전히 차단되었을 것이다. 그러나 나는 당시 너무 어렸기 때문에 이런 변화의 성격을 제대로 이해하지 못했다. 또 미국의 중심부에서 멀리 떨어진 하와이와 인도네시아에서 살고 있었기 때문에 그 변화가 미국의 정신에 어떤 영향을 미칠지 알지 못했다. 내게 영향을 끼친 1960년대의 유산 중 상당 부분은 어머니를 통해서 전해졌다. 어머니는 죽을 때까지 변치 않는 진보주의자임을 자랑스럽게 공언하곤 했다. 어머니는 특히 민권 운동을 높이 평가했다. 그 때문에 기회가 있을 때마다 관용과 평등, 소외 계층 옹호 등 민권 운동에 담긴 중요한 가치와 정신을 내 머릿속에 깊숙이 새겨 놓았다.

그러나 미국 본토를 벗어나 멀리 떨어져 있는 데다, 다정한 성품에서 우러나온 뿌리 깊은 로맨티시즘 때문에 어머니의 1960년대 인식은 여러 모로 한계가 있었다. 어머니는 블랙 파워와 SDS(Students for Democratic Society, 미국의 과격 학생 단체인 '민주사회를 위한 학생 연합' – 옮긴이 주), 다리 면도를 중단한 여자 친구들을 이해하려고 애썼을지 모르겠으나 이들의 분노와 저항 정신을 완전히 이해하지는 못했다. 정서적인 측면에서 어머니의 진보주의는 항상 1967년 이전에 머물러 있었고 그녀의 가슴은 우주 개발 계획과 평화 봉사단, 프리덤 라이드(Freedom Rides, 1961년 민권 운동의 일환으로 시작된 비폭력 시위 운동으로 흑백 분리를 철폐하기 위해 버스와 열차를 타고 남부 지역을 누비고 다닌 운동 – 옮긴이 주), 마할리아 잭슨(Mahalia Jackson, 미국의 유명한 흑인 영가 여가수 – 옮긴이 주), 조안 바에즈(Joan Baez, 반전 평화 운동을 노래한 미국의 유명한 포크 여가수 – 옮긴이 주)의 이미지로 가득 찬 타임캡슐과 같았다.

나는 1970년대가 되고 웬만큼 나이가 든 뒤에야 비로소 1960년대에 막 터져 나온 여러 사건들을 직접 겪었던 사람들에게는 당시의 사태가 얼마나 통제 불능의 상태로 정신없이 돌아가는 것처럼 보였을지 대강 짐작할 수 있게 되었다. 외할아버지와 외할머니의 불만 섞인 얘기가 내가 당시 상황을 이해하는 데 어느 정도 도움을 주기도 하였다. 두 분은 오랫동안 민주당을 지지해 왔는데, 1968년에 그만 공화당의 닉슨에게 표를 던진 사실을 털어놓았다가 어머니로부터 이후 평생 동안 배신 행위라는 지탄을 받았다.

나는 주로 스스로 탐구하면서 1960년대를 이해하게 되었다. 당시 청소년기의 반항심은 이미 쇠퇴하기 시작한 정치적·문화적 변화 속에서 정당화의 구실을 찾았다. 10대 시절 나는 질탕하게 마시고 떠들 수 있으며 누구에게나 열린 자유분방한 시대 분위기에 매료되었다. 내가 책과 영화, 음악을 통해 흠뻑 받아들인 1960년대의 이미지는 어머니가 말한 것과는 크게 달랐다. 다시 말해 휴이 뉴턴(Huey Newton, 1966년

10월 인종 평등과 흑인의 인권 및 자위를 위해 결성된 급진적 흑인 결사인 블랙팬서, 일명 흑표당의 공동 창립자이자 지도자 - 옮긴이 주)과 1968년의 민주당 전당 대회, 사이공 공수, 롤링스톤스의 앨터몬트 공연(1969년 미국 순회 공연에 나선 롤링스톤스가 11월 말 공연 스케줄을 끝낸 뒤 마지막으로 캘리포니아 북부 앨터몬트 모터스포츠 파크에서 12월 6일 30만 명의 팬이 운집한 가운데 가진 유명한 무료 록 콘서트 - 옮긴이 주)이 1960년대의 이미지로 내 가슴속에 남아 있는 것이다.

결국 권위를 인정하지 않던 내 방식은 방종과 자멸적인 행태로 빠져 들었지만 대학에 들어갈 즈음에는 인습에 대한 도전 자체에도 지나침이 있을 수 있고, 교조적 측면이 스며들 수 있다는 점을 깨닫기 시작했다. 나는 사실이라고 생각한 것들을 하나하나 재점검하기 시작하면서 어머니와 외조부모가 나에게 가르쳐 준 여러 가지 가치를 되새기게 되었다. 내가 믿는 바를 하나하나 구분하고 정리하는 과정은 더디면서도 불연속적으로 이뤄졌지만 그 과정에서 나는 요점이 무엇인지, 그것이 옳은지 사고하는 습관을 갖게 되었다. 예를 들어, 기숙사에서 대학 친구들과 대화를 나누다가 모두 별생각 없이 상투적인 표현을 반복할 때면 그 틈을 이용해 대화의 요점을 말없이 가슴속에 새겨 보기 시작했던 것이다. 말하자면, 이런 것들이다.

자본주의나 미 제국주의에 대한 매도가 너무 쉽게 쏟아져 나오는 것 아닌가, 일부일처제나 종교의 구속에서 벗어나야 한다는 외침은 그런 억압의 값진 측면을 제대로 헤아리지 않은 채 터져 나오는 것은 아닌가, 또 희생자의 역할을 너무 쉽게 인정해, 책임을 회피하거나 권리를 주장하거나 또는 그만한 고통을 겪지 않은 사람들에 대한 도덕적 우위를 내세우는 수단으로 삼는 것은 아닌가 하는 것이다.

이런 마음가짐 때문에 나는 1980년 로널드 레이건이 대통령에 당선되었을 때, 불안한 마음으로 지켜보았다. 존 웨인처럼 강한 남자인 척하는 그의 태도와 '아버지가 가장 잘 안다'(Father knows best, 대만 출신의 이안 감독이 제작한 영화로 흔히 〈쿵후 선생〉과 〈결혼 피로연〉, 〈음식남녀〉 등 아버지 3부작을 지칭한다 - 옮긴이 주)는 식의 포즈, 일회성 정책, 그리고 빈곤층에 대한 이유 없는 비난 등을 도무지 납득할 수 없었지만, 그가 어떤 면에서 호소력을 발휘하는지 이해할 수 있었다. 유년 시절을 하와이에서 보낼 때 그곳의 군사 기지는 깔끔한 거리와 기름을 반질반질하게 칠해 놓은 기계 장비, 다림질로 빳빳하게 세운 제복, 절도 있는 경례 동작 등으로 어린 소년인 나에게 늘 매력적이었다. 레이건이 바로 그런 느낌이었다. 나는 아직도 멋진 플레이를 펼치는 야구 경기를 시청하면서 즐거워한다. 아내도 〈딕 반다이크 쇼 The Dick Van Dyke Show〉(1961년부터 1966년까지 방영된 TV 시리즈로 방송작가인 청춘남녀들을 통해 일과 사랑, 연예와 결혼을 코믹하게 다룬 유명한 시트콤 - 옮긴이 주)의 재방송을 즐기는데, 레이건의 호소력은 이런 즐거움과 관련된 것이다.

레이건은 먼저 질서 확립을 바라는 미국민들의 강렬한 욕구를 건드렸다. 더 나아가 그는 우리가 분별없고 비정한 세력에 그냥 끌려 다닐 것이 아니라, 근면과 애국심, 책임감, 낙관적 태도, 종교적 신념과 같은 전통적인 미덕을 되살림으로써 개개인은 물론, 우리 모두의 운명을 개척할 수 있다는 믿음을 가져야 한다고 역설했다.

레이건의 메시지가 이처럼 호응을 받았다는 것은 그의 커뮤니케이션 솜씨가 뛰어나다는 것을 의미할 뿐만 아니라 진보적인 민주당 정권이 경제 침체기에 중산층 유권자들에게 그들을 위해 노력하고 있다는 느낌을 주지 못했음을 의미하는 것이기도 하다. 실제로 정부 기관들은 국민에게서 나온 세금을 지출하는 데 너무 방만한 태도를 보였다. 관료 조직이 정책 집행에 따르는 비용과 희생을 전혀 의식하지 않는 경우도 너무 잦았다. 진보적인 구호들은 의무와 책임보다는 권리와 자격을 중요시하는 것처럼 보일 때가 많았다. 레이건은 복지 국가의 문제점을 과장했을 수도 있다. 또 레이건의 제반 국내 정책이 1980년대 시장 교란 행위로 상당한 이득을 취했던 경제 엘리트 쪽에 편향되어 있는 반면, 노동 조합은 분쇄되고 일반 노동 계층의 소득은 완전히 제자리걸음 수준이었다는 진보 세력의 주장은 분명 타당하다.

그럼에도 불구하고, 최소한 레이건은 열심히 일하고 법을 준수하며 가족을 돌보고 조국을 사랑하는 사람들 편에 서겠다고 약속함으로써 국민들에게 공동의 목적 의식을 심어 주었지만 진보 세력은 이런 목적 의식을 불어넣지 못하는 것처럼 보였다. 또한 레이건을 비판하는 사람들은 그들이 현실을 비판하면 할수록 그만큼 세상 물정 모르고 세금을 걸어 쓰는 데만 골몰하며 항상 미국 탓부터 하는 집단으로 비쳤다. 그들은 레이건이 그들을 규정한 모습 그대로 국민들에게 인식되었던 것이다.

내가 놀랍게 여긴 것은 당시 레이건이 개발해 그런대로 잘 먹혔던 정치 방식이 아니다. 레이건이 활용했던 화법이 지속적인 생명력을 지닌 것으로 입증된 사실이 놀라웠다. 40년의 세월이 흘렀는데도 1960년대의 격동과 그에 따른 반발이 계속 우리의 정치 담론을 이끌어 가고 있다. 부분적으로 이런 현상은 1960년대에 성년이 된 사람들에게 그 당시의 대립과 갈등이 얼마나 깊은 인상을 남겼는지 보여 주며, 또 당시의 논란이 정치적 쟁점일 뿐만 아니라 자신의 정체성과 도덕적 입장을 규정하는 개인적 선택의 문제로 인식되었다는 점을 분명하게 드러낸다.

나는 폭발 직전 상태였던 1960년대의 여러 쟁점들이 제대로 해결되지 않았다는 사실을 이런 현상들이 여실히 보여 준다고 생각한다. 대항 문화를 내세웠던 격정은 정치적 현실 참여보다는 소비자 중심주의나 다양한 생활 방식의 추구, 선호하는 음악 속으로 스러졌지만 인종과 전쟁, 빈곤, 남녀 관계와 관련된 문제는 사라지지 않고 그대로 남아 있다.

그런데 어쩌면 이런 현상은 순전히 베이비 붐 세대의 규모와 연관이 있을지 모른다. 베이비 붐 세대의 인구 통계적 위력은 정치 분야뿐만 아니라 비아그라 시장에서 자동차 생산 업자가 승용차에 설치하는 컵 홀더의 숫자에 이르기까지 각종 부문에서 똑같은 영향력을 발휘하기 때문이다.

어떻게 해석하든, 레이건 이후 공화당과 민주당, 진보와 보수 간의 구별은 이데올로기 측면에서 한층 더 선명해졌다. 이런 현상은 차별 철폐 조치와 범죄, 복지, 임신 중절, 학교 예배와 같은 중대한 쟁점에서 분명하게 나타났는데, 이런 문제를 둘러싼 대립은 모두 과거의 다툼이 연장된 것이었다. 그러나 이제는 그 밖의 모든 문제들에서도 마찬가지 현상이 빚어졌다. 크든 작든, 국내 문제든 대외 문제든, 모든 쟁점들에 대한 대응이 이쪽이냐 저쪽이냐, 찬성이냐 반대냐로 단순화됐고, 미리 준비된 판에 박은 대안들밖에 제시되지 않았다.

경제 정책은 더 이상 생산성과 분배의 정의에 있지 않았다. 파이를 키울 것인가 파이를 나눌 것인가, 상충하는 목표를 적절하게 조정하는 문제도 아니었다. 감세와 증세, 작은 정부와 큰 정부의 문제도 찬반의 문제일 뿐이었다. 환경 정책도 더 이상 천연자원의 착실한 보존과 현대화한 경제적 요구 간의 균형을 적절하게 맞추는 문제가 아니었다. 무제한의 개발과 탐사, 노천 채굴을 찬성할 것이냐 아니면 경제 성장을 질식시킬 정도의 숨 막히는 관료적 행태와 갖가지 형식주의를 지지할 것이냐의 문제가 되었다. 정책이 아닌 정치에서는 단순성이 장점이 되었다.

가끔 나는 레이건의 뒤를 이은 공화당 지도자들조차 정치가 나아가는 방향을 전적으로 마음 편하게 받아들이지는 않았다고 생각한다. 조지 부시(41대 대통령을 지낸 아버지 부시 대통령 – 옮긴이 주)와 보브 돌 (Bob Dole, 오랫동안 공화당 상원 원내 총무를 지낸 정치인으로 1996년 공화당 후보로 민주당의 클린턴 후보와 대통령 선거에서 겨뤄 참패했다 – 옮긴이 주) 같은 정치인들의 발언을 들어 보면, 갈등과 원망을 담은 정치적 수사들이 늘 억지스럽게 보여 그런 언급이나 행태가 민주당 지지 기반으로부터 유권자들을 떼어 내기 위한 한 방편일 뿐, 반드시 국정이나 정치의 묘책으로 활용되는 것은 아니라는 느낌이 든다.

그러나 이어 권력의 중심부로 진입한 세력들은 달랐다. 보수 세력에서 비교적 젊은 세대에 속하는 뉴트 깅리치와 칼 로브, 그로버 노퀴스트(보수적 시민단체인 조세개혁운동(ART)의 회장으로 선거에서 여러 차례 랠프 리드와 함께 공화당 후보들의 득표에 큰 힘이 되었다 – 옮긴이 주), 랠프 리드(목사이자 기독교 도덕주의 운동가 – 옮긴이 주)의 경우, 격정적인 정치적 수사법은 선거 운동 전략에 그치지 않았다. 이들은 "새로운 세금 불가"라고 외치든 "미국은 기독교 국가다"라고 주장하든, 말한 내용 그대로를 진심으로 믿는 사람들이었다. 사실 이들의 경직된 신조와 장애물을 완전히 쓸어 버리려는 태도, 권리를 침해당했다는 과장된 피해 의식 때문에 이들 새로운 보수 세력 지도부는 오히려 1960년대에 등장했던 뉴 레프트의 몇몇 지도자들을 연상시켰다. 보수 세력을 이끄는 이들 새로운 선도자는 그들과 맞서는 진보 세력 지도부와 마찬가지로 정치를 정책과 비전의 경쟁으로뿐만 아니라 선과 악의 투쟁으로 인식했다. 민주·공화 양당의 열성적인 실무자들은 여러 사상 검증 장치를 고안해 임신 중절에 의문을 제기하는 민주당원들을 점차 고립시키거나 총기 규제를 옹호하는 공화당원들을 사실상 내쫓다시피 했다.

이 같은 대립과 투쟁 속에서는 타협하려는 태도가 나약함으로 간주되어 응징이나 축출의 대상이 되었다. 모든 사람이 내 편이 아니면 상대편일 뿐이었다. 모두가 어느 한쪽 편을 선택하지 않으면 안 되었다.

빌 클린턴은 '보수'와 '진보'라는 꼬리표로 정치가 이원화되는 것이 공화당에 유리하게 작용한다고 생각했다. 또 그런 이분법이 미국의 당면 문제를 적극적으로 다뤄 나가는 데도 적합하지 않다고 인식했다. 클린턴은 이런 식의 이념적 교착 상태를 극복하려고 애썼는데, 이런 면은 다른 인물에게서는 찾아볼 수 없다.

그가 첫 번째 선거 운동 중에 못마땅하게 여기던 레이건 데모크래트(Reagan Democrats, 1980년대에 일부 좌파 지식인이나 민주당 매파였던 인물들이 민주당을 버리고 공화당의 레이건 행정부로 들어가 대소 강경노선으로 소련 붕괴를 촉진시키고 나중에 네오콘을 이끌거나 뒷받침하는 구실을 했다 – 옮긴이 주)들에 대한 말과 행동은 세련되지 못하고 속이 빤히 들여다보이는 태도로, (시스터 솔저[Sister Souljah, 1991년 3월 흑인 청년 피의자 로드니 킹이 백인 경찰 4명에게 무자비하게 구타당하는 장면이 텔레비전에 보도된 다음 해 기소된 경찰관들이 전원 무죄 판결을 받은 것이 로스앤젤레스 흑인 폭동으로 이어진 뒤, 솔저는 〈워싱턴 포스트〉와의 인터뷰에서 흑인들에게 백인을 살해하도록 부추기는 듯한 발언을 해 당시 대선에 뛰어든 빌 클린턴으로부터 호된 비판을 받았다 – 옮긴이 주)에게는 또 어떻게 했는가?) 또는 너무 비정한 태도로 보일 수 있었다. 클린턴은 전략적으로 중요한 예비 선거 전날 정신 지체 사형수에 대한 형 집행을 승인했다. 그는 백악관에 들어간 뒤 첫 2년 동안 전 국민 건강 보험 실시와 적극적인 교육 훈련 투자 같은 정강의 핵심 내용을 포기하지 않을 수 없었다. 신경제 체제에서 노동 계층의 입지가 점점 약화되는 장기적 흐름을 확실하게 역전시킬 수 있는 기회였지만 결국 그의 시도는 좌절되고 말았다.

여전히 클린턴은 국민에게 제시된 양자택일안이 그릇된 것이라는 점을 본능적으로 알고 있었다. 그는 정부의 재정 지출과 규제 조치가 잘 만들어진다면 경제 성장을 억누르는 요소가 아니라 경제 성장의 핵심 요소가 될 수 있다는 점을 알고 있었다. 또 시장 원리와 절제된 재정 운용이 사회 정의를 증진시키는 데 기여할 수 있다는 점을 인식하고 있었다. 클린턴은 빈곤을 극복하려면 사회적 책임뿐만 아니라 개인적 책임도 요구된다고 판단했다. 일상적인 정치 행위에서 항상 그렇지는 않았지만, 적어도 그가 내세운 정강에 비춰 본다면 클린턴의 제3의 길(Third Way)은 절충이나 타협에 머물지 않고 이념에 얽매이지 않는 미국인 대다수의 실용적인 태도를 반영했다.

클린턴의 여러 정책은 목표는 온건해도 눈에 띄게 진보적인 내용을 담고 있었는데, 임기 말에 가서는 국민들의 광범한 지지를 받았다. 정치적인 면에서 클린턴은 여당인 민주당으로부터 몇몇 과도한 양보를 받아냈는데, 그 때문에 선거에서 여러 번 패배를 맛보아야 했다. 클린턴이 경제 호황에도 불구하고 인기 있는 제반 정책을 일종의 정책 연립(governing coalition) 비슷하게 전환시키지 못했던 것은 당시 민주당이 처했던 인구 통계상의 어려움과 공화당이 상원에서 누리던 구조상의 우위를 보여 준다. 특히 당시는 공화당 지지세가 날로 견고해지는 남부의 인구 증가가 두드러지고 있었다. 한편, 상원의 구조적 문제 때문에 공화당이 인구가 불과 49만 3,782명에 불과한 와이오밍 주에서 2명의 상원의원을 확보한 반면, 민주당은 인구가 3,387만 1,648명이나 되는 캘리포니아 주에서 마찬가지로 상원 2석을 얻었을 뿐이다.

그러나 이 같은 실패는 깅리치와 로브, 노퀴스트 같은 인물들이 보수주의 운동을 강화하고 제도화하는 데 상당한 솜씨를 발휘했음을 입증하는 것이기도 하다. 이들은 기업 쪽 후원 세력과 부유한 정치 헌금자들로부터 거의 무제한 지원을 받아 싱크탱크와 미디어를 중심으로 네트워크를 만들었다. 이들은 지지 기반을 결집하는 데 첨단 기술을 동원하고, 당의 규율을 강화하기 위해 하원을 중앙 집권화했다.

이들은 보수 세력이 장기간에 걸쳐 의회의 다수파가 되는 데 클린턴이 위협과 걸림돌이 된다는 점을 잘 인식하고 있었다. 이들이 클린턴을 거의 광적으로 물고 늘어졌던 것도 그 때문이다. 이와 관련해 이들은 클린턴의 도덕성을 공격하는 데 많은 시간을 들였다. 사실 클린턴의 정책들이 과격하거나 급진적이지 않았기 때문에 이를 공격하기는 어려웠다. 따라서 그의 전기에 나온 여러 가지 내용, 즉 징집 영장을 찢어 버린 무용담이나 마리화나를 맛본 일, 아이비리그 엘리트주의, 집안 살림을 하지 않는 전문직 아내, 그리고 다른 무엇보다도 섹스 추문 등이 보수 세력에게는 마음껏 씹을 수 있는 호재였다. 클린턴은 반복적인 실수와 허술한 진술, 결국 그런 잘못을 뒷받침하는 명백한 증거들을 통해 1960년대 자유주의의 특성을 그대로 체현한 인물로 비쳐졌다.

이런 모습은 무엇보다도 보수주의 운동을 촉진시켰다. 클린턴은 비등한 싸움을 벌였을지 모르지만 보수주의 운동은 한층 강화되었고 조지 부시 대통령의 첫 번째 임기 중에는 마침내 미국 정부 전반을 지배하게 되었다.

나는 이런 식의 설명이 너무 간결하고 단순해서 문제가 있다는 점을 잘 안다. 이런 설명은 지난날을 충분히 비판적으로 다루지 못한다. 제조업의 위축과 레이건이 파업을 벌인 항공관제사 전원을 해고해 버린 결정이 미국의 노동운동에 치명타를 가한 과정이나, 남부의 다수–소수 대표 선거구제가 더 많은 흑인 후보자의 당선을 보장함과 동시에 그 지역의 민주당 의석을 잠식한 과정, 점차 무사안일에 빠져 지금 어떤 싸움을 벌이고 있는지도 제대로 인식하지 못하는 민주당 의원들로부터 클린턴이 거의 협력을 받지 못한 상황 등의 문맥을 간과했기 때문이다. 내 설명은 또한 정치적 게리맨더링(gerrymandering, 특정 정당이나 후보자에게 유리하도록 선거구를 정하는 일 – 옮긴이 주)의 진척이 의회를 얼마나 양극화시켰는지, 선거 자금이나 텔레비전 광고를 통한 네거티브 캠페인이 정치 상황을 얼마나 망가뜨렸는지 간과하고 있다.

그런데도 그날 밤 워싱턴에서 잔뼈가 굵은 이 노련한 정치인이 나에게 들려준 이야기를 머리에 떠올릴 때나 조지 케넌(George Kennan)과 조지 마셜(George Marshall)의 저술 내용을 음미할 때, 또 보비 케네디나 에버렛 더크센과 같은 정치인의 연설문을 읽을 때면 오늘날의 정치가 성장이나 발전이 저지된 질병에 걸렸다는 느낌을 떨쳐 버릴 수 없다. 이런 인물들에게 미국의 당면 과제는 전혀 추상적이지도 단순하지도 않았다. 전쟁은 끔찍한 일일지 모르지만 정당한 과제였다. 면밀한 계획과 대비책을 마련해 운용하더라도 경제는 붕괴될 수 있었다. 또 사람들은 평생 열심히 일했어도 지닌 것을 몽땅 잃는 수도 있었다.

이후 세대의 지도자 그룹은 어려움 없이 비교적 안온한 환경에서 자랐다. 체험이 다르면 정치에 대한 태도 또한 달라진다. 나는 클린턴과 깅리치 간의 결론 없는 논쟁이나 2000년, 2004년 선거를 지켜보면서 전국적인 무대에서 공연되는 베이비 붐 세대의 사이코드라마를 보는 것 같았다. 오래전 몇몇 대학 캠퍼스에서 만들어 냈을 법한, 묵은 원한과 복수극에 뿌리를 둔 드라마를 보고 있는 것이 아닌가 하는 느낌이 가끔 들었던 것이다. 1960년대 세대가 쟁취한 승리, 즉 소수 민족과 여성의 온전한 시민권 향유, 개인적 자유의 증진, 권위에 의문을 제기하는 건강한 시민 의식 등을 통해 미국은 전보다 훨씬 더 개선되었다. 그러나 그 과정에서 사라졌지만 아직 새롭게 정립되지 않은 것이 바로 국민을 하나로 묶어 주는 인식의 공유, 다시 말해 신뢰와 동료 의식이다.

그렇다면 이런 인식이 어디에서 사라져 버린 것일까? 이론상으로는 공화당도 의지만 있다면 클린턴 같은 인물을 배출할 수 있었을 것이다. 즉, 클린턴 식으로 재정을 보수적으로 운용하면서 삐걱거리는 연방 정부의 관료 조직을 보다 적극적으로 개편할 수 있었을 것이다. 또 시장이나 신뢰에 바탕을 둔 사회 정책적 해결 방안을 시험적으로 모색하는 중도우파의 지도자를 키워 낼 수도 있었을 것이다. 실제로 그런 지도자가 앞으로 등장할지도 모른다.

현재 선거를 통해 공직에 오른 모든 공화당 인사들이 운동 지향적 보수주의자들의 주의·주장에 찬동하는 것은 아니다. 상·하 양원과 미국 전역의 여러 주 의회나 주 정부에서 활동하는 공화당 인사들 중에는 중용과 절제라는 전통적인 의미의 보수주의적 미덕을 그대로 지켜 나가는 사람들이 적지 않다. 이들은 부유층에 대한 감세 정책이 국가 채무의 누적으로 이어지는 것은 무책임한 일이라는 것을 알고 있다. 재정 적자 감축이 빈곤층의 부담으로 전가되어서는 안 되고, 교회와 국가의 분리는 국가뿐만 아니라 교회도 보호하는 결과를 가져오며 환경 보호와 보수주의는 꼭 상충하는 것은 아니라는 점도 알고 있다. 뿐만 아니라 외교 정책은 희망과 기대가 아니라 현실에 바탕을 두어야 한다는 점을 제대로 인식하고 있다.

그러나 지난 6년 동안 정치적 토론을 주도한 사람들은 이런 공화당 인사들이 아니다. 조지 부시는 2000년 대통령 선거 운동 과정에서 '온정적 보수주의(compassionate conservatism)'를 다짐했지만 오늘날 공화당이 내세우는 이데올로기의 핵심적인 특성은 보수주의가 아닌 절대론(absolutism)이다. 자유 시장 절대론은 세금도 규제도 사회 안전망도 필요하지 않으며, 심지어 정부의 역할도 사유 재산 보호와 국방 유지에 국한된다는 이데올로기이다.

기독교 우파의 종교적 절대론은 임신 중절이라는 매우 어려운 쟁점을 통해 영향력을 키운 뒤 곧바로 훨씬 폭넓은 영역으로 세력을 뻗어 나간 운동이다. 이런 운동은 기독교가 미국의 지배적인 종교라고 주장한다. 뿐만 아니라 근본주의적 특정 종파는 여론을 겨냥한 전략을 추진하면서, 진보적 신학자의 저술이든 미국과학원의 연구 결과든 또는 토머스 제퍼슨의 언명이든 관계없이 어떤 형태의 대안적 해석도 인정할 수 없다고 주장한다.

또한 그들은 다수의 의지에 의해 권위를 부여받았다는 확신을 내세우거나 또는 최소한 다수파의 이름으로 권력을 요구하면서, 뉴예루살렘(New Jerusalem)으로 나아가는 흔들림없는 대장정을 더디게 할 수도 있는 여러 제도화한 장치, 즉 헌법, 언론, 제네바 협약, 상원의 규율, 선거구 재획정에 관련된 전통 등을 무시한다.

물론 민주당에도 이와 비슷하게 광적인 행동을 하는 사람들이 있다. 그러나 이런 사람들은 칼 로브나 톰 딜레이처럼 막강한 실권을 손에 쥔 경우가 한 번도 없었다. 로브나 딜레이는 공화당을 장악해 자신들의 충복으로 가득 채웠을 뿐만 아니라 일부 과격한 아이디어를 입법화하는 실권을 행사했다.

민주당의 경우는 다르다. 민주당은 지역적, 윤리적, 경제적 차이가 광범위하게 나타나는 데다 상원의 선거 판도와 구조, 그리고 경제 실세들을 대상으로 선거 자금을 모아야 할 필요성 때문에 요직에 있는 민주당 인사들의 행태는 중도 성향에서 크게 벗어나지 못한다. 사실 나는 진보적 성향의 캐리커처에 딱 들어맞는 선출직 민주당 인사들을 거의 찾아보지 못했다. 그런 이미지와 가장 어울리지 않는 인물로 존 케리나 힐러리 클린턴을 들 수 있다. 존 케리는 미국 군사력의 우위를 유지해야 한다고 주장하고, 힐러리 클린턴은 자본주의의 장점을 굳게 믿는다. 또한 상·하 양원의 흑인 의원단에 소속된 모든 의원은 예수가 우리 모두의 죄를 대신해 죽음을 맞았다고 믿는다.

그러나 우리 민주당 사람들은 지금 우왕좌왕하는 모습을 보이고 있다. 아직도 지난날의 믿음과 신조를 그대로 옹호하면서 뉴딜과 위대한 사회(Great Society, 린든 존슨 대통령이 1964년 빈곤 추방과 인종 차별 철폐를 위해 제창하고 시행한 사회 개혁 정책 - 옮긴이 주) 프로그램이 공화당으로부터 침해받지 않도록 보호해야 하고, 동시에 진보적인 이익 단체들로부터 완벽한 평가를 받아야 한다고 생각하는 사람들이 존재한다. 하지만 이런 노력은 거의 소진된 듯하다. 그런 노력을 이어 나가는 데 지치기도 했을 뿐만 아니라 세계화가 불러온 거대한 변화나 지역 자체가 고립되어 해결의 실마리를 찾기 어려운 도심 문제에 적극적으로 대응하는 데 필요한 에너지와 새로운 아이디어가 없기 때문이다.

또 다른 사람들은 보수적인 지도부와 타협하는 한 지도부가 분명 합리적인 행태를 보일 것이라 판단하고 '중도'로 기울지만, 이는 매년 그들이 점점 더 많이 양보하게 될 것임을 간과한 것이다. 민주당 의원이나 후보자들을 한 사람씩 살펴보면, 그들은 모두 에너지나 교육 문제, 건강 보험, 국토 안보 문제에 대해 양식 있는 제안을 내놓고 있다. 이들은 이런 제안 하나하나가 쌓이고 쌓여 국정 운영의 원칙 같은 것이 되기를 희망하기도 한다.

그러나 대체로 민주당은 반대를 일삼는 정당처럼 인식되었다. 우리는 그릇된 판단으로 전쟁을 벌였다는 데 대한 반발로 모든 군사 작전에 의혹의 눈길을 보내고 있는 듯하다. 또한 시장이 모든 병폐를 치유할 수 있다고 큰소리친 사람들에게 반발심을 느껴 시장 원리에 따라 절박한 과제를 해결하고자 하는 노력까지 거부한다. 우리는 과도하게 영역을 확대하는 종교 활동에 대한 반발심 때문에 관용을 세속주의와 동일시함으로써 좀 더 폭넓은 의미를 담아 우리의 정책을 전달하는 데 도움이 될 법한 도덕적 표현까지 잃어버렸다. 그리고 선거에서 패배한 뒤에는 법원이 공화당의 여러 가지 계획을 좌절시키기를 바란다. 법정에서마저 패소하면 백악관에서 스캔들이 터지기를 기다린다.

또한 우리는 공화당처럼 수단과 방법을 가리지 않는 노골적인 술책과 거친 수법을 활용할 필요가 있다는 생각을 점점 더 많이 하게 되었다. 요즘 민주당 열성 당원과 많은 지지 단체들이 모두 이런 수법을 현명한 방법으로 여긴다. 이들은 그동안 공화당이 계속 선거에서 승리할 수 있었던 것은 지지 기반을 넓혀 나갔기 때문이 아니라고 생각한다. 공화당이 민주당을 비방하고 유권자들을 이간질하며 우익 세력에 활력을 불어넣고 또 당의 노선에서 벗어나는 사람들을 적절하게 통제했기 때문에 승리할 수 있었다는 것이다. 따라서 민주당도 다시 정권을 잡으려면 똑같은 방법을 써야 한다고 그들은 생각한다.

나는 이들 열성 당원이 느끼는 좌절감을 충분히 이해한다. 사실 극한 대립을 조장하는 형태의 선거 운동으로 계속 승리를 거두는 공화당의 능력은 정말 대단하다는 생각이 든다. 그러나 나는 보수주의 운동이 매우 열정적이지만 그 안에 감춰져 있는 교활함과 미묘함 때문에 여러 위험이 도사리고 있음을 느낄 수 있다. 또한 적어도 내 판단으로는 부시 행정부의 정책 중에 분노를 불러일으킬 만한 것이 적잖이 있다.

그러나 나는 민주당이 당파성과 이데올로기적인 측면을 한층 강화하는 전략을 추구한다면 현재 민주당이 처해 있는 상황을 잘못 판단하는 것이라고 생각한다. 나는 우리가 자신의 주장을 과장하거나 지나치게 단순화하거나 허풍을 떤다면 그때마다 선거에서 질 거라고 확신한다. 그러나 반대로 정치적 논란에 대해 침묵을 지킬 때에도 우리는 선거에서 패배한다. 국가가 당면한 과제 해결을 위해 우리가 나서서 새로운 방법을 모색할 수 없게 만드는 것으로 이념적 순수성과 경직된 원칙주의를 들 수 있다. 또 그 결과가 뻔히 예상되는, 현재와 같은 정치적 논쟁을 지속적으로 추구하고 있기 때문에 새로운 방법을 찾아낼 수 없는 것이다. 그런 자세라면 우리는 '흑백'의 사고방식에서 벗어날 수 없다. 그렇게 된다면 우리는 거대 정부나, 반대로 별 역할을 하지 못하는 명목상의 정부 중 하나를 택해야 할 것이다. 또 건강 보험의 혜택을 받지 못하는 4,600만 명의 국민을 그대로 방치하거나 아니면 '의료 활동의 정부 관리'를 수용할 수밖에 없다. 양자택일식 방법만 존재하게 되는 것이다.

국민들은 이런 정치인들의 교조주의적 인식과 당파성 때문에 정치를 외면하게 되었다. 이것은 우파만의 문제는 아니다. 양극단으로 나뉜 유권자, 또는 역겹고 불성실한 정치 토론을 접한 뒤 민주·공화 양당을 외면하게 된 유권자들은 정부의 존재 이유 자체를 조금씩 갉아 없애겠다는 사람들에겐 더없이 달가운 존재다. 결국 이들 유권자처럼 냉소적인 사람들은 자기중심적이 될 수밖에 없기 때문이다.

그러나 모든 국민에게 기회를 제공하고 번영을 이루어 나가는 데 정부가 일정한 역할을 한다고 믿는 사람들에겐 양극화한 유권자가 별로 달갑지 않다. 가까스로 의회에서 과반수를 차지한 민주당이 그런 우위를 힘겹게 유지해 나가려고 노력하는 것만으로는 불충분하다. 지금은 미국을 새롭고 거듭나게 만드는 일에 다시 뛰어들고, 자신의 권익이 다른 사람들의 이익과 밀접하게 관련되어 있다는 점을 인식하는 국민들이 필요하다. 민주당원과 공화당원, 무소속을 막론하고 선의의 미국인들이 모두 뭉쳐, 변화를 일구어 낼 다수를 형성해야 한다.

나는 이런 실천적 다수파를 형성하는 일이 쉬울 것이라는 환상을 품고 있지는 않다. 하지만 실천적 다수파를 만들어야 미국의 여러 문제들을 해결할 수 있다. 따라서 우리는 그런 실천적 다수파를 형성하는 일에 나서야 한다. 그러기 위해서는 어려운 선택과 희생이 필요하다. 정치 지도자들이 그저 기존의 정책을 포장만 새롭게 바꿔 내놓고 새로운 전망이나 아이디어를 허심탄회하게 받아들이지 않는다면, 중대한 에너지 정책을 제안하거나 늘어나는 재정 적자를 억제할 수 있을 만큼 많은 사람들의 생각과 마음을 바꿀 수는 없을 것이다. 또한 고립주의로 빠져 들거나 시민의 자유권을 제약하지 않고서 세계화나 테러 행위에 대처할 외교 정책을 국민들의 폭넓은 지지 속에서 수립하지도 못할 것이다. 제 기능을 발휘하지 못하는 건강 보험 제도를 전면적으로 점검할 권한도 부여받지 못할 것이다. 빈곤에 허덕이는 수많은 국민들을 구제하는 데 필요한 광범한 정치적 지지나 효과적인 전략적 방안들을 강구하지도 못할 것이다.

나는 많은 민주당 지지 단체와 열성 당원들이 대법원장으로 지명된 존 로버츠(John Roberts)의 인준 표결에서 민주당의 몇몇 동료 의원들이 찬성표를 던진 점을 공격하자 2005년 9월에 진보 성향의 블로그 '데일리 코스(Daily Kos)'에 편지를 보내, 지금까지 내가 줄곧 얘기한 것과 유사한 주장을 펼쳤다. 참모진은 편지를 보내는 것을 약간 불안하게 생각했다. 내가 로버츠 인준 표결에 반대표를 던졌기 때문에 민주당 지지층 중 시끄러운 편에 속하는 이들을 들쑤실 필요가 없다는 판단이었다. 그러나 나는 블로그를 통해 의견을 주고받는 형태를 높이 평가했다. 내 편지가 데일리 코스에 올라간 지 며칠 만에 600여 명이 진짜 민주적인 방식에 따라 여러 의견을 올렸다. 일부는 내 의견에 공감했지만 다른 사람들은 내가 지나치게 이상적이라고 판단했다. 다시 말해 내가 제안하는 식의 정치 행위가 공화당의 PR 조직과 맞닥뜨리면 제구실을 할 수 없다는 것이었다. 그 밖의 상당수는 지지층의 반발을 가라앉히기 위해 워싱턴의 엘리트들이 나를 '파견'했다고 생각했다. 아니면 내가 워싱턴에 너무 오래 있었기 때문에 국민과 제대로 접촉하지 못했다고 생각했거나 어느 블로거의 손가락질처럼 나를 그냥 '천치'라고 생각했다.

어쩌면 이들의 생각이 맞을지도 모른다. 그리고 정치적 분열과 끊임없는 충돌을 피할 방법이 없고 정쟁의 룰을 바꾸기 위한 어떤 시도도 무위로 끝날지 모른다. 또 정치가 하찮은 것으로 전락하여 이제 돌이킬 수 없는 지경에까지 이르렀을지도 모른다. 그 때문에 대부분의 국민들은 정치를 그저 구경거리나 유희로 받아들인다. 이런 시합에서 정치인들은 배불뚝이 검투사로 등장하고 그나마 정치에 애써 관심을 보이는 이들은 바깥에서 열렬한 팬으로 환호한다. 우리는 얼굴에 붉은색이나 푸른색을 칠한 뒤 우리 편에 응원을 보내고 상대편에 야유를 퍼붓다가 우리 편이 거의 마지막에 일격을 가하거나 비열한 플레이로 상대편을 꺾어도 그대로 환호한다. 중요한 것은 승리이기 때문이다.

그러나 나는 그렇게 생각하지 않는다. 나는 혼자 이렇게 생각해 본다. 평범한 시민들은 온갖 정치적·문화적 분쟁과 대립 속에서 성장했지만 적어도 그들 자신의 개인적 삶 속에서는 이웃과, 나아가 그들 자신과 화해할 방도를 찾아냈다. 남부 지역 백인들은 아버지로부터 검둥이에 대해 이런저런 이야기를 많이 들으면서 자랐지만, 사무실에서는 흑인 동료들과 우정을 다졌다. 나는 이들이 자식에게는 달리 가르칠 것이라고 생각한다. 또한 이런 백인들 역시 차별이 옳지 않다고 생각하면서도 흑인 의사의 아들이 자신의 아들보다 로스쿨 입학에 우선권을 가진 이유에 대해서는 납득하지 못한다. 블랙팬서의 일원으로 활동하다가, 부동산 사업을 벌이기로 작정하고 빌딩 몇 채를 구입한 사람은, 사업 확장을 위한 대출 신청을 거절한 은행원도 밉지만 자신 소유의 빌딩 앞에서 마약을 파는 사람들도 은행원들만큼 싫어한다. 중년의 여성해방론자는 과거의 임신 중절을 아직도 애도하고 있고, 임신한 10대 딸의 중절 수술비를 대준 기독교도 어머니도 마찬가지다. 또한 수많은 웨이트리스와 임시직 비서, 간호조무사, 월마트의 준사원들은 매달 자신들이 세상에 나오게 한 자녀들을 부양하는 데 충분한 돈을 벌 수 있기를 희망하며 가슴을 졸인다.

나는 이들이 모두 성숙한 정치의 등장을 기다리고 있다고 생각한다. 즉 이상주의와 현실주의 사이에서 균형을 잡고, 타협할 수 있는 것과 없는 것을 구별하며 상대방에게도 가끔은 귀담아 들을 만한 주장이 있다는 점을 받아들이는 그런 정치를 기다리는 것이다. 이들은 좌파와 우파, 보수 세력과 진보 세력 간의 논쟁을 언제나 잘 이해하는 것은 아니지만 독단적인 주장과 상식적인 견해, 책임감 있는 태도와 무책임한 태도, 지속적인 것과 일시적인 것 사이의 차이는 분명하게 인식한다.

이들은 바로 저편에서 공화당과 민주당의 정치인들이 자신들을 따라잡기를 기다리고 있다.

제2장

가치 체계

BARACK OBAMA
The AUDACITY *of* HOPE

He therefore is the truest
friend to the liberty of his
country who tries most
to promote its virtue, and
who, so far as his power
and influence extend, will
not suffer a man to be chosen
into any office of power
and trust who is not a
wise and virtuous man.

government is like fire,
a servant, but a
dangerous master.

every power is most
established on the
ruins of Liberty abused to
licentiousness.

Freedom of speech is
taken away, then dumb
silent we may be
led like sheep to the
slaughter.

Washington.

The means of defense
against foreign danger
historically have become
the instruments of
tyranny at home.

All men having
power ought to
be distrusted to
a certain degree.

James Madison

Preamble to the Constitution

We the People of the United States,
in Order to form a more perfect Union,
establish Justice, insure domestic Tranquility,
provide for the common defense,
promote the general Welfare,
and secure the Blessings of Liberty
to ourselves and our Posterity,
do ordain and establish this Constitution
for the United States of America.

but when it overflows
its banks, it is then too
impetuous to be stemmed,
it bears down all before
it, and brings
destruction
and desolation
wherever it goes.

Alexander Hamilton,

지금도 나는 어머니가 강조한 간단한 원칙, 즉 "네게 그렇게 하면
기분이 어떨 것 같니?"를 정치활동의 길잡이 중 하나로 삼고 있다.
만약 최고경영자가 직원들의 입장에서 생각한다면 이들의 건강보험 지원비를
삭감하면서 수백만 달러의 상여금을 챙기기는 어려울 것이다.
노동조합 지도자들은 경쟁에서 살아남아야 한다는 사용자의 압박감을
외면해서는 안 된다. 내가 조지 부시와 아무리 생각이 다르더라도
그의 시각에서 국제상황을 바라보도록 노력해야 한다. 공감이란 바로 이런 것이다.

● ● ● 1984년, 나는 백악관을 처음 구경했다. 당시 나는 대학을 갓 졸업한 뒤 뉴욕 시립대학 할렘 캠퍼스에서 사회 운동가로 활동하고 있었다. 당시 레이건 대통령은 대학생 학비 보조금을 삭감하는 일련의 방안을 제안하고 있었는데, 나는 거기에 반대하는 청원서를 마련해 뉴욕 의회 대표단에 전달하기 위해 일단의 학생 대표들과 함께 작업했다. 학생 대표 대부분은 흑인이거나 푸에르토리코, 동유럽 출신으로서 거의 전부가 집안에서 처음으로 대학생이 된 청년들이었다.

청원서 전달을 위한 여정은 짧았다. 그나마 대부분의 시간을 미 하원 별관 건물인 레이번 빌딩의 끝없이 이어진 복도를 헤매면서 힐 의원의 사무실을 찾는 데 허비한 뒤 나보다 별로 나이가 많지 않은 보좌관들을 만났는데, 그들은 정중하지만 서두르는 태도로 면담을 끝냈다. 그 뒤에 나는 학생들과 함께 워싱턴 몰과 워싱턴 기념비를 구경하고 다시 백악관을 몇 분 동안 눈여겨보았다. 나는 백악관 정문의 해병대 경비소에서 몇 미터밖에 안 떨어진 펜실베이니아 거리 쪽에 서 있었다. 인도에는 행인들이 분주히 오가고 뒤쪽 도로에는 차량들이 윙 소리를 내며 빠른 속도로 왕래하고 있었다. 나는 백악관 건물의 우아한 모습이 아니라 백악관이 북적거리는 도시의 혼잡에 그대로 노출되어 있다는 사실에 경탄했다. 우리는 정문 가까이 서 있을 수 있고 또 나중에 반대편으로 돌아가서 로즈가든과 그 뒤의 대통령 관저까지 살펴볼 수 있었다. 나는 백악관의 이런 개방성이 민주주의 국가로서 미국의 자신감 같은 것을 보여준다고 생각했다. 또한 백악관의 이러한 모습은 지도자들이 우리와 별로 다르지 않을 뿐만 아니라 이들이 법과 국민들의 집단적 동의에 구속받는다는 것을 구체적으로 실감할 수 있게 해주었다.

그로부터 20년이 지난 요즘에는 백악관에 가까이 접근하는 것이 쉽지 않다. 검문소와 무장 경비대, 밴 차량, 차량 하부 반사경, 탐지견, 바리케이드 등이 백악관 주위의 두 블록 정도를 봉쇄해 버렸다. 이제 사전 허가를 받지 않은 승용차는 더 이상 펜실베이니아 거리를 주행할 수 없다. 상원에서 취임 선서를 하기 전날인 1월 어느 날 오후, 백악관 근처의 라피엣 공원은 거의 텅 비어 있었다. 이는 싸늘한 날씨 때문만은 아니었다. 이날 내 승용차가 통과 신호에 따라 백악관의 출입문을 지나 차도를 따라 주행할 때 나는 백악관의 개방성이 사라져 버린 데 대해 한순간 서글픔을 느꼈다.

백악관 내부는 TV나 영화에서 보는 것처럼 번쩍거린다는 느낌은 주지 않는다. 그보다는 손질과 관리는 잘 되었지만 낡았다는 느낌이고 싸늘한 한겨울 밤에는 외풍이 있을 법한 오래된 대저택 같은 인상을 준다. 그렇지만 홀에 서서 복도 쪽을 바라보면 이곳에서 벌어진 역사적인 순간들을 잊을 수 없다. 존과 로버트 케네디가 쿠바 미사일 위기 상황을 협의했던 일이나 프랭클린 루스벨트가 마지막 순간에 라디오 연설로 대체했던 일, 링컨이 홀 안을 왔다 갔다 하면서 국정의 엄청난 중압감을 홀로 이겨 나간 일 등이 떠오른다.

나는 그로부터 몇 개월이 지난 뒤에야 비로소 링컨 침실을 구경할 수 있었다. 링컨 침실에는 고가구와 침대 하나, 유리관 속에 조심스럽게 전시된 게티스버그 연설문 원본, 대형 평판 스크린 TV 수상기가 있었다. TV 수상기는 여러 책상 중 한 곳에 놓여 있었으며 수수했다. 나는 링컨 침실에서 하룻밤을 보내면서 TV의 스포츠센터 뉴스 같은 것을 시청하는 사람은 과연 어떤 인물일까 궁금했다.

나는 곧 백악관의 의회 담당 직원의 영접을 받고 골드룸으로 안내되었다. 그곳에는 새로 당선된 상·하원 의원 대다수가 이미 모여 있었다. 정각 오후 4시가 되자 부시 대통령이 입장한다는 안내와 함께 그가 연단으로 올라섰다. 그는 활기차고 튼튼해 보였고 걸음걸이도 의기양양하고 단호해 보였는데, 마치 자신이 스케줄을 정확히 맞추며 우회하지 않고 곧장 가로지르는 사람임을 암시하는 듯했다. 부시는 10여 분간 인사말을 하면서 몇 차례 농담을 던지고 국가의 단합을 강조한 뒤 우리를 백악관 반대편으로 인도해 다과를 대접했다. 그런 다음 우리는 차례로 대통령 부부와 함께 사진을 찍었다.

나는 그때 마침 몹시 허기졌던 터라 다른 의원들이 사진을 찍기 위해 줄을 서기 시작할 때 식당으로 향했다. 나는 전채 요리를 먹으며 몇 명의 하원 의원과 잡담을 나누다가 앞서 부시 대통령과 두 차례 접촉했던 일이 생각났다. 첫 번째는 상원 의원에 당선된 뒤 짤막한 축하 전화를 받았던 일이고, 두 번째는 당선된 다른 상원 의원들과 함께 백악관에서 오찬을 함께한 일이었다. 두 차례의 접촉을 통해 나는 부시 대통령이 호감이 가는 인물이란 점을 알게 되었다. 그는 기민하고 절도가 있으며 솔직한 태도를 보였다. 그런 점이 두 차례의 선거를 승리로 이끄는 데 도움이 되었다. 누구나 그를 보면 지방 대로변에서 자동차 대리점을 운영할 만한 사람으로 생각하기 쉽다. 아니면 리틀 야구 팀의 코치 또는 뒤뜰에서 석쇠에 고기를 굽는 이웃 사람 정도로 연상하기 쉽다. 적어도

화제가 스포츠와 아이들 문제를 벗어나지 않는 한 그는 사귀면 재미있을 법한 그런 사람이다.

그러나 서로 등을 두드리고 잡담을 나눈 뒤 모두 자리에 앉고 난 후, 오찬 회동이 시작되자 상황은 달라졌다. 체니 부통령은 무표정한 얼굴로 에그 베네딕트(eggs Benedict, 토스트에 훈제 베이컨이나 햄과 삶은 달걀을 얹고 네덜란드 소스를 친 음식 - 옮긴이 주)를 먹기 시작했고, 테이블 한쪽 끝자리에서는 칼 로브가 블랙베리(BlackBerry, 주로 북미 지역에서 널리 활용되는 휴대용 복합 통신 기기로서 이메일과 휴대폰 등의 다양한 기능을 갖추고 있다 - 옮긴이 주)를 신중하게 살펴보고 있었다. 그 순간 나는 부시의 다른 모습을 보게 되었다. 대통령은 재선 임기 중 추진할 의제에 관한 이야기를 꺼냈다. 내용의 대부분은 재선 선거 운동 중 강조하고 다짐했던 것들이었다. 먼저 이라크 전쟁의 기조를 그대로 유지하고 애국법(Patriot Act)의 시한을 연장하는 것이 중요하다고 말했다. 또 사회 보장 제도를 개혁하고 세제를 전면적으로 개편할 필요성을 이야기한 후, 사법부 고위직 지명자들의 인준 표결에서 부동표를 끌어 모을 결의를 다졌다.

어느 순간 마치 누군가가 스위치를 탁 하고 켠 것 같은 변화가 나타났다. 대통령은 말하면서 점점 시선이 고정되었다. 목소리는 중간에 다른 사람에게 끊기는 것이 익숙하지도, 달갑지도 않다는 듯, 흥분한 빠른 톤으로 바뀌었다. 누구나 쉽게 다가오게 만들던 부시의 친화력은, 거의 메시아적인 확신으로 대체되었다. 나는 주로 공화당 소속 동료 상원 의원들이 부시의 이야기를 한 마디 한 마디 귀담아 듣는 모습을 지켜보면서 권력이 초래하는 위험한 고립을 떠올리며 새삼 권력의 상호 견제를 제도화한 미국 헌법 제정자들의 지혜에 고마움을 느꼈다.

"의원님?"

잠시 이런 상념에 젖어 있던 나는 고개를 들어, 내 옆에서 식사 시중을 드는 나이 든 흑인을 바라보았다. 백악관에서 식사 시중을 드는 직원은 대부분 나이 지긋한 흑인이었다.

"접시를 가져갈까요?"

고개를 끄덕인 뒤 한입 가득 씹고 있던 닭요리 같은 것을 삼키려다가 돌아보니 대통령과 작별 인사를 나누기 위해 도열했던 의원들의 줄이 다 사라진 것을 알게 되었다. 초청해 준 대통령에게 고맙다는 인사를 하기 위해 나는 블루룸으로 향했다. 블루룸 입구를 지키는 젊은 해병대원이 사진 촬영은 끝났고 대통령은 다음 일정이 있다고 정중하게 말했다. 그러나 내가 막 돌아서려는데 대통령이 문 쪽으로 나와 들어오라고 손짓했다.

대통령은 내 손을 잡고 흔들면서 말했다.

"오바마! 이리 와서 로라와 인사해요. 로라, 오바마를 기억하지? 선거 당일 밤 TV에서 함께 봤잖아. 멋진 가족이었지. 그리고 당신 아내, 정말 인상적이었어요."

나는 퍼스트레이디와 악수를 나누었다. 그리고 내 얼굴에 빵 부스러기 같은 것이 묻어 있지 않기를 바라면서 이렇게 말했다.

"우리 모두 과분한 아내를 맞았지요."

대통령이 옆에 있는 보좌관을 바라보자 그가 대통령 손에 소독제 한 방울을 짜주었다.

"조금 드릴까요?"

대통령이 물었다.

"좋은 거예요. 감기를 예방해 주지."

비위생적인 사람으로 보이고 싶지 않아 나도 소독제 한 방울을 받았다.

"잠깐 이리 와봐요."

그가 나를 한쪽 구석으로 안내하면서 말했다. 대통령은 목소리를 낮췄다.

"괘념치 않는다면 충고 한마디 했으면 하는데."

"전혀 괘념치 않습니다."

그가 고개를 끄덕인 뒤 입을 열었다.

"당신의 장래는 밝아요. 정말 밝지. 그러나 내가 워싱턴에 있어 봐서 하는 소리지만 이곳 생활이 정말 힘들 수도 있어요. 지금까지 그랬던 것처럼 당신이 큰 주목을 받게 되면 사람들이 당신을 노리기 시작할 겁니다. 또 당신을 노리는 사람들이 반드시 우리 쪽에만 있지 않으리란 점은 당신도 알고 있을 거예요. 당신 편에서도 나올 수 있지. 모두가 당신이 언제 굴러 떨어질까 하고 기다릴 겁니다. 내 말이 무슨 뜻인지 알죠? 그러니 조심해야 해요."

"충고 감사합니다."

"좋아. 나도 서둘러야겠군. 당신도 알겠지만 우린 서로 공통점이 있어요."

"그게 뭡니까?"

"우리 모두 앨런 키스와 토론을 벌였잖아요. 그 친구, 힘든 사람 아닌가요?"

나는 웃으면서 문가로 가다가 선거 운동과 관련해서 몇 마디 이야기했다. 그런데 대통령이 블루룸을 나설 때까지도 내가 문가로 다가가면서 이야기를 할 때 잠시 그의 어깨에 손을 얹었던 것을 깨닫지 못했다. 남의 어깨에 손을 얹는 것은 내 무의식적인 버릇으로 친구들에게도 자주 그랬었다. 그 방에 있던 경호 요원들은 물론, 당사자에게도 약간 언짢은 정도를 넘어선 결례가 되었을 법하다.

나는 연방 상원 의원으로 활동한 이래 부시 행정부의 여러 정책을 지속적으로(때로는 호되게) 비판하는 입장을 견지해 왔다. 나는 부시가 부유층에게 세금 감면 혜택을 준 것은 재정 운용 면에서 무책임할 뿐만 아니라 도덕적으로도 문제가 있다고 생각한다. 나는 부시 행정부가 건강 보험, 에너지 정책, 미국의 경쟁력 강화에 관한 의미 있는 의제를 제시하지 못하고 있다고 비판했다. 상원 의원 출마 선언을 하기 직전인 2002년 시카고에서 처음 열린 반전 집회장에서는 다음과 같은 주장을 펼쳤다. 이라크가 대량 살상 무기를 개발하고 있다고 부시 행정부가 제시한 증거에는 의문의 여지가 있으며, 부시가 이라크를 침공한다면 이는 값비싼 대가를 요구하는 실책이 되고 말 것이라는 것이었다. 최근 바그다드와 중동 지역에 관한 뉴스를 보면 이런 주장을 무색하게 만드는 것은 하나도 없다.

그 때문에 민주당 지지자들은 내가 부시는 나쁜 사람이 아니라고 말하면 의아해한다. 부시와 그의 각료들이 나름대로 조국에 최선책이라고 생각하는 바를 수행하고자 애쓰고 있다고 말하면 그들은 놀란 표정을 짓는 경우가 많다.

내가 이런 말을 하는 것은 권력에 다가가겠다는 유혹 때문이 아니다. 나는 위에서 언급한 백악관 초청은 흔히 볼 수 있는 정치적 예우 차원으로 생각하며, 부시 행정부가 설정한 의제가 심각한 위협을 받을 경우에는 곧바로 장검이 뽑혀 나올 수 있다는 것을 염두에 두고 있다.

나는 이라크에서 사랑하는 이를 잃은 가족에게 편지를 쓰거나 학비 보조금 예산이 삭감되면서 대학을 중퇴한 유권자의 전자 우편 내용을 읽을 때마다 권력을 가진 사람들의 행위와 조치가 국민들에게 엄청난 영향을 끼친다는 점을 되새긴다. 권력자들 자신은 그런 영향에 따른 대가를 거의 한 번도 치러 본 적이 없다.

관직의 모든 장식적 요소들, 즉 직위나 참모진, 경호대 등을 털어 내고 본다면 대통령이나 그 주변 사람들도 보통 사람들과 비슷하다는 것을 알 수 있다. 다시 말해 그들에게도 우리 모두와 마찬가지로 장 · 단점과 여러 근심거리, 오랫동안 가슴에 품고 있는 마음의 상처들이 있는 것이다. 그 때문에 나는 그들이 내세운 제반 정책이 잘못되었다고 생각할 경우라도, 또 그들이 그런 정책의 결과에 대해 책임을 져야 한다고 큰 목소리로 주장할 경우에도 여전히, 그들과 나는 공유하는 가치가 있고 내가 그들의 동기를 이해할 수 있다는 것을 깨닫는다.

워싱턴에서 이런 마음가짐을 계속 지닌다는 것은 쉬운 일이 아니다. 워싱턴의 정책 토의 결과에 따라 국민들의 이해관계가 크게 좌우되는 경우가 많기 때문에 약간의 시각 차이도 크게 보이게 마련이다. 예를 들어 우리 젊은이들을 전쟁터로 보낼 것인지 여부나 줄기 세포 연구를 허용할 것인지 여부에 대해 약간의 시각 차이만 보여도 대대적으로 보도되곤 한다.

당에 대한 충성 요구와 선거 운동을 위한 불가피한 책무, 언론을 통한 갈등의 증폭은 서로 의심하는 분위기를 만들어 내는 요인들이다. 더구나 워싱턴에서 활동하는 사람들은 대부분 변호사나 정치 활동가로 단련된 인물들인데, 이들은 문제의 해결보다는 논쟁이나 토론에서 상대방을 꺾는 것을 더 중요시하는 경향이 있다. 워싱턴에서 얼마간 의정 활동을 하다 보니, 자신과 의견이 다른 사람이 근본적으로 다른 가치관을 가졌다고, 거기에서 한걸음 더 나아가 어쩌면 나쁜 사람이라고까지 쉽게 단정하려는 마음이 어떻게 생겨나는지 알만 했다.

그러나 워싱턴을 벗어나면 미국의 분열상이 그렇게 심각하지 않다는 느낌이 든다. 예를 들어 사람들은 일리노이 주가 더 이상 예시성 주 (bellwether state, 특정 지역의 선거나 정치 양상이 그보다 큰 지역의 선거 결과나 정치 상황의 축도 구실을 하는 경우를 말한다. 가령 'Missouri bellwether'라는 말은 대통령 선거에서 미주리 주의 결과가 전국의 판도를 예시하는 경우를 의미하는데, 실제로 1904년 이래 미주리 주의 선거 결과는 1956년을 제외하고 모두 전체 투표 결과와 일치했다-옮긴이 주) 같은 구실을 하지 않는다고 생각한다. 지금까지 10여 년 동안 일리노이 주는 점차 민주당 지지로 바뀌었다. 그 원인으로는 도시화가 확대된 점과 오늘날 공화당이 내세우는 사회적 보수주의가 링컨의 땅(Land of Lincoln, 독학으로 변호사가 된 링컨이 일리노이 주 주도 스프링필드에서 처음 개업하고 정치 활동 또한 일리노이 주 의원으로 시작한 데다 암살된 뒤 스프링필드에 묻혔기 때문에 일리노이 주는 링컨의 땅을 자처한다-옮긴이 주)에서 오래 버티지 못한 점을 들 수 있다.

하지만 일리노이는 여전히 미국을 축소한 것과 같은 모습을 보인다. 즉 북부와 남부, 동부와 서부, 도시와 농촌, 흑인과 백인, 그리고 서로 대비되는 모든 것을 뒤섞었으되, 제대로 어우러지지 못한 엉성한 스튜 요리 같은 것이다. 시카고는 로스앤젤레스나 뉴욕처럼 대도시다운 세련미를 빠짐없이 갖추고 있으나 일리노이의 남단은 리틀록이나 루이빌과 더 가까운 면모를 보인다. 또한 일리노이의 많은 지역은 현대 정치적인 용어로 표현하자면 진보 색채가 짙은 곳이다.

나는 일리노이 주 상원 의원 1기 임기를 마친 뒤인 1997년 여름, 처음으로 일리노이 남부 지역을 두루 살펴보았다. 아내와 나는 아직 아이가 없었고 의회는 휴회 중이었다. 로스쿨 강의도 없고 아내는 아내대로 바쁜 일정에 쫓기고 있었다. 나는 승용차 안에 있던 지도와 골프채를 흔들면서 보좌관인 댄 쇼먼에게 일주일 동안 차를 끌고 일리노이 일대를 휘젓고 다니자고 꼬드겼다. 댄은 UPI 기자를 역임했고, 몇 차례의 선거에서 일리노이 남부 지역 선거 운동의 실무 책임자 노릇을 했기 때문에 그 일대를 훤히 알고 있었다. 그러나 출발일이 다가오자 댄은 우리가 방문할 여러 카운티에서 내가 어떤 대접을 받을지 영 안심이 되지 않는 눈치였다. 그는 짐을 꾸리면서 멋진 리넨 바지나 실크 셔츠는 안 되고 그냥 카키색 바지나 폴로 셔츠만 넣으라고 네 차례나 주의를 주었다. 나는 아예 그런 고급 바지와 셔츠가 없다고 그를 안심시켰다. 우리는 차를 몰고 가다가 TGI 프라이데이에 들러 치즈버거 하나를 주문했다. 종업원이 치즈버거를 가지고 오자 나는 디종 머스터드(프랑스 겨자소스 브랜드)가 있느냐고 물었다. 댄이 고개를 가로저었다.

"디종 머스터드를 달라는 게 아니에요."

댄이 됐다고 종업원에게 손짓을 하면서 말했다. 그런 다음 그는 노란색 머스터드병을 내게 쑥 내밀면서 말했다.

"여기 있어요."

종업원이 헷갈린다는 표정을 지으면서 나에게 말했다.

"여기도 디종이 있으니, 원하시면 갖다 드릴 수 있어요."

나는 웃으면서 대답했다.

"아, 그렇군요. 고마워요."

종업원이 돌아가자 나는 댄의 귀 가까이 입을 대고, 주위에 사진 기자들도 없는 것 같은데 왜 그러냐고 작은 목소리로 말했다.

우리는 여행을 하면서 찌는 듯한 무더위 속에서도 하루에 한 번은 골프를 한 라운드 쳤다. 또 몇 마일씩 뻗어 있는 옥수수밭과, 물푸레나무, 오크나무가 빽빽이 들어차 있는 삼림, 물가에 나무 그루터기와 갈대가 무성하고 수면에는 햇빛이 희미하게 반짝이는 호반을 따라 달렸다. 또한 월마트를 비롯, 수많은 상점이 즐비한 카번데일이나 마운트버넌 같은 큰 도시와 스파르타나 핑크니빌 같은 조그만 도회지를 가로질러 갔다. 이들 도회지 가운데 상당수는 중심부에 벽돌로 지은 군청 건물이

자리 잡고 있었다. 그런데 대로변의 점포들은 한 집 걸러 문을 닫은 상태였다. 도로변에는 가끔 싱싱한 복숭아나 옥수수를 파는 행상이 보였다. 어느 부부는 총기와 도검류를 싸게 팔겠다며 접근하기도 했다.

우리는 카페에 들러 파이를 먹었고 체스터 시장과 만나 농담을 주고받았다. 우리는 또 메트로폴리스 중심부에 자리 잡은 높이 4.5미터의 슈퍼맨 조각상 앞에서 포즈를 취하기도 했다. 우리는 제조업과 탄광 일자리가 계속 줄어드는 바람에 모든 젊은이들이 대도시로 빠져나가고 있다는 이야기를 들었다. 그리고 지방 고교 축구 팀의 다음 시즌 예상 성적과 재향 군인들이 그나마 가장 가깝다는 재향군인관리청 편의 시설까지 가는 데도 승용차로 굉장히 먼 거리를 달려야 한다는 사실을 알게 되었다. 우리는 케냐에서 선교사로 활동했다는 여성들을 만나 스와힐리어로 인사를 받았고 또 「월스트리트저널」의 금융면을 샅샅이 살펴본 뒤에야 트랙터에 올라 들로 나간다는 농부들도 만났다.

나는 또 우리가 만난 사람 중 흰색 리넨 바지나 하와이언 실크 셔츠를 멋지게 차려입은 사람들이 몇 명이나 되는지 꼽아 보기도 했다. 나는 두쿼인(Du Quoin)에 있는 민주당 관계자의 조그만 주방에서 자리를 함께한 지방 검사에게 이 카운티의 범죄 발생 추세가 어떠냐고 물었다. 이곳은 대부분 농촌 지역이고 거의 백인들만 거주하고 있었다. 나는 이런 질문을 하면서 난폭 운전으로 소동을 피우거나 금렵 기간을 어긴 사냥 정도의 위법 행위를 그가 언급할 것으로 예상했다.

"갱스터 디사이플(Gangster Disciples, 1970년대 중반 시카고에서 조직된 갱단으로 현재 미국 최대 범죄 조직 중 하나로 꼽힌다 – 옮긴이 주)이 설치고 있죠."

그가 당근 한 조각을 우적우적 씹으면서 말했다.

"이곳에 백인으로만 구성된 그 갱단의 지부가 있는데, 일자리가 없는 아이들이 마약이나 필로폰을 팔고 있답니다."

일주일이 다 지날 때쯤 되자 어쩐지 돌아가기가 서운해졌다. 새로운 친구를 많이 사귀었을 뿐만 아니라 내가 만난 모든 사람들의 얼굴에서 내 모습의 단편들을 엿보았기 때문이다. 나는 이들의 모습에서 할아버지의 개방성과 할머니의 실용주의, 어머니의 인정 많은 마음씨를 보았다. 프라이드치킨과 감자 샐러드, 디저트용 젤리 제품인 젤로 같은 음식들은 모두 친근한 느낌을 주었다.

일리노이의 어느 곳을 가도 이런 친숙한 느낌을 받는다. 시카고 웨스트사이드의 간이 식당에 앉아 있을 때, 라틴계 남자들이 필젠 지역의 공원에서 가족들의 응원을 받으며 축구하는 모습을 지켜볼 때, 시카고 북쪽 교외 지역의 인디언 결혼식에 참석할 때도 이런 편안하고 익숙한 느낌이다.

나는 우리가 마음을 조금만 열면 서로의 공통점을 더 많이 보게 되리라고 생각한다.

그렇다고 이런 판단을 불필요하게 과장한 나머지, 여론조사를 담당하는 사람들이 틀렸다고 주장할 생각은 없다. 또 우리 사이에 존재하는 차이점, 즉 인종적 · 종교적 · 지역적 · 경제적 차별성이 대단치 않은 것이라고 주장할 생각도 전혀 없다. 다른 지역과 마찬가지로 일리노이에서도 임신 중절은 큰 논란을 빚고 있다. 일부 지역에서는 총기 규제 이야기를 들먹이는 것이 여전히 지탄받을 일이 된다. 또 소득세부터 TV 방영물의 성적 노출 문제에 이르기까지 온갖 쟁점에 대한 태도는 지역에 따라 상당한 편차를 보이고 있다.

여기서 강조하고 싶은 점은 일리노이 주뿐만 아니라 미국 전역에서 다른 생각을 가진 사람들과 다른 문화들이 체계적이지는 않더라도 대체로 조용한 충돌을 빚으면서 이화수분(바람, 곤충, 물 등의 매개체를 통해 다른 꽃에서 꽃가루를 받아 열매나 씨를 맺는 일)하는 현상이 지속적으로 이루어지고 있다는 것이다. 그 과정에서 서로 다른 정체성이 뒤섞이면서 다툼을 벌이다가 결국 새로운 형태로 응집되고 있다. (종교적) 믿음은 (과학 발전을 통한) 예측 가능성이라는 올가미 사이로 계속 빠져나가고 있다. 안이한 예상과 단순한 설명은 계속 깨지고 있다. 짬을 내서 다른 사람들과 대화를 나눠 본다면 대부분의 복음주의자들이 미디어에서 떠들어 대는 것보다는 관대하고 또 대부분의 세속주의자들은 영성이 더 두드러진다는 사실을 알게 될 것이다. 부유한 사람들은 대개 가난한 사람들이 성공하기를 바라며 대부분의 빈곤층은 대중 문화에서 묘사되는 것보다 자신에게 엄격하고 반성도 많이 하며 포부도 크다.

공화당 본거지에도 대부분 민주당 지지 세력이 40퍼센트 정도는 되며 민주당 아성이라는 곳도 마찬가지다. 또한 진보와 보수라는 정치적 이념 성향이나 표어가 개인의 품성과 일치하는 경우는 드물다.

이런 점에 비춰 볼 때 한 가지 의문이 제기된다. 미국의 국민으로서 우리가 공유하는 핵심 가치는 무엇인가? 쟁점을 제기할 때 우리는 보통 공유하는 핵심 가치가 무엇인지 따지지 않는다. 미국 정치 문화는 서로 대립하는 가치들에 주목하고 그에 집착한다. 예를 들어, 2004년 선거에서 전국을 대상으로 대규모 출구 조사 결과가 발표되었는데, 이 조사에서 유권자들은 투표에 결정적인 영향을 미친 요인으로 '도덕적 가치관'을 꼽았다. 그러자 해설 위원들은 이 자료를 물고 늘어지면서 이번 선거에서 가장 큰 논란을 자아낸 여러 사회적 쟁점들, 그중에서도 특히 동성 결혼 문제가 상당수 주의 지지 판도를 바꿔 놓았다고 주장했다. 보수 세력은 이런 조사 결과를 널리 알리면서 기독교 우파의 영향력이 점차 강화되고 있음이 입증되었다고 확신했다.

그러나 나중에 출구 조사 결과를 면밀하게 분석하자, 전문가와 정치 동향 예측가로 자처하는 사람들의 주장이 다소 과장되었음이 드러났다. 사실 유권자들은 이 선거에서 국가 안보를 가장 중요한 쟁점으로 판단했다. 상당수 유권자들이 투표 과정에서 '도덕적 가치관'을 중요한 요소로 생각했지만 이 말의 의미가 대단히 모호해서 임신 중절부터 기업의 불법 행위에 이르기까지 거의 모든 것을 포괄했던 것이다. 그러자 당장 민주당 일각에서는 안도의 한숨을 내쉬었다. '가치'와 관련된 의제의 중요성이 낮아지는 것이 민주당의 입장에 도움이라도 된다는 듯이. 민주당의 정강은 물질적인 문제들에 초점을 맞추고 있는데, 가치를 둘러싼 논란이 이런 초점을 흐리기라도 한다는 것처럼 말이다.

나는 민주당이 가치 문제에 대한 논란을 회피하는 것은 잘못되었다고 생각한다. 이는 일부 공화당 인사들이 노동 계층 유권자들을 민주당 지지 기반에서 떼어 내는 방편으로 가치 문제를 인식하는 것만큼이나 그릇된 것이다. 사람들은 자신의 세계를 분명하게 나타내기 위해 가치와 관련된 표현들을 사용한다. 이런 표현들은 사람들에게 감화를 주어 행동하도록 이끌기도 하고, 고립에서 벗어나게 만들기도 한다. 선거 출구 조사의 진행이 다소 엉성했을지는 모르지만 우리가 공유하는 가치가 무엇인가에 대한 광범위한 질문은 우리 정치의 중심이 되어 예산과 프로젝트, 제반 규제와 정책에 대한 의미 있는 토론의 기초가 되어야 한다. 대다수 국민이 각자의 생활과 미국의 현실 속에서 중요하다고 생각하는 기준과 원칙이 거기에 담겨 있기 때문이다.

우리는 모든 인간이 태어날 때부터 평등하고 조물주로부터 양도할 수 없는 일정한 권리를 부여받았으며 그중에는 생명권과 자유권, 행복 추구권이 있다는 사실을 자명한 진리로 받아들인다.

미국인으로서 우리가 출발점으로 삼는 것은 바로 이런 간단한 내용이다. 이 내용은 우리 정부의 밑바탕이 될 뿐만 아니라 우리 모두가 다같이 지닌 신조의 골자이기도 하다. 모든 미국인이 이 내용을 암송하지는 못할 것이다. 또 이런 내용을 담은 미국 독립 선언문의 기원이 18세기 자유주의 및 공화주의 사상에 뿌리를 두고 있다는 사실을 제대로 아는 사람도 드물다. 그러나 독립 선언문에 담긴 요점, 즉 우리 모두 자유롭게 세상에 태어났고, 정당한 사유 없이는 그 누구도, 그 어떤 국가도 빼앗아 갈 수 없는 여러 권리를 지니고 있으며, 자신의 의지대로 삶을 개척할 수 있고 또 개척해야 한다는 점을 이해하지 못하는 국민은 한 사람도 없다. 이런 가치가 우리에게 매일 올바른 방향과 목표를 설정해 준다.

사실 개인의 자유라는 가치는 사람들의 마음속에 깊숙이 뿌리 박힌 나머지 이제는 모두가 당연하게 받아들이고 있다. 그러나 미국을 건국할 당시에는 이런 생각이 굉장히 급진적이어서 교회 출입구에 마틴 루터의 이름을 붙여 놓는 것만큼이나 과격한 것이었다. 또한 세계 일부 지역에서는 지금도 개인의 자유를 받아들이지 않고 있으며 그렇지 않은 지역일지라도 일상생활에서 그런 자유의 흔적을 가까스로 찾아볼 수 있을 뿐인 경우가 많다.

사실 나는 유년기를 인도네시아에서 보냈고 케냐에 아직도 일가친척이 있기 때문에 미국 권리 장전(Bill of Rights, 미국 의회가 1791년 개인의 기본권을 보장하기 위해 미국 헌법에 덧붙여 통과시킨 헌법 수정안 – 옮긴이 주)이 얼마나 값진 것인지 실감할 수 있었다.

인도네시아와 케냐에서는 아직도 개인의 권리가 군 장성들의 자제력이나 부패한 관료들의 변덕에 거의 전적으로 좌우된다. 나는 결혼하기 직전 미셸을 처음 케냐로 데려갔는데, 그 당시의 정황을 생생하게 기억한다. 아프리카계 미국인인 미셸은 조상의 대륙을 찾아간다는 생각에

흥분해 들떠 있었다. 우리는 내 친할머니가 사는 오지를 방문하고 나이로비 거리를 쏘다니며 세렝게티국립공원에서 캠핑을 하거나 라무 섬에서 낚시를 하는 등 즐거운 시간을 보냈다.

그러나 여행 중 미셸은 내가 아프리카에 처음 찾아갔을 때 들었던 것과 마찬가지로 대부분의 케냐인들은 자신의 운명을 스스로 결정할 수 없다는 끔찍한 얘기도 듣게 되었다. 내 사촌들은 뒷돈을 건네지 않고는 일자리를 찾거나 장사를 시작하기가 매우 어렵다고 그녀에게 말했다. 사회운동가들은 정부 정책에 반대했다는 이유로 투옥된 사례들을 우리에게 들려주었다. 심지어 내 일가친척과 관련해서도 가족 간의 유대를 지키고 부족에 충실해야 한다는 것이 얼마나 숨막힐 듯한 압박감을 주는지 실감하게 되었다. 먼 친척들이 끊임없이 선물이나 도움을 요구했고 삼촌과 숙모들은 아무런 예고 없이 불쑥불쑥 들이닥쳤다. 미셸은 시카고로 돌아가는 여객기에서 어서 미국에 도착했으면 좋겠다고 말했다.

"난 지금까지 내가 미국인이라는 사실이 어떤 것인지 한 번도 실감하지 못했어."

미셸이 말했다. 자신이 얼마나 자유롭고 또 그런 자유가 얼마나 소중한지 미처 깨닫지 못했다는 말이었다.

가장 기본적인 차원에서 보자면 사람들은 자유를 적극적 개념보다는 소극적 개념으로 인식한다. 일반적으로 우리는 타인의 간섭을 받지 않을 권리가 있다고 생각하기 때문에 자신의 일에 끼어들려는 사람을 미심쩍은 눈초리로 바라보게 된다. 그 사람이 독재자건 참견 잘하는 이웃이건 상관없이 말이다. 그러나 기회의 활용과 실현에 도움을 주는 보완적 가치(subsidiary values)라는 측면에서는 자유를 한층 적극적인 의미로 받아들인다. 기회를 활용하고 실현한다는 것은 벤저민 프랭클린이 자신의 「가난한 리처드의 달력 Poor Richard's Almanack」(프랭클린이 20대에 펴낸 것으로 검약, 절제, 근면, 정의, 겸손 등 그가 삶의 지침으로 삼은 13가지 덕목과 가치관을 짧은 경구 형태로 달력에 적어 넣어 만든 것 - 옮긴이 주)을 통해 처음으로 널리 대중화시킨 소박한 미덕이다. 그 이후에도 여러 세대를 거치며 계속 이러한 미덕에 감화되어 따르게 되었다. 이것은 자립과 자기 계발을 꾀하고 도전을 무릅쓰는 가치관이자 박력과 절제, 근면, 검약, 개인적 책임감을 중시하는 가치 체계다.

이런 가치관은 삶에 대한 근본적인 낙관주의와 자유 의지에 대한 믿음에 뿌리를 두고 있다. 다시 말해 우리 모두 용기와 땀과 고뇌를 통해 타고난 처지와 환경을 뛰어넘을 수 있다는 자신감인 것이다. 한편, 여기에는 넓은 의미의 다른 가치관, 즉 사람들이 저마다 아무런 제약 없이 자신의 이해관계를 추구한다면 사회 전체의 번영을 기약할 수 있다는 신념도 담겨 있다. 우리의 자치 제도와 자유 시장 경제는 대다수 국민들이 이런 가치관을 신봉하기 때문에 가능한 것이다. 정부와 경제 제도의 정당성은 이런 가치관에 제대로 부응하는가에 달려 있다. 그리고 기회 균등과 차별 배격이란 가치는 우리의 자유를 침해하기보다는 이를 보완한다.

미국인들이 가슴 깊이 개인주의적이라 할지라도, 부족에 대한 충성이나 전통, 관습, 카스트 같은 것들에 본능적인 거부감을 느낀다고 할지라도, 이러한 모습이 우리의 전부라고 가정하는 것은 잘못된 판단이 될 것이다. 우리의 개인주의는 항상 공유하는 여러 가치들과 결부되었다. 건전한 사회라면 모두 이런 공동의 가치관을 접착제로 삼아 결속되게 마련이다.

우리는 가족 간의 규범, 대를 이어 전수되는 책임과 의무를 소중하게 생각한다. 우리는 외양간을 짓거나 축구 팀을 감독할 때 드러나는 공동체 의식이나 이웃 간의 정을 귀중하게 여긴다. 그리고 애국심과 시민의 의무, 국가에 대한 책임감과 희생 정신을 소중하게 생각한다. 우리는 우리 자신을 능가하는 커다란 대상, 즉 종교나 도덕적 신조 등에 대한 믿음을 존중한다. 또한 우리는 정직과 공정성, 겸손, 친절, 정중한 태도, 동정심처럼 서로를 존중하는 의미를 내포한 여러 미덕들을 귀하게 여긴다.

모든 사회에서, 모든 개인의 내면에서, 개인주의와 공동체 의식, 자율과 연대는 긴장 관계에 놓여 있다. 미국이 건국 당시의 상황 때문에 대부분의 나라들보다 이런 긴장을 잘 해소할 수 있었던 것은 축복받은 일 중 하나였다. 유럽은 봉건 시대를 떨쳐 버리면서 유혈로 얼룩진 격동기를 거칠 수밖에 없었지만, 미국은 그런 과정을 전혀 겪지 않았다. 미국이 농업 사회에서 공업 사회로 이행하는 과정 또한 큰 무리가 없었다. 미 대륙의 엄청난 영토와 광대한 농지, 풍부한 자원이 새로운 이민자들이 달라진 환경에 쉽게 적응할 수 있게 해주었기 때문이다.

그러나 이런 긴장 상태를 완전히 피할 수는 없다. 가끔 서로의 가치관이 충돌하기도 한다. 한쪽의 가치관이 다른 사람들의 눈에는 과장되어 왜곡된 모습으로 보이기 때문이다. 예를 들어 자립과 독립심은 자기본위와 방종으로, 야망은 탐욕이나 어떻게든 성공하겠다는 광적인 욕망으로 왜곡될 수 있는 것이다. 지난 역사를 돌이켜보면 애국심이 주전론과 외국인 혐오증, 반대파 억압으로 바뀐 사례를 적잖이 볼 수 있다. 또 신념이 독선과 폐쇄성, 다른 세력에 대한 잔학성으로 정착된 사례도 볼 수 있다. 심지어 자비를 베풀려는 선의조차 억압적 온정주의로 바뀔 수 있다. 이런 온정주의는 온정의 대상이 스스로 감당할 능력이 있다는 점을 선뜻 인정하려 하지 않는다.

이런 일이 일어날 때, 다시 말해 어느 기업이 독성 물질을 강에 버리기로 한 결정을 옹호하면서 자유 운운하거나 고소득층을 겨냥한 쇼핑

몰을 신축하면서 다른 사람의 집을 허무는 행위를 정당화하기 위해 공익성 운운할 때, 우리는 대항적 가치의 힘을 빌려 스스로의 판단을 잘 조율함으로써 그런 무리가 빚어지지 않도록 해야 한다.

적절한 균형을 맞추는 일이 비교적 쉬운 경우도 있다. 예를 들어, 개인의 자유가 타인에게 피해를 끼칠 위험이 있을 때 사회가 그런 자유를 억제할 권리가 있다는 점에 모든 사람은 동의한다. 수정헌법 제1조는 관객으로 가득 찬 극장 안에서 "불이야!" 하고 제멋대로 외칠 권리를 부여하지는 않는다. 신앙을 실천에 옮길 권리가 인간의 희생까지 용인하지는 않는다. 마찬가지로 공익을 위한 것이라 할지라도 개인의 행위를 통제할 수 있는 국가의 권력을 제한해야 한다는 데 우리 모두는 동의한다. 비만율이 높아지면서 그에 따른 사망률이 높아지고 의료비 지출이 아무리 늘어난다 하더라도 정부가 우리의 식단을 감시하는 행위를 마음 편하게 받아들일 국민은 많지 않을 것이다.

상충하는 가치관의 균형을 맞추는 일이 비교적 쉬운 경우도 있지만 그렇지 않을 때도 많다. 상충되는 가치관 사이에 긴장 상태가 조성되는 것은 우리가 잘못된 방향으로 나아가고 있기 때문이 아니라 복잡하고 모순된 세계에 살고 있기 때문이다. 가령 9·11 사태 이래 우리는 테러와의 전쟁에서 헌법상의 제반 원칙을 일관되게 지켜 나가지 못했다고 나는 확신한다. 그러나 한편으론, 아무리 슬기로운 대통령이라 할지라도, 또 아무리 신중한 의회라 할지라도, 우리의 국토 안보라는 절박한 요구와 그에 못지않게 중요한 시민의 자유권 옹호라는 요구를 적절하게 조화시키고 균형을 맞추는 데 적잖이 고심했을 것이라는 점을 인정한다. 나는 미국의 경제 정책이 제조업 근로자들의 실직과 제조업 중심 도시의 와해에 거의 관심을 기울이지 않는다고 생각한다. 그렇다고 해서 보호 정책과 경쟁력 강화라는, 때때로 상충하는 두 가지 긴급한 요구 중 어느 한쪽이 사라지기를 바랄 수는 없다.

불행히도 국가적 과제를 둘러싼 논쟁에서는 이런 어려운 선택을 숙고할 단계에까지 이르지도 못하는 경우가 비일비재하다. 그 대신 사람들은 달갑지 않게 생각하는 정책이 신성한 가치를 침해할 경우에는 그 정도를 과장하거나, 반대로 선호하는 정책이 다른 중요한 가치와 상충될 때는 입을 닫아 버린다. 예를 들어, 보수 세력은 정부의 시장 규제나 총기 규제 이야기만 나오면 신경을 곤두세운다. 그러나 이런 사람들 중 상당수는 정부가 영장 없이 도청을 하려고 한다거나 개인의 성적 지향성을 통제하려고 시도해도 거의 관심을 기울이지 않는다. 반대로 대부분의 진보 세력은 언론의 자유나 자녀 출산에 대한 여성의 의사 결정권을 정부가 침해하려 하면 발끈한다. 그러나 바로 이런 사람들에게 각종 규제가 중소기업 경영자들에게 끼치는 잠재적 폐해를 지적하면 멍한 표정을 짓는 경우가 많다.

미국처럼 다양성이 지배하는 사회에서는 정부 조치에 관한 이야기가 나오면 그 한계를 어떻게 규정할 것인지에 대한 논란이 뜨겁게 진행된다. 미국의 민주주의는 바로 그런 식으로 돌아간다. 그러나 모든 사람의 가치관이 존중받을 만한 값어치가 있다는 점을 인식한다면 미국의 민주주의는 좀 더 원활하게 굴러갈 것이다. 예를 들어, 취미로 사냥을 즐기는 사람이 총기를 아끼는 마음은 진보적인 사람이 도서관의 책을 아끼는 심정과 비슷하다는 점을 진보 세력이 인정해 준다면, 또 대부분의 여성이 자녀 출산에 대한 자유로운 의사 결정권을 지키려는 마음은 복음주의자들이 신을 섬기고 받들 권리를 지키려는 마음과 다를 바 없다는 점을 보수 세력이 인식한다면, 미국의 민주주의는 더욱 발전하리라는 것이다.

이런 노력은 종종 놀라운 결과를 가져온다. 민주당이 일리노이 주 상원의 다수당 위치를 되찾았던 그해, 나는 사형 판결이 내려질 정도의 중대한 사건의 경우, 심문 과정과 자백 내용을 비디오테이프로 촬영하도록 규정한 법안을 발의했다. 그동안의 증거로 미뤄 볼 때 나는 사형이 범죄를 억제하는 데 거의 효과가 없다고 생각한다. 그러나 다중 살인이나 어린이 강간 살해 같은 몇몇 범죄는 너무 극악해서 용인할 수 있는 한계를 완전히 벗어났기 때문에 지역 사회는 사형 선고를 통해 분노를 한껏 드러내는 것을 당연하게 여긴다. 그런데 당시 일리노이 주에서는 사형선고가 내려진 사건의 재판이 여러 오류와 경찰의 미심쩍은 처신, 인종적 편견, 엉터리 변론 활동 속에서 진행되었기 때문에 무려 13명의 사형수가 무죄로 판명되어 풀려났다. 그래서 공화당 소속의 주지사가 사형 집행을 한시적으로 유예시키는 결정을 내렸다.

이제 사형 제도를 바꿀 때가 된 것 같았지만 내가 발의한 법안이 통과될 가능성이 높다고 보는 사람은 거의 없었다. 우선 주 검찰과 경찰 조직이 완강하게 반대하고 나섰다. 비디오테이프에 녹화하면 비용이 많이 들고 번거로울 뿐만 아니라 사건을 종결할 수 없게 만든다고 판단했기 때문이다. 사형제 폐지에 찬동하는 사람들은 사형제를 개선하려는 노력이 사형제 폐지 쪽에 쏠린 관심을 분산시킬까 봐 걱정했다. 동료 의원들은 범죄 예방과 대처에 미온적으로 비칠까 봐 이 법안을 꺼리는 눈치였다. 또 새로 선출된 민주당 소속의 주지사는 선거 운동을 하면서 이미 심문 과정을 비디오테이프에 녹화하는 방안에 반대한다는 의사를 밝혔다.

오늘날의 정치 상황을 보면 일반적으로 대립하는 양쪽이 끊임없이 선을 그어 서로를 구별 짓는다. 사형제에 반대하는 쪽에서는 인종주의와 경찰의 권한 남용 가능성을 되풀이해서 주장하고, 검찰이나 경찰 같은 사법 기관 쪽에서는 내가 발의한 것 같은 법안은 범법자들의 기만

살려줄 것이라고 말한다. 우리는 이런 뻔한 대립으로 시간을 보내는 대신, 검찰과 국선 변호사 단체, 경찰, 사형제 반대 단체 등의 대표들이 모여 몇 주에 걸쳐 협의했다. 어떤 때는 하루도 거르지 않고 며칠 동안 계속해서 논의했는데, 협의 내용이 언론에 새 나가지 않도록 최대한 주의했다.

나는 협의를 이끌어 갈 때, 의견이 크게 대립되는 지점에 초점을 맞추지 않았다. 오히려 사형제에 관한 각자의 견해와 상관없이 모두가 중요하게 여기는 공동의 가치와 목표를 중심에 두었다. 그런 가치와 목표란, 무고한 사람이 사형수가 되어서도 안 되지만 그렇다고 사형 판결을 받아야 할 죄인이 석방되는 일이 있어서도 안 된다는 기본적인 원칙이었다. 경찰 쪽의 대표가 법안의 내용 중에서 경찰의 수사에 방해가 될 만한 문제점을 구체적으로 지적하자 우리는 곧바로 법안의 내용을 수정했다. 다시 경찰 쪽 대표가 비디오테이프로 녹화하는 것을 자백에만 한정하자고 제안했지만, 법안의 전반적인 취지가 강압에 의하지 않고 자백이 이루어졌음을 일반에게 확인시키는 데 있다는 점을 들어 받아들이지 않았다.

몇 주에 걸친 협의 끝에 이 법안은 관련 당사자 모두의 지지를 받게 되었다. 법안은 일리노이 주 상원에서 만장일치로 통과되었고 곧바로 공포되었다.

물론 입법을 통한 정책 수립이 항상 이런 식으로 이루어지지는 않는다. 정치인이나 이익 집단들은 추구하는 이념적 목표를 위해 오히려 갈등과 대립을 반기는 경우가 종종 있기 때문이다. 예를 들어, 임신 중절에 반대하는 대부분의 사회운동가들은 입법부에 있는 동조자들에게 임신 중절 방법 중 하나인 부분 분만 낙태(partial-birth abortion) 시술의 빈도를 대폭 줄일 수 있는 타협안을 받아들이지 말라고 공개적으로 권고했다. 이런 시술이 일반에게 나쁜 이미지를 심어 주어 임신 중절 반대자들을 늘리는 데 도움이 되는 만큼 그대로 놔두라는 것이었다.

또 너무 경직된 이념적 성향에 사로잡혀 당연한 사실을 인식하지 못하는 경우도 있다. 일리노이 주 상원 의원으로 있을 때 어느 공화당 의원이 취학 전 어린이에 대한 아침 급식안에 반대하는 주장을 펼쳤다. 이런 급식이 어린이의 자립 정신을 꺾는다는 논리였다. 나는 다섯 살짜리 어린이가 자립하는 경우를 별로 보지 못했고, 한창 성장할 어린이들이 굶주림 때문에 제대로 배우지도 못한다면 결국 일리노이 주에 큰 부담이 될 것이라고 지적했다.

그러나 이 법안은 부결되었다. 이후 일리노이의 유치원 어린이들은 임시 급식을 받았다. 그리고 이 법안의 수정안이 나중에 통과되었다. 그 공화당 의원의 발언 내용은 이념과 가치 간의 차이 중 한 가지 측면을 두드러지게 드러내 준다. 즉 가치는 당면한 현실에 충실하게 적용되지만 이념은 현실적인 상황이 논리에 의문을 제기해도 그런 현실이 어떤 것이든 관계없이 그대로 무시해 버린다는 것이다.

가치 문제 논란에서 빚어지는 혼동은 대부분, 정치인과 일반 국민 모두 정치와 정부를 동일시하는 그릇된 인식에서 비롯된다. 가치가 중요하다고 말하는 것은 이런 가치가 규제를 받아야 한다거나 새로운 영향력을 지녀야 한다는 뜻이 아니다. 반대로 가치를 법제화해서도 안 되고, 법제화할 수도 없다고 해서 이 문제가 공론의 대상이 되기에 적절하지 않다는 뜻은 아닌 것이다.

예를 들어, 나는 반듯한 태도나 예의를 중요하게 생각한다. 나는 내 눈을 응시하며 자신의 의사를 분명하게 밝히면서도 "네, 선생님", "감사합니다", "죄송합니다만"이라는 말을 덧붙이는 젊은이를 만날 때마다 미국의 장래가 밝다는 느낌이 든다. 나만 이렇게 생각하는 것은 아니다. 이런 깍듯한 예의를 법제화할 수는 없다. 그러나 나는 젊은이들을 상대로 연설할 때마다 이런 예의를 갖추도록 권유하는 말을 빠뜨리지 않는다.

능력도 마찬가지다. 자신의 일에 자부심을 갖거나 남보다 많은 노력을 기울이는 사람을 만나면 그보다 하루가 유쾌할 수 없다. 회계사나 연관공, 3성 장군, 또는 내 문제를 해결해 주고자 노력하는 전화 상담원 등에게서 그런 느낌을 받는다. 그런데 요즘은 이런 사람들을 자주 접하지 못한다는 느낌이 든다. 그 때문에 판매점에서 도와줄 사람을 찾거나 배달원을 기다리는 시간이 전보다 좀 길어진 듯하다. 다른 사람들도 분명 이런 점을 느낄 것인데, 아무래도 마음이 편치 않은 일이다. 우리처럼 정부에 몸담고 있는 사람이나 기업에 관계하는 사람들이 일반의 이런 인식을 외면한다면 큰 어려움을 겪게 될 것이다. 예를 들어, 관공서에서 민원을 처리해 주는 창구 한 곳에 줄을 선 채 차례를 기다리는 사람들이 창구 담당 직원 뒤쪽에서 서너 명의 직원들이 잡담을 하고 있는 모습을 지켜보는 일이 일상화된다면, (통계상의 증거는 없지만) 정부에 대한 반감과 조세 저항, 노동 조합에 대한 반감이 언제라도 증폭될 것이라고 확신한다.

특히 진보 세력이 이 부분과 관련해 혼동을 일으키는 듯하다. 우리가 선거에서 자주 참패했던 것도 이 때문이다. 나는 최근 카이저가족재단에서 강연을 한 적이 있었는데 내 강연에 앞서 이 재단은 최근 몇 년 사이 TV 프로그램에 등장한 섹스 관련 내용이 두 배나 늘어났다는 연구 보고서를 발표했다.

요즘 나는 주변 사람들과 마찬가지로 HBO(유료 영화 채널 캐치원과 타임워너의 HBO가 2000년에 합작해 탄생시킨 미국 유수의 영화 전문 케이블

TV-옮긴이 주)를 즐긴다. 나는 프라이버시가 보장되는 가정에서 성인들이 어떤 프로그램을 시청하건 신경 쓸 필요가 없다고 생각한다. 그러나 어린이가 TV에서 어떤 프로그램을 보는지 감시할 책임은 주로 부모에게 있다는 것이 내 생각이다. 나는 이 강연에서 TV를 꺼버리고 자녀와 대화를 나눈다면 가족 모두에게 도움이 될 것이라고 말했다.

나는 또 두 딸과 거실에서 미식축구 게임을 볼 때마다 15분 간격으로 발기부전 치료제 광고가 튀어나오는 것이 달갑지 않다고 속내를 털어놓았다. 또한 10대를 겨냥한 인기 프로그램에서, 별다른 생계 수단도 없는 젊은이들이 몇 달씩 술에 취해 무위도식하거나 낯선 사람들과 뜨거운 욕조 속으로 뛰어드는 식의 내용을 보여 주고 있는데, 이는 모두 '현실'과는 동떨어진 것이라고 말했다. 나는 방송사와 케이블 업계가 한층 적절한 기준과 기술을 채택해 각 가정으로 전송되는 TV 프로그램을 부모들이 잘 통제할 수 있도록 도와야 한다는 말로 강연을 마쳤다.

이쯤 되면 나를 코튼 마더(Cotton Mather, 17세기 말부터 18세기 초까지 뉴잉글랜드의 청교도 사회를 지배한 미국 회중파 교회 목사이자 역사가-옮긴이 주) 같은 인물로 생각할 사람도 있을 법하다. 이런 강연 내용에 대해 어느 신문은 사설을 통해, 정부는 표현의 자유를 규제할 권리가 없다고 점잖게 타일렀다. 내가 이 강연에서 그런 규제를 언급조차 하지 않았는데도 말이다. 언론은 내가 대권 도전에 대비해 중도적 입장으로 방향을 틀었다고 암시했다. 적지 않은 지지자들은 우리 사무실에 편지를 보내 내게 표를 준 것은 부시의 의제들을 깨부수라는 것이지, 이런 잔소리꾼 노릇이나 하라는 것이 아니었다고 불만을 털어놓았다.

보수와 진보를 가릴 것 없이 내가 아는 모든 부모들은 저열한 문화, 태평스러운 물질 중심주의와 즉흥적인 만족을 조장하는 경향, 인간적 친밀감을 배제한 성행위 등에 대해 여전히 탄식을 늘어놓는다. 그렇다고 이들이 정부의 검열을 바라는 것은 아니다. 이런 염려가 두루 인정받고, 이들이 체험하고 느낀 것들이 정당하게 인식되기를 바랄 뿐이다. 진보 성향의 정치 지도자들이 검열관처럼 보일까 봐 이런 문제를 인정조차 하지 않을 때 이들 부모는 그런 문제를 인정하려는 지도자들, 아마도 헌법적인 구속에 덜 민감한 지도자들의 이야기에 귀를 기울이기 시작할 것이다.

물론 보수 세력도 문화 분야의 여러 문제점에 대처하는 면에서 그들만의 맹점이 있다. 대기업 임원의 급여 문제를 따져 보자. 1980년에는 CEO의 평균 급여가 시급 노동자 평균 임금의 42배 수준이었다. 2005년에는 무려 262배로 뛰어올랐다. 「월스트리트저널」 같은 보수적인 미디어는 사설을 통해 탁월한 인재를 끌어오려면 이런 엄청난 급여와 스톡옵션이 필요하다면서 이들 최고 경영자가 많은 수입을 얻고 만족할 때 미국의 경제 상황도 그만큼 호전되었다고 주장한다. 그러나 CEO 급여가 급증한 점은 경제 상황 호전과는 거의 아무런 관계가 없었다. 사실 미국에서 가장 많은 보수를 받는 축에 드는 몇몇 CEO들은 경영 실적이 시원찮아서 회사의 수익률과 주식 가치가 떨어지고 인력이 대폭 감축되는가 하면, 직원들의 연금용 사내 유보금이 축소되는 결과를 빚었다.

CEO의 급여가 이처럼 급증한 것은 시장 상황의 불가피한 요구와는 무관하다. 오히려 문화적인 측면에서 그 이유를 찾아야 한다. 일반 노동자들의 소득이 거의 또는 전혀 늘어나지 않고 있을 때 미국의 많은 CEO들은 염치없게도 자신들이 구성해 놓은 고분고분한 이사진이 베푸는 온갖 혜택을 빠짐없이 챙겼다. 국민들은 윤리 의식이 탐욕으로 대체되었을 때, 공동체의 삶에 어떤 손상을 입혔는지 잘 알고 있다. 최근 실시된 어느 여론조사에서, 국민들은 미국이 당면한 가장 중요한 윤리적 과제 세 가지 중 두 가지로 정부 및 업계의 부패, 그리고 탐욕과 물질 중심주의를 꼽았다. 첫 번째 과제로 꼽은 것은 올바른 가치관으로 자녀를 양육하는 문제였다.

보수 세력은 정부가 기업체 경영진의 보수까지 결정하려고 해서는 안 된다고 주장하는데, 이런 주장은 옳다고 볼 수 있다. 그렇다면 보수 세력은 적어도 기업체 중역실에서 벌어지는 꼴사나운 행태에 대해서 지탄해야 마땅하다. 그것도 쉰 목소리의 랩 음악을 손가락질했던 동일한 윤리적 잣대와 동일한 정도의 분노 어린 표정으로 말이다.

물론 탁월한 설교자의 능력에도 한계가 있다. 경우에 따라 법률만이 우리의 가치를 온전하게 지킬 수 있다. 특히 우리 사회의 힘없는 사람들의 권리와 기회가 위태로울 때가 그렇다. 인종 차별을 종식시키기 위한 노력도 분명 그런 경우였다. 민권 운동이 진행되던 시기, 간곡한 도덕적 권유가 백인 미국인들의 마음을 바꾸는 데 한몫했지만 흑인 차별을 완전히 끝내고 인종 간 관계의 신기원이 열리게 만든 것은 브라운 사건(Brown v. Board of Education, 백인과 흑인이 서로 다른 공립 학교를 다니도록 규정한 캔자스 주법이 논란이 된 사건 – 옮긴이 주)에서 그 절정을 이룬 대법원의 여러 판례와 1964년의 민권법, 1965년의 투표권법이었다. 이런 법률이 심의 과정을 거칠 때 정부가 시민 사회에 개입해서는 안 된다거나 어떤 법률도 백인에게 흑인과 사귀도록 강제할 수는 없다는 식의 주장이 나왔다. 이런 주장을 전해 들은 킹 목사는 이렇게 응답했다.

"어떤 사람이 나를 좋아하도록 법률이 강제할 수 없다는 것은 사실이지만 그 사람이 나를 린치할 수 없게 그 법률이 막을 수는 있다. 나는 그런 점도 매우 중요하다고 생각한다."

우리가 원하는 형태의 사회로 발전해 나가려면 문화의 변화와 정부의 조치가 필요할 때도 있다. 즉 추구하는 가치와 정부의 정책이 모두 바뀌어야 하는 것이다. 저소득층이 사는 대도시 중심부의 학교가 한 사례가 될 수 있다. 사실 근면하게 생활하고 순간의 만족보다 장기적인 만족을 추구하라는 가치관을 부모들이 자녀들에게 심어 주는 노력을 기울이지 않으면 아무리 많은 자금을 쏟아 붓는다 하더라도 학생들의 학업 성취도를 끌어 올릴 수 없다. 그러나 낡은 시설에 전문성이 부족한 교사들이 가르치는 학교에서 학생들이 잠재 능력을 제대로 계발할 수 있을 것이라고 생각한다면, 결국 우리는 어린이들과 스스로에게 계속 거짓말을 하고 있는 셈이다. 한마디로 우리 자신의 가치관을 저버리고 있는 것이다.

이런 점도 내가 민주당에 입당하게 만든 요인 중 하나라고 생각한다. 즉 가치의 공유와 공동의 책임 의식, 사회적 연대의 힘을 교회나 사원, 유대교 회당이나 또는 지역 사회, 직장, 가정에서만 발휘할 것이 아니라 정부 조직 전반에도 뿌리내리게 해야 한다는 것이다. 많은 보수주의자들처럼 나 역시 문화가 개인의 성공과 사회적 결속을 결정짓는 힘을 지니고 있는데도 우리는 위험을 무릅쓴 채 그런 문화적 요소들을 외면하고 있다고 믿는다. 그러나 나는 그런 문화를 풍성하게 만들거나 빈약하게 만드는 데 정부가 어느 정도 역할을 할 수 있다고 생각한다.

나는 정치인들이 계산된 발언이라거나 엉터리 같다는 인상을 주지 않으면서 가치 문제에 대한 견해를 밝히는 일이 왜 그렇게 어려운지 궁금할 때가 많다. 내 생각에 일부 원인은 이런 데 있지 않을까 싶다.

우리처럼 공직 생활을 하는 사람들은 미리 짜놓은 각본에 의존하는 경우가 많다. 또한 공직에 출마한 후보자들이 자신의 가치관을 드러내기 위해 활용하는 제스처가 흑인 교회나 전국자동차경주연맹 트랙 같은 곳을 방문하거나 아니면 유치원에 찾아가 아이들에게 책을 읽어 주는 등의 정해진 형식을 벗어나지 못하기 때문에 일반 국민으로서는 어디까지가 진심이고 어떤 것이 정치적 연출인지 가려내기가 점점 어려워지는 것이다.

더구나 오늘날의 정치 행태 자체가 가치 같은 문제에 얽매이지 않는 듯하다. 정치 활동과 정치성 발언을 보면 우리가 보통 수치스럽다고 생각하는 행태를 그대로 용인할 뿐만 아니라 그런 행동으로 종종 이익을 얻기도 한다. 이야기를 날조하거나 다른 사람의 발언 의도가 분명한데도 이를 왜곡하는가 하면, 타인을 모욕하거나 타인의 언행에 불순한 동기라도 있는 것처럼 의문을 제기한다. 아니면 타인에게 타격을 줄 만한 꼬투리를 잡기 위해 사적인 부분을 꼬치꼬치 파고든다.

한 가지 예를 들자면 내가 연방 상원 의원에 출마해 선거 운동을 벌일 때 상대인 공화당 후보가 젊은이 한 사람을 내게 붙였다. 이 젊은이는 조그만 카메라를 든 채 내가 공개적인 장소에 나갈 때마다 늘 따라다녔다. 많은 선거 운동에서 이런 행위는 거의 일상적인 일이 되었지만 이 젊은이의 경우는, 본인이 지나친 열의를 보이는 것인지 아니면 나를 자극하도록 지시를 받은 것인지는 알 수 없으나 거의 스토킹 수준이었다. 그는 아침부터 밤까지 내가 가는 곳이면 어디건 가리지 않고 따라다녔는데, 나와의 거리가 2~3미터밖에 안 되었다. 그는 내가 엘리베이터에 오를 때는 물론, 화장실에서 나올 때도 촬영했다. 내가 휴대 전화로 아내나 아이들과 통화할 때도 그 모습을 카메라에 담았다.

처음에 나는 그 젊은이와 대화를 해보려고 했다. 내가 걸음을 멈추고 그에게 이름을 물은 뒤, 그가 맡은 일을 해야 한다는 점은 이해하지만 내 통화 내용을 들을 수 없을 정도의 거리는 유지해야 한다고 지적했다. 이렇게 부탁했는데도 그는 자신의 이름이 저스틴이라고 밝힐 뿐, 그 밖의 질문에는 대답하지 않았다. 나는 저스틴에게 선거 운동 본부에서 그가 수행하기를 바라는 행동이 이런 것인지 여부를 보스에게 전화를 걸어 확인해 보라고 제안했다. 그는 내가 전화를 거는 것은 자유라면서 전화 번호를 건넸다. 이런 식으로 2~3일이 지났을 때 나는 이제 충분히 의사 표시를 했다고 판단했다. 나는 저스틴이 뒤를 바짝 따라오는 가운데 주 의사당 출입 기자실로 들어가서 마침 함께 점심 식사를 하는 기자 몇 사람을 불렀다.

"기자 여러분, 저스틴을 소개하고 싶은데요. 라이언 선거 운동 진영에서 저스틴을 나에게 붙여서 내가 어디를 가든지 뒤따라 다니게 하는군요."

내가 이렇게 정황을 설명하자 저스틴은 그 자리에 선 채 계속 내 행동을 촬영했다. 그러자 기자들이 저스틴에게 질문을 퍼붓기 시작했다.

"당신, 화장실까지 저 양반을 따라 들어가는 겁니까?"

"항상 이 정도로 가까이 따라붙는 거요?"

잠시 뒤 몇몇 카메라맨이 달려와 내 행동을 촬영하는 저스틴의 모습을 카메라에 그대로 담았다. 저스틴은 기자들의 질문 공세에 대해 마치 전쟁 포로나 된 것처럼 자신의 이름과 직책, 선거 운동 본부의 전화 번호만 되뇌었다. 저스틴의 이런 행동은 대부분의 지역 방송에서 저녁 6시 뉴스 시간에 상세하게 보도되었다. 저스틴 관련 뉴스는 그 이후 일주일 동안 일리노이 주 온갖 매체에서 가장 큰 관심거리로 떠올랐다. 만화와 사설은 물론, 스포츠 라디오 방송의 소재가 되기도 했다.

며칠 동안 이런 논란을 모른 척하던 공화당 후보가 마침내 여론의 압력에 굴복해 저스틴에게 몇 미터 더 뒤로 물러서도록 지시하고 사과 성명을 발표했다. 그럼에도 그의 선거 운동은 이 일로 말미암아 큰 타격을 받았다. 유권자들은 건강 보험이나 대 중동 외교 활동에 대해 후보 간 어떤 견해 차이가 있는지 잘 모를 수도 있다. 그러나 이들은 내 상대 후보의 선거 운동 방식이 한 가지 가치 기준을 위배했다는 점을 잘 알았다. 사람들이 중요하게 여기는 예의 바른 행동이란 가치 기준을 어겼던 것이다.

우리가 일상생활에서 적절하다고 생각하는 행태와 공직 후보자가 선거에서 승리하기 위해 취하는 행동 사이에 존재하는 격차는 정치인의 가치 기준을 시험하는 방법이 될 수 있다. 공직자는 선거 운동이 아닌, 다른 영역에서도 매일같이 서로 상충되는 여러 주장을 숙고하고 평가해야 한다. 각기 다른 지지 그룹 간에, 자신이 대변하는 주의 이해와 연방 정부의 이해 사이에서, 또는 당에 대한 충실성과 자신의 독립적인 의지 사이에서, 공직 활동의 보람과 가족에 대한 의무 사이에서 상충되는 주장들을 잘 헤아려야 하는 것이다. 이처럼 상충되는 목소리가 요란한 가운데 정치인들이 지금까지 견지해 온 도덕적 입장이나 태도를 흩뜨리면, 완전히 여론의 풍향에 따라 춤을 추게 될 위험성이 있다.

사람들이 실제로는 좀처럼 찾아보기 어려운, 언행일치와 진정성을 지도자들이 갖추기를 열망하는 것도 그 때문일지 모른다.

내 친구로서 지금은 고인이 된 폴 사이먼 상원 의원이 바로 그런 자질을 갖춘 정치인이었다. 그는 정치 활동을 하는 동안 정치 풍향을 좀 안다는 전문가들의 허를 찌르는 경우가 많았다. 진보적인 정치 활동을 펼치면서도 자신과 의견이 다른 쪽, 그것도 어떤 경우에는 정면으로 대립하는 쪽의 지지를 이끌어 냈기 때문이다. 그 덕분에 다리가 짧은 사냥개 바셋 하운드와 비슷한 얼굴에, 굵은 뿔테 안경을 끼고 나비넥타이를 맨 그는 조그만 도회지의 의사처럼 대단한 신뢰를 받았다. 사람들은 또 폴이 자신의 가치 기준을 지키며 살아가고 있다는 점도 알고 있었다. 그는 정직했고 스스로 옳다고 믿는 바를 옹호하고 나섰다. 무엇보다도 가장 중요한 점은 폴이 사람들과 그들이 헤쳐 나가는 현실에 관심을 기울였다는 사실이다.

나이가 들면서 나는 폴의 특성 가운데 공감의 능력을 점점 더 높이 평가하게 되었다. '공감'은 내 윤리관의 핵심인데, 내가 이해하기에 이 황금률은 단순히 연민이나 자비의 감정이라기보다는 한층 나아간 것으로 타인의 눈으로, 타인의 입장에서 생각하는 태도이다.

내가 지닌 대부분의 가치 기준과 마찬가지로 공감이라는 가치도 어머니로부터 배웠다. 어머니는 잔인하거나 동정심이 없거나 또는 권한을 남용하는 행위를 경멸했다. 그런 행위가 어떤 형태로 드러나는지는 상관하지 않았다. 인종적 편견을 드러내거나 학교에서 다른 아이들을 괴롭히는 일, 종업원들에게 쥐꼬리만 한 임금을 지급하는 행위 등에 대해 그 형태에 관계없이 멸시했다. 어머니는 내게서 그런 기미가 보이기만 해도 내 눈을 빤히 쳐다보며 이렇게 다그치듯이 물었다.

"다른 사람이 그렇게 하면 네 기분이 어떨 것 같니?"

그러나 공감의 의미를 제대로 깨우치고 내 것으로 만들게 된 것은 외할아버지와의 관계를 통해서였다. 어머니가 일 때문에 외국으로 나가는 일이 잦았기 때문에 나는 고등학교 시절 외조부모와 지내는 시간이 많았다. 아버지가 함께 살지 않는 탓으로 내가 청소년기에 드러낸 반항기를 대부분 할아버지가 받아 주어야 했다. 할아버지도 이런 반항을 받아 주는 일이 늘 수월하거나 편치는 않았을 것이다. 그는 마음이 따뜻한 사람이었지만 화를 잘 내기도 했다. 지난 삶이 별로 성공적이지 못했던 탓도 있겠지만 어쨌든 쉽사리 마음에 상처를 받는 편이었다.

내가 열여섯 살쯤 되자 우리는 항상 입씨름을 벌였다. 대개 그 이유는 할아버지가 마음대로 정해 놓은 갖가지 사소한 규칙을 내가 지키지 않는 데 있었다. 예를 들어, 내가 승용차를 빌려 쓰면 연료 탱크에 휘발유를 가득 채워 놓아야 한다거나 우유 팩은 쓰레기통에 버리기 전에 반드시 물로 헹구어 내야 한다는 등의 규칙이었다.

나는 내 견해가 더 옳다고 절대적으로 확신했고, 화려한 수사를 동원할 줄 아는 말주변이 있었다. 그래서 적어도 할아버지를 당황스럽게 만들고 화를 돋우거나 아니면 할아버지의 말이 이치에 맞지 않는 것처럼 유도하면, 이런 입씨름에서 이길 수 있다는 것을 알게 되었다. 그러나 고등학교를 졸업할 때쯤 되자 이런 승리가 전처럼 신바람이 나지 않고 시들해지기 시작했다.

그즈음부터 나는 할아버지가 지금까지 살아오면서 힘겨운 노력을 경주했고, 좌절과 아픔을 겪었을 것이란 점에 생각이 미치기 시작했다. 그러면서 할아버지가 그래도 가정에서는 존중받고 대접받는다는 느낌이 필요할 것이라는 사실을 구체적으로 실감하기 시작했다. 나는 할아버지가 정해 놓은 규칙을 지킨다는 것이 내게는 대수롭지 않은 일이지만 할아버지에게는 상당한 의미를 지닌 일이 되리라는 점을 깨달았다. 또한 할아버지의 말에 분명히 타당성이 있을 때가 있으며, 내가 그의 기분이나 요구에 개의치 않은 채 항상 내 방식만을 고집함으로써 어떤 면에서 스스로의 품격을 떨어뜨리고 있다는 점을 깨달았다.

물론 이런 깨우침이 별로 대단한 일은 아니다. 성장하려면 그 형태야 다르겠지만 이와 비슷한 일을 모두 겪어야 한다. 그리고 지금도 나는 어머니가 강조한 간단한 원칙, 즉 "네게 그렇게 하면 느낌이 어떨 것 같으냐?"를 정치 활동의 길잡이 중 하나로 삼고 있다.

나는 스스로에게 이런 질문을 하는 것은 아무리 많이 해도 지나치지 않다고 생각한다. 국가 전체를 놓고 볼 때, 우리는 상대편의 처지에서 생각해 보는 마음이 부족한 것 같다. 만약 만성적인 재정난과 인력난에 시달리며 제 역할을 못하는 학교의 학생들을 우리 자녀처럼 여긴다면, 이런 학교를 용납하지 않을 것이 분명하다. 만약 어느 회사의 최고 경영자가 종업원들을 기본적으로 자신과 대등한 사람들이라고 생각한다면 이들의 건강 보험 지원비를 삭감하면서 수백만 달러의 상여금을 챙겨 가기는 어려울 것이다. 또한 권력을 쥔 사람들이 자신의 아들딸이 위험에 처할 수 있음을 예상한다면 좀 더 신중한 고민 끝에 전쟁을 벌일 것인지를 결정할 것이다.

나는 상대편의 처지에서 생각해 보는 마음가짐이 확산된다면 현재의 정치가 이 사회에서 힘겹게 살아가는 사람들을 배려하는 쪽으로 균형을 회복할 것이라고 믿는다. 이들이 우리와 다름없다고 생각한다면 결국 이들의 분투는 곧 우리의 분투이기도 하다. 이런 사람들을 돕지 않는다면 우리 자신이 왜소해진다.

그렇다고 해서 안간힘을 다하며 힘겹게 살아가는 사람들이나 이들을 대변한다고 주장하는 우리 같은 사람들이, 넉넉한 사람들의 입장이나 견해를 이해하려 애쓸 필요가 없다는 뜻은 아니다. 흑인 지도자들은 차별 철폐 조치에 반대하는 일부 백인들의 여러 불안이 어떤 면에서 논리적인 근거를 지니고 있는지 냉정하게 생각해 볼 필요가 있다. 노동 조합 지도자들은 경쟁에서 살아남아야 한다는 사용자들의 압박감을 외면해서는 안 된다. 내가 조지 부시와 아무리 견해 차이가 크다고 하더라도 그의 시각에서 국제 상황을 바라보도록 노력해야 한다. 공감이란 바로 이런 것이다. 보수주의자든 진보주의자든, 권세가 있는 사람이든 그렇지 않은 사람이든, 억압을 하는 사람이든 억압을 받는 사람이든 관계없이 모두 상대방의 처지에서 생각해 봐야 한다. 우리 모두 자기 만족의 안이한 마음가짐을 떨쳐 버려야 한다. 자신의 생각만을 고집하는 한정된 시각을 극복해야 한다.

그 누구도 공동의 기반을 찾아야 한다는 요구를 외면할 수 없다. 물론 결국에는 상호 이해의 마음가짐만으로는 부족하다. 항상 말로 그치는 것은 공허할 수밖에 없다. 다른 가치와 마찬가지로 공감도 실천이 뒤따라야 한다. 1980년대 사회운동가로 활동할 때 나는 지역 사회 지도자들에게 도대체 어디에 시간과 에너지, 자금을 쏟아 붓고 있느냐고 캐묻는 방식으로 이들의 주의를 가끔 환기시켰다. 나는 우리가 스스로에게 얘기하고 싶어 하는 가치가 아니라 우리가 실제로 어디에 노력을 쏟고 있는가가, 우리가 가치 있게 생각하는 것이 무엇인지를 진정으로 시험하는 일이 될 거라고 그들에게 말했었다. 우리가 자신의 가치 기준을 위해 대가를 지불할 뜻이 없다면, 그것을 실현시키기 위해 얼마간의 희생을 감수할 용의가 없다면, 그 가치를 진정으로 신봉하고 있는지 자기 자신에게 질문해 봐야 한다.

최소한 이런 기준에 비춰 볼 때 오늘날 미국인들은 부와 날씬한 몸매, 젊음, 명성, 안전, 오락 말고는 별다른 가치가 없는 것처럼 보일 때가 더러 있다. 우리는 다음 세대에 남겨 줄 유산을 소중하게 생각한다면서도 산더미 같은 부채를 넘겨 준다. 기회 균등의 가치를 인정한다면서도 수백만의 빈곤층 어린이들이 고초를 겪는 것을 그대로 방관한다. 또 가족을 소중하게 생각한다고 주장하면서도 가족의 역할을 날이 갈수록 위축시키는 형태로 경제 구조와 사회생활을 꾸려 가고 있다.

그러나 우리 마음속의 한 부분은 이를 잘 알고 있다. 우리의 가치 기준이 가끔 때 묻고 녹슬어 보이더라도, 우리가 개인적인 생활에서나 국가적인 차원에서 그것을 상기하고 되새기기보다는 저버리는 경우가 더 많다고 할지라도, 우리는 여전히 그 가치들에 의존하고 있다. 우리 삶의 길잡이가 될 만한 것이 달리 어디 있겠는가? 그런 가치들은 우리가 물려받은 유산이며, 한 국가의 국민으로서 우리가 누구인지 정체성을 규정해 준다. 또한 이 가치들이 도전받을 수도 있고, 지식인들과 문화 비평가들이 이를 비판하고 전복할 수도 있다는 점을 인정한다 하더라도, 이것들은 지금까지 계층과 인종, 종교, 세대를 뛰어넘어 놀라울 정도의 지속성과 생명력을 보여 주었다. 이런 가치들이 사실과 체험을 통해 검증되어야 한다는 점을 인정하는 한, 또 말뿐이 아닌 실천을 요구한다는 점을 잊지 않는 한, 우리는 그런 가치를 우리 것이라고 주장할 수 있다.

그렇게 하지 않는다면, 그것은 우리가 가진 가장 아름다운 품성을 포기하는 일이 될 것이다.

| 제3장 |

헌법

BARACK OBAMA

The AUDACITY *of* HOPE

헌법이 할 수 있는 것은 우리가 장래 문제를 논의하는 방식을
체계적으로 제시하는 일이다. 빈틈없이 짜여진 헌법의 여러 장치들,
다시 말해 권력 분립과 견제와 균형, 연방제 원칙, 권리장전 등은
모두 우리를 대화의 장으로 이끌기 위한 것이다.
모든 시민은 자신의 견해를 현실적인 여건에 비춰 시험해보고,
자신의 관점에 동의하도록 다른 사람들을 설득하며,
의견이 합치되는 사람들과 제휴하는 '토론형 민주주의'를 실천해야 하는 것이다.

● ● ● 의사당에서 한 해 지내 보니 어떠냐고 묻는 질문에 연방 상원 의원들이 자주 쓰는 표현이 있다.

"소방 호스로 물을 마시는 것 같다."

이런 표현은 적절하다는 생각이 든다. 나도 연방 상원에서 몇 달을 지내 보니, 온갖 일이 한꺼번에 밀어닥친다는 느낌이었다. 우선 직원을 뽑고 워싱턴과 일리노이에 사무실을 마련해야 했다. 어느 상임위원회에 소속될지 의논해서 결정해야 하고 상임위에 계류된 여러 안건들을 진척시킬 준비를 해야 했다. 투표가 끝난 후 지지자들이 보내 준 편지가 무려 1만 통이나 쌓여 있었고 매주 쏟아져 들어오는 강연 요청도 300건씩이나 되었다.

30분 안팎의 거리이긴 하지만 나는 상원 본회의장에서 상임위 회의실이나 호텔 로비, 라디오 방송국을 오가야 했다. 이런 일들을 할 때는 최근 고용한 20~30대 젊은 직원들에게 전적으로 의존하게 된다. 이들은 일정을 짜주고 적절한 브리핑 자료를 건네주며 내가 만나야 할 사람들을 일깨워 주고 또 가장 가까운 화장실을 가르쳐 준다.

그러다가 밤이 되면 독신 생활로 바뀌었다. 아내와 나는 가정을 시카고에 두기로 했다. 온실 같은 워싱턴 바깥에서 두 딸을 키우는 것이 좋겠다고 생각했기 때문이다. 또 시카고에서는 장모와 처남, 그 밖에도 여러 친지들의 도움을 받을 수 있으므로 내가 일 때문에 여러 날씩 집을 비우더라도 아내가 가정을 꾸려 나가는 데 큰 불편이 없을 것이라고 생각했다. 그래서 나는 워싱턴에서 보내는 주 3일간은 의사당과 다운타운 사이에 있는 조지타운 로스쿨 주변에 침실 하나짜리 조그만 고층 아파트를 세내어 살게 되었다.

처음에는 이것저것 얽매이지 않았던 총각 시절의 즐거움을 억지로 떠올리면서 쓸쓸한 독신 생활에 적응해보려고 애썼다. 그래서 근처에 있는 모든 레스토랑에 어떤 테이크 아웃 메뉴가 있는지 알아보고, 밤늦게까지 농구 프로그램을 시청하거나 책을 읽었다. 또 한밤중에 운동을 하기 위해 체육관을 찾기도 하고, 설거지를 안 한 채 싱크대에 그대로 쌓아 두며, 잠자리도 펴지 않는 채 자기도 했다. 그러나 이런 시도도 소용이 없었다.

이미 13년간이나 결혼 생활을 한 나로서는 가족과 함께 하는 생활에 익숙해지고 안이해져서 스스로 살림을 할 줄 몰랐다. 워싱턴 아파트에서 첫날 밤을 보낸 뒤 아침이 되고 나서야 나는 샤워 커튼 사는 것을 깜빡 잊었다는 것을 알았다. 나는 욕실 바닥에 물이 마구 튀는 것을 피하기 위해 샤워기 물이 샤워실 벽 쪽을 향하게 할 수밖에 없었는데, 그 소리가 자못 요란했다.

그 다음 날 밤에는 맥주 한 잔을 마시면서 스포츠 게임을 시청하다가 하프타임 중 그만 스르르 잠이 들어 두 시간쯤 뒤에 깼는데, 어떤 자세로 잠이 들었는지 모르겠지만 목 부위 근육에 경련이 일어났다. 테이크아웃 음식도 처음과 달리 별 맛을 느끼지 못하게 되었다. 집 안이 조용한 것도 지루한 느낌을 주었다. 그러다 보니 나도 모르게 자꾸 집에 전화를 걸게 되었다. 두 딸과 포옹하며 향긋한 땀 냄새를 맡는 그 따뜻함이 그리워 아이들 목소리라도 들어 보기 위해서였다.

"우리 이쁜이!"

"아빠."

"웬일이니?"

"아빠가 전화했잖아?"

"그랬니?"

"아무 일 없어. 엄마 바꿔 줄까?"

상원에는 나처럼 자녀가 어린 의원들이 몇 명 있었는데, 우리는 만날 때마다 워싱턴으로 전 가족이 이사 오는 데 어떤 장·단점이 있는지 비교하고 또 지나치게 열성적인 보좌진이 우리가 가족과 함께 보내는 시간을 방해하지 않도록 하는 일이 얼마나 어려운가 하는 점에 대해 이야기했다. 이런 몇몇 의원을 제외하고는 대부분의 상원 의원이 우리보다 훨씬 나이가 많아 평균 연령이 60세였다. 나는 예의를 차리고자 이들 나이 많은 동료 의원들의 사무실을 차례로 찾아가 인사를 했는데, 그럴 때면 그들은 보통 상원과 관련된 충고만 해주었다.

예를 들어, 각 위원회에는 어떤 이점들이 있는지, 위원장들의 성격이나 기질은 어떤지 소상하게 알려 주는 식이었다. 이들은 또 보좌진을 어떻게 구성하는 것이 좋은지, 사무실 공간이 더 필요할 땐 누구에게 부탁해야 하는지, 선거구민의 청탁을 어떻게 처리해야 하는지에 대해 여러 충고를 들려주었다. 물론 이런 충고들은 대체로 유익했다. 그러나 몇몇은 모순된 모습을 보이기도 했다. 그런데 같은 민주당 의원들의 경우는 예방이 끝날 즈음이면 거의 한결같이 이런 권유를 빠뜨리지 않았다. 되도록이면 빨리 로버트 버드 의원을 만날 수 있도록 일정을 짜라는 것이었다. 그저 인사치레 정도로 찾아보라는 권유가 아니었다. 그는 세출

위원회의 원로였고 상원 내에서 인격을 높이 평가받고 있었기 때문에 막강한 영향력을 행사했다.

당시 87세였던 버드 의원은 상원의 최다선 의원일 뿐만 아니라 상원을 그대로 체현한 인물이자 살아 숨쉬는 역사의 일부로 인식되었다. 먹고 살기 힘들었던 웨스트버지니아의 탄광촌에서 삼촌과 숙모 손에서 자란 그는 타고난 재능으로 장문의 시구절을 암송하는가 하면 바이올린을 훌륭하게 연주했다. 그는 대학 등록금을 마련할 수 없어 정육점 직원이나 세일즈맨으로 일했고, 제2차 세계 대전 중에는 전함에서 용접공으로 근무했다. 전쟁이 끝난 뒤 고향으로 돌아와 주 의원이 되었고, 뒤이어 1952년 연방 하원 의원으로 선출되었다.

1958년 상원 의원이 된 그는 이후 47년간 의원직을 유지하면서 6년간의 다수당 원내 총무와 6년간의 소수당 원내 총무를 포함해 상원 내의 거의 모든 직책을 두루 거쳤다. 그는 그 기간 중에도 민심을 대변하려는 의욕을 잃지 않고 고향 사람들에게 확실한 혜택을 주기 위해 많은 노력을 기울였다. 진폐증 환자에 대한 연금 지급, 탄광 노조 보호 조치, 극빈층 거주 지역에 대한 도로 개설 및 건물 신축과 전기 공급 등의 지원이 그의 노력을 보여 주는 활동들이었다. 한편, 그는 의원 생활을 하면서 10년 동안 야간 학습 강의를 수강해서 마침내 법학사 학위를 땄다. 또한 상원의 각종 규정들을 믿기지 않을 정도로 훤히 알고 있었다. 그는 4권짜리 상원사를 펴내기도 했는데 그 속에는 그의 박식함과 오랜 단련 과정뿐만 아니라 그가 평생 동안 받든 상원이라는 제도에 대한 무한한 애정도 그대로 담겨 있었다.

사실 버드 의원에게 있어 상원에 대한 열정을 능가할 만한 것은 오직 한두 가지뿐이었다고 한다. 즉, 68년 동안 함께 살아온 병든 아내(결국 숨지고 말았다)에 대한 따뜻한 애정과 아마도 헌법에 대한 그의 경외감

정도일 것이다. 그는 호주머니에 넣을 수 있을 정도로 작은 헌법전을 항상 지니고 다니면서 심의나 토론 과정에서 가끔씩 꺼내 흔들어 보였다.

나는 공식석상에서 버드 의원을 최초로 만나게 되었는데, 그때는 이미 그의 사무실에 면담을 신청하는 메시지를 남겨 놓은 후였다. 그날은 취임 선서를 하는 날이어서 우리는 옛 상원회의실에 모여 있었다. 의장석 위에 드리워진 진홍색 커튼 장식 꼭대기에서 앞으로 뻗어 나온 거대한 괴물 형상의 독수리상이, 화려하게 장식된 어두컴컴한 회의실의 분위기를 압도하고 있었다. 그날의 행사는 민주당 의원 총회로, 힘겨운 선거의 후유증과 원내 총무 톰 대슐의 낙선에 따른 진용 재정비 문제를 협의하는 자리였다. 회의실의 어둠침침한 분위기는 침울한 회의 내용과 걸맞은 것 같았다.

지도부가 구성된 뒤 소수당인 우리 민주당의 원내 총무 해리 리드(Harry Reid) 의원이 버드 의원에게 한 말씀 하겠냐고 물었다. 그러자 이 원로 의원이 자리에서 천천히 일어났다. 그는 백발이긴 해도 아직 숱이 많았고 호리호리한 체격에 눈빛은 연한 파란색이며 콧날은 가늘고 오똑했다. 버드 의원은 자리에서 일어나 지팡이로 몸의 균형을 잡은 다음, 고개를 젖혀 천장에 시선을 고정시킨 채 잠시 가만히 서 있었다. 뒤이어 음울하고 신중한 톤으로 연설을 시작했다. 마치 광택 나는 베니어판 밑에 깔린, 옹이투성이 나뭇결 같은 애팔래치아 사람의 풍모가 배어나는 듯했다.

연설 내용을 세세하게 기억하지는 못하지만 논지의 큰 줄거리는 기억하고 있다. 옛 상원회의실 연단 앞쪽에서 버드 의원의 발언은 점차 상승하는 셰익스피어풍의 리듬에 얹혀 폭포수처럼 쏟아져 나왔다. 헌법은 빈틈없이 고안되었으며, 상원은 이 헌장의 약속을 담은 요체라고 지적했고, 행정부가 상원의 귀중한 독립성을 침해하는 위험한 행태를 해마다 되풀이한다고 이야기했다. 또한 그는 상원 의원들이 공화정의 의의에 변함없이 충실하고 성심을 다하기 위해 헌법과 독립 선언문 등 건국의 기초가 된 중요한 문서를 다시 한 번 읽어볼 필요가 있음을 강조했다.

버드 의원의 목소리는 점차 커졌고, 그의 집게손가락은 허공을 찔렀다. 어두컴컴한 회의실에서 그는 과거 상원의 혼이 씐 유령처럼 보였다. 반세기 가까운 세월 동안 상원에서 활동한 그가, 이전의 반세기와 또 그 이전의 반세기, 거기서 더 반세기 거슬러 올라간 과거와 만나 마침내 제퍼슨과 애덤스, 매디슨이 의사당을 휘젓고 다니던 시대, 워싱턴이 아직 황야와 농토로 남아 있던 그 시절과 바로 연결되는 것처럼 보였다.

나 같은 사람들이 이 회의실 안에 앉을 수 없었던 그런 시대로 되돌아간 것이다.

나는 버드 의원의 연설을 들으면서 스스로를 되돌아보게 되었다. 여러 대리석 흉상과 불가해한 전통, 갖가지 추억과 유령들로 가득 찬 이 생소한 장소에서 나 자신 속에 도사리고 있는 온갖 근원적 모순을 강렬하게 느꼈던 것이다.

나는 버드 의원의 자서전에 나오는 사실, 즉 그가 20대 초반 롤리 카운티의 큐클럭스클랜(Ku Klux Klan, 남북 전쟁 이후 미국 남부 여러 주에 결성된 극우 성향의 백인 비밀 결사. 주로 흑인과 흑인 해방 동조 세력을 적대시하는 활동을 펼쳤다-옮긴이 주) 단원으로서 처음 리더십을 경험했다는 사실을 곰곰이 생각해 봤다. 그가 오래전부터 이 단체를 거부하면서 거기에 참여했던 잘못을 자신이 성장한 시대와 지역 탓으로 돌린 것은 옳은 지적이지만, 그 잘못은 평생 그를 따라다니며 계속 쟁점으로 부각되었다.

한편, 나는 남부가 민권법에 완강히 저항하고 있을 때, 그가 어떻게 아칸소 주 출신의 윌리엄 풀브라이트(J. William Fulbright)나 조지아 주 출신의 리처드 러셀(Richard Russell) 같은 상원의 거물 정치인들과 손잡을 수 있었는지 생각해 보았다. 나는 버드 의원이 분명한 원칙을 가지고 이라크전 결의안에 반대한 점을 한껏 치켜세우는 진보 세력에게 위의 사실이 문제가 될지 궁금했다. 여기서 진보 세력은 무브온(MoveOn.org, 1998년 결성된 진보 성향의 정치 단체. 온라인 커뮤니티에 참여하는 인원은 300만 명이 넘는데, 주로 유권자의 지지를 규합해 진보적인 공직 후보자나 정책을 뒷받침하는 활동을 펼친다 - 옮긴이 주) 참여자들을 말하는데, 정작 버드 의원은 오랜 세월 동안 이들이 물려받은 정치적 대항 문화에 대한 경멸감을 감추지 않았다.

그게 문제가 될까? 나는 자문해 보았다. 버드 의원의 인생 또한 다른 대부분의 사람들과 마찬가지로 상충하는 욕구에 시달리고 명암이 엇갈리는 삶이었다. 상원의 규범과 의의가 아메리카 건국을 뒷받침한 대타협의 정신을 반영하는 만큼, 나는 그런 의미에서라도 그가 상원을 적절하게 대변하는 진정한 표상이 된다고 생각한다. 여기서 대타협의 정신이란 북부와 남부가 협약을 맺고 상원은 미국이 당대의 격정에 휩쓸리지 않도록 보호하는 것을 말한다. 소수 집단의 권리와 주의 독립성을 수호하는 한편, 하층민으로부터 부유층을 보호하고 노예 소유자들에게 그들 특유의 관행에 간섭하지 않겠다고 보장한 정신 말이다.

아메리카의 총체적 특성을 이루는 권력과 원칙 간의 경쟁은 상원의 특성 자체에, 상원의 유전 코드에 새겨졌다. 그것은 탁월하지만 역시 결함도 있는 사람들 간의 심오한 논쟁이 낳은 영속적인 표현이다. 이런 노력은 독창적인 정부 형태를 창조하는 것으로 귀결되었지만, 채찍질과 족쇄로 대변되는 노예제에는 여전히 눈을 감았다.

버드 의원의 연설이 끝나자 동료 의원들이 박수를 치면서 그의 격조 높은 웅변에 찬사를 보냈다. 버드 의원에게 다가가 인사를 하자 그는 내 손을 따뜻하게 잡아 주면서 내가 방문하기를 고대한다고 말했다.

나는 사무실로 돌아온 뒤 그날 밤으로 법전들을 끄집어내어 헌법 조문 자체를 다시 한 번 읽어 봐야겠다고 마음먹었다. 버드 의원의 말이 옳았다. 2005년 현재 워싱턴에서 벌어지는 상황을 이해하기 위해서, 또 상원 의원으로서의 직무와 버드 상원 의원을 이해하기 위해서, 나는 아메리카 건국 이전의 논쟁과 건국의 밑바탕이 된 문건이 담고 있는 정신으로 되돌아가, 그것이 세월의 흐름에 따라 어떻게 퇴색했는지 그 이후의 역사적 변천 과정에 비춰 판단을 내려야만 했다.

여덟 살짜리 딸에게 아버지가 무슨 일을 하느냐고 묻는다면 아마도 법률을 만든다고 대답할 것이다. 그런데 워싱턴에서 벌어지는 일들 중 아직도 불가사의하게 느껴지는 것은 법률 자체보다 법률의 세부내용을 둘러싼 논쟁에 더 많은 시간을 보낸다는 것이다. 아무리 간단한 법규, 예를 들어 시간급 노동자가 화장실에 다녀오는 시간을 근무 시간으로 인정해야 한다는 규정이라도 그 내용에 대한 해석은 사람에 따라 큰 차이가 있을 수 있다. 가령 이런 법규를 발의한 의원이나 초안을 작성한 보좌진, 시행을 담당하는 관련 부서의 책임자, 이 법규를 불편해 하는 사람의 법정 대리인, 그리고 이것의 적용을 둘러싼 제소 사건을 다루는 판사 등이 각기 다른 해석을 내릴 수 있는 것이다.

이처럼 법규가 해석상 차이를 낳는 것은 의도적인 측면도 있다. 견제와 균형을 위해 복잡한 장치를 갖춰 놓았기 때문이다. 연방 정부와 주 정부 사이는 물론, 행정·입법·사법 기관 간에도 권력을 분산시킨 것은 곧, 어떤 법률도 최종적인 것이 아니며 어떤 논쟁도 승패가 완전히 결정되지는 않는다는 것을 의미한다.

확정된 것처럼 보이는 조치가 강화되거나 약화되고, 특정 법규의 효력이 약화되거나 아예 시행이 봉쇄되며, 예산 삭감으로 해당 기관의 권한이 축소되고, 또는 논의가 부재한 가운데 특정 쟁점에 대한 통제력을 갖게 되는 등, 여러 가능성이 열려 있다.

이런 일은 부분적으로 법률 자체의 속성이라 할 수 있다. 대체로 법률은 고정적이며 명확하다. 그러나 우리의 삶은 새로운 문제를 제기하고 그에 따라 법률가와 공직자, 시민들은 몇 년 전이나 불과 몇 달 전까지도 의미가 명확하게 보였던 법규의 해석을 놓고 논란을 벌인다. 결국 법률이란 종이에 적힌 낱말들에 불과하기 때문이다. 그래서 소설이나 시처럼, 다른 사람에 대한 약속처럼, 정황과 기대감에 따라 의미가 바뀌거나 모호해질 수 있다. 말의 의미란 점점 부식되게 마련이며 때로는 눈 깜짝할 사이에 무너지기도 한다.

그러나 2005년 워싱턴을 뒤흔들고 있던 법률상의 논란은 법률 해석이라는 일반적인 문제의 범위를 벗어나는 것이었다. 그보다는 권력을 쥔 사람들이 어떤 상황에서라도 법규의 구속을 받아야 하는가를 놓고 따지는 문제였다.

예를 들어, 9 · 11 사태 이후 국가안보와 관련해 의회나 법원의 질문에 답변하라고 백악관에 요구하면 이를 완강하게 거부했다. 국무장관으로 지명된 콘돌리자 라이스의 인준 청문회에서는 이라크 전쟁 수행을 승인한 의회 결의안이 허용하는 범위가 어디까지인지에서 행정부 각료들이 선서 증언을 할 용의가 있는지에 이르기까지 온갖 문제를 둘러싼 뜨거운 논쟁이 벌어졌다.

나는 법무장관으로 지명된 알베르토 곤살레스(Alberto Gonzalez)의 인준 여부를 심의하며 법무장관실에서 작성한 비망록의 내용을 면밀히

검토했다. 이 비망록에는 잠 안 재우기와 반복적으로 질식시키기 같은 수법은 '신체 기관의 쇠약이나 신체 기능 손상 또는 죽음을 수반하는' 형태의 '극심한 고통'을 일으키지 않는 한 고문이 되지 않는다고 쓰여 있다. 또한 몇몇 문서의 사본은 아프가니스탄전에서 생포된 '적국의 전투원들'에게는 제네바 협정이 적용되지 않는다고 지적했다. 또한 미국에서 '적국의 전투원'으로 규정되어 생포된 미국 시민에게는 수정헌법 4조가 적용되지 않는다는 소견도 눈에 띄었다.

이런 태도는 결코 백악관에만 한정되지 않았다. 3월 초순 어느 날 상원 본회의장으로 가는데 검은 머리의 젊은이 한 사람이 잠시 내 앞을 막아섰던 기억이 난다. 그는 나를 근처에 있는 자신의 부모 곁으로 데려간 뒤, 혼수상태에 빠져 있는 테리 시아보라는 젊은 여인을 살리기 위해 플로리다에서 올라왔노라고 설명했다. 남편이 그녀의 생명 유지 장치를 떼어 내려고 한다는 것이었다. 가슴 아픈 호소였지만 나는 의회가 그런 문제에 개입한 전례가 거의 없다고 설명할 수밖에 없었다. 이미 톰 딜레이와 빌 퍼스트(Bill First)가 그런 전례를 남겼다는 사실을 나는 그 당시에는 모르고 있었다.

전쟁 수행 중 대통령이 행사할 수 있는 권한의 범위나 생명을 앗아가는 결정과 연관된 윤리 문제는 결코 쉬운 문제가 아니다. 나는 공화당 정권의 제반 정책과 의견을 달리하지만 그런 정책이 진지한 토론의 대상이 될 가치가 없다고 생각하지는 않았다. 나는 백악관과 공화당 의원들이 상호 대립되는 견해를 다루는 과정이나 상충되는 견해를 조정하는 과정 자체를 배제하는 행태를 언짢게 생각했다. 또한 마땅히 적용해야 할 통치 규범이나 우리가 따라야 할 표준, 불변의 취지 같은 것은 없다는 식으로 행동하는 것을 탐탁지 않게 생각했다. 마치 인신 보호 영장과 권력 분립 같은 것들이 멋지긴 하지만, 명백한 적들인 테러 분자들을 제압하는 일을 복잡하게 만들거나 생명의 존엄성처럼 정당한 가치를 수호하는 데 걸림돌이 될 뿐이기 때문에 권력자들의 독단으로 그것들을 무시하거나 아니면 최소한 강력한 의지로 누를 수 있다고 생각하는 듯했다.

오래전부터 보수 세력은 진보 세력이 목적한 성과를 내기 위해 규범을 무시하고 용어를 왜곡한다고 비판했는데 공화당 정권이 바로 그런 행태를 보이고 있다는 것은 아이러니한 일이다. 뉴트 깅리치의 '미국과의 계약(Contract with America)'의 이론적 근거 중 하나가 그런 비판이었다. 즉, 당시 하원을 장악하고 있던 민주당 지도부가 자신들의 이익을 위해 계속 입법 절차를 악용했다는 것이다. 빌 클린턴에 대한 탄핵의 근거도 바로 그런 비판이었는데, 그에 대한 멸시는 "'is' 라는 단어의 의미를 어떻게 보느냐에 달려 있다(it depends on what the meaning of the word 'is' is, 1998년 모니카 르윈스키와의 스캔들에 대한 배심 증언에서 'is' 라는 현재 시제를 강조한 답변. 거짓말을 하지 않았음을 변호한 클린턴의 교묘한 어휘 구사법으로 유명하다 – 옮긴이 주)"는 서글픈 증언으로 쌓여만 갔다.

진보적인 학계 인사들에 대한 보수파의 세찬 비난의 근거도 여기에 바탕을 두고 있었다. 보수파들은 도의적 공정성(political correctness, '정치적 올바름'이라고 번역되기도 한다. 사회적 약자나 소수 집단을 배제, 소외, 경멸하는 언행을 삼가는 태도나 마음가짐 – 옮긴이 주)을 적극적으로 옹호하는 이들이 영구불변의 진리나 학문 또는 지식의 위계성을 인정하지 않으면서 미국 젊은이들에게 위험한 도덕적 상대주의를 주입하고 있다고 생각했던 것이다.

또한 이것은 보수 세력이 연방 법원을 공격하는 핵심 요인이었다.

사법부, 특히 대법원을 장악하는 일은 그동안 적극적인 보수파 활동가들이 성배처럼 여기는 중요한 목표였다. 이들은 법원이 임신 중절과 차별 철폐 조치, 동성애, 규제에 찬동하고 범법자 및 반종교적인 진보 성향의 엘리트주의를 옹호하는 마지막 보루라고 인식했다. 하지만 보수파들은 법원을 장악하려는 것이 그 때문만은 아니라고 주장한다.

보수파들은 진보적인 법관들이 헌법이 아닌, 그들 자신의 일시적인 기분과 소망하는 결과에 근거해 판단을 내리고 법전에 있지도 않은 임신 중절이나 남색의 권리를 찾아내며 민주적인 과정을 파괴하고 헌법 제정자들의 본래의 취지를 악용하는 등 법 위에 군림했다고 말한다.

그러므로 법원이 제구실을 하기 위해서는 '법률을 엄격하게 해석하는 법조인들'을 연방 판사로 임명해야 한다고 주장한다. 다시 말해 법규를 충실하게 따르며, 법률의 해석과 법률의 제정이 어떻게 다른지를 제대로 인식하고 있는 사람들, 헌법 제정자들이 의도했던 본래의 의미에 충실한 법률가들이 연방 판사가 되어야 한다고 주장했던 것이다.

그러나 진보 세력은 상황을 완전히 다르게 인식했다. 보수 세력인 공화당이 의회와 대통령 선거에서 이기면서, 진보 성향의 많은 인사들은 민권과 여성의 권리, 시민적 자유권, 환경 보전을 위한 규제, 종교와 정치의 분리, 뉴딜의 전반적 유산 등을 되살리기 위한 근본적인 노력에 법원이 걸림돌이 된다고 판단했다. 보크(Robert Bork)가 대법원 판사로 지명되자 민주당 지도부와 민주당 지지단체는 지금까지 법관 인준 과정에서 볼 수 없었던 교묘하고 노련한 방식으로 조직적인 반대 활동을 펼쳤다. 결국 상원에서 보크의 인준이 거부되자 보수 세력은 지지자들을 적극적인 활동가로 조직화해야 한다는 점을 깨닫게 되었다.

그 후 양쪽은 모두 얼마간의 전진과 후퇴를 맛보았다. 보수 세력은 스캘리어(Antonin Scalia)와 토머스(Clarence Thomas)를, 진보 세력은 긴즈버그(Ruth Bader Ginsberg)와 브레이어(Stephen Breyer)를 대법원에 포진시켰다. 보수 세력은 보수 성향에서 중도로 돌아선 오코너(Sandra Day O'Connor)와 케네디(Anthony Kennedy), 특히 수터(David Hackett Souter)의 입장 변화에 타격을 받았고, 진보 세력은 하급 연방 법원들이 레이건과 아버지 부시 대통령이 임명한 판사들로 득실거리는 상황이 고통스러웠다.

민주당은 상원 법사위원회를 장악한 공화당이, 클린턴이 연방 지법과 고법 판사로 임명한 61명의 인준을 방해하자 강하게 항의했다. 그러나 반대로 민주당이 일시적으로 법사위원회를 장악하게 되었을 때, 그들 또한 공화당과 마찬가지로 조지 부시 대통령이 임명한 판사들의 인준을 막는 똑같은 술책을 썼다.

그러나 민주당은 2002년 중간 선거에서 또다시 상원의 다수당 자리를 공화당에게 내주어야만 했다. 그에 따라 민주당에는 이제 공화당과 맞서 싸울 무기가 한 가지밖에 남지 않았다. 말하자면 흩어진 전력을 모으기 위해 '함성을 지르는' 것이었다.

의회에서는 이것이 의사 진행 방해, 곧 필리버스터(Filibuster)였다!

헌법에는 필리버스터에 대한 규정이 없다. 상원의 규정일 뿐인데, 이런 규정은 의회가 처음 활동을 시작할 때부터 존재했다. 이런 규정의 기본 취지는 간단하다. 상원에서는 모든 일을 전원 합의로 처리하기 때문에 어느 의원이건 무제한 토론권을 행사하고 의안 처리를 지연하는 형태로 의사 진행을 중단시킬 수 있다. 달리 말하자면 자신이 원하는 만큼 아무런 제약 없이 주장을 펼치고 연설할 수 있는 것이다. 의원은 계류된 의안의 골자나 그 의안의 심의를 요청하는 동의안에 대해 의사를 밝힐 수 있다. 뿐만 아니라 700쪽에 이르는 방대한 분량의 방위 수권 법안 내용을 한 줄도 빠뜨리지 않고 그대로 읽어 속기록에 남길 수도 있다. 아니면 이 법안의 내용이 로마 제국 흥망성쇠의 과정이나 하늘로 날

아오르는 벌새의 비상 또는 애틀랜타의 전화번호부와 관계가 있다고 터무니없는 장광설을 늘어놓을 수도 있다.

이런 의원이나 같은 생각을 가진 다른 의원들이 본회의장에 남아 발언을 계속하는 한, 모든 의사 진행이나 의안 심의는 대기 상태에 들어간다. 이는 상원 의원 한 사람 한 사람에게 엄청난 영향력을 안겨 준 규정으로서, 단호한 소수파에게 특정한 입법을 거부할 수 있는 실제적인 거부권을 제공한 셈이었다.

필리버스터를 중단시킬 수 있는 유일한 방법은 상원 의원 5분의 3의 동의를 얻어 토론을 종결시키는 것이다. 이는 곧 상원에서 심의 중인 모든 의안, 즉 법안과 결의안, 인준안은 과반수가 아니라 상원 의원 60명의 동의를 필요로 한다는 것을 의미한다. 그 이후 일련의 복잡한 규정이 마련되면서 요란한 과시 행동 없이도 필리버스터와 토론 종결 표결을 진행할 수 있게 되었다. 그에 따라 필리버스터를 벌이겠다는 위협만 해도 다수당 원내 총무가 그에 주목하는 경우가 많아졌고 뒤이어 토론 종결 표결을 준비함으로써 그날 밤을 안락의자와 간이침대에서 지새우는 의원들이 생기지 않게 만들었다.

그러나 상원의 지난 역사를 돌이켜보면 필리버스터는 상원이 귀중하게 간직해 온 하나의 특권이었다. 이것은 6년의 임기, 인구수와 무관하게 각 주에 두 명의 상원 의원을 배정한 것과 함께 상원의 두드러진 특성이 되었다. 필리버스터로 인해 상원은 하원과 구별되며 다수의 횡포 위험을 차단하는 방화벽 구실을 한다.

하지만 필리버스터에는 어두운 역사도 드리워져 있다. 이런 역사는 나와도 각별한 연관성이 있다. 필리버스터는 한 세기 가까운 기나긴 세월 동안 흑인 차별에 대한 연방정부의 간섭을 배제하기 위한 싸움에서 남부 측에 최상의 무기 구실을 했다. 한마디로 수정헌법 14·15조를 사실상 무력화하는 합법적인 봉쇄 수단이 되었던 것이다. 조지아 주 출신의 리처드 러셀 상원 의원(상원에 속한 여러 사무실 중 가장 우아하게 장식된 사무실 명칭은 그의 이름을 따서 지어졌다)처럼 품격과 학식을 갖춘 의원들은 수십 년에 걸쳐 바로 이런 필리버스터를 이용해 상원에 회부된 민권 관련 법안들을 빠짐없이 저지했다. 이런 의원들은 투표권 법안이든, 공정 고용 법안이든, 아니면 린치 금지 법안이든 상관하지 않고, 민권 관련 법안이면 무조건 막았다.

남부 출신 상원 의원들은 웅변과 규정, 절차와 전례 그리고 법률을 앞세워 흑인의 예속을 유지하는 데 성공했었다. 폭력만으로는 이런 종속을 지속할 수 없었을 것이다. 필리버스터는 민권 법안을 저지하는 것으로 끝나지 않았다. 남부에 거주하는 수많은 흑인들의 희망을 완전히 꺾어 놓았던 것이다.

민주당은 조지 부시 대통령의 1기 임기 중 어쩌다 한 번씩 필리버스터를 활용했다. 대통령이 임명한 2백여 명의 사법 관련 인사 가운데 인준 표결이 차단된 사람은 10명에 불과했다. 그러나 이들 10명은 모두 무시할 수 없는 연방 항소심 판사로 지명된 인사들이다. 이들은 한결같이 보수적인 운동의 기수 역할을 했었다. 한편 보수 세력은 민주당이 이들 10명에 대한 인준 표결을 끝내 봉쇄한다면 앞으로 대법원 판사 지명자들에 대한 인준 청문회 과정에서도 민주당이 제멋대로 행동하는 것을 막지 못할 것이라고 주장했다.

그런 상황에서 양당 상원 의석의 차이가 더욱 벌어져 다수당으로서의 공화당 입지가 더욱 확고해졌다. 이에 한껏 고무된 부시 대통령은 취임한 지 몇 주도 안 돼 민주당의 필리버스터로 인준이 좌절된 10명 중 7명을 재지명하기로 결정했다. 이는 민주당에 대한 정면 도발이었다.

민주당의 대응은 예상대로였다. 원내 총무인 해리 리드는 부시의 재지명을 '극우파에 대한 뜨거운 키스'로 규정하면서 필리버스터를 다시 벌일 것이라고 위협했다. 뒤이어 진보와 보수 쪽 지지 단체들은 임전 태세를 갖추면서 비상경보를 발령했다. 그리고 전국 각지에 우편 및 전자 우편을 발송하면서 앞으로 전개될 라디오나 TV를 통한 방송 전쟁에 대비해 헌금을 호소했다.

공화당은 지금이 필리버스터에 대한 근원적 대책을 강구할 적기라고 판단했다. 그에 따라 민주당이 계속 의사 진행을 방해하는 식으로 나온다면 공화당으로서도 끔찍한 '핵 옵션(nuclear option)'을 선택하는 수밖에 없다고 으름장을 놓았다. 핵 옵션이란 의사 진행상의 책략으로서 상원을 주재하는 공직자가(아마도 부통령이), 의회 법학자의 소견 및 2백 년에 걸친 상원의 관례를 무시한 채, 상원의 규범에 따라 최소한 사법 관련 요직에 임명된 사람들의 인준 심의에 대한 필리버스터의 활용을 더 이상 용인하지 않는다고 결정한 뒤 의사봉을 한 번 탕 하고 두드리는 것이다. 나는 이런 위협이 게임 중 규칙을 바꾸는 공화당의 전형적인 행태를 보여 주는 사례라고 생각했다. 더구나 각급 연방 법원 판사 임명자에 대한 인준 표결이, 상원 의원 3분의 2의 동의를 필요로 하는 필리버스터 봉쇄 요건을 그대로 적용시켜야 할 사안임은 상당한 설득력과 논거를 지니고 있다. 연방 판사는 종신직으로서 대통령이 여러 번 바뀌는 동안에도 장기간에 걸쳐 재임하는 경우가 많기 때문에 어느 정도 초당적 지지를 받을 수 있는 중도적 인물을 임명하는 것이 대통령의 임무이고, 이것이 민주주의에 합당한 일이기 때문이다.

그러나 문제의 판사들 가운데 이런 '중도적' 범주에 들어갈 만한 인물은 거의 찾아볼 수 없었다. 중도적이기는커녕, 이들은 민권과 사생활의 보장, 행정부 견제 등에 대해 적대적인 태도를 보여 공화당 지지 색깔이 가장 두드러진 현직 판사들보다도 더 오른쪽으로 치우쳐 있었다. 그중 한 사람은 사회 보장과 뉴딜 프로그램을 "우리 자신이 이룩한 사회주의 혁명의 위업"이라고 조롱하기까지 했다.

지금도 나는 '핵 옵션'이라는 말을 처음 들었을 때 터져 나오는 웃음을 억지로 참았던 기억이 난다. 이 말은 각급 연방 법원 판사 인준 과정에서 특징처럼 되어 버린 균형 감각의 상실을 완벽하게 드러내는 듯했다. 이런 균형 감각의 상실은 진보 성향의 단체들이 홍보성 축제의 일환으로 스트롬 서먼드(Strom Thurmond, 2003년 1백 세의 나이로 숨지기 반년 전까지 무려 48년 동안 8선의 상원 의원으로 활동한 인물로, 흑백 통합에 반대한 남부의 대표적인 정치인 – 옮긴이 주)와 짐 이스틀랜드(Jim Eastland)가 실제 의정 활동에서 스미스 씨처럼 필리버스터를 벌였다는 사실을 언급하지 않은 채, 제임스 스튜어트 주연의 〈스미스 씨 워싱턴에 가다 Mr. Smith Goes to Washington〉(프랭크 카프라 감독이 1939년에 내놓은 작품으로, 얼떨결에 상원 의원이 된 보이스카우트 지도자 제퍼슨 스미스가 온갖 술수와 부정이 판을 치는 워싱턴 정가에서 여러 어려움을 겪다가 필리버스터를 통해 자신의 보이스카우트용 야영장 입법안 관련 진실을 밝히게 된다는 내용의 현실정치 비판 영화 – 옮긴이 주)의 여러 장면을 내세운 광고를 게재한 데서도 드러난다.

파렴치한 신화화를 통해 상원 의원 자리를 차지하고 나아가 필리버스터 수법을 정교하게 다듬은 사람들이 바로 이들 남부 출신의 정치인들이었는데도 그런 사실은 조금도 인정하지 않은 채 필리버스트의 부적절성을 자못 어두운 표정으로 지적하는 후안무치함도 '핵 옵션'이란 말 속에 담겨 있었다.

민주당의 동료 정치인 중 이런 아이러니를 제대로 인식하고 있는 사람은 많지 않았다. 나는 연방 판사 지명자에 대한 인준 심의 과정이 후끈 달아오를 즈음, 친구 한 사람과 만나 대화를 나눴다. 나는 우리 쪽이 지명자들의 신뢰를 떨어뜨려 비준을 저지하려고 동원한 몇 가지 전략이 걱정스럽다고 솔직하게 시인했다. 나는 부시가 지명한 연방 판사 후보자 중 몇몇이 앞으로 상당히 문제가 될 것임을 확신하기 때문에 이들을 저지하기 위한 필리버스터가, 다음부터는 신중을 기해야 한다는 점을 백악관에 일깨워 주기만 한다면 그런 의사 방해에 기꺼이 찬성한다고 밝혔다. 그러나 궁극적으로 의미 있는 것은 선거라고 강조했다. 즉 상원의 인준 절차에 기대지 않고도 연방 판사들이 우리의 가치를 반영시키도록 만들 수 있는 한 가지 확실한 방법이 다름 아닌 선거에서 승리하는 것이라는 주장이었다.

그 친구는 이런 주장에 대해 강하게 고개를 저으며 반문했다.

"앞으로 상황이 바뀌어 공화당이 소수당으로서 필리버스터를 행사하게 되었을 때, 그들이 거기에 대해 양심의 가책을 느낄 것이라고 생각합니까?"

물론 나는 그렇지 않을 것이라고 생각했다. 그럼에도 나는 민주당이 항상 수세적이라는 인식, 즉 법원이나 변호사, 의회 절차상의 술책 등에 의지하고 선거에서 승리해야 한다는 절박한 목표를 회피하려 한다는 이미지를, 필리버스터 행사를 통해 불식시킬 수는 없다고 생각했다.

이런 일반의 인식이 전적으로 타당하다고 볼 수는 없다. 민주당 못지않게 공화당도 선거 자금 관련법처럼 민주적인 절차를 거쳐 입법되었지만 못마땅하게 여기는 것들을 뒤엎기 위해 법원에 의존하는 경우가 적지 않기 때문이다. 그렇긴 해도 우리가 법원의 판결에 의존해 우리의 권리는 물론, 가치 기준까지 옹호하려 하는 것은 결국 진보 세력이 민주주의에 대한 믿음을 크게 상실한 탓이 아닌가 하는 생각이 들었다.

보수 세력 역시 민주주의가 다수파의 주장에만 머물러서는 안 된다는 점을 인식하지 못하는 것처럼 보인다. 몇 년 전 어느 날 오후에 있었던 일이 떠올랐다. 당시 일리노이 주 의회 상원 의원이었던 나는 공화당이 제출한 부분분만 낙태 금지 법안에 대해 산모의 건강과 관련된 예외 조항을 두자는 수정안을 내놓았다. 이 수정안이 다수당인 공화당의 반대로 부결된 뒤 공화당 소속 동료 의원 한 사람과 복도로 나왔다. 나는 내 수정안의 내용이 들어가지 않으면 이 법안이 위헌 판결을 받게 될 거라고 지적했다. 그는 나를 쳐다보면서 어떤 수정안이 붙느냐는 별로 중요하지 않다고 말했다. 판사들도 결국 그들의 뜻을 따르리라는 것이었다.

"이건 모두 정치적인 문제예요. 그런데 지금은 우리가 더 많은 표를 확보했죠."

그는 떠나면서 이런 말을 남겼다.

이런 대립과 갈등 속에서 중요한 것은 무엇인가? 우리 중 대다수에게는 상원의 의안 처리 절차나 권력 분립, 연방 판사 지명, 헌법 해석상의 규정 등을 둘러싼 논란이 일상적인 관심사와 동떨어진, 이례적인 사안들로 보이겠지만 사실 이런 것들은 당파적 대결의 여러 사례일 뿐이다.

이런 문제들이 중요하긴 하다. 왜냐하면 정부의 행정 절차에 대한 규정이 처리 결과를 규정짓는 데 도움이 되기 때문이다. 정부가 오염원을 규제할 권리가 있는지, 시민들을 도청할 권리가 있는지 등 각종 행정적 문제를 처리하는 데 도움이 되기 때문이다. 뿐만 아니라 그런 절차적 규정은 선거와 마찬가지로 우리의 민주주의를 규정하는 요소이다. 미국의 자치 제도는 복잡하게 이루어진다. 자치는 시스템을 통해, 또한 시스템을 존중하는 형태로 이루어지면서 우리의 가치 기준과 공동의 의무를 구체화시킨다.

물론 나에게도 편견이 있을 수 있다. 워싱턴으로 오기 전 10년 동안 나는 시카고 대학에서 헌법을 강의했다. 나는 법과대학원 강의실에서 보내는 시간이 즐거웠다. 학기 초 강의를 시작할 때마다 칠판과 분필만 있는 강의실에 들어서면 마치 고공 줄타기를 하는 기분이다.

학생들 중 몇몇은 시선을 집중하거나 긴장된 표정을 짓고, 또 다른 일부는 짐짓 따분함을 노골적으로 드러내면서 나를 시험해 보려고 한다. 그러나 내가 "이 사건은 무엇을 다룬 것인가?"라며 질문을 던지면 묘한 긴장이 깨지면서 몇 사람의 손이 올라가고, 뒤이어 학생 몇 명이 답변을 하면 그에 대한 내 반론이 제기된다. 그러다가 공허한 표현이나 용어들이 잦아들면서 불과 몇 분 전까지만 해도 건조하고 무기력해 보였던 토론이 갑자기 생기를 띠며 학생들의 눈동자가 반짝이기 시작하고 텍스트의 내용이 이들에게 과거의 유물이 아닌, 현재와 미래의 일부로 떠오른다.

나는 가끔 내 강의가 캠퍼스 건너편에서 수업하는 신학 교수의 강의와 별반 다르지 않다고 생각했다. 성서를 가르치는 신학 교수처럼 나도 학생들이 실제로는 헌법을 한 번도 읽어 보지 않은 채 아는 척 하고 있다고 느낀 적이 종종 있었기 때문이다. 학생들은 귀동냥으로 알게 된 헌법 조문을 들어 자신의 논거를 뒷받침하거나 아니면 자신의 주장과 상충되는 것 같은 내용을 애써 외면하는 데 익숙했다.

나는 헌법을 강의하면서 이 세기가 지난 오늘날까지도 관련된 문건들이 그대로 남아 마음껏 활용할 수 있다는 점에 깊이 감사하며 학생들도 그 고마움을 알게 되기를 바랐다.

학생들은 나를 길잡이로 활용할 수도 있겠지만 이런 문건을 이해하는 데는 길잡이가 필요하지 않았다. 디모데전서나 누가복음과는 달리 미국 건국의 기초가 된 독립 선언서, 헌법, 연방주의 교서(the Federalist

Papers, 알렉산더 해밀턴과 제임스 매디슨, 존 제이가 헌법 비준을 옹호하고 향후 헌법 조문의 온전한 해석을 돕기 위해 1787년 10월부터 1788년 8월까지 집필해 발표한 총 85편의 논설을 말한다 – 옮긴이 주) 같은 중요 문서들은 우리 조상들이 직접 만든 것이기 때문이었다.

나는 미국 건국의 기초를 다진 선조들의 의도와 논거, 심지어 이들을 둘러싼 궁정의 음모에 대한 내용까지 기록으로 남아 있다는 점을 학생들에게 알려 주었다. 이들의 속내를 정확하게 간파할 수 없을 때에는 최소한 세월의 더께를 헤치고 들어가 이들의 동기가 된 핵심적인 관념을 얼마간 헤아릴 수 있는 것이다.

그렇다면 우리는 미국 헌법을 어떻게 이해해야 하는가? 헌법은 연방 법원을 둘러싼 현재의 논란에 어떤 지침을 내려 주고 있는가? 건국의 기초가 된 핵심적인 선언이나 문건을 면밀하게 검토해 보면, 현재 우리가 견지하는 여러 입장들이 이런 선언이나 문건에 얼마나 큰 영향을 받았는지 알 수 있다.

남에게 양도할 수 없는 천부적인 권리를 생각해 보자. 독립 선언서가 공표되고 권리 장전이 비준을 받은 지 2백여 년이 지났는데도 '정당한' 수색의 범위는 어디까지인지, 수정헌법 2조가 총기류에 대한 일체의 규제를 금지한 것인지, 또는 국기 모독을 하나의 의사 표현으로 간주해야 하는지 여부를 놓고 오늘날까지도 논란이 계속된다. 헌법이 결혼할 권리나 자신의 신체적 온전성을 유지할 권리 같은 관습법상의 기본권을 명시적이지는 않더라도 암시적으로나마 인정하는지, 이런 권리는 임신 중절이나 임종 관리(End of Life Care), 동성애 관계에 대한 개인적 결정권을 포괄하는 것인지 여부를 둘러싸고도 논란은 계속된다.

그러나 이처럼 의견이 합치되지 않음에도 불구하고 오늘날 미국에서 헌법 제정자들 및 미국 헌법과 관습법에서 명시한 여러 형태의 개인적인 기본적 자유권들에 찬성하지 않는 사람을 찾아보기는 어려울 것이다. 그 사람이 보수 성향이든 진보 성향이든, 공화당원이든 민주당원이든, 학자든 일반인이든 누구나 이러한 개인의 자유권에 동의한다.

그런 자유권이란 자신의 생각을 밝힐 수 있는 권리, 자신의 뜻과 방식에 따라 신앙을 선택할 권리, 정부에 청원하기 위해 평화적인 집회를 열 수 있는 권리, 재산을 소유하고 사고팔며 정당한 보상 없이는 빼앗기지 않을 권리, 불법적인 수색과 압수를 당하지 않을 권리, 국가로부터 정당한 절차에 따르지 않는 구금을 당하지 않을 권리, 공정하고 신속한 재판을 받을 권리, 최소한의 규제 속에서 가정생활과 자녀를 양육하는 방식에 대해 스스로 결정할 수 있는 권리 등을 말한다.

나는 자유의 의미를 성문화한 이런 권리들이 각급 정부를 구속하면서 정치 공동체 영역 안에 있는 모든 사람들에게 적용된다고 생각한다. 우리는 이런 보편적 권리에 대한 인식 자체가 모든 사람이 동일한 가치를 가졌다는 사실을 전제로 한다는 점을 인정하고 있다. 그런 면에서 우리는 정치 스펙트럼상 어느 위치에 서 있느냐에 관계없이 모두 헌법 제정자들의 가르침에 동의하고 있는 것이다.

우리는 또 선언만으로 정부가 수립되는 것이 아니며 신념만으로 모든 문제가 해결되는 것이 아니라는 점을 인식하고 있다. 헌법 제정자들은 자유론 속에는 무정부주의의 씨앗이, 평등론 속에는 중독의 위험이 내포되어 있다는 점을 인식하고 있었다. 모든 사람이 태생이나 신분상의 제약, 물려받은 사회 질서라는 구속에서 벗어나 진정한 의미의 자유를 누린다면, 즉 종교적 믿음에 있어 더 좋은 것도 나쁜 것도 없고, 진실과 선량함, 아름다움에 대한 관념이 모두 똑같이 옳고 착하고 아름답다면 우리가 어떻게 응집력 있는 사회를 구성할 수 있을 것인가?

홉스와 로크 같은 계몽 사상가들은 자유로운 사람들이 정부를 구성하는 것은 한 사람의 자유가 타인에게 폭압이 되지 않게 보장하려는 하나의 계약 행위로서, 이들이 자유를 잘 보존하려면 개별적인 방종을 포기해야 한다고 지적했다. 미국 혁명 이전의 정치 이론가들은 이런 개념을 바탕으로 민주주의만이 자유와 질서 유지의 필요성을 다 같이 충족시킬 수 있다고 결론지었다. 여기서 민주주의란, 통치를 받는 사람들이 동의하는 정부 형태를 갖추고, 자유를 제약하는 온갖 법률은 투명하고 일관성 있고 예측 가능하며 통치하는 집단과 통치를 받는 집단에 동일하게 적용되는 것을 말한다.

헌법 제정자들은 이런 이론에 몰두했지만 한 가지 맥 빠지는 사실을 알게 되었다. 세계 역사를 돌이켜 보면 그 당시까지 민주주의가 제구실을 한 사례가 거의 없는 데다 그나마 고대 그리스 도시 국가 수준에서나 가능했을 뿐이었던 것이다. 따라서 13개 주가 서로 멀리 떨어져 있고 300~400만 명에 이르는 수많은 시민들이 서로 동질성이 희박한 상황에서는 아테네 식 민주주의가 아예 불가능했을 뿐만 아니라 뉴잉글랜드 시민 모임 식의 직접 민주주의도 상상할 수 없는 일이었다. 국민이 대표를 선출하는 형태의 공화정이 더 그럴싸해 보이지만 가장 낙관적인 공화주의자들조차 지역적으로 가깝고 동질성이 강한 정치 공동체에서나 이런 제도가 제구실을 할 수 있을 것이라고 판단했다. 이런 공동체에서는 문화와 신념의 동질성과 탄탄하게 뿌리내린 시민적 덕목이 논쟁과 투쟁을 억제할 수 있기 때문이다.

헌법 제정자들은 치열한 토론과 여러 차례의 수정을 거쳐 해결책을 찾았는데 결국 이 방안은 전 세계에 기여한 업적으로 역사에 남았다. 매디슨(James Madison, 헌법 초안의 기초를 맡아 미국 헌법의 아버지로 불리는 인물로 4대 대통령을 지냈다 - 옮긴이 주)이 기초한 헌법 체계의 내용을 살펴보면 매우 친숙해서 초등학교 어린이라도 술술 외울 수 있을 정도이다. 이것은 법치주의와 대의제 정부, 권리장전뿐만 아니라 삼권 분립, 양원제, 주 정부에 권한을 위임한 연방제 등이 핵심을 이루고 있다. 헌법의 내용은 모두 권력을 분산시키고 당파 간의 대립을 견제하며 상충하는 이해관계 사이의 균형을 맞추도록 고안되었을 뿐만 아니라 소수의 전제와 다수의 횡포를 모두 방지하고자 하였다.

헌법 제정자들은 규모와 다양성이 큰 국가에서는 공화제의 자치 정부 형태가 효과적일 것이라고 판단했는데, 지난 역사를 돌이켜보면 이들의 통찰력이 정당한 것이었음이 입증되었다. 해밀턴은 '정파 간의 충돌'과 견해 차이는 '신중함과 주도면밀함을 조장'할 수 있다고 말했다.

세부적인 헌법 구조상의 문제를 놓고도 논란이 벌어질 수 있다. 예를 들어 상거래 조항과 관련된 의회의 권한 남용 때문에 각 주의 이익이 침해된다고 반대하거나, 반대로 의회의 선전포고권이 약화되는 데 대해 불만이 있을 수 있다. 그러나 우리는 헌법 제정자들의 청사진이 기본적으로 건실하며 그런 구상에 따라 민주적인 형태의 의회가 등장했다는 점을 확신하고 있다. 보수와 진보를 가리지 않고 우리 모두는 헌법을 옹호하는 것이다.

이처럼 모든 사람들이 개인의 자유와 민주주의 원칙을 신봉하는데도 오늘날 보수와 진보 사이에서 입씨름이 벌어지고 충돌이 빚어지는 것은 도대체 무엇 때문일까? 스스로에게 정직하다면, 우리가 민주주의의 결과물, 즉 법원이나 입법부의 결정을 놓고 논란을 벌인 경우가 많다는 점을 인정하지 않을 수 없을 것이다. 법원이나 입법부가 우리의 삶을 영위해 나가는 데 도움이 되는 결정, 의미심장하며 난해한 삶의 문제들에 대해 내린 실제적인 결정들이 논란의 대상이 되었던 것이다. 예를 들면 이런 것이다.

교사가 교실에서 기도를 주재하게 함으로써 일부 학생들의 신앙이 경시될 가능성을 방치해야 하는가? 아니면 그런 기도를 금지시킴으로써 신앙이 독실한 학부모가 자녀를 하루 8시간씩 종교와 무관한 세속적인 학교에 맡겨 둬야 하는가? 대학이 얼마 안 되는 의과대학의 정원을 채울 때 인종 차별과 소외 및 배제의 과거사를 감안하는 것은 온당한 일인가? 아니면 대학이 피부색에 관계없이 모든 응시생을 동등하게 취급하는 것이 공정한 것인가?

사람들은 대체로 특정한 절차적 규정, 예를 들어 필리버스터 행사권이나 대법원의 헌법 해석 방식 등이 논쟁을 유리하게 이끌어 바람직한 결과를 얻는 데 도움이 되면 그 경우에만 해당 규정이 적절한 것이라고 생각한다. 반대로 별다른 도움이 되지 못하면 그 규정 자체를 나쁘게 본다.

그런 면에서 일리노이 주 의회의 한 동료 의원이 오늘날의 헌법 관련 논란이 정치 상황과 불가분의 관계를 맺고 있다고 말한 것은 옳은 지적이었다. 그러나 헌법 자체와 법원의 적절한 역할을 둘러싼 현재의 논란에서 문제가 되는 것은 단순히 결과에만 그치는 것이 아니다. 우리는 논쟁하는 방법, 즉 이 거대하고 복잡하고 시끄러운 민주 사회 속에서 논쟁을 원만하게 매듭짓고 해결하는 수단을 놓고도 입씨름을 벌이고 있다. 누구나 자기 뜻대로 하고 싶어 하지만 대부분의 사람들은 일관성과 예측 가능성, 통일성도 필요하다는 점을 인식하고 있다. 사람들은 여러 규정들이 민주주의가 공정하게 운용되도록 작용하길 바란다.

우리는 임신 중절이나 국기 소각과 같은 문제로 다툼을 벌일 때는 헌법 제정자와 헌법 비준자 같은 한층 높은 차원의 권위에 호소해 지침을 받고자 한다. 스캘리어 대법원 판사 같은 일부 인사들은 헌법 제정자들의 본래 판단을 그대로 따라야 하고 또 이런 규범을 충실하게 지키면 민주주의가 존중받는다고 단언한다.

브레이어 대법원 판사 같은 사람들도 헌법 조항의 본래 취지가 중요하다는 데 반론을 제기하지 않는다. 그러나 가끔 본래의 판단과 취지만으로 해결하기 어려운, 난해한 문제나 큰 논란거리가 되는 쟁점은 전후 맥락과 역사적 변천 과정, 실제 결과를 감안해야 한다고 주장한다. 이들의 견해에 따르면 헌법 제정자와 비준자들이 우리에게 전해 준 것은 판단하는 방식(how to think)이지, 판단의 대상(what to think)이 아니라는 것이다. 그들은 우리가 스스로 판단을 내려야 하며, 우리 자신의 논거와 판단력에 의존해야 한다고 제안한다.

어느 쪽이 옳을까? 스캘리어 판사의 입장에 공감하지 않는 것은 아니다. 많은 경우 헌법의 조문은 완벽할 만큼 명확해 그대로 엄격하게 적용할 수 있다. 예를 들어, 선거를 얼마나 자주 실시해야 하는지, 대통령으로 선출되려면 나이가 몇 살 이상이어야 하는지 따위는 굳이 해석이 필요하지 않다. 재판관은 조문에 명확하게 나타난 의미를 최대한 있는 그대로 적용해야 한다.

더구나 나는 엄격한 헌법 해석자들이 헌법 제정자들의 뜻을 존중하는 의도를 충분히 이해한다. 사실 헌법 제정자들이 자신들이 이룩한 위업이 얼마나 대단한지 당시 제대로 인식하고 있었을지 궁금할 때가 있다. 이들은 그저 혁명의 여파로 헌법을 만든 것이 아니었다. 헌법 제정자들은 헌법을 뒷받침하기 위해 연방주의 교서를 작성하고 헌법을 비준하고 권리 장전을 통해 수정하는 등 몇 년간의 짧은 기간 동안 정교한 과정을 거쳤다.

미국 건국의 기초가 된 이런 중요한 문서들을 읽어 보면 구구절절 옳은 말들뿐이어서 신성한 감응을 느끼는 정도까지는 아니더라도 자연법칙의 결실이라는 믿음이 생긴다. 그 때문에 나는 스캘리어 판사 같은 사람들처럼 미국 민주주의를 불변하는 고정된 형태로 바라보고자 하는

게 지킨다고 해서 공명정대한 사회나 무엇이 옳은가에 대한 의견의 합치를 보장하는 것은 아니다. 따라서 임신 중절이 옳은 일인지 그른 일인지, 임신 중절을 여성의 결정에 맡길 것인지 입법부에 맡길 것인지를 적시해 주지는 않는다. 또한 학교에서 예배 시간을 갖는 것이, 그런 시간을 갖지 않는 것보다 나은지 여부도 명확하게 밝혀 주지 않는다.

헌법의 기본 틀이 할 수 있는 것은 우리가 장래 문제를 논의하는 방식을 체계적으로 제시하는 일이다. 빈틈없이 짜인 헌법의 여러 장치들, 다시 말해 권력 분립과 견제와 균형, 연방제 원칙, 권리 장전 등은 모두 우리를 대화의 장으로 모이게 하기 위한 것이다. 모든 시민은 자신의 견해를 현실적인 여건에 비춰 시험해 보고, 자신의 관점에 동의하도록 다른 사람들을 설득하며, 의견이 합치되는 사람들과 새로 제휴하는 과정을 거쳐야 하는 '토론형 민주주의(deliberative democracy)'를 실천해야 하는 것이다.

정부의 권한이 광범위하게 분산되어 있기 때문에 우리는 입법 과정에서 우리가 항상 옳은 것은 아니라는 가능성을 받아들여 때때로 생각을 바꾸지 않을 수 없다. 입법 과정은 우리 자신의 동기와 이해관계를 끊임없이 점검하게 만들면서 우리의 개별적·집단적 판단이 정당하면서도 동시에 잘못될 가능성이 크다는 점을 일깨워 준다.

역사적 기록이 이런 생각을 뒷받침한다. 헌법 제정자들이 똑같이 가졌던 한 가지 열망이 있었다면 그것은 일체의 절대적 권능을 배격하는 것이었다. 군주, 신권 정치가, 장군, 과두 정치 집정자, 독재자나 다수파, 또는 그 밖의 어떤 사람도 절대 권력을 장악하지 못하게 하는 것이었다.

조지 워싱턴은 이런 강한 열망 때문에 전제 군주의 왕관을 거부하고 두 차례의 대통령 임기를 마친 뒤 물러났다. 반대로 해밀턴이 새로

유혹을 충분히 실감한다. 헌법의 본래 취지를 의심 없이, 있는 그대로 따르고 또 헌법 제정자들의 의도대로 이들이 규정해 놓은 법칙에 충실하면 만사가 원만하게 풀려 나간다는 근본주의적 믿음에 쏠리기 쉬운 것이다.

그러나 궁극적인 면에서 나는 브레이어 판사의 헌법 인식에 찬동한다. 그는 헌법을 정적인 것이 아닌, 살아 있는 것으로 인식하고 사회의 끊임없는 변화의 맥락 속에서 판단해야 한다고 본다.

이런 인식의 밑바탕에는 어떤 논리가 깔려 있을까? 한 예로 헌법 조항은 사람들이 정부의 불법적인 수색을 받을 필요가 없다는 일반 원칙을 규정하고 있다. 따라서 이것은 국가안보국(NSA)의 컴퓨터 데이터 마이닝(computer data-mining) 활동이 적합한가 하는 문제처럼 구체적인 사안에 대한 헌법 제정자들의 판단을 제시하지는 않는다. 헌법은 표현의 자유를 보호해야 한다고 규정하고 있지만 인터넷과 관련해서 그와 같은 자유가 무엇을 의미하는지에 대해서는 확실하게 알려 줄 수 없다.

더구나 헌법 내용 중 그 의미가 명확해 그대로 적용할 수 있는 것들도 많긴 하지만, 가장 중요한 내용에 속한다고 볼 수 있는 정당한 절차를 다룬 조항과 평등 보호 조항 같은 것 중 상당수에 대한 우리의 인식은 세월이 흐름에 따라 크게 바뀌었다. 예를 들어 수정헌법 14조의 본래 취지는 분명 성 차별을 허용하고 있고 심지어 인종 분리까지 용인하는 듯하다. 하지만 이런 식의 평등 인식으로 되돌아가고자 하는 사람은 거의 없을 것이다.

오늘날 헌법상의 논란을 엄격한 조문 해석으로 해결할 수 있을 것이라고 기대하는 사람들은 또 다른 문제에 부딪힐 것이다. 헌법을 제정하고 인준에 참여한 사람들 스스로가 그 의미를 둘러싸고 진지하고 치열하게 의견 대립을 보였다는 사실을 어떻게 볼 것인가?

헌법안을 작성한 잉크가 채 마르기도 전에 논쟁이 벌어졌다. 그것도 하찮은 내용뿐만 아니라 중요한 여러 원칙도 논란의 대상이 되었고 논란을 벌인 사람들 중에는 혁명의 핵심 세력도 있었다. 이들은 연방 정부가 얼마나 많은 권한을 지녀야 하는지를 놓고 논쟁을 벌였다. 경제를 규제하고 주의 법률을 폐지하며 상비군을 만들고 채무를 떠안는 등의 권한에 대해 논쟁을 벌였던 것이다. 이들은 외국과 조약을 체결할 때 대통령이 어떤 역할을 해야 하는지, 법률의 효력을 정지시키는 문제와 관련해 대법원이 어떤 역할을 할지에 대해 논란을 벌였다. 이들은 표현의 자유와 집회의 자유 같은 기본권의 의의를 놓고 논쟁을 벌이면서 취약한 국가가 위기에 처했을 때는 이런 권리를 완전히 무시하는 데 반대하지 않았다.

이들 간의 제휴 관계가 종종 바뀌고 때때로 은밀한 술책이 동원되기도 한 점에 비춰 본다면 2백 년이 지난 오늘날 판사가 헌법 제정과 인준에 참여한 사람들의 본래 취지를 정확히 가려 낼 수 있으리라고 기대하는 것은 아무래도 비현실적이다.

일부 역사가와 법률 이론가들은 헌법 조문의 엄격한 해석에 반대하는 논리를 전개하면서 한발 더 나아간다. 이들은 헌법 자체가 대체로 우연한 행운으로서 원칙의 결과가 아니라 권력과 열망의 소산을 조잡하게 꿰어 맞춘 문서에 불과했다고 추정한다. 제퍼슨의 의도가 해밀턴과 같을 수 없고 해밀턴의 생각이 애덤스와 크게 다르기 때문에 헌법 제정자들의 '본래 의도'를 파악하는 것은 아예 기대할 수 없다는 것이다. 헌법의 '여러 규칙'은 시기와 장소, 초안을 작성한 사람들의 야망에 좌우되기 때문에 우리가 그런 규칙을 해석하다 보면 어쩔 수 없이 그들처럼 우연성, 노골적으로 벌어지는 경쟁, 그리고 겉으로는 고상한 문구로 장식되어 있을지라도 결국은 최종적인 승리를 거둔 당파의 요구와 명령을

반영하게 마련이라는 것이다.

나는 엄격한 해석을 주장하는 사람들을 보면 안도감을 느낀다. 마찬가지로 신화를 깨뜨려 버리는 이런 논리 전개와 헌법상의 조문이 우리를 별로 구속하지 못한다는 점을 믿고 싶은 유혹에도 끌린다. 아득한 옛날 형성된 칙칙한 전통에 충실해야 한다는 거추장스러운 제약 없이 우리 자신의 가치 기준을 마음껏 내세울 수 있기 때문이다. 이는 상대주의자, 법칙 파괴자의 자유이자, 부모에게 허점이 많다는 것을 알고 서로 반목하게 만드는 방법을 터득한 10대의 자유이며 배반자의 자유이기도 하다.

그러나 궁극적으로 나는 이런 배반 행위에도 만족감을 느끼지 못한다. 아마도 건국 당시의 신화에 흠뻑 빠져 그런 신화를 한꺼번에 내던지지 못하는 듯하다. 다윈을 거부하고 지적 설계론(intelligent design)에 기운 사람들처럼 아마도 뭔가 절대적인 존재가 있을 거라고 생각하고 싶었는지도 모른다. 나는 다음과 같은 문제들에 대해 끊임없이 자문했다.

만약 헌법이 원칙을 다룬 것이 아니라 권력만을 규정한 것이라면, 또 우리가 이룬 모든 것이 일을 해나가면서 그저 순조롭게 풀려 나간 결과에 불과하다면, 미합중국이 단지 존속하는 데 그친 게 아니라 이 지구상에서 상당한 성공을 거둔 수많은 국가들의 모델 노릇도 했다는 점은 어떻게 된 것인가?

여기에 대한 해답을 얻기 위해 민주주의에 대한 은유를 바꿀 필요가 있다. 내 독창적인 개념은 아니지만, 민주주의는 완성된 집 같은 게 아니라 대화의 자리라는 것이다. 이런 개념에서 살펴본다면 매디슨의 계획과 의도에서는 천재성이 엿보인다. 그의 방식은 확정적인 실행 청사진, 즉 설계사가 건물 구조의 도면을 제시하는 방식이 아니었다. 그 대신 매디슨은 기본 틀과 규칙을 만들어 주었지만 이런 규칙을 충실하

구성된 방위군을 지휘하려던 계획이 무산되고 애덤스의 명성이 외국인 단속 및 선동 금지법 제정 이후 큰 타격을 받았던 것은 이런 원칙에서 벗어났기 때문이다.

교회와 국가 사이에 장벽이 필요하다고 촉구한 것은 진보 성향의 몇몇 판사들이 아니라 제퍼슨이었다. 또한 2~3세대마다 한 번씩 혁명을 일으켜야 한다는 제퍼슨의 충고에 우리가 귀를 기울이지 않았던 것은 헌법이 폭정에 대응하는 충분한 방어 수단이 될 수 있었기 때문이다.

헌법 제정자들이 절대적인 권력만 막으려고 했던 것은 아니다. 헌법의 구조나 정연한 체계를 갖춘 자유권의 개념 자체에 함축된 의미를 살펴보면 그들은 절대적 진리, 즉 어떤 사상이나 이념, 신학 또는 '주의(ism)'의 무오류성이나 억압적 무모순성도 배격하려고 했다. 이런 절대적 확실성이 후세를 수정할 수 없는 외길로만 나아가도록 묶어 두거나 아니면 다수파와 소수파를 다 같이 이단자 처단식의 탄압과 학살, 강제 노동 수용소, 성전(聖戰) 따위의 잔혹한 대응 행위로 몰아넣을 수도 있기 때문이었다.

헌법 제정자들은 추상적인 개념이나 이론을 미심쩍게 바라보면서 여러 의문을 제기하는 데 거리낌이 없었다. 그래서 건국 초기의 중요한 고비마다 이론이 현실 상황과 필요성에 밀리기도 했다. 제퍼슨은 권력을 비판하고 배격해야 한다고 주장하면서도 정부의 권한을 강화하는 일에 앞장섰다.

애덤스는 오로지 공익성에 바탕을 둔 정치, 즉 정략이 배제된 정치를 이상적으로 보았지만 워싱턴이 대통령 자리에서 물러난 그 순간부터 이런 주장은 무력한 이론이 되고 말았다. 헌법 제정자들의 비전이 우리에게 감명을 줄 수는 있겠지만 미합중국의 존속을 보장한 것은 바로 이들의 현실주의와 실용성, 유연성, 신중함이었다.

나는 미국의 헌법과 민주주의 정착 과정에는 기본적인 겸양이 깔려 있다는 점을 인정하지 않을 수 없다. 완벽을 추구하는 것이 아니라 타협과 중용, 그럭저럭 꾸려 나가는 행태를 옹호하고 있는 것처럼 보인다. 그리고 모두가 외면하려 하고 언론사의 논설 위원들이 부패 행위로 거론하곤 하는 행태들, 즉 정치적 결탁과 흥정, 이기주의, 특정 선거구에 대한 특혜성 사업, 정체와 무기력, 비능률 등을 불가피하다고 여기는 것처럼 보인다.

　민주적 토의를 하려면 이상적인 목표나 공동선의 추구를 포기해야 한다고 생각하는 것은 잘못된 판단이다. 결국 헌법이 표현의 자유를 뒷받침한 것은 사람들이 서로 목청껏 소리치면서 상대편 이야기에 귀를 기울이지 않을 수 있는 자유만 보장한 것은 아니기 때문이다. 이런 자유를 통해 진정한 의미의 아이디어 시장이 형성될 가능성도 함께 열어 놓은 것이다. 물론 이런 시장에서는 '심사숙고와 신중함' 대신 '당파 간의 알력과 충돌' 이 위력을 발휘하게 마련이다. 하지만 토론과 경쟁을 통해 우리의 시각을 넓히고 생각을 바꾸어 결국에 가서는 충실하고 공정한 합의에 도달하게 한다.

　견제와 균형, 권력 분립, 연방제를 중심으로 한 헌법 체계가 경우에 따라 일정한 이해관계를 가진 집단들이 한정된 이득을 얻기 위해 분쟁과 논란을 벌이게 만들 수도 있지만 반드시 그렇지만은 않다. 권력이 분산된 상황에서는 집단들이 서로 다른 이해관계를 고려하지 않을 수 없기 때문이다. 이러다 보면 세월이 흐름에 따라 집단들이 자신의 이해관계를 인식하는 방식 자체도 바뀔 수 있다.

　헌법 구조 속에 함축적으로 표현된 절대성의 거부는 가끔 우리 정치가 원칙이 없는 것처럼 보이게 할 수도 있다. 그러나 이런 절대성의 거부는 건국 이래 대부분의 기간 동안, 필요한 정보를 모아 분석하고 논증하는 과정을 촉진시켰다. 덕분에 우리가 목표에 이르는 수단뿐만 아니라 목표 그 자체에 대해서도 완벽하지는 않더라도 좀 더 나은 선택을 할 수 있었다.

차별 철폐 조치에 대한 지지 여부에 상관없이, 교내 예배에 대한 입장과 무관하게, 우리의 이상과 비전, 가치 기준을 공동생활이라는 현실에 비춰 검증해 봐야 한다. 그럼으로써 세월이 흐름에 따라 그런 이념과 가치, 비전은 좀 더 정교하게 다듬어지거나 폐기될 것이다. 아니면 새로운 이상이나 좀 더 명확한 비전, 한층 깊이 있는 가치 기준으로 대체될 수 있다.

매디슨에 따르면, 실제로 헌법 자체도 바로 그런 과정을 거쳐 탄생했다. 다시 말해 헌법을 탄생시킨 대표자회의 참석자들은 '스스로 타당성과 진실성을 확신하는 한 누구나 자신의 견해를 고수할 수 있었지만, 모든 견해는 논쟁의 대상이 되었다.'

결국 미국 헌법은 열정을 이성과 결합시키고 개인적 자유라는 이상을 공동체의 요구와 연결 짓는 그런 로드 맵을 꿈꾸었다. 이런 기대는 어긋나지 않았다. 건국 초기는 물론, 대공황과 두 차례의 세계 대전, 여러 차례 되풀이된 경제의 구조 변화, 서유럽의 팽창, 수많은 이민자의 유입 등 힘겨운 과정을 거치면서도 미국 민주주의는 끄떡없이 버텨냈고 번영을 이루어 냈다. 전쟁을 겪고 공포에 휩싸였던 시기에는 민주주의가 호된 시험을 치르기도 했다. 앞으로도 분명 그런 시련을 거치게 될 것이다.

미국 민주주의 역사에서 대화가 완전히 단절된 적이 딱 한 번 있었다. 헌법 제정자들이 한 가지 문제에 대해서 논의를 거부했던 것이다.

역사학자 조지프 엘리스(Joseph Ellis)는 미국 독립 선언서의 내용이 "강제에 바탕을 둔 모든 법률과 인간관계를 영원히 쓸어 버리는 인류 역사상 대변혁의 순간"을 낳았다고 한다. 그러나 헌법 제정자들의 마음속에 생생하게 살아 있던, 자유를 추구하는 정신은, 밭에서 일하고 침실을 정돈하며 자식들을 키우는 노예들에게까지는 미치지 못했다.

미국 헌법은, 치밀한 구성과 내용으로 미국 정치 공동체의 구성원으로 간주하는 사람들에게 시민적 권리를 아낌없이 보장하고 있다. 그러나 그런 테두리를 벗어난 사람들은 보호하지 않았다. 그 때문에 인디언이 백인과 맺은 협약 따위는 정복자의 법정에서 아무런 쓸모가 없었고, 흑인 드레드 스콧(Dred Scott, 그는 1857년 2월 자유 주인 일리노이와 미네소타 주에 살았다는 사실을 근거로 자신과 가족이 자유 신분임을 인정해 줄 것을 연방 법원에 제소했으나 법원은 미국 헌법이 흑인을 시민으로 인정하지 않으므로 노예는 시민권을 가질 수 없고 따라서 비록 자유 주에 거주했다 하더라도 흑인은 자유를 인정받을 수 없기 때문에 법원에 소송을 제기할 권리도 없다는 판결을 내렸다 - 옮긴이 주)은 자유인의 신분으로 대법원 법정에 들어섰다가 노예 신분으로 나오게 되었다.

참정권은 민주적인 토의 과정을 통해 재산이 없는 백인과 나중에는 여성에게까지 확대되었으나 그것으로 끝이었다. 이성적인 판단과 논쟁, 미국식 실용주의는 거대한 규모의 국가로서 당면한 여러 경제적 어려움을 덜고 다른 나라들과 마찬가지로 미국에 고통을 안겨 주었던 종교적·인종적 갈등과 대립을 완화시키는 데는 도움이 되었다. 그러나 이런 민주적 토의만으로 노예들에게 자유를 안겨 주거나 미국의 원죄를 깨끗하게 씻을 수는 없었다. 결국 군사력을 통해서 비로소 이런 족쇄를 끊어 버리게 되었던 것이다.

이런 일들은 미국 민주주의의 어떤 면모를 보여 주는 것일까? 오늘날에는 헌법 제정자들이 위선자에 불과하며 헌법 또한 독립 선언서에서 천명한 여러 숭고한 이상을 배반한 것으로 생각하는 사람들도 있다. 또 남북 간의 대타협이 악마와 협약을 맺은 것이라는 초기 노예제 폐지론자들의 주장에 동조하는 부류도 있다.

그러나 비교적 일반적인 통념에 가까운 사람들은 노예제에 대한 헌법상의 온갖 절충안이 유감스럽긴 해도 당시 합중국을 만들어 나가는 데 필요한 조건이었다고 주장할 것이다.

독립 선언서 원안에서는 노예제 폐지론자들의 주장을 배제하였으나 노예 1인당 자유민의 5분의 3인으로 간주하는 조항(Three Fifths Clause, 1787년 제헌의회에서 남·북부 주가, 하원 의석 배분처럼 인구를 바탕으로 기준을 설정하는 문제들과 관련, 남부 주의 노예들을 자유민의 5분의 3인으로 간주하기로 타협해 헌법에 명시한 내용 - 옮긴이 주), 도주 노예 조항(Fugitive Slave Clause, 도주한 노예를 주인에게 인도해야 한다는 조항 - 옮긴이 주), 노예 수입 금지 조항(Importation Clause), 24대 의회가 노예제도에 대한 일체의 논란을 금지한 자율 토론 금지 규정, 연방제와 상원의 구조 자체 등이 위에서 언급한 절충의 산물이었다.

또한 그들은 헌법 제정자들이 노예제의 궁극적 소멸을 확신했으면서도 침묵을 통해 그 소멸을 다소 지연했을 뿐이라고 주장한다. 그리고 이런 한 가지 실수만으로 헌법의 탁월성, 즉 노예제 폐지론자들이 세력을 결집할 수 있는 여건을 제공하고 논란을 지속시키며 남북 전쟁이 끝난 뒤 수정헌법 13·14·15조가 통과될 수 있는 기본 토대를 마련해 마침내 합중국이 제대로 면모를 갖출 수 있게 만든 그런 탁월성이 손상될 수는 없다는 것이다.

혈관 속에 아프리카의 피가 흐르는 미국인인 내가 이런 논란에서 과연 어느 편에 설 수 있을까? 나는 어느 쪽에도 설 수 없다. 나는 미국을 너무나 사랑하고, 지향하는 방향으로 미국이 나아가도록 많은 노력을 기울였으며, 미국의 제도와 아름다움은 물론, 추악함에까지 깊이 관련되어 있어, 오로지 건국이나 탄생의 정황에만 초점을 맞출 수는 없다. 그렇다고 해서 과거에 저질러진 크나큰 불의를 가볍게 털어 버리고 지난 세대의 망령을 지워 버리거나, 아직도 미국에 고통을 안겨 주고 있는 아물지 않은 상처와 쓰라린 영혼을 외면할 수도 없다.

나는 지난 역사를 돌이켜보면서 자유를 누릴 여건을 조성했던 요인이 항상, 현실주의자들의 노력이나 이성적인 목소리 또는 타협의 힘만은 아니었다는 사실을 되새길 뿐이다.

이런 냉혹한 역사는 내게 여러 인물들을 상기시켜 준다. 처음으로 정의를 소리높이 외쳤던 윌리엄 로이드 개리슨(William Lloyd Garrison) 같은 불굴의 이상주의자들, 노예로 살면서 싸우지 않으면 권력이 아무 것도 양보하지 않는다는 사실을 분명하게 깨달은 덴마크 베시(Denmark Vesey)와 프레더릭 더글러스(Frederick Douglass) 같은 남성이나 해리엇 터브먼(Harriet Tubman) 같은 여성들 말이다. 존 브라운(John Brown)은 자신의 비전을 말로만 내세우지 않고, 그것을 실현하기 위해 피를 흘릴 각오를 한 인물이다. 그의 과격한 예언은 반은 자유롭고 반은 노예 상태인 국가의 현실을 쟁점으로 만드는 데 큰 역할을 했다.

나는 토의와 헌법적 질서가 권력 집단의 사치일 수도 있다는 점과 새로운 질서를 위해 투쟁하는 사람들 중에는 괴짜나 광신자, 예언자, 선동자, 상궤를 벗어난 사람, 달리 표현하자면 절대론자들도 가끔 섞여 있다는 점을 깨달았다. 이런 점을 알기 때문에 요즘 나는 나와 생각이 아무리 다르더라도 자신의 견해를 확신하는 사람들을 그 자리에서 외면해 버리지 못한다. 내 지역구 시청 회의장 앞에서 피켓을 들고 시위를 벌이는 임신 중절 반대 운동가들이나 실험실로 몰려가는 동물 보호 운동가들을 모른 척할 수 없는 것이다. 나는 심지어 불확실성에 대한 확신마저 잃었다. 가끔은 절대적 진리가 실제로 절대적일 수도 있기 때문이다.

그래서 나는 링컨을 떠올리게 된다. 링컨은 이전이나 이후의 그 어느 누구보다도 미국 민주주의의 협의 기능과 그런 협의의 한계를 잘 이해하고 있었다. 우리는 링컨의 단호함과 확신의 깊이를 잘 알고 있다. 링컨은 노예 제도를 반대할 때 불굴의 의지를 보였고 두 개로 쪼개진 집은 바로 설 수 없다는 굳건한 믿음을 지니고 있었다.

그러나 대통령이 된 뒤 링컨은 오늘날 우리를 서글프게 만든 실용주의를 따랐다. 링컨은 전쟁 없이 합중국을 유지하기 위해 남부와 여러 거래를 시도했고, 남북 전쟁이 벌어진 뒤에는 여러 장군을 교체하고 전략을 계속 바꾸는가 하면, 전쟁을 성공적으로 종결시키기 위해 위헌의 한계에 이를 정도로 헌법을 무리하게 해석하기도 했다.

나는 링컨이, 편의주의 때문에 믿음을 포기한 것은 결코 아니었다고 믿고 싶다. 그보다는 상충하는 두 견해를 놓고 적절한 균형을 맞추려고 노력한 경우였다고 본다. 우리 모두는 불완전한 데다, 신이 우리 편이라는 확신할 수는 없기 때문에 서로 대화하고 협의해 의견 합치를 모색해야 한다. 그러나 어떤 경우에는 신의 섭리 이외에 그 무엇으로도 바꿀 수 없는, 그런 확신이 있는 것처럼 행동해야 할 때도 종종 있다.

링컨은 이런 자기 인식이나 겸양의 정신 때문에 민주주의의 기본 틀을 통해, 견해 표명이나 토론, 이성적 논쟁을 통해 자신의 제반 원칙을 밀고 나갔다. 남·북부 간 대화가 깨지고 전쟁이 불가피한 상황이 되었어도 반대편에 서서 싸웠던 아버지와 아들들을 악마처럼 보려는 유혹이나, 남북 전쟁이 아무리 정당하더라도 전쟁의 공포를 평가 절하하려는 유혹을 링컨이 떨쳐 버릴 수 있었던 것도 똑같은 겸양의 정신 때문이었다. 노예들의 피를 보면 새삼, 우리의 실용주의가 가끔 윤리적으로는 비겁함이 될 수도 있다는 것을 깨닫게 된다. 링컨과 게티스버그에 묻힌 전몰자들은, 끔찍한 대가를 치를 수도 있다는 점을 받아들일 때 우리가 절대적 진리를 추구할 수 있음을 일깨워 준다.

연방 판사 지명자들에 대한 인준에서 내가 어떤 결정을 내려야 하는가에 대해서는 이런 한밤중의 명상이나 심사숙고가 불필요한 것으로 드러났다. 이 문제의 처리가 지연되거나 회피되었기 때문이다. 7명의 민주당 소속 상원 의원들이 부시가 지명한 후보자 중 논란의 대상이 되는 5명 중 3명에 대해서는 필리버스터를 하지 않기로 동의했고, 나아가 앞으로 더욱 '돌발적인 상황'에 활용하기 위해 당분간 필리버스터 행사를 자제하기로 약속했기 때문이다.

이에 화답하듯, 공화당 소속 상원 의원 7명은 필리버스터를 영원히 없애 버리는 '핵 옵션'에 반대표를 던지기로 합의하되, '돌발 상황'이 발생하면 마음을 바꿀 수 있다는 단서를 달았다. 그러나 '돌발 상황'을 구성하는 요건이 무엇인지에 대해서는 그 누구도 해명하지 못했다. 그러자 한바탕 싸움을 벌이지 못해 안달이 난 민주당과 공화당의 열성 당원들은 자기 편이 항복했다고 생각하는 부분에 대해 심한 불만을 털어놓았다.

나는 14인방으로 불린 이들 의원들의 모임에 참여하는 것을 거부했다. 연방 판사로 지명된 몇몇 판사들의 면면에 비춰 볼 때, 필리버스터를 벌일 정도의 '돌발 상황'으로 이번 사태만큼 고약한 경우를 찾기는 어려울 것이라고 보았기 때문이다. 그럼에도 불구하고 동료 의원들의 이런 시도를 비난할 수 없었다. 이들은 나름대로 실용적인 결정을 내린 셈이었다. 이제 별다른 거래 없이도 '핵 옵션'은 물 건너갔다고 봐도 좋을 상황이었다.

이런 타결을 가장 반긴 사람은 다름 아닌 버드 의원이었다. 타협 내용이 발표된 날 버드 의원은 버지니아 출신인 공화당의 존 워너 의원과 함께 의기양양한 표정으로 의사당을 나섰다. 비교적 젊은층에 속하는 워너 의원은 14인방 중 한 사람이었다. 버드 의원은 몰려든 기자들에게 "우린 공화 정체를 지켜 냈다!"고 말했다. 나는 몇 달 전 간신히 일정이 잡혀 만나게 된 버드 의원과의 면담을 떠올리면서 속으로 미소 지었다.

버드 의원은 남의 눈에 잘 띄지 않는 의사당 1층의 깊숙한 곳에 별도의 사무실이 있었다. 이 사무실은 과거 상원 상임위원회가 정기적으로 열렸던 여러 소규모 회의실 사이에 있었다.

그의 비서가 나를 이 사무실로 안내했다. 사무실은 책과 오래된 원고 뭉치들로 가득 차 있었고 벽에는 빛바랜 사진들과 선거 운동 관련 중요 사건 내용이나 기록이 걸려 있었다. 버드 의원은 같이 사진을 몇 장 찍지 않겠느냐고 물었다. 나는 마침 그 자리에 있던 사진사 앞에서 웃으며 악수하는 표정으로 사진을 찍었다. 비서와 사진사가 나간 뒤 우리는 낡은 의자에 앉았다. 나는 최근 병세가 악화되었다는 그의 아내의 용태와 벽에 걸린 사진 속의 몇몇 인물에 대해 물어보았다. 마침내 신참 상원 의원인 나에게 도움이 될 만한 충고를 해달라고 요청했다.

버드 의원이 말했다.

"규정을 잘 배워 두게. 물론 선례도 잘 알아봐야지."

그는 등 뒤에 있는 여러 개의 두툼한 서류철을 가리켰다. 서류철마다 손으로 쓴 라벨이 붙어 있었다.

"요즘에는 규정을 익히려는 사람이 별로 많지 않아. 온갖 일들이 밀려들면서 상원 의원들의 시간을 너무 많이 빼앗기 때문이야. 그러나 이런 것들을 제대로 알아야만 상원이 본래의 권한을 행사할 수 있지. 이 왕국에 발을 들여놓을 수 있게 해주는 열쇠라고나 할까."

우리는 상원의 지난 역사와 그가 겪은 역대 대통령들, 그가 발의했던 여러 법안에 대해 이야기를 나눴다. 버드 의원은 내가 상원에서 제구실을 잘하겠지만 너무 서둘러서는 안 된다고 충고했다. 요즘 많은 상원 의원들은, 상원이 헌정 구도상 가장 큰 권한을 가진 공화정의 심장이자 혼이라는 사실을 모른 채, 백악관을 향한 질주에만 집착한다는 것이었다.

버드 의원은 상의 주머니에서 조그만 법전을 꺼내들며 말했다.

"요즘에는 헌법을 읽어 보는 사람도 거의 없어. 그래서 난 항상 이렇게 강조하지. 내게 필요한 길잡이는 바로 이 책자와 성경뿐이라고."

내가 물러가려고 하자 그는 비서에게 자신의 의정 활동을 기록한 책 한 질을 가져오게 했다. 그가 장정과 제본이 잘 된 그 책들을 탁자에 올려놓고 사인할 펜을 찾을 때, 나는 이런 책들을 쓸 시간을 낼 수 있었다니, 정말 놀랍다고 말했다.

버드 의원은 고개를 끄덕이며 말했다.

"난 운이 좋았어. 참 고맙게도 내겐 되풀이하고 싶지 않은 일이 별로 없지."

그러다가 갑자기 내 눈을 빤히 쳐다보았다.

"그런데 한 가지 후회하는 일이 있어. 바로 젊음의 어리석음 말이야……."

우리는 서로의 연륜과 경험의 차이를 생각하면서 한동안 앉아 있었다.

내가 마침내 입을 열었다.

"누구에게나 회한은 있게 마련입니다. 결국 신의 은총을 바랄 뿐이지요."

그는 잠시 내 얼굴을 찬찬히 살피다가 엷은 미소를 지으며 고개를 끄덕인 뒤 책을 펼쳤다.

"신의 은총이라. 물론 그렇지. 자, 이제 사인을 하지."

버드 의원은 이렇게 말한 뒤 사인하는 손이 흔들리지 않도록 다른 손으로 붙잡고 천천히 자신의 이름을 썼다.

정치

BARACK OBAMA
The AUDACITY of HOPE

믿기지 않을지 모르겠으나 대부분의 정치인들은 상당히 호감이 가는 사람들이다.
그렇다면 왜 이들은 저녁뉴스에서 냉혹하고 비타협적이며 위선적이고
때로는 비열한 인물로 비칠까? 또 그렇게 만드는 요인은 무엇일까?
워싱턴에서 활동하는 기간이 길어지자 친구들은 내가 변하지는 않았는지
살피기 시작했다. 전과는 달리 거만해지지는 않았는지, 논쟁을 즐기거나,
반대로 조심스럽고 방어적인 태도를 보이지는 않는지 살폈다.

● ● ● 상원 의원으로서 내가 가장 좋아하는 일 중 하나는 시청이나 공회당에서 유권자들과 만나는 것이다. 나는 상원 의원으로 활동을 시작한 첫 해에 일리노이 전역에서 모두 39차례의 모임을 가졌다. 애너 같은 농촌 소읍과 네이퍼빌 같은 부유한 교외 지역, 사우스사이드의 흑인 교회와 록아일랜드의 대학 캠퍼스 등에서 모임을 주최했다.

모임은 요란하지 않았다. 보좌관실 직원들이 고등학교나 도서관, 커뮤니티 칼리지 쪽에 전화를 걸어 이런 행사를 주관할 용의가 있는지 알아본다. 그럴 의사가 있다고 하면 1주일 전쯤 지역 신문이나 교회 신문, 지방 라디오 방송을 통해 행사를 알린다. 모임 당일이 되면 나는 30분 전에 도착해 그 지역 지도자들과 만나 여러 지역 현안을 놓고 의견을 나눈다. 예를 들어, 도로 보수 문제나 노인 복지 센터 신축 문제 같은 것들이다. 그런 다음 사진을 몇 장 찍고 유권자들이 기다리는 공회당으로 들어간다. 연단으로 걸어가면서 통로에 앉은 사람들과 악수를 나눈다. 연단에는 아무것도 없다. 뒤쪽에 국기가 게양되어 있고 마이크와 물병이 있을 뿐이다. 연단에 올라 나를 워싱턴으로 보낸 유권자들의 질문에 1시간 남짓 답변한다.

이런 모임에 참석하는 사람들의 수효도 들쭉날쭉하다. 적게는 50명에서 많게는 2천 명에 이른다. 인원수가 얼마가 되건 나는 유권자와의 만남이 즐겁고 고맙다. 이들은 우리가 찾아간 지역의 단면을 보여 준다. 공화당원과 민주당 지지자, 나이 많은 사람과 젊은이, 뚱뚱한 사람과 홀쭉한 사람, 트럭 운전기사와 대학 교수, 전업 주부, 재향 군인, 교사, 보험 영업 사원, 공인 회계사, 비서, 의사, 사회사업가 등 다양한 삶의 모습을 보여 준다. 이들은 나나 다른 참석자들과 의견이 다를 때에도 대체로 예의를 차리고 상대편의 이야기에 귀를 기울인다. 이들은 나에게 처방 약제나 재정 적자, 미얀마의 인권, 에탄올 관련 문제, 조류 인플루엔자, 학교 기금 모집, 우주 개발 계획 등 온갖 문제에 대해 질문을 던진다.

가끔 나를 놀라게 만드는 발언도 쏟아진다. 황갈색 머리털의 젊은 농촌 여성이 다르푸르 사태(수단 다르푸르 지역에서 벌어진 유혈 분쟁으로 수단 정부가 2003년 이 지역에 대한 이슬람화 정책을 펴면서 이슬람을 신봉하는 아랍계와 가톨릭을 믿는 주민 간 무력 분쟁이 빚어져 오늘날까지 수많은 희생자가 발생하고 있다 – 옮긴이 주)에 대한 미국의 개입을 열정적으로 촉구하는가 하면, 대도시 도심에 사는 나이 지긋한 흑인 신사는 토양 보존에 관한 내 관심과 지식을 시험한다.

나는 이런 유권자들과 대화를 나누면서 많은 힘을 얻는다. 이들의 태도를 보면 열심히 일하는 사람들임을 알 수 있다. 그들이 자녀를 키우는 방식을 보면 희망이 엿보인다. 그 때문에 이들과의 만남은 마치 차가운 계곡 물에 몸을 담그는 것 같은 느낌을 준다. 이런 모임을 갖고 나면 정화되었다는 느낌과 함께 내가 선택한 일과 활동에 대해 보람과 기쁨을 얻는다.

모임이 끝나면 참석자들은 내게 다가와 악수를 청하기도 하고 사진을 같이 찍기도 한다. 아니면 자녀들을 내 앞으로 밀어 사인을 받게 한다. 이들은 또 내 손에 무엇인가를 쥐여주기도 한다. 신문 기사나 명함, 쪽지, 훈장, 조그만 종교 용품, 행운을 비는 부적 같은 것들이다. 어떤때는 내 손을 붙잡은 채 나에게 큰 기대를 걸고 있지만 워싱턴의 정치가 나를 변질시켜 결국 나도 다른 정치인들과 다름없이 되지 않을까 걱정스럽다고 말하는 사람들도 있다.

이들은 나에게 제발 본래의 모습을 잃지 말라고 당부한다. 제발 자신들을 실망시키지 말라는 것이다.

지금까지 미국인들은 정치상의 문제를 정치인의 자질 탓으로 돌리는 것을 하나의 관행처럼 받아들이고 있다. 예를 들어, 대통령이 저능아라거나 하원 의원 아무개는 쓸모없는 인간이라는 식으로 구체적으로 표현하는 경우도 있다. 어떤 때는 "이들이 모두 특정 이해 집단의 손아귀에서 놀아나고 있다"고 싸잡아 비난하기도 한다. 또한 대부분의 유권자는 워싱턴에서 활동하는 정치인들은 하나같이 "개인적·당파적 이해에 따라 움직일 뿐"이라고 단정한다. 이들이 양심에 어긋난 표결을 하거나 그런 정치적 입장을 취한다는 것이다. 그리고 이들이 올바른 일을 하려고 애쓰기보다는 정치 헌금이나 여론조사 결과, 당에 대한 충성심에 따라 움직인다는 뜻이다.

정치인에 대한 가장 혹독한 비판이 당원이나 지지 세력으로부터 나올 때도 있다. 민주당이 "아무것도 대변하거나 옹호하지 못한다"거나 "무늬만 공화당"이라는 식의 비판이 그런 것이다. 이런 갖가지 비난과 비판은, 워싱턴에서 어떤 변화를 일으키려면 이들 악당을 몰아내야 한다는 식의 결론으로 이어진다.

그런데도 우리는 오랜 세월 동안 이들 악당을 워싱턴에 그대로 앉혀 두고 있다. 하원 의원 재선율이 96퍼센트 수준을 맴돌고 있다는 사실이 이를 반증한다.

정치학자들은 여러 근거를 들어 이런 현상을 설명한다. 오늘날처럼 복잡하게 얽히고설킨 세상에서는 유권자들이 바쁘게 살아갈 뿐만 아니라 관심의 대상도 여러 갈래로 나뉘어 있기 때문에 정치가 이들의 의식 속으로 파고들기가 매우 어렵다.

그 결과 선거와 같은 정치 활동에서 승리를 거두는 일은 주로 지명도라는 단순한 차원의 문제로 판가름 난다. 선출된 대부분의 공직자가 다음 선거 때까지 자신의 이름이 거듭 언급되고 널리 알려지게 만들기 위해 엄청난 공을 들이는 이유가 여기에 있는 것이다. 이를 위해 그들은 온갖 완공식이나 개관식에 참석해 테이프를 끊고 7월 4일 독립 기념일 퍼레이드에 참여하거나 일요일 아침 토크 쇼 방송에 출연하는 일을 마다하지 않는다.

현직이 모금 활동에서 상당한 이점을 누린다는 것은 잘 알려진 사실이다. 진보 성향이든 보수 성향이든 관계없이 이익 집단들은 승산이나 가능성이 높은 쪽에 정치 헌금을 내기 때문이다. 게다가 정치적 이해에 따른 게리맨더링은 유력한 도전자로부터 하원 의원들을 보호하는 데 적잖은 기여를 한다. 요즘에는 집권당이 거의 모든 의원 선거구를 획정하다시피 한다.

이처럼 새롭게 조정된 선거구에서는 집권당 성향의 당원이나 지지 세력이 확실한 과반수를 차지하게끔 되어 있다. 이쯤 되면 유권자가 자신의 대표를 뽑는 것이 아니라 반대로 대표자가 유권자들을 선택한다는 주장이 과장된 것만은 아닌 셈이다.

그러나 다른 요인도 영향을 미친다. 이 요인은 그동안 별로 언급되지 않았지만, 유권자들이 의회는 싫어하면서도 개별 의원들은 좋아하는 여론조사 결과가 어떻게 계속 나올 수 있는지 이해하는 데 도움이 된다. 믿기지 않을지 모르겠으나 대부분의 정치인들은 상당히 호감이 가는 사람들이다.

내가 상원에서 겪어 본 동료 의원들의 경우도 분명 그렇다. 한 사람씩 만나 보면 정말 사귀고 싶은 사람들이었다. 테드 케네디(Ted Kennedy)나 트렌트 로트(Trent Lott)만큼 말을 잘하는 사람이나, 켄트 콘라드(Kent Conrad)나 리처드 셸비(Richard Shelby)만큼 예리한 사람, 또는 데비 스태브노(Debbie Stabnow)나 멜 마르티네스(Mel Martinez)만큼 따뜻한 사람은 찾기 어렵다.

동료 의원들은 대개 지적이며 생각이 깊고 열심히 일하는 사람들로서 자신의 주에 영향을 미치는 문제에 대해 오랜 시간 동안 관심과 노력을 기울였다. 물론 고정관념에 따라 움직이는 사람도 있고 지루한 잔소리를 되풀이하는 사람, 직원들을 괴롭히는 사람들도 있었다.

상원에서 활동하는 기간이 점차 늘어나면서 상원 의원들 개개인의 결점이 더 자주 눈에 띄었다. 정도의 차이는 있어도 모든 사람에게 불편을 끼치는 결점으로는 고약한 성정이나 엄청나게 센 고집, 억제할 수 없는 자만심 따위가 꼽힌다. 그러나 대체로 상원 의원들에게서 엿볼 수 있는 이런 별난 성격들이 일반 국민들보다 특별히 심하다고 생각되지는 않았다. 나와 의견이 가장 대립되는 동료들과 대화를 나눌 때에도 나는 보통 이들의 진실성에 감명을 받았다. 국정을 올바르게 처리해 미국을 더욱 부강하게 만들고자 하는 진심, 여건이 허락하는 한 자신의 지지자들과 이들의 가치를 올바르게 대변하려는 열망을 뚜렷하게 느낄 수 있었다.

그렇다면 왜 이들은 저녁 뉴스에서 냉혹하고 비타협적이며 위선적이고 때로는 비열한 인물로 비칠까? 또 그렇게 만드는 요인은 무엇일까? 합리적이고 양심적인 사람들이 국정을 제대로 수행하지 못하게 만드는 정치 과정은 어떤 것일까?

워싱턴에서 활동하는 기간이 점차 길어지자 친구들이 내 표정을 살피는 일도 더 잦아졌다. 이들은 내가 변하는 기미가 없는지 내 얼굴을 유심히 살폈다. 전과 달리 거만해지지는 않았는지, 논쟁을 즐기거나 반대로 조심스럽고 방어적인 태도를 보이지는 않는지 살폈다. 나 또한 그런 면이 없는지 스스로 점검하기 시작했다. 내가 동료 의원들과 공유하는 특성이 어떤 것인지 따져 보기 시작했고, 나 자신이 저급한 TV 영화에 등장하는 상투적인 정치인의 모습으로 변모하는 것을 막을 수 있는 방법이 무엇인지에 대해서도 생각해 보았다.

이런 것들을 점검할 방법 중 하나는 야망의 특성을 파악하는 것이었다. 상원 의원들이 최소한 야심이라는 측면에서는 저마다 다른 모습을 보일 것이기 때문이다. 어쩌다 우연히 미국 상원 의원이 된 사람은 거의 없다. 상원 의원이 되려면 최소한 과대망상 같은 것이 있어야 한다. 즉, 출신 주 내의 온갖 유능한 사람들 중에서 유독 자신이 이들을 대변할 수 있는 자격이 있다는 믿음 말이다. 이런 믿음이 매우 강한 나머지, 언제나 다소 우스꽝스러운 데다, 신바람이 날 때도 있지만 가슴이 쓰라린 경우도 많은, 그런 선거 운동 과정을 기꺼이 감당할 수 있어야 한다.

야심만으로는 부족하다. 상원 의원이 되겠다는 목표를 갖게 한 동기가 훌륭한 신념이든 속된 욕망이든, 승리하고자 하는 사람은 건강이나 인간관계, 균형 있는 지적 판단력, 체면 따위를 팽개친 채 목표 달성을 향해 거의 광적으로 일로매진해야 한다.

나는 선거 운동을 끝낸 뒤 달력을 체크해 본 결과 1년 반 동안 정확히 7일만 휴식을 취했다는 사실을 알게 되었다. 나머지 기간에는 하루 보통 12~16시간씩 강행군을 했다. 이런 활약은 별로 자랑스러운 일이 못 되었다. 선거 운동 기간 중 아내 미셸이 매주 몇 차례씩 지적한 것처럼 비정상적인 활동이었다.

그러나 야심이나 일로매진으로도 정치인의 행태를 제대로 설명하기 어렵다. 여기에는 정서의 문제가 따른다. 어쩌면 내면으로 깊숙이 파고들어 한층 파괴적인 영향을 미칠 것이 분명한 그런 정서다. 이것은 들뜬 마음으로 출마를 공식 선언한 사람을 곧바로 사로잡은 뒤 선거가 끝날 때까지 놓아주지 않는다. 다름 아닌 두려움이라는 감정이다. 선거에서 패배할까 봐 두려워하는 것만은 아니다. 물론 이런 두려움도 매우 심각하긴 하지만 말이다. 내가 의미하는 것은 철저한 굴욕에 대한 두려움이다.

나는 정계에 투신한 이래 처음으로 겪은 패배를 생각하면 아직도 얼굴이 화끈거린다. 2000년 민주당 소속 현직 하원 의원인 보비 러시(Bobby Rush)에게 도전했다가 패배한 일이다. 이 경쟁에서는 잘못될 가능성이 있던 모든 일들이 실제로 모두 어긋나 버렸다. 나 자신의 실수에다 비극적인 사건과 어처구니없는 일까지 겹쳤던 것이다. 나는 수천 달러의 선거 자금 모금액을 가지고 후보 출마를 선언하고 2주일 뒤 첫 여론조사를 의뢰했다. 그 결과 러시의 지명도가 약 90퍼센트에 이른 반면, 나는 11퍼센트에 불과했다. 또 그의 지지율은 70퍼센트 수준이었지만 나는 고작 8퍼센트 수준임이 드러났다. 이를 통해 나는 정치 활동의 기본을 하나 깨우치게 되었다. 출마를 선언하기 전에 여론 조사부터 해야 한다는 것이다.

그때부터 모든 일이 내리막길이었다. 10월에 지지를 호소하기 위해 당 간부 한 사람을 만나러 갔다. 그는 러시 의원 지지를 선언하지 않은 몇 안 되는 당 간부 중 한 명이었다. 그런데 그를 만나러 가는 도중 나는 라디오 방송을 통해 비극적인 뉴스를 들었다. 러시 의원의 아들이 자신의 집 밖에서 마약 판매상 두 명의 총격을 받고 숨졌다는 소식이었다. 나는 충격을 받고 러시 의원에 대한 애도의 표시로 이후 한 달 동안 사실상 선거 운동을 중단했다.

그 뒤 성탄절 연휴를 맞아 닷새 동안 고향인 하와이에서 외할머니를 방문하고, 아내 미셸과 당시 18개월 된 딸 말리아와 즐거운 시간을 보내던 중, 주 의회가 총기 규제 법안을 심의·처리하기 위해 임시 회의를 소집했다. 마침 말리아가 아픈 데다가 비행기를 잡을 수 없었던 나는 표결에 불참했고, 이 법안은 부결되었다.

이틀 뒤 나는 야간 항공편으로 시카고 오헤어 공항에 도착했다. 미셸은 나에게 한마디 말도 하지 않았고 나는 보채는 말리아를 어르면서 공항을 빠져나왔는데, 그때 「시카고트리뷴 Chicago Tribune」 1면 기사가 눈에 띄었다. 총기 규제 법안이 불과 몇 표 차이로 부결되었는데 주 의회 상원 의원으로서 연방 하원 의원에 입후보한 오바마가 표결에 불참한 채 하와이에서 '그대로 휴가를 즐기기로 결정했다'는 내용이었다.

선거 본부장이 내게 전화를 걸어 러시 의원 측에서 곧 내보낼 예정인 선거 광고 내용을 알려 주었다. 배경 음악으로 한가로운 기타 연주가 부드럽게 깔리는 가운데, 야자수 그늘 아래 밀짚모자를 쓴 한 남자가 해변에 앉아 럼주와 마이타이(오렌지 칵테일)를 홀짝인다. 그때 이런 멘트가 울려 퍼진다.

"시카고가 사상 최고 수준의 살인사건 발생률에 시달리고 있는 동안 버락 오바마는……."

나는 러시 의원 쪽의 의도를 간파하고 그에게 더 이상 설명할 필요가 없다고 말했다.

선거 운동을 채 절반도 진행하지 못한 상황에서 나는 패배의 길로 나아가고 있다는 점을 뼈저리게 느꼈다. 그 이후 아침마다 막연한 불안감에 사로잡힌 채 잠이 깼다. 그런데도 날마다 미소 짓고 악수를 나누며, 만사가 계획대로 진행되고 있는 척하면서 보내야 했다. 예비 선거를 몇 주일 앞둔 시점부터 내 선거 운동이 약간의 회복세를 보였다. 주목을 끌거나 보도가 되는 일이 거의 없긴 했지만 후보 간 토론을 잘 이끌었으며 건강 보험과 교육 문제에 대한 정책이 언론에서 호의적인 평가를 받고 트리뷴지의 지지를 받기까지 했다. 그러나 이런 정도의 호응과 뒤늦은 반향은 전세를 역전시키기에 역부족이었다. 결국 나는 31포인트 표차로 대패했다.

나는 정치인들이 선거 패배와 같은 낙심천만한 일을 견뎌 내는 특출한 능력이 있다고 생각하지 않는다. 보통 사람들이야 시련을 겪어도 혼자 조용히 상처를 다독일 수 있겠지만 정치인들은 그런 호사를 누릴 수 없다. 정치인들의 패배나 좌절은 공개적으로 드러난다. 정치가는 참석자가 반쯤 빠져나간 강당에서 유쾌한 표정으로 패배를 인정하는 연설을 해야 하고, 실망감을 감춘 채 당당한 얼굴로 보좌관들과 지지자들을 위로해야 하며, 자신을 도와준 사람들에게 일일이 전화를 걸어 고마움을 표시하는 한편, 앞으로 청구받게 될 채권 해결에도 도움을 달라는 어색한 부탁을 해야 하는 것이다. 이런 일쯤이야 멋지게 잘 해낼 수 있을 것이다.

그러나 아무리 달리 설명하려 해도 자신이 '패배자'라는 느낌은 지울 수 없다. 자신의 패배를 타이밍이나 운, 선거 자금이 부족한 탓으로 돌리기 위해 아무리 애써도 소용없는 것이다. 자신이 지역 공동체 전체로부터 배척당한 것 같은 느낌이나 이제껏 베푼 것을 전혀 되돌려 받지 못했다는 느낌, 어디를 가나 만나는 사람들에게 '패배자'라는 단어를 떠올리게 만들 것이란 느낌을 떨쳐 버릴 수는 없을 것이다. 이런 감정은 대부분의 사람들이 고등학교 시절 이후로는 느껴본 적이 없는 그런 종류의 감정이다. 좋아하는 여학생이 자기 친구들 앞에서 농담으로 자신을 무시해 버릴 때나 큰 대회에서 자유투(free throws)를 연거푸 실패할 때의 느낌인 것이다. 성인이 되면 대개 이런 쓰디쓴 기분을 피하는 방법을 각자 터득하게 마련이다.

나와는 달리 지금까지 살아오면서 무슨 일에서나 거의 실패한 일이 없는 일반적인 거물 정치인들이 이와 똑같은 일을 겪는다면 그 충격이 얼마나 클 것인지 상상해 보라. 이런 거물 정치인은 고등학교 시절 미식축구 팀의 쿼터백을 맡고 졸업식 때에는 졸업생 대표로 고별 연설을 했을 것이며, 아버지는 상원 의원이나 해군 제독 같은 유력인사라서 어릴 때부터 큰일을 할 인물이라는 얘기를 늘 들으면서 성장했을 것이다.

나는 2000년 대통령 선거에서 앨 고어 부통령을 적극적으로 후원했던 한 기업가를 만난 적이 있었다. 우리는 맨해튼 중심가가 훤히 내려다보이는 그의 호화로운 사무실에서 만났는데, 그는 선거가 끝난 뒤 반년쯤 지나 고어와 만났던 얘기를 다음과 같이 전해 주었다. 당시 고어는 갓 시작한 TV 관련 사업에 투자할 사람들을 찾고 있었다.

"좀 이상한 느낌이 들었어요. 전직 부통령인 그가 그것도 불과 몇 달 전만 해도 이 지구 상에서 가장 강력한 위치에 오를 뻔했던 사람이 이곳을 찾아왔다는 게 낯선 느낌으로 다가왔어요. 대통령 선거 운동 기간 중에는 언제라도 고어의 전화를 받았고 그가 만나자고 하면 당장 일정을 조정해 짬을 냈습니다. 그러나 선거가 끝나고 나서 고어가 이 사무실로 들어서니까 갑자기 그와의 만남이 귀찮아지더군요. 나는 그를 참 좋아하기 때문에 그런 느낌이 드는 것을 납득할 수가 없었지요. 그러나 어떤 면에서 보면 그는 전직 부통령인 앨 고어가 아니었어요. 내 투자를 받으려고 하루에도 백여 명의 사람들이 들이닥치는데 그는 그런 사람 중 하나에 불과했던 거죠. 그를 통해 당신들 같은 사람들이 올라서 있다는 깎아지른 거대한 절벽이 무엇을 의미하는지 이해할 수 있었습니다."

실제로 수직 낙하의 가파른 절벽이라 할 만하다. 앨 고어는 지난 5년 동안 대통령 선거 이후의 삶도 얼마간의 만족감과 일정한 영향력을 가질 수 있다는 것을 보여 주었고, 나는 이 기업인이 전직 부통령의 전화를 지금도 열심히 받을 것이라고 생각한다. 물론 고어도 2000년 대선 패배의 여파 속에서 이 기업인 친구의 태도 변화를 감지했을 것이다.

고어는 그 사무실에 앉아 자신의 한심한 처지를 애써 외면한 채 TV 관련 사업 계획을 열심히 설명하면서, 내가 어쩌다가 이런 어처구니없는 꼴이 되었을까 생각했을지도 모른다. 고어는 후보자 이름과 기표란이 일치하지 않는 이른바 나비 모양의 투표 용지(butterfly ballot, 25명의 선거인단으로 대통령 선거의 승패를 좌우할 플로리다 주에서 착각을 일으키기 쉬운 디자인 때문에 고어의 표가 많이 깎여 몇 차례의 법정 공방을 거치는 등 큰 논란을 불러일으켰던 투표 용지 - 옮긴이 주) 때문에 평생 일구어 온 정치 활동의 성과를 한순간에 잃었다. 그러나 생색을 내는 듯한 미소를 지으며 마주 앉아 있는 기업인 친구는 회사 주가가 폭락하거나 어리석은 투자를 한 경우에도 계속 업계 2위 정도의 위치를 지키며, 여전히 '패배자'라기보다는 상당한 업적을 이룩한 인물로 존중받으면서 엄청난 보수를 받고 막강한 권한을 행사할 수 있다니, 어떻게 이럴 수가 있나 하는 생각을 했을지도 모른다.

이런 일이 불공평하긴 하지만, 그런 생각을 한다고 해서 전직 부통령이 처한 현실이 바뀌지는 않는다. 고어도 공직 생활을 하는 대부분의 사람들과 마찬가지로 출마를 선언한 그 순간부터 자신이 앞으로 어떤 상황에 놓일 것인지 잘 알고 있었다. 정치판에서 두 번째 시도는 있을 수 있어도 2위가 설 자리는 없다.

현대 정치에서 대부분의 문제들은 이렇듯 무조건 승리해야 하고 패배는 있을 수 없다는 데서 비롯된다. 특히 자금 확보와 관련된 문제들이 많다. 기자들의 집중적인 취재가 일상화되고 선거 자금법이 입법되기 전에는 노골적인 뇌물수수 관행으로 돈이 정치를 좌우하고, 정치인이 호화 향응을 받으며 선거 자금을 자기 돈처럼 썼다. 영향력을 행사하려는 집단이 거액의 사례를 하는 것이 일반적이었고, 가장 많은 정치 헌금을 하는 쪽이 바라는 대로 입법이 이루어지기도 했다.

뉴스 보도가 정확하다면 이런 부정부패는 요즘도 완전히 사라지지 않았다. 워싱턴에는 아직도 정치를 축재 수단으로 생각하는 사람들이 있다. 대개 이런 사람들은 소액권 지폐를 뭉텅이로 받을 만큼 어리석지는 않지만 무리하지 않게 사리사욕을 채우며, 나중에 적절한 시기가 되어 로비스트로 활동하게 되었을 때 정치 헌금자들을 잘 관리하기 위한 채비를 빈틈없이 갖춘다. 이들이 로비스트가 되면 과거 규제의 대상으로 삼았던 쪽의 이익을 대변하게 되므로 굉장한 수입을 올릴 수 있다.

그러나 돈이 정치에 영향을 미치는 방식은 이런 형태를 띠지 않을 때가 더 많다. 로비스트 중에서 선출직 공직자들에게 노골적인 보상을 제공하는 사람은 거의 없다. 그럴 필요가 없는 것이다. 로비스트의 힘은 일반 유권자들보다 이들 공직자를 더 자주 만나고, 일반인들보다 더 많은 정보를 얻으며, 보통 사람들이 잘 모르는 규정을 세법에 끼워 넣는 일에 대단한 인내력과 끈기를 발휘하는 데서 나오는 것이기 때문이다. 이런 세부 규정은 보통 사람들의 관심사에서 벗어나 있지만 로비스트의 의뢰인들에게는 수십억 달러의 혜택을 제공한다.

대부분의 정치인들은 부자가 되겠다는 생각에서 돈을 탐내지는 않는다. 적어도 상원의 경우 대부분의 의원들은 원래 부유하다. 지위와 권력을 유지하기 위해 추가적으로 돈이 필요한 것이다. 도전자를 물리치고 패배의 두려움을 떨쳐 내기 위해서 말이다. 돈으로 승리를 보장받을 수는 없다. 돈으로 열정과 카리스마, 언변을 살 수도 없다. 그러나 돈이 없어서, 선거 자금의 거의 전액이 투입되는 TV 광고를 활용하지 못하면 패배하기 십상이다.

선거에 드는 비용을 뽑아 보면 입이 딱 벌어질 정도다. 특히 규모가 크고 다양한 형태의 미디어가 있는 지역의 경우 더욱 심하다. 주 의회 의원으로 출마했을 때, 나는 10만 달러 이상을 써본 적이 없었다. 사실 나는 정치 자금 모금에 관해서는 꽉 막힌 사람이라는 평판을 받고 있었다. 25년 만에 통과된 최초의 선거 자금법은 바로 내가 동료들과 함께 작성한 것이었고, 그 외에도 로비스트들의 식사 초대나 도박 및 담배 산업의 헌금을 거절했기 때문이다.

내가 연방 상원 의원에 도전하기로 결심했다고 밝히자 미디어 담당 자문역을 맡고 있던 데이비드 액설로드(David Axelrod)가 나를 앞혀 놓고 실상을 설명했다. 우리는 최소한의 예산으로 선거 운동을 치를 계획을 세웠다. 지지자들의 응원과 우리 스스로 뉴스거리가 되어 언론 보도를 유도하는 이른바 '언론 노출(earned media)'에 크게 의존하는 형태였다.

그러나 그렇게 하더라도 데이비드는 시카고에서 1주일간 TV 광고를 하는 데 50만 달러는 들 것이라고 알려 주었다. 시카고를 제외한 일리노이 주 전역을 대상으로 하는 광고비는 1주일에 약 25만 달러가 소요된다고 했다. 따라서 일리노이 주 전체를 대상으로 4주간 TV 광고를 내보내는 비용과 선거 운동원들의 인건비 및 간접비를 모두 합치면 민주당 내 예비 선거를 위한 경비만 해도 500만 달러 정도 든다는 계산이

나왔다. 예선에서 승리해 민주당 후보로 확정된다고 가정하고 다시 본선에서 선거 운동을 벌인다면 추가로 1,000~1,500만 달러의 선거 자금을 모금해야 한다는 것이 그의 결론이었다.

그날 밤 집에 돌아가서 아는 사람 중에서 정치 헌금을 요청할 만한 대상자를 모두 수첩에 적어 보았다. 그런 다음 개인별로 마음 편히 부탁할 수 있을 만한 최대 금액을 명단 옆에 적었다. 액수를 모두 합쳐 보니 50만 달러였다.

막대한 재산이 없는 사람이 연방 상원 의원 선거에 뛰어들면 부자들에게 헌금을 부탁하는 것이 기본적인 자금 모집 방법이다. 나는 선거 운동에 나선 첫 3개월 동안 모금 담당 비서와 방에 틀어박혀 전에 민주당에 헌금을 한 적이 있는 사람들의 명단을 놓고 안면도 없는 이들에게 전화를 거는 일에 매진했다. 이런 일이 재미있을 리 없었다. 가끔 사람들은 통화하는 중에 그냥 전화를 끊어 버리기도 했다. 그쪽 비서에게 메시지를 남기지만 그 뒤에 전화가 오지 않아 내가 다시 두세 차례 전화를 걸다가 결국 포기하는 경우도 있고 상대방이 마지못해 전화를 받아 들고 헌금을 내지 않겠다는 뜻을 직접 밝히는 경우도 많았다.

이러다 보니 전화로 헌금을 종용하는 시간이 되면 이런저런 핑계로 그 자리를 모면하려는 꾀를 부리게 되었다. 화장실을 자주 들락거리거나 오래 휴식을 취하거나 아니면 교육 관련 연설 내용을 수정하라고 정책 담당 보좌관에게 서너 번씩 지시하는 것이다. 이런 전화를 할 때면 가끔 외할아버지가 떠오르기도 했다.

외할아버지는 중년이 되어 뒤늦게 보험 모집인으로 나섰는데 실적이 별로 좋지 않았다. 잠재 고객 중에는 보험 모집인과 만나는 것을 치과 진료보다도 더 싫어하는 사람들이 있었는데, 외할아버지는 이런 사람들과 만날 약속을 잡기 위해 안간힘을 다할 때마다 몹시 괴로워했다.

외할머니는 결혼 이후 대부분의 기간 동안 외할아버지보다 수입이 많았는데, 이런 외할머니로부터 못마땅한 눈초리를 받는 것도 그로서는 괴로운 일이었다.

정치 헌금을 권유하는 전화를 걸다 보니, 외할아버지의 기분이 어땠을지 그 어느 때보다도 절실하게 느껴졌다.

3개월 뒤 결산을 해보니 모금액은 25만 달러에 불과했다. 내 신뢰도를 담보할 만한 최저한의 모금 규모에도 크게 못 미치는 액수였다. 설상가상으로 당내 예선은 많은 정치인들이 최악의 악몽으로 받아들이는 그런 양상으로 전개되고 있었다. 재산이 엄청나게 많아 선거 자금을 자신의 호주머니에서 마음껏 꺼내 쓸 수 있는 사람이 경쟁에 뛰어들었던 것이다.

블레어 헐(Blair Hull)이라는 이 인물은 금융 관련 사업을 몇 년 전 골드만 삭스에 넘기고 5억 3,100만 달러를 받았다. 막연하긴 했지만, 공공에 봉사하고자 하는 의욕은 분명해 보였고, 여러모로 훌륭한 사람이었다. 그러나 유세에 나선 모습을 지켜보면 그는 거의 감당하기 어려울 정도로 수줍음을 탔다. 대부분의 시간을 컴퓨터 스크린 앞에서 홀로 보낸 사람의 내성적인 태도와 특이한 버릇 때문이었다. 다른 많은 사람들과 마찬가지로 그는 정치인이 되는 데는 의사나 조종사, 배관공 같은 전문성이 필요하지 않다고 생각하는 것 같았다. 아마도 그래서 자신과 같은 기업인이 최소한 TV에서 보는 직업적 정치꾼보다는 더 정치를 잘할 수 있다고 생각하는 것 같았다. 실제로 그는 숫자에 대한 자신의 뛰어난 능력을 매우 값진 자산으로 여겼다. 그는 선거 운동 기간 중 어느 기자에게 선거 승리를 위해 자신이 개발했다는 수학 공식을 하나 털어놓았는데 그 셈법은 이렇게 시작되어 판독이 불가능한 몇 가지 인수로 끝을 맺는다.

확률 = $1/(1+\exp(-1\times(-3.9659056+(일반투표\ 비중\times1.92380219))\cdots$

이런 모든 정황에 비춰 볼 때 헐을 의미 있는 적수로 보기는 어려웠다. 적어도 4월인가 5월의 어느 아침까지는 그랬다. 그날 나는 아파트 단지를 둘러싼 차도에서 벗어나 사무실로 향하고 있었는데 그 일대 잔디밭에 붉은색과 흰색, 노란색으로 울긋불긋한 표지판들이 줄지어 나타났다. 이 표지판에는 '블레어 헐, 상원 의원 노선'이라는 글귀가 쓰여 있었다. 이런 표지판이 아파트 단지에서 약 8킬로미터에 걸쳐 크고 작은 모든 도로에, 온갖 방향과 모든 모퉁이에 빠짐없이 서 있었다. 이발소 창문과 비어 있는 건물에는 물론, 버스 정류장 앞과 잡화점 계산대 뒤쪽에도 있었다. 봄철 도처에 어지럽게 핀 데이지처럼 그의 표지판이 주변 일대의 경관을 바꿔 놓다시피 한 것이다.

일리노이 정계에서는 흔히 "표지판이 투표하는 것은 아니다"라는 말이 나돈다. 어느 후보자가 아무리 많은 표지판을 세운다 하더라도 그런 표지판의 숫자로는 판세가 좌우되지 않는다는 뜻이다. 그러나 선거 운동 기간 내내 헐처럼 단 하루 만에 그토록 많은 표지판과 홍보판을 세운 사람, 단 하룻저녁 만에 유급 운동원들을 동원해 다른 사람들의 표지판을 빼버리고 대신 자신의 표지판을 세우는 작업을 그렇게 놀라울 정도로 신속하고 효율적으로 수행한 사람은 없었다. 그 뒤부터 흑인 주거지역의 몇몇 지도급 인사들이 헐을 도심 빈민가를 위해 뛰는 일꾼이라고 추켜세운다는 기사가 나오는가 하면, 일리노이 남부에서는 헐의 가족농 지원을 격찬하는 얘기들이 들려오기 시작했다.

이어 선거일까지 6개월간의 TV 광고가 시작되었다. 일리노이 주의 모든 방송은 하루 종일 돌아가면서 "노인들을 가까이 하는 블레어 헐"과 "어린이와 어울리는 블레어 헐", "특정 이해 집단에 휘둘리는 워싱턴을 제자리에 돌려 놓을 준비를 마친 블레어 힐"을 홍보했다. 2004년 1월 힐이 마침내 여론조사 지지도에서 1위를 차지하자 내 지지자들의 전화가 쇄도했다. 가만있지 말고, 당장 TV 광고를 시작하라는 것이었다. 그렇지 않으면 만사가 끝장이라는 성화였다.

나보고 어쩌란 말인가? 나는 선거 자금이 벌써 바닥나 사실상 적자 상태라고 설명했다. 가장 희망적인 시나리오에 따른다면 딱 4주간의 TV 광고를 집행할 자금이 있을 뿐인데, 선거 자금 전액을 8월 한 달의 TV 광고로 다 날려 버린다는 것은 말도 안 되는 얘기였다. 그래서 나는 지지자들에게 인내심을 가지고 조금 더 기다리면서, 겁먹지 말고 자신감을 가지라고 설득했다. 이런 내용의 통화를 끝낸 뒤 창밖을 내다보니, 힐이 타고 다니는 레저용 차량이 눈에 띄었다. 약간 과장해서 얘기하자면, 힐은 원양 여객선만큼 크고 내부 설비가 잘 갖춰진 대형 RV를 타고 일리노이 전역을 누비고 있었다. 그때 나는 낭패감에 빠진다는 게 이런 건가 스스로에게 자문했다.

그나마 다른 후보자들보다는 여러모로 운이 좋은 편이었다. 어떤 이유에서인지는 몰라도 일정 시점이 지나면서 우리 선거 운동에 탄력이 붙기 시작했다. 무엇보다도 부유한 헌금자들이 내 주장을 지지하고 나섰다. 그들의 이런 행동은 유행처럼 번져 나갔다. 또 일리노이 주 전역의 소액 헌금자들이 전혀 예상하지 못한 엄청난 속도로 인터넷을 통해 헌금을 내기 시작했던 것이다.

아이러니하게도 다크호스로 부상한 내 처지 때문에 선거 자금 모금상의 여러 위험한 함정에 빠지지 않을 수 있었다. 즉 기업 측 정치 활동 위원회(PAC[Political Action Committee], 선거 자금 헌금 등의 형태로 선출직 공직자의 당선이나 낙선, 특정 법안의 통과를 촉진시키기 위해 기업이나 노동 조합 같은 이익 단체와 시민 단체가 만드는 조직 – 옮긴이 주)가 대부분 나를 피하는 바람에 이들에게 아무런 신세를 지지 않았던 것이다. 환경보호유권자연맹 같은 몇 안 되는 PAC가 나에게 도움을 주었지만, 이런 단체는 내가 오래전부터 옹호하고 싸웠던 대의를 대변했기 때문에 아무런 부담이 없었다.

헐은 여전히 6 대 1 정도로 나보다 훨씬 많은 선거 자금을 쓰고 있었다. 그러나 한 가지 칭찬할 점은 그가 TV 광고로 내게 네거티브 공세를 취한 적이 한 번도 없었다는 사실이다. 물론 뒤늦게 그 점을 후회했을는지도 모르지만 말이다.

나는 여론조사의 지지율 면에서 그를 따라잡지는 못했지만 계속 그를 추격하고 있었다. 그런데 마지막 몇 주를 남겨 놓고 내 TV광고가 나가기 시작하면서 지지율이 급상승했다. 그럴 즈음 헐이 이혼한 아내와 몇 차례 추악한 싸움을 벌였다는 주장이 터져 나오면서 그의 선거 운동은 내부에서 허물어져 버렸다.

이처럼 적어도 나에게는 돈이 많지 않다거나 기업 쪽의 지원이 별로 없었다는 점이 선거에서 승리하는 데 장애가 되지 않았다. 그렇지만 자금을 모으는 문제가 나를 전혀 변화시키지 않았다고 말하기는 어렵다. 우선, 잘 모르는 사람에게 많은 돈을 헌금해 달라고 부탁하는 일을 전처럼 부끄럽게 생각하지 않게 되었다. 선거 운동이 끝날 즈음에는 헌금을 요청하는 전화에서 늘 곁들였던 가벼운 농담과 잡담도 거의 생략했다. 나는 곧바로 용건을 밝히고 상대방의 답변을 구했다.

그러나 우려할 만한 변화도 나타났다. 점차 재산과 수입이 많은 사람들과 많이 어울리게 되었다는 점이다. 법률 회사 경영진과 투자 은행가, 헤지펀드 매니저, 벤처 투자가 같은 사람들은 대개 영리하고 흥미로운 인물들이며, 정부 정책에 훤하다. 그들의 정치관은 자유주의적인 편이며, 정치 헌금의 대가로 자신의 견해를 경청해 주는 것 이상은 바라지 않는다. 그러나 그들은 거의 예외 없이 자신이 속한 계층, 소득 수준 면에서 최상위 1퍼센트에 속하면서 정치인에게 헌금으로 2,000달러짜리 수표를 끊어 줄 수 있는 그런 계층의 견해를 대변한다. 그들은 자유 시장 경제와 엘리트 위주의 교육 제도를 신봉한다. 또한 대학수학능력시험(SAT) 고득점자가 바로잡을 수 없는 사회적 병폐도 있을 수 있다는 점을 선뜻 받아들이지 못한다. 그들은 보호무역주의를 참지 못하고 노동 조합 활동을 골치 아픈 일로 치부하며 세계화로 타격을 입은 사람들을 별로 동정하지 않았다. 그들은 대부분 임신 중절 합법화와 총기 규제를 적극 지지하며, 독실한 신앙심에 대해서는 다소 회의적이었다.

세계관 면에서 그들과 나는 비슷한 점이 많았다. 비슷한 교육을 받고 자란 데다, 자녀 양육에 있어서도 비슷한 걱정거리를 갖고 있기 때문이다.

그러나 그들과 대화를 나누면서 나는 특정 주제는 피했고 견해 차이가 예상되는 부분에서는 간략하게 언급하고 넘어갔다. 이들의 기대가 무엇인지 알 수 있었기 때문이다. 핵심 쟁점에 대해서는 솔직하게 의견을 밝혔다. 예를 들어 그들 부유한 지지자들이 부시 행정부로부터 받은 감세 혜택은 취소해야 마땅하다는 것이 그런 경우다. 나는 이들에게 이런 견해를 밝히는 데 별다른 부담을 느끼지 않았다. 나는 가능한 범위 내에서 다른 유권자들의 시각과 견해를 그들과 공유하고자 노력했다. 가령 정치 활동에 있어 신앙심의 역할, 농촌 지역의 뿌리 깊은 총기 문화에 대한 얘기를 그들에게 해주었다.

그러나 모금 활동 때문에 부유한 헌금자들과 자주 접하다 보니 내 생활 자체가 그들과 점차 비슷해졌다는 점을 잘 알고 있다. 다시 말해 나는 이들처럼 일상의 고투와 무관한 일에 많은 시간을 보냈다. 내가 공직 활동을 통해 봉사하고자 했던 국민 99퍼센트가 날마다 겪는 갈망,

낙담, 두려움, 부조리, 빈번한 좌절과 무관한 세상에서 점차 많은 시간을 보내게 되었던 것이다.

형태는 다르더라도 모든 상원 의원들이 이런 일을 겪고 있을 것이라고 생각한다. 그래서 상원 의원으로 장기간 활동하면 할수록 만나는 사람들의 범위는 그만큼 축소되는 것이다. 이런 현상을 타개하기 위해 공회당에서 유권자들과 모임을 갖거나 여러 지역을 두루 찾아다니면서 민심을 파악하거나 아니면 자신이 살던 옛 동네를 불쑥 방문할 수도 있다. 그러나 보통은 일정에 묶여 자신이 대변하는 대부분의 유권자와는 다른 궤도에서 활동하게 된다.

그러다가 다음 선거가 다가오면 내심 이런 마음이 들지도 모른다. 또다시 그 많은 선거 자금을 소액 헌금으로 모금하는 고통스러운 과정을 되풀이하고 싶지 않다는 마음 말이다. 게다가 자신이 더 이상 초선 때처럼 급부상한 신예 정치가로 주목받는 처지가 아니라는 점을 깨닫게 된다. 워싱턴을 바꿀 수도 없으면서 표결로 많은 이들의 심기를 건드렸을 뿐이다. 저항이나 반대를 최소화하는 방법으로 선거 자금 모금을 아예 특수 이익 단체와 기업 PAC, 일류 로비 조직에게 맡기는 방식이 솔깃해 보이기 시작한다. 또 지난날 자신이 고수했던 견해가 그런 로비스트들과 일치하지 않으면, 이런 변화가 현실적 해법이나 절충, 또는 요령일 뿐이라고 합리화시키는 걸 배우게 된다.

일반 국민들의 문제나 사양화한 철강 도시, 쇠퇴한 산업 지대의 목소리는 실감나는 현실 문제가 아닌, 아득한 메아리 정도로 들리고, 그것을 위해 싸우기보다는 잘 관리해야 할 추상적인 과제가 되어 버린다.

그 밖의 다른 요소들도 영향을 미친다. 선거 운동에서 자금이 매우 중요하긴 하지만 정치 활동에서 승리를 거두려면 조직화된 인력이 선거 자금만큼이나 중요한 역할을 할 수 있다. 투표율이 낮은 당내 예비 선거에서는 특히 그렇다. 사실 정치 지형이 게리맨더링에 의해 좌우되고 유권자가 양분되어 있는 상황에서는 예비 선거가 후보자에게 가장 중요한 경쟁이 되는 경우가 많다.

요즘에는 정치인의 선거 운동에 자원 봉사자로 나설 의지나 시간이 있는 사람들이 거의 없다. 특히 선거 운동 자원 봉사의 일상적인 활동이 연설문 기초나 공약 구상과 같은 일이 아니라 봉투에 침을 묻혀 붙이거나 가가호호 방문하는 일이 고작이기 때문에 더욱 그렇다. 그 때문에 운동원이나 유권자 명부가 필요한 후보자는 이미 인력을 조직해 놓은 단체를 찾아가야 한다. 민주당 소속이라면 노동 조합이나 환경 보호 단체, 임신 중절 합법화 추진 단체 등이 그런 곳이다. 공화당 소속이라면 보수적인 종교 단체나 지역 상공회의소, 전국총기협회(NRA), 조세 반대 단체 등이 그런 곳이다.

나는 '특수 이익 단체(special interests)'라는 용어를 한 번도 편안하게 받아들인 적이 없었다. 이 용어는 엑슨모빌(ExxonMobil, 월마트와 함께 미국에서 매출 1, 2위를 다투는 기업으로 미국 최대의 석유 메이저 – 옮긴이 주)과 벽돌공 조합, 제약 업계 로비스트, 특수 교육 대상 학생들의 학부모 등을 모두 아우를 수 있는 말이기 때문이다.

대부분의 정치학자들은 아마도 나와 의견이 다를 것이다. 나는 돈으로만 영향력을 미치려는 기업 쪽 로비 조직과 생각이 같은 사람들이 자신들의 이익을 증진시키기 위해 뭉친 조직, 즉 섬유 산업 노동자들이나 총기 애호가들, 재향 군인들, 가족농들은 다르다고 생각한다. 한쪽은 경제적 파워를 활용해 수적 규모를 훨씬 뛰어넘는 막강한 정치적 영향력을 발휘하려는 것이고, 다른 쪽은 단순히 투표권 행사를 조직화해서 그들의 대표를 움직이려고 할 뿐이다. 전자는 민주주의라는 개념 자체를 파괴하지만, 후자의 활동은 민주주의의 핵심 그 자체다.

이익 단체가 공직 후보자에게 좋은 영향만 미치는 것은 아니다. 정치에 영향을 미치는 이런 단체들은 회원들의 적극성을 유도하고 기부금을 걷고 자신들의 존재 가치를 증명할 필요성 때문에 공익성을 증진시키는 구조가 아니다. 이런 단체는 지지 후보를 물색할 때도 그 자리에 적격인 사람을 찾는 게 아니라 연금이나 농작물 지원금처럼, 그들이 추진하는 운동과 관련된 부분에 한정시켜 기기에 맞는 인물을 고른다. 나중에 지지한 후보자가 당선되면 자신들의 뜻을 이룰 수 있도록 지원을 요청할 것이다.

나는 당내 예비 선거에 대비한 선거 운동을 하면서 최소한 50개의 설문지에 답해야 했다. 이런 설문지를 보면 어느 것 하나 정곡을 찌른다는 느낌을 주지 못했다. 보통 설문지에는 10~12개의 질문이 담겨 있는데 그 내용을 보면 이런 식이다.

당선된다면 과부와 고아들을 거리로 내몬 스크루지법(Scrooge Law)의 폐지를 엄숙하게 약속할 것인가?

늘 시간에 쫓기던 나로서는 실제로 나를 지지할 가능성이 있는 단체들이 보낸 설문지에만 응답했다. 그동안 주 의회 상원 의원으로서 행사한 표결 기록에 비춰 볼 때 미국총기협회와 미국생명권수호단체(National Right to Life) 같은 조직은 나를 지지할 리가 없었다. 이렇게 선택적으로 설문 조사에 응했기 때문에, 대부분의 설문에 별 망설임 없이 '예'라고 답변할 수 있었다.

그러나 가끔 심사숙고를 요하는 질문도 있었다. 예를 들어, 나는 노동 및 환경 기준을 만들어 시행할 필요성이 있다는 데는 노동 조합에 동조할 수 있지만 북미자유무역협정(NAFTA)을 폐기해야 한다는 데도 동의할 수 있을까? 전국민 건강 보험 제도가 미국의 최우선 과제 중 하나라는 데 동의하지만 헌법 개정이 이런 목표를 달성하는 최선의 방안이라는 데도 찬성할 수 있을까?

이럴 때 나는 유보의 뜻을 밝혀 놓았다. 즉 질문 옆의 여백에 선택이 어려운 이유를 설명해 놓는 식이었다. 보좌진은 이런 태도를 못마땅하게 여겼다. 하나라도 잘못 답변하면, 해당 단체의 추천과 선거 운동 인력, 홍보 우편물 수취인 명단이 한꺼번에 다른 후보자에게 넘어간다는 것이었다. 나는 그래도 좋다고 생각했다. 보좌진의 충고에 따른다면 결국 퇴행적이고 분열적인 대결 양상에 함몰되는 셈이 되는데, 이것이야말로 내가 앞장서서 끝장내겠다고 다짐했던 것이다.

만약 선거 운동 기간 중에 한 말과 당선된 뒤 공직에서 활동하면서 하는 말이 다르다면 그야말로 표리부동한 정치인의 전형적인 모습일 것이다.

나는 이익 단체들이 원하는 대로 답하지 않아 일부의 지지를 잃기도 했다. 그러나 그런 답을 했다고 해서 모든 단체들이 지지를 철회한 것은 아니었다. 두 번 정도는 그런 응답을 했음에도 나를 지지하겠다고 밝혀 우리를 놀라게 했다.

또 설문지 응답 내용이 별다른 영향을 미치지 못하는 경우도 종종 있었다. 연방 상원 의원 후보자를 결정하기 위한 민주당 예비 선거에서 어려운 경쟁 상대는 헐뿐이 아니었다. 일리노이 주 감사원장이었던 댄 하인스(Dan Hynes)도 막강한 상대였다. 그는 점잖고 유능한 공직자였는데 그의 아버지인 톰 하인스는 주 의회 상원의장과 쿡 카운티 사정관, 교도소 사정 위원, 민주당 전국위원회 위원을 지낸 인물로서 일리노이 주에서 가장 인맥이 풍부한 정치인 축에 들었다.

댄은 예비 선거전에 뛰어들기도 전에 일리노이 주 민주당 카운티 의장단 102명 중 85명의 지지를 받아 냈다. 또 주 의회에서 내 동료 의원 대부분의 지지와 주 의회 하원 의장 겸 민주당 일리노이 주 지부장을 맡고 있는 마이크 매디건(Mike Madigan)의 지지도 이끌어 냈다. 그의 웹 사이트에 들어가 지지를 선언한 사람들의 명단을 마우스로 드래그하면서 한 줄씩 살펴보면 영화가 끝난 후 길게 화면에 흐르는 출연진과 제작진의 명단을 보는 듯한 착각이 들 정도다. 영화관에서는 명단이 다 나오기 전에 사람들이 자리를 뜨긴 하지만.

이런 상황에서도 나는 몇몇 단체의 지지를 얻을 수 있을 것이라는 희망을 버리지 않았다. 특히 노동 조합의 지지에 큰 기대를 걸었다. 나는 주 의회 상원 의원으로 7년간 일하면서 계속 노조와 협력했다. 이들과 관련된 법안을 발의하는가 하면 노조의 입장을 대변하는 일에 앞장섰다. 나는 미국노동총연맹산업별회의(AFL-CIO)가 전통적으로 그들에게 유리한 표결을 많이 한 사람을 지지한다는 사실을 알고 있었다. 그러나 선거 운동 과정이 기복이 심하게 진행되면서 엉뚱한 일이 벌어지기 시작했다. 나는 하필 트럭운송노동 조합이 시카고에서 지지 후보를 결정하는 모임을 갖는 날, 의회 표결에 참여하기 위해 스프링필드에 가지 않을 수 없었다. 모임 일정을 재조정해 달라는 요청은 거부되었고, 결국 하인스가 지지를 받게 되었다. 그런데 이 노조는 그런 사실조차 내게 알려 주지 않았다. 일리노이 주 박람회가 열리던 기간 중 어느 노조 연회장을 찾은 우리 일행은 일체의 선거 운동 홍보물 부착을 허용하지 않는다는 통보를 받았다. 그러나 막상 연회장 안에는 하인스의 포스터가 여기저기 붙어 있었다. AFL-CIO의 지지 후보 결정 모임이 열리던 저녁 시간에 내가 회의장에 들어서자 많은 노조 친구들이 내 눈길을 피했다. 그때 일리노이 주에서 가장 큰 규모의 지역 노조를 이끌던 나이 지긋한 인물이 내게 다가와 어깨를 두드렸다.

그는 안타까운 미소를 지으면서 말했다.

"버락, 이건 개인적인 일일 뿐이야. 알다시피 나는 톰 하인스와 50년이나 알고 지내 온 사이 아닌가? 같은 마을에서 자랐고 같은 교구에서 예배를 봤지. 그리고 난 댄이 자라는 걸 지켜봤어."

나는 그에게 이해한다고 말했다.

"댄이 상원에 진출하면 자네가 그 자리에 출마할 수 있을 텐데, 어떻게 생각하나? 그 대단한 감사원장 자리를 차지할 수 있을 거야."

나는 보좌진에게 가서 이번 선거에서 AFL-CIO의 지지를 받지 못할 것이라고 전했다.

그런데 일이 잘 풀려 나갔다. 규모가 매우 큰 몇몇 서비스 노동 조합, 구체적으로 말하면 일리노이교사노조연합, 서비스종사원국제노조(SEIU), 미국공무원노조연맹(AFSCME), 섬유 부문과 호텔, 음식 서비스 종사원을 포괄하는 미국연합노조(UNITE HERE) 지도자들이 AFL-CIO의 결의를 깨고 하인스 대신 나를 지지하기로 결정했다. 우리 선거 운동에 큰 힘을 실어 주는 지지 선언이었다. 이들 노조로서는 위험 부담이 큰 결정이었다. 내가 낙선했다면 이들 노조는 조합원들의 지지와 신뢰를 얻는 데 상당한 어려움을 겪었을 것이다.

나는 이 노조들에 신세를 진 셈이었다. 따라서 이들 노조 지도자에게서 전화가 왔었다고 비서가 알려 주면, 최대한 빨리 연락을 취한다. 이런 일은 불순한 일이 아니라는 게 내 생각이다. 나는 최저 임금을 약간 웃도는 정도의 보수를 받으면서 환자용 변기를 매일 씻는 궂은일을 마다하지 않는 가정 방문 간병인들에게 관심을 표명하는 데 대해 아무런 거리낌이 없다. 재정이 취약하고 시설이 열악한 시골 학교에서 학생들을 가르치는 교사들에게도 마땅히 관심을 보여야 한다고 생각한다.

이런 교사들 중에는 신학기가 시작될 때마다 학생들에게 크레파스와 책을 사주기 위해 자신의 호주머니를 털어야 하는 사람이 적지 않다. 나는 이런 사람들을 대변하기 위해, 그들을 위한 정치를 실현하기 위해 정계에 뛰어들었다. 따라서 노조가 내 가까이 있으면서 이런 활동과 투쟁을 일깨워 주는 것은 반가운 일이라 할 수 있다.

그러나 이런 의무가 다른 의무와 상충되는 경우가 있다는 것 또한 잘 알고 있다. 우리는 글을 읽고 쓸 줄 모르는 도심 빈민가 학생들이나 아직 태어나지 않은 아이들도 책임져야 한다. 이미 이런 문제와 관련해서 긴장 관계가 조성되고 있었다. 나는 교사들에 대한 성과급제의 시범 실시 방안을 발의했고, 자동차노조(UAW) 지지자들의 반대를 무릅쓰고 연료 효율성 기준을 끌어 올려야 한다고 주장했다.

나는 이런 쟁점들을 있는 그대로 신중하게 평가하고 판단하겠다고 스스로 다짐하고 있다. 나뿐만 아니라 공화당 소속의 정치인들도 지지자들의 요구뿐만 아니라 국가 전체의 이익을 고려하여, 일체의 세목 신설을 용인하지 않겠다는 공약이나 스스로도 선거 전에 관여했던 줄기세포 연구에 대한 반대 의사를 신중하게 재고하기를 바란다. 나는 언제라도 나를 지지하는 노조 관계자들을 만나 내가 취한 입장이 어떤 이유에서 사리에 맞는지, 나 자신의 가치 기준과 노조의 장기적인 이해관계가 어떻게 합치되는지 설명할 용의가 있다.

그러나 노조 지도자들이 항상 내 설명을 납득하는 것은 아니다. 내 입장이나 행위를 배신으로 보는 경우가 종종 있다. 그런 생각에 따라 조합원에게 내가 그들을 팔아넘겼다고 경각심을 불어넣기도 한다. 곧바로 분노에 찬 우편물과 전화가 쇄도한다. 그러면 다음 선거에서는 이들의 지지를 기대하기 어렵다.

이런 일이 여러 차례 되풀이되면 비판적 지지 세력의 분노를 사게 되어 거의 패배 직전의 상황으로 몰리거나 아니면 예비 선거에서 배신자라고 몰아붙이는 도전자와 대결할 의욕을 잃을 수도 있다. 그 과정에서 양심에 따라 행동한다는 것이 정확하게 무슨 의미인지 자문하게 된다. '특수 이익 단체'의 수중에 사로잡히는 것을 피하는 것인가 아니면 자신의 지지 세력을 비판하는 일을 피하는 것인가? 이에 대해 명확한 대답을 찾지 못하고 설문지에 응답한 대로 표결하기 시작한다. 자신의 본래 입장이 무엇인지 너무 깊이 생각하지 않으며, 이익 단체의 설문에 응할 때에는 '예'라고만 답하게 된다.

거액 헌금자들의 손아귀에 들어갔거나 이익 단체의 압력에 굴복한 정치인들. 오늘날 정치 관련 보도에서 거의 빠짐없이 등장하는 내용이다. 이런 얘기는 미국 민주주의의 문제점을 분석하는 기사에도 거의 어김없이 나타난다. 그러나 의석을 어떻게 유지할 것인지 고민하는 정치인의 경우, 다른 문제를 더 크게 느낀다.

40~50년 전에는 정당 조직이 정치적 논쟁의 성격을 규정하고 정치인이 수행할 수 있는 역할의 범위와 정치적 입장 표명의 한계를 분명히 제시했다. 대도시의 당 책임자나 정치꾼들(political fixers), 워싱턴의 막후 실세들이 당 조직을 주도했는데 이들은 전화 한 통화로 특정인을 출세시킬 수도 파멸시킬 수도 있었다. 오늘날에는 다름 아닌 미디어가 그런 역할을 한다.

나는 여기서 미디어의 부작용을 지적하고자 한다. 연방 상원 의원 도전을 선언한 날로부터 상원 의원 직을 수행하는 첫 해 동안, 언론으로부터 이례적일 정도로 호의적인 대우를 받았다. 어떤 경우에는 과분할 정도였다. 이런 대우를 받게 된 이유로 연방 상원 의원 입후보자 간 당내 예비 선거에서 내가 약자의 위치에 있었다는 점과 색다른 배경을 지

제4장 | 정치 ● **181**

닌 흑인 후보자라는 점을 들 수 있다. 뿐만 아니라 내 커뮤니케이션 스타일과도 어느 정도 관련이 있는 듯했다. 나는 말을 할 때 산만한 데다 좀 머뭇거린다. 지나치게 말이 많기도 하고 장황할 때가 있다. 아내와 보좌관들은 이런 점을 나에게 자주 일깨워 준다. 그러나 이런 스타일이 글 쓰는 직업에 종사하는 사람들에게는 공감을 살 수도 있다.

내가 부정적인 기사의 표적이 된 경우라도 그동안 관계를 유지해 온 성치부 기자들은 대개 나를 공정하게 다뤄 주었다. 이들은 내 발언의 전후 맥락을 감안해서 대화 내용을 녹음하거나 녹화했고 나를 비판하는 기사나 보도가 나갈 때는 전화를 걸어 내 반응이나 논평을 함께 반영했다.

이처럼 적어도 개인적으로는 불평할 이유가 없는 셈이었다. 물론 내게 언론을 무시하거나 외면할 수 있는 힘이 있는 것도 아니다. 오히려 언론이 나 스스로가 부응하기 어려울 만큼 나를 높이 띄우는 것을 지켜보았기 때문에 그런 과정이 역으로 진행될 수도 있다는 점에 신경이 쓰였다.

언론의 위력은 간단한 산수로도 실감할 수 있다. 나는 상원 의원이 된 첫 해 모두 39차례 유권자와의 모임에 참여했다. 모임을 가질 때마다 평균 400~500명이 참석한다고 보면 1년 동안 대략 1만 5,000~2만 명의 유권자를 만난 셈이다. 6년 임기 동안 해마다 이 정도의 모임을 갖는다면 다음 선거 때까지 어림잡아 9만 5,000~10만 명의 유권자들과 만나게 될 것이다.

시카고의 여러 방송국 중 가장 시청률이 낮은 곳이라도 3분짜리 뉴스 방송은 20만 명의 시청자에게 전달된다. 달리 표현하자면 연방 차원에서 활동하는 모든 정치인들과 마찬가지로 나도 유권자와의 접촉을 거의 전적으로 미디어에 의존한다는 것이다. 이런 미디어라는 여과 장치를 통해 내 표결이 해석되고 내 발언이 분석되며 내 믿음이 검증된다. 최소한 일반 대중에게 투영되는 내 실체는 미디어가 전하는 모습일 뿐이다. 내 발언 또한, 내가 그렇게 말했다고 미디어가 전하는 내용일 뿐이다. 나는 미디어가 그런 사람이 되었다고 전하는 모습 그대로의 사람이 된다.

미디어는 여러 형태로 정치에 영향을 미친다. 요즘은 노골적으로 정치색을 드러내는 언론 활동이 늘어나고 있다는 점이 가장 주목을 끈다. 라디오 토크 쇼나 폭스 뉴스, 신문사 논설위원, 케이블 토크 쇼, 그리고 가장 최근에는 블로거들이 그런 경우다. 특히 블로거들은 하루 24시간, 1주일 내내 욕설과 비난, 험담, 풍자를 주고받는다.

다른 사람들도 이미 지적한 것처럼 이런 식의 오피니언 저널리즘 (opinion journalism)이 새삼스러운 것도 아니다. 어떤 면에서 이런 현상은 미국 저널리즘의 두드러진 전통으로 되돌아간다는 것을 의미한다. 미국 언론의 두드러진 전통이란, 2차 세계 대전 이후 객관적 저널리즘이라는 냉정한 보도·논평 방식이 등장하기 이전에 윌리엄 랜돌프 허스트(William Randolph Hearst)와 콜로널 매코믹(Colonel McCormick)과 같은 발행인들이 조장한 취재 보도 방식을 말한다.

TV나 인터넷을 통해 증폭되는 아우성과 격분이 미국의 정치 문화를 거칠게 만들고 있다는 사실을 부인하기는 어렵다. 이런 행위는 분노의 불길을 댕기고 불신을 조장한다. 또 우리 같은 정치인이 선뜻 시인하든 그렇지 않든 신랄한 공격이 되풀이되면 정치인들은 마음의 여유를 잃게 된다. 정말 이상한 것은 날로 거칠어지는 언론의 공격적 언사에 대해 사람들이 별로 걱정하지 않는다는 점이다. 만약 러시 림보가 나를 '오사마 오바마'로 부르는 것이 청취자들 귀에 재미있게 들린다면 그렇게 듣고 즐거워하도록 내버려 두자는 것이 내 생각이다. 정치가들은 더 노련한 전문가들의 공격을 받는다. 그들은 일반 대중으로부터 더 많은 신뢰를 받고 남의 말을 잽싸게 낚아채 공격함으로써 바보처럼 보이게 만드는 재주가 있기 때문에 정치인들에게 타격을 가할 수 있다.

예를 들어, 2005년 4월 나는 스프링필드에서 링컨대통령도서관 개관 기념 행사에 참석해 5분간 짤막한 연설을 했다. 이 연설에서 나는, 우리 모두가 링컨을 경탄하게 만든 것은 바로 그의 인간애와 불완전함이라고 말했다. 이 연설의 한 구절을 인용하면 다음과 같다.

링컨은 가난을 극복하고 일어섰고 독학으로 끝내 언어와 법률을 통달했습니다. 또 개인적인 상실감을 이겨 내면서 거듭된 실패에도 불구하고 당초의 결의를 그대로 이어 나간 그의 능력, 이 모든 것에서 우리는 미국인의 품성을 이루는 근본적인 요소, 즉 보다 큰 꿈을 이루기 위해 자신을 끊임없이 혁신할 수 있다는 믿음을 볼 수 있습니다.

그로부터 몇 달 뒤 『타임』지에서 링컨 특집을 꾸미고 있으니, 글을 한 꼭지 써줄 수 있겠느냐는 의뢰가 들어왔다. 나는 새로 글을 쓸 짬을 내기 어려워 타임 쪽 편집자들에게 연설문을 그대로 쓸 수 없겠느냐고 물었다. 이들은 괜찮지만 내용을 다소 사적인 방향으로 수정할 수 없겠느냐고 물었다. 즉 링컨이 내 삶에 미친 영향을 다루는 식으로 일부 수정해 달라는 것이었다. 계속되는 회의 짬짬이 내용을 약간 수정했다. 수정한 대목 중에는 위에 인용한 내용도 들어 있었다. 그 내용을 살펴보면 이렇다.

가난을 극복하고 일어선 의지, 독학으로 언어와 법률을 끝내 통달한 끈기, 개인적인 상실감을 이겨 내면서 거듭된 실패에도 불구하고 당초의 결의를 그대로 이어 나간 그의 능력, 이 모든 것을 통해 그는 나만 악전고투하는 게 아니라는 점을 내게 일깨웠다.

이런 글이 실리자 레이건의 연설문 작성자를 역임했고, 「월스트리트저널」의 칼럼니스트로 활동하는 페기 누넌(Peggy Noonan)이 곧바로 시비를 걸고 나섰다. 그녀는 '정부의 자만심'이라는 제목의 칼럼을 통해 다음과 같이 썼다.

이번 주에는 지금까지 조심스러운 태도를 보였던 버락 오바마 상원의원이 『타임』지에 날개를 퍼덕거리면서 나타나 자신이 링컨과 비슷하며 링컨이 그저 자신보다 약간 나을 뿐이라고 말한다. 오바마의 이력을 살펴보면 잘못된 점은 아무것도 없지만 그래도 통나무집과는 거리가 멀다. 지금까지는 위대함과도 거리가 멀다. 만약 그가 계속 자신을 이런 식으로 표현한다면 앞으로도 늘 통나무집이나 위대함과는 거리가 멀 것이다.

아이쿠!
누넌이 정말, 내가 스스로를 링컨에 비유했다고 생각했는지, 아니면 그저 재미삼아 나를 우아하게 씹었는지는 알 길이 없다. 일반적인 언론의 무책임한 비평에 비한다면 그녀의 지적은 매우 부드러운 편이고 전적으로 부당한 것도 아니었다.

그렇지만 나는 베테랑 동료 의원들이 이미 잘 알고 있는 사실을 깨닫게 되었다. 즉, 내가 하는 한 마디 한 마디가 전문가연하는 온갖 사람들의 면밀한 분석 대상이 되고, 내가 어찌해 볼 수 없는 형태로 해석된다는 것이었다. 오류나 틀린 내용, 생략된 부분, 모순된 내용이 없는지 샅샅이 파헤쳐지고, 그런 부분이 있으면 상대편 당이 이를 간직해 두었다가 어느 날 불쾌한 내용의 TV 광고에 써먹을 수도 있다는 것이었다. 분별없는 말 한마디가 몇 년씩 지속된 여러 잘못된 정책보다도 세간의 평판을 더 나쁘게 만들 수 있는 정치 환경에 있다 보니, 의사당에서는 가벼운 농담도 그 진의를 점검받고 반어법이 의혹을 사며 자연스러운 행동이 불쾌한 반응을 낳고 열정이 위험시되곤 했다. 사실 이런 정치 환경은 이미 나에게 별로 놀라운 일이 아니었다.

나는 정치인이 이런 것을 모두 체득하는 데 얼마나 많은 세월이 필요할까 하는 생각이 들기 시작했다. 또 기자와 편집자, 비평가 들을 머릿속에 앉혀 놓고 항상 이들을 의식하게 되려면 얼마나 많은 시간이 필요할지, 분노를 억제하거나 드러내는 것 같은 '솔직한' 순간적 행동도 대본에 따르고 큐 사인에 의해서만 표현하게 되는 데 얼마나 오랜 세월이 필요할지 궁금해지기 시작했다.

얼마나 지나야 정치인답게 비치게 될까?

배워야 할 교훈이 하나 더 있었다. 누넌의 칼럼이 독자의 주목을 끌자 곧바로 인터넷에 떠돌기 시작했다. 특히 보수 성향의 웹 사이트에는 내가 얼마나 건방지고 얄팍한 촌뜨기인지를 그대로 보여 주는 증표라는 식으로 빠짐없이 그 내용이 올랐다. 이런 웹 사이트에 오른 내용이 내 글 전체가 아니라 누넌이 인용한 일부분임은 물론이다. 이런 면에서 이 에피소드는 현대 미디어가 얼마나 교묘하게 진실을 좀먹는지 암시한 셈이었다. 어떤 이야기가 여러 곳에서 되풀이되며 언급되다가 사이버 공간으로 내던져진 뒤 엄청나게 빠른 속도로 확산되고 결국은 움직일 수 없는 실체처럼 여겨지는 것이다. 정치 풍자나 일반 통념 같은 것들은 사람들이 곰곰이 따져 볼 틈도 없이 그들의 뇌리에 박힌다.

예를 들어, 요즘 민주당 지지자들은 입만 열면 우리가 "약할 뿐만 아니라 어느 것도 지키려고 나서지 않는다"고 탓한다. 반대로 공화당은 좀 비열하긴 해도 "강하고 단호하다"고 한다. 부시가 그동안 자주 변덕을 부리긴 했어도 여전히 그렇다는 것이다.

힐러리 클린턴이 본래의 정치 스타일에서 벗어나는 표결이나 연설을 하면 즉각 계산적인 행태라는 낙인이 찍힌다. 존 매케인이 비슷하게 행동하면 그의 독자성을 보여 주는 증거라는 찬사를 받는다. 한 논평자는 빈정거리는 투로, '관행에 따라' 어느 기사에서나 내 이름 앞에는 '떠오르는 별'이란 수식어를 붙여야 한다고 말했다.

누넌의 칼럼은 모두에게 익숙한 이야기를 다른 방식으로 들려준 셈이다. 즉, 워싱턴으로 진출한 젊은이가 명성에 현혹되어 우왕좌왕하다가 결국 타산적이거나 당파적인 인물로 변한다는 경계성 이야기 말이다. 이렇게 변하지 않으려면 독자적인 입장을 취하는 쪽으로 단호하게 옮겨 가야 한 것이다.

물론 정치인과 정당의 홍보 조직은 이런 이야기를 제공하는 데 도움을 준다. 적어도 지난 몇 차례의 선거 과정에서는 공화당이 국민들에게 '메시지를 전달하는 데' 민주당보다 훨씬 뛰어났다. 안타까운 일이긴 해도 민주당이 상투적인 패턴에서 벗어나지 못했음은 분명한 사실이다. 홍보 활동이 먹혀 든다는 것은 미디어 자체가 그런 활동을 호의적으로 받아들였다는 것을 의미한다. 워싱턴에서 활동하는 모든 저널리스트는 편집진이나 제작자의 압박을 받으면서 뛰고 있다. 이들 편집진과 제작진은 발행인이나 네트워크 TV 경영진의 눈치를 살피고 그들의 필요를 충족시키고자 한다. 발행인이나 방송국 경영진은 지난주 시청률이나 지난해 발행 부수에 신경을 곤두세우고, 점점 인기가 높아지는 플레이스테이션(TV와 연결해 즐기는 비디오 게임기)과 리얼리티 프로그램에 독자나 시청자를 빼앗기지 않으려고 애쓴다. 일선 기자들은 마감 시간을 맞추거나 시장 점유율을 유지하기 위해, 뉴스 전문 케이블 TV에 끊임없이 기사를 공급하기 위해 떼 지어 움직이면서 같은 보도 자료와 같은 기삿거리, 같은 인물 들을 다루게 된다.

한편 바쁜 일상에 쫓기면서 그때그때 뉴스에 접하는 독자나 시청자들에겐 진부한 내용이 썩 달갑지 않은 것도 아니다. 이런 내용은 시간을 들여 생각해 봐야 할 필요가 별로 없다. 쉽고 빠르게 이해되기 때문이다. 결국 관행을 받아들이는 것은 누구에게나 편한 일이다.

위와 같은 현상은 객관성에 대한 논란을 이해하는 데 도움이 된다. 아무리 신중하고 양식이 있는 기자라고 해도 보도의 객관성은, 실제로 어느 쪽이 옳은지에 대한 분명한 판단 없이 논란을 벌이는 쌍방의 각기 다른 견해를 전달하는 것에 그치는 경우가 많다는 것이다. 전형적인 예를 소개하자면, 다음과 같다.

오늘 백악관은 최근 일련의 감세 조치에도 불구하고 2010년까지는 재정 적자 규모가 절반으로 줄어들 것으로 예측된다고 밝혔다.

이런 내용으로 시작되어, 백악관의 전망을 비판하는 진보적인 분석가의 지적과 이를 옹호하는 보수적인 전문가의 말이 인용 보도된다. 그렇다면 이 두 사람의 전문가 중 어느 쪽 말이 더 믿을 만할까? 우리에게 수치를 제대로 분석해 줄 중립적인 전문가는 없는 것일까? 누가 그런 사람을 알까? 기자들은 대개 이런 상세한 부분까지 신경을 쓸 만한 시간적 여유가 없다.

결국 이 기사는 감세 조치의 공과나 재정 적자의 위험성을 다룬 것이 아니라 민주·공화 양당의 논란을 다루고 있는 것이다. 이런 기사가 눈에 띄면 독자는 몇 줄 읽어 보다가 또 두 정당이 입씨름을 벌이고 있구나 하면서 스포츠면으로 눈길을 돌린다. 스포츠 기사는 보나마나 뻔한 내용이 아니다. 다 읽어 보아야 그 내용을 알 수 있다. 더구나 경기 점수를 보면 누가 이겼는지 금방 알 수 있다.

기자들이 기사 속에 상충되는 보도 자료 내용을 나란히 소개하는 것은 개인 간의 갈등을 부추겨 기사를 이끌어 내겠다는 속셈 때문이다. 지난 10년 동안 정치인 사이에 예의 바른 언행이 많이 줄어들고 또 민주당과 공화당이 중요한 정책을 놓고 사사건건 날카로운 의견 대립을 보이고 있다는 점은 부인하기 어렵다. 그러나 정치인 사이에 예의가 점차 줄어든 데는 언론에도 일부 책임이 있다. 정치인들의 예의 바른 말투나 행동을 언론은 따분하게 받아들인다. 그 때문에 정치인이 "상대방의 견해를 이해한다"거나 "그 문제는 정말 복잡한 측면이 많다"라는 식으로 말하면 그런 발언은 기사 속에 인용되지 않는다. 반대로 공격적인 발언을 하면 카메라가 몰려온다. 가끔 기자들이 본분을 잊고 이런 발언을 유도하기도 한다. 자극적인 질문으로 격앙된 반응을 이끌어 내는 것이다. 내가 아는 시카고의 어느 TV 기자는 어떻게든 원하는 발언을 이끌어 내는 것으로 악명이 높다. 그와 인터뷰를 하다 보면 마치 로럴과 하디(Laurel and Hardy, 1920~1940년대 활동한 미국 코미디 영화의 명콤비로서 로럴은 깡마르고 왜소하며 수줍어하는 데 반해 하디는 뚱뚱하게 까다로워 대조적이었다 – 옮긴이 주)의 상투적인 연기를 흉내 내고 있는 듯한 느낌이 들었다.

그의 인터뷰 방식은 이런 식이었다.

"당신은 주지사의 어제 결정으로 배신감을 느끼지 않나요?"

"아니요, 주지사에게 충분히 이야기했으니, 회기가 끝나기 전에 우리의 이견을 해소할 수 있을 것으로 확신합니다."

"확신하신다…… 그래도 주지사에게 배신당했다는 느낌이 들긴 하겠죠?"

"난 그런 표현을 쓰고 싶지 않군요. 그의 의견은……."

"그래도 이건 주지사 쪽에서 배신한 게 아닐까요?"

과열된 홍보 활동과 갈등의 증폭, 스캔들과 실책을 무차별적으로 파고드는 행태가 서로 어우러지면서 진실을 판단하는 합의된 기준까지 좀먹고 있다. 지금은 고인이 된 대니얼 패트릭 모이니헌(Daniel Patrick Moynihan)은 뉴욕 출신의 상원 의원을 지낸 인물로서 인습을 깨뜨리고 따끔한 충고를 아끼지 않는 뛰어난 정치인이었다. 출처가 다소 불분명하지만 그에 대한 흥미로운 일화가 있다. 모이니헌이 동료 상원 의원과 격론을 벌이던 상대방이 입씨름에서 밀린다는 느낌이 들었던지, 불쑥 이런 말을 내뱉었다.

"패트, 당신은 나에게 동의할 수 없겠지만 난 내 견해를 고수할 권리가 있소."

그러자 모이니헌이 쌀쌀맞은 표정으로 되받아쳤다.

"당신은 자신의 주장을 고수할 권리는 있겠지만 혼자만 믿는 사실을 고수할 권리는 없소."

이제 모이니헌의 주장이 더 이상 통하지 않는다. 상충되는 주장들에 대해 올바른 판단을 내려야 할 때 사람들이 달려가 신뢰를 갖고 귀를 기울였던 월터 크롱카이트(Walter Cronkite)나 에드워드 머로(Edward R. Murrow)처럼 권위 있는 지도자들은 더 이상 남아 있지 않다. 현재 미디어들은 한없이 분열되어 있다. 모두 저마다 다르게 현실을 인식한 채 분열된 국가에 충성을 다하고 있다고 주장한다. 어느 쪽을 바라보느냐에 따라 전 세계의 기후 변화가 위험할 정도로 가속화하고 있을 수도, 그렇지 않을 수도 있다. 예산 적자가 늘어나고 있을 수도, 줄어들고 있을 수도 있다.

이런 현상이 복잡한 쟁점을 다룰 때만 나타나는 것은 아니다. 2005년 초 『뉴스위크 Newsweek』는 관타나모 수용소에 근무하는 미국 경비병과 조사관들이 수감자들을 괴롭히고 학대했으며 특히 코란을 찢어 수세식 변기에 흘려 보냈다는 주장을 보도했다. 백악관은 이런 보도 내용이 전혀 사실이 아니라고 펄쩍 뛰었다. 확실한 증거가 없는 데다, 이 기사로 말미암아 파키스탄에서 폭력 시위가 벌어지자 『뉴스위크』는 기사 취소라는 자멸적인 조치를 발표할 수밖에 없었다. 그로부터 몇 달 뒤 국방부는 관타나모 수용소에서 근무하는 일부 요원들이 실제로 여러 차례 부적절한 행동을 했다는 내용의 조사 보고서를 발표했다. 부적절한 행위로는 여성 요원이 심문을 받는 수감자들에게 월경 피를 문지르는 척한 사례, 최소한 한 차례 경비병이 코란과 수감자에게 오줌을 뿌린 사례 등이 있었다. 그날 오후 〈폭스 뉴스 Fox News〉는 이렇게 보도했다.

국방부는 코란이 변기 속에 버려져 물에 쓸려 내려갔다는 증거를 찾지 못했다.

나는 언제나 사실만으로 정치적 논란을 잠재울 수는 없다는 점을 잘 안다. 임신 중절에 대한 견해나 인식이 태아 발육에 관한 과학적 지식으로 결정되는 것은 아니다. 이라크 철군 여부와 철군 시기에 대한 판단은 반드시 개연성에 기초해야 한다. 상황에 따라 더 정확하고 덜 정확한 해답이 있을 수 있다. 오래 논란을 벌일 필요가 없는 분명한 사실도 있다. 비가 내리고 있는지 여부를 놓고 입씨름을 벌인다면 밖에 나가 보는 것으로 간단히 판가름 난다. 사실에 대한 대체적인 합의조차 없는 상황에서는 온갖 견해가 대등하게 제기되기 때문에 신중한 타협을 이끌어낼 기반이 없는 셈이다. 이런 상황에서는 올바른 쪽보다는 백악관 대변인실처럼 가장 요란하고 가장 완강하며 가장 빈번하게, 또 가장 멋진 배경을 등 뒤에 두고 주장을 펼칠 수 있는 쪽이 이득을 본다.

요즘 정치인은 진실을 밝히는 사람에게, 특히 복잡하게 얽히고설킨 진실을 밝히는 사람에게 대단한 보답이 따르는 것은 아니라는 점을 알고 있다. 진실은 사람들을 당혹스럽게 만들 수 있다. 진실은 때로 공박을 받기도 한다. 미디어는 진상의 전모를 파헤칠 끈기가 없을 것이고 일반인들은 진실과 거짓의 차이를 알지 못할 수도 있다. 그렇다면 중요한 것은 적당한 자리에 자신의 위치를 정하는 것이다. 논란을 일으키지 않고 필요한 홍보 효과를 거둘 만한 쟁점만 언급하며, 굳이 어떤 입장을 밝힐 때도 공보 담당자들이 자신에게 알맞게 만들어 놓은 이미지와 언론이 정치 일반을 다루는 기사 스타일에 맞추는 것이다. 개인적으로 특별히 정직성을 중시해서 자신이 본 그대로 실상과 진실을 밝히겠다고 고집하는 정치인이 있을 수도 있다. 그러나 이런 정치인도 자신의 입장이나 견해를 실제로 스스로 믿느냐는 것보다는 그렇게 믿는 것처럼 보이는 것이 더 중요하다는 점, 정직한 언급 자체보다는 솔직하게 밝히는 것처럼 TV에서 비춰지는가가 더 중요하다는 점을 의식하면서 그렇게 행동한다.

내가 지켜본 바로는 이런 어려움을 뛰어넘은 정치인들도 많다. 이들은 정직을 고수해 나가고 선거 자금을 모금하면서 부정한 거래에 빠져들지 않는다. 또 특수 이익 단체에 얽매이지 않으면서 지지 세력을 규합하고 자신의 주관을 잃지 않으면서 미디어를 활용한다.

하지만 워싱턴에서 의정 활동을 벌이는 사람에게는 마지막으로 중요한 도전이 하나 더 남아 있다. 이런 장애물은 완전히 극복할 수 없을 뿐만 아니라 그로 인해 상당수의 지지자들에게 나쁜 인상을 심어 준다. 의정 활동의 속성치고는 매우 불만스러운 부분이다.

나는 정기적으로 부딪치는 표결 문제로 고심하지 않는 의원을 단한 사람도 본 적이 없다. 물론 어떤 법안의 내용이 너무나 정당해 아무런 내적 갈등을 겪지 않으면서 표결에 임할 수 있는 경우도 있다. 예를들면 미국 정부가 저지르는 고문 행위를 금지시키기 위해 존 매케인 의원이 제출한 수정안이 그런 경우다. 반대로 어떤 법안은 내용이 너무 편파적이거나 빈약해 발의자가 심의 과정에서 어떻게 고개를 들 수 있을까 걱정이 될 정도인 경우도 있다.

그러나 관련 상임위원회나 본회의로 올라오는 법안은 대부분 결정을 선뜻 내리기 어렵다. 우선 법안이 상정되기까지 크고 작은 타협과 절충 과정을 한 1백번은 거쳤을 것이다. 그러다 보니 그 속에는 타당한 정책 목표와 함께 정치적인 인기몰이 식 의도, 임시변통의 규제 장치, 구태의연한 지역구 선심성 방안이 뒤섞여 있게 마련이다.

상원에 들어온 뒤 첫 몇 달 동안 본회의에 상정된 법안들을 검토하면서 자주 이런 사실을 깨닫게 되었다. 원칙에 바탕을 둔다는 것이 내가당초 생각했던 것처럼 그렇게 명료하지 않다는 점과 찬성이나 반대에 상관없이 표결을 한 뒤에는 얼마간의 후회나 가책 같은 것이 남는다는 사실이다.

예를 들어 에너지 관련 법안이, 대체 연료 생산을 촉진시켜 현재의에너지 상황을 개선시켜야 한다는 내 평소의 견해를 반영하긴 하지만미국의 수입 석유 의존도를 줄이는 과제에는 전혀 부적절한 내용이라면나는 이 법안에 찬성표를 던져야 할까? 일부 영역에 대한 규제가 약화되긴 해도 다른 분야에 대한 규제가 강화되고 나아가 기업의 준수 여부를 예측하는 시스템을 보강하는 내용의 대기 정화법 개정안에 반대표를던져야 할까? 환경오염을 증대시키지만 석탄 활용 청정 기술 개발을 지원하고 이를 통해 일리노이 주 빈곤 지역에 일자리를 가져다주는 법안이라면 찬반 어느 쪽에 표를 던져야 할까?

판단이 어렵다 보니, 관련된 증거나 찬반 의견을 시간의 제약 속에서도 점점 더 면밀하게 살펴보게 된다. 보좌진은 유권자들의 우편물과 전화 내용이 비등하게 엇갈리고 대립되는 양쪽 이익 단체들도 비슷한 규모의 활동을 펼치고 있다고 보고한다. 뒤이어 표결 시간이 다가오면 나는 존 F. 케네디가 반세기 전에 펴낸 『용기 있는 사람들 Profiles in Courage』의 한 구절을 떠올린다.

중요한 표결을 앞둔 상원 의원이 최종적인 결정을 내리기까지 겪는 것과 같은 두려움에 당면하는 사람은, 설혹 있다손 치더라도 극소수일 것이다. 그는 결정을 내리기까지 시간이 조금 더 필요할 것이다. 즉 양쪽에 해명할 것이 남아 있다고 생각할 것이다. 또 약간의 수정으로 온갖 불만을 없앨 수 있다고 느낄지 모른다. 그러나 표결 시간이 되면 어딘가에 숨을 수도, 얼버무릴 수도, 뒤로 미룰 수도 없다. 그리고 상원 의원이 자신의 정치적 장래를 좌우할 표결에 나설 때 지지자들은 포(Edgar Allan Poe)의 시에 나오는 갈가마귀처럼 의원 책상 위에 올라앉아 "더 이상은 안 돼"라고 깍깍 울어 댄다.

이 내용이 다소 극적으로 들릴지도 모른다. 그러나 주 의회나 연방 의회에 속한 의원으로서 이런 어려움을 비껴갈 수 있는 사람은 아무도 없다. 더구나 다수당이 아닐 경우에는 늘 이런 어려움이 훨씬 커진다. 다수당에 속해 있다면 자신에게 중요한 법안이 상임위원회나 본회의로 넘어오기 전에 어느 정도 의견을 반영할 수 있을 것이다. 또한 상임위원회 위원장을 통해 자신의 선거구민이나 지지자들에게 도움이 되는 내용을 넣거나 해가 되는 내용을 빼주도록 요청할 수도 있다. 아니면 원내 총무나 대표 발의자에게 좀 더 만족스러운 절충이 이뤄질 수 있도록 법안 심의를 유보해 달라고 요청할 수도 있다.

그러나 소수당에 속해 있다면 이런 도움을 받을 수 없다. 자신이나 자신의 지지자들이 공평하거나 온당하다고 생각하는 형태의 절충을 이루어 낼 가능성이 거의 없다는 것을 알기 때문에 법안이 상정되면 그냥 찬성이나 반대 표결을 할 수밖에 없다. 더구나 내용에 관계없이 양당 간의 주고받기 식 결탁으로 법안을 처리하고 수많은 항목을 포괄하는 대규모 지출 법안이 자주 제출되는 시기에는 법안 속에 아무리 고약한 내용이 많이 포함되어 있다고 하더라도 장병들에게 지급하는 방탄복 관련 예산이나 재향 군인 수당을 약간 인상하는 것처럼 선뜻 반대하기 어려운 내용도 함께 들어 있어 이것으로 위안을 삼을 수도 있다.

최소한 부시 행정부 1기에는 백악관이 입법을 추진할 때 쓰는 비열한 수법 면에서 탁월한 면모를 과시했다. 특히 부시의 첫 번째 감세 조치를 둘러싼 협상 과정에서 흥미로운 이야기가 전해진다.

당시 칼 로브(Karl Rove, 부시 집안과 오랜 인연을 맺으면서 부시 대통령의 두 차례 대선을 진두지휘해 승리로 이끌고 수석 정치 고문에 이어 백악관 비서실 부실장으로 근무했던 인물 – 옮긴이 주)는 민주당 소속 상원 의원 한 사람을 백악관으로 초청해 부시의 감세 조치에 대한 지지 의사를 타진했다. 부시는 대통령 선거 중 이 상원 의원의 출신 주에서 큰 승리를 거뒀는데, 그것은 부분적으로 감세를 다짐하는 공약에 힘입은 것이었으므로 그것을 아는 상원 의원으로서는 최저 세율을 인하하는 데 대체로 찬성하는 편이었다. 그러나 이 의원은 감세 혜택이 너무 부유층에 쏠려 있다는 점이 마음에 걸려 이를 일부 조정하자고 제안했다.

상원 의원이 로브에게 말했다.

"이렇게 수정을 하면 내가 이 법안에 찬성표를 던질 뿐만 아니라 상원에서 70표가 나오도록 보장하겠소."

그러자 로브는 이렇게 대답했다.

"우리가 원하는 것은 70표가 아니라 51표입니다."

로브는 백악관이 제출한 법안의 내용을 훌륭한 정책으로 생각했을 수도 있고 그렇지 않을 수도 있었다. 그러나 그는 어떻게 하면 정치적 목표를 달성할 수 있는지 잘 알고 있었다. 이 상원 의원이 대통령의 감세 조치에 찬성표를 던져 도움을 주지 않는다면 다음 상원 의원 선거에서 공화당의 좋은 먹잇감이 될 것이 틀림없었다.

결국 이 상원 의원은 몇몇 진보적인 주 출신의 민주당 의원들과 함께 감세 법안에 찬성표를 던졌는데, 이는 감세 조치에 대한 출신 주의 전반적인 정서를 그대로 반영한 것임이 분명했다.

아직도 이런 이야기들은 소수당이 '초당적' 협력을 하는 데 따른 여러 어려움의 일단을 보여 준다. 초당적 협력 방안에 거부감을 드러내는 사람은 없다. 특히 미디어는 의회 활동을 다루면서 '정당 간 정치 싸움'에 대한 기사를 주로 쓰기 때문에 이와 대비되는 초당적 협력이라는 용어는 대단히 매력적이다.

그러나 진정한 의미의 초당적 제휴는 타협을 모색하는 과정 자체가 정직해야 한다. 이런 타협은 가령 교육의 개선이나 예산 적자의 감축처럼 어떤 합의된 목표에 얼마나 기여하느냐에 따라 그 질적 가치를 평가받게 된다. 나아가 혹독한 언론과 궁극적으로는 상황을 아는 유권자들의 압력으로 다수당이 소수당과 협의하기 위해 선의의 협상에 나서는 것이 전제되어야 한다.

이런 여러 조건이 통하지 않는다면, 다시 말해 워싱턴 바깥에서는 법안의 골자에 대해 진정으로 관심을 기울이는 사람들이 아무도 없거나 감세에 따른 희생과 손실이 거짓 산출된 수치로 호도되어 몇조 달러 규모 축소 발표된다면, 다수당은 소수당과의 모든 협상에서 원하는 것을 100퍼센트 얻어 내면서 그 대가로 10퍼센트쯤을 양보하며 이런 '타협안'을 지지하지 않는 소수당 의원은 모두 '의사 방해자'라고 비난할 수도 있다.

이런 여건에서 소수당에게 '초당적 협력'이란 계속 압도당하는 상황의 연속을 의미할 뿐이다. 물론 소수당의 일부 의원들은 다수당과 계속 보조를 맞춤으로써 얼마간의 정치적 이득과 함께 '온건파' 또는 '중도'라는 평판을 얻을 수 있다.

요즘 민주당의 적극적인 지지 세력은 상원 의원들이 공화당의 법안들에 단호하게 맞서야 한다고 주장한다. 그런 법안에 어느 정도 가치 있는 부분이 있다 하더라도 맞서 싸워야 한다는 것이다. 원칙을 지켜 나가자는 것이다. 이런 열성 지지자들은 공화당 지지세가 압도적인 주에서 민주당 후보로 고위 공직에 출마해 본 적이 없고, 수백만 달러를 들인 TV 광고의 네거티브 공세를 받아 본 적도 없다. 그러나 모든 상원 의원들은 복잡한 이해가 얽힌 법안에 대한 표결을 단 30초짜리 TV 광고로 사악하고 저열하게 비치도록 만들기는 쉬워도 그 표결이 왜 현명한 판단인지 20분 이내에 해명하기는 지극히 어렵다는 점을 잘 알고 있다. 또한 모든 상원 의원들은 6년간의 임기 중 이런 표결을 수천 번이나 하는데, 이 수많은 표결 중 어떤 결정이 다음 번 선거에서 해명해야 할 문제로 대두될지 모른다는 현실을 잘 알고 있다.

내가 연방 상원 의원에 출마해 선거 운동을 하는 과정에서 그 누구도 나를 TV 광고 네거티브 공세의 표적으로 삼은 사람은 없었다. 나로서는 큰 행운이었다. 그렇다고 네거티브 공세의 효과를 기대할 만한 소재가 없었던 것도 아니다. 그런데도 나 같은 이력의 후보자가 뛰어든 상원 의원 선거 운동에서 그런 일이 없었다는 것은 특이한 상황이라 할 만

했다. 어쨌든 나는 출마할 당시 이미 주 의회에서 7년간 활동하면서 수천 번의 표결에 참여했고 그중 6년간은 소수당 의원이었기 때문에 종종 어려운 표결을 하기도 했다. 요즘은 관행처럼 굳어진 일인데, 전국공화당상원위원회는 내가 후보로 확정되기도 전에 나에 관한 불리한 조사 결과를 두툼한 서류철로 만들어 놓았다. 우리 조사 팀은 공화당 쪽이 어떤 네거티브성 광고를 준비할지 예측하기 위해 몇 시간에 걸쳐 이 자료들을 꼼꼼히 체크했다.

공화당 쪽이 찾아낸 것이 별로 많지는 않았지만 그래도 장난을 칠 만한 정도는 되었다. 즉 10여 건의 표결이 거두절미하고 내놓으면 상당히 나쁘게 비칠 수 있는 것이었다. 미디어 담당 고문인 데이비드 액설로드가 이런 표결 기록을 설문 내용으로 시험적인 여론조사를 해본 결과 내 지지율이 곧바로 10포인트 정도 떨어지는 것으로 나타났다. 학교 내 마약 거래를 단속하기 위한 형법안은 내용이 너무 부실해 효과가 의심스럽고 위헌 소지도 있다고 판단해 반대했는데 이 여론조사에서는 '오바마가 학교 안에서 마약을 판매하는 윤간자들에 대한 처벌을 약화시키는 쪽에 표를 던졌다' 라는 설문을 제시했다.

임신 중절에 반대하는 사회운동가들이 발의한 법안은 겉보기에는 합리적인 것처럼 보였다. 조산아에 대한 구명 조치를 규정한 내용이 그런 것이다. 그러나 이 법안은 그런 조치가 이미 법률로 규정되어 있다는 점을 언급하지 않았다. '인간 생명체(personhood)'를 자궁 밖에서 생존이 불가능한 태아로까지 확대시킴으로써 로 대 웨이드 사건(Roe v. Wade, 1973년 미국 대법원에서 임신 중절을 합법화한 판결을 이끌어 낸 사건. 산모의 자궁 바깥에서 태아의 생존이 가능한 임신 6~7개월이 되기 전까지는 산모의 결정에 따라 임신 중절이 가능하고 이를 금지하는 모든 주법과 연방법은 개인의 프라이버시권을 보장하는 헌법을 위배하는 것이라는 판결이 내려졌다 ─ 옮긴이 주)을 사실상 번복했다. 이 가상 여론조사에서 이 법안에 반대한 내 표결은 '생명을 갖고 태어난 아기에 대한 구명 조치를 부정하는 쪽에 표를 던졌다'로 설문이 제시되었다.

표결 내용을 정리한 목록을 훑어보다가 주 의회에서 '성 범죄자로부터 어린이를 보호하는' 내용의 법안에 내가 반대표를 던졌다는 내용이 눈에 띄었다.

나는 "잠깐" 하고 소리치면서 데이비드로부터 설문지를 낚아챘다. "이 법안 표결 때 버튼을 잘못 눌렀어요. 나는 찬성표를 던질 생각이었어요. 그래서 속기록을 즉시 정정했죠."

데이비드가 씩 웃으면서 말했다.

"그래도 공화당 광고에 속기록을 정정한 부분이 들어갈 것 같지는 않군요."

그는 내 손에서 설문지를 다시 빼가면서 내 등을 두드렸다.

"그래도 힘내세요. 이런 일이 한 번 있었으니 앞으로는 성 범죄자 관련 표결에선 절대로 실수가 없겠지요."

나는 가끔, 실제로 이런 내용의 네거티브 광고가 실렸더라면 어떻게 되었을까 하는 의문이 든다. 궁금한 것은 당락보다 유권자들이 나를 어떻게 생각했을지, 상원에 진출한 뒤 내가 받은 호의적인 눈길이 얼마나 줄어들었지 하는 점이다. 당내 예비 선거가 끝날 즈음 나는 공화당 후보를 20포인트나 앞서고 있었다.

사실 공화당, 민주당을 가릴 것 없이 대부분의 동료 의원들이 상원에 들어올 즈음에는 만신창이가 된다. 이런저런 실수가 한껏 부풀려지고 발언이 왜곡되는가 하면 이들의 동기가 의혹의 대상이 되기 때문이었다. 그야말로 한바탕 홍역을 치르는 것이다. 그리고 그것으로 끝나지 않는다. 이들은 표결을 할 때마다, 보도 자료나 성명서를 내놓을 때마다 번번이 의정 활동 상의 경쟁에서 뒤처질 것이라는 불안을 느낀다. 자신들을 워싱턴으로 보내 준 사람들의 지지를 상실할 것이라는 두려움이 떠나지 않는다. 이들은 지지자들로부터 "의원에게 기대가 큽니다. 제발 우리를 실망시키지 마세요"라는 당부를 수없이 들었던 터다.

민주주의를 운용하는 기술적인 부분들을 조율함으로써 정치인에게 가해지는 이런 압박을 어느 정도 덜 수 있고, 구조적인 변화를 통해 유권자와 대표자 간의 유대를 강화시킬 수 있을 것이다. 예를 들어, 당파적 고려를 배제한 선거구 획정이나 투표 당일 유권자 등록제(same-day registration), 주말 선거 등은 각급 선거의 경쟁을 강화하고 유권자의 참여를 촉진시킬 것이다. 유권자의 관심이 크면 클수록 선거는 그만큼 본래 목적을 더욱 충실하게 달성할 수 있을 것이다. 선거 공영제를 실시하고 TV와 라디오 방송 시간을 무료로 제공한다면 자금줄을 찾아 헤매는 선거 운동의 부조리와 특수 이익 집단의 영향력을 대폭 줄일 수 있을 것이다. 상 · 하원의 의사 규칙을 바꿔 소수당 소속 의원들의 권한을 강화시키고 의사 진행의 투명성을 높이는 한편 언론의 깊이 있는 취재를 권장할 수도 있을 것이다.

그러나 이런 변화와 개정은 그 어느 것도 저절로 이루어지지 않는다. 모두가 권한과 영향력을 쥔 사람들의 마음가짐이 바뀌지 않으면 기대할 수 없는 변화이다. 어느 하나라도 변화시키려면 기존 질서에 대한 정치인 개개인의 도전이 필요하다. 일반 유권자들이 별로 관심을 기울이지 않는 추상적인 관념을 위해 반대 세력은 물론, 지지 세력과도 싸워야 한다. 나아가 기득권도 버릴 각오를 해야 한다.

결국 존 F. 케네디가 모색했던 정치인의 자질 문제로 되돌아가게 된다. 정계에 진출한 지 얼마 안 되어 수술을 받게 된 케네디는 정양을 하던 중 정치인의 자질이 무엇인지 고민했다. 자신이 2차 세계 대전 참전 때 발휘한 영웅적 행위를 떠올렸지만 좀 더 골몰했던 생각은 불확실한 미래에 대한 도전, 즉 용기라는 자질이었다.

어떤 면에서 보면 정치 활동을 오래하면 할수록 그런 용기를 발휘하기가 더 쉽다고 할 수 있다. 자신이 어떤 행동을 하더라도 분개하는 사람은 있을 수밖에 없고, 아무리 신중하게 표결을 하더라도 정치적인 공격을 받을 것이기 때문이다. 신중한 판단이 소심함으로 인식되는가 하면, 용기 자체가 계산된 행동으로 보일 것이라는 점을 잘 알다 보니, 이런저런 눈치를 살피지 않게 된다. 나는 오랫동안 정치 활동을 하게 되면 인기에 연연하는 마음도 그만큼 줄어들 것이라는 점에 안도감을 느낀다. 또한 권력과 지위, 명성을 얻고자 애쓰는 것은 내 소박한 야망을 배반하는 일이 될 거라는 사실, 나는 주로 나 자신의 양심의 소리에만 부응하면 된다는 사실에 위안을 얻는다.

양심의 소리 외에 내 지지 세력의 요구에도 부응해야 한다. 가드프리의 유권자 모임에서 나이 지긋한 신사 한 분이 다가와 내가 이라크전에 반대한다고 하면서도 아직 전면 철군을 주장하지 않는 데 대해 강한 불만을 토로했다. 우리는 그 자리에서 짧은 시간 동안 진지하게 토론했다. 그 자리에서 나는 미군 철수를 너무 황급하게 추진하다 보면 이라크 상황이 전면적인 내전으로 치닫고 나아가 중동 전역으로 전쟁이 확산될 가능성이 있다는 점이 걱정스럽다고 설명했다. 이런 설명을 들은 뒤 그는 나에게 악수를 청하면서 이렇게 말했다.

"난 아직도 당신의 생각이 그르다고 생각합니다. 그러나 당신이 최소한 철군 문제를 생각하고 있다는 느낌은 드는군요. 그리고 당신이 내 의견에 계속 맞장구만 쳤다면 아마 난 상당히 실망했을 겁니다."

나는 "고맙습니다"라고 말했다. 그가 물러가자 나는 문득 대법원 판사 루이스 브랜다이스(Louis Brandeis)의 말이 생각났다.

"민주주의 사회에서 가장 중요한 직책은 시민이란 직책이다."

제5장

기회

BARACK OBAMA
The AUDACITY *of* HOPE

이대로 손을 놓고 있는다면 미국은 우리가 자랄 때와는 전혀 다르게 바뀔지 모른다.

한쪽에는 날로 부를 더해가는 지식 계급이 그들만의 주거지에 살면서

사립학교 교육과 개인 건강보험, 민간 경비업체 서비스, 전용기 이용 등

원하는 것은 무엇이든지 시장에서 구매할 것이다. 다른 한편에서는

점차 더 많은 사람들이 저임금 일자리로 밀려나 불안정한 신분과

늘어난 노동시간에 고통받는다. 그리고 의료서비스와 노후 생활, 자녀 교육은

재정이 취약한 공공부문에 의존하게 되는 것이다.

● ● ● 상원 의원이 되면 비행기를 타고 이동하는 일이 많아진다. 일주일에 최소한 한 번은 워싱턴을 벗어났다가 되돌아오는 항공 여행을 해야 한다. 주로 강연을 하거나 정치 자금 모금 행사에 참석하거나 아니면 동료 의원들의 선거 운동을 돕기 위해 다른 주를 찾아가는 출장이다. 일리노이처럼 인구가 많은 주 출신이라면 벽촌을 방문하거나 주를 가로지르는 출장도 잦다. 유권자와의 간담회나 준공식 또는 개관식에 참석하기 위해, 아니면 유권자들이 잊혔다는 섭섭한 생각을 갖지 않도록 하기 위해 찾아가는 경우가 대부분이다.

대체로 나는 항공기 2등석을 타고 출장을 다닌다. 이럴 땐 통로나 창가 쪽 좌석에 앉게 되길 바라고 또한 앞 좌석 손님이 좌석을 뒤로 젖히지 말기를 바란다.

그러나 전용기로 출장을 가는 경우도 있다. 태평양 연안의 여러 지역을 들러야 할 경우나 마지막 항공 편이 출발한 뒤에 다른 도시로 가야 할 경우가 생기면 전용기에 오른다.

처음엔 이런 방법은 아예 생각하지도 않았다. 비용이 엄청날 것이라고 생각했기 때문이다. 그러나 선거 운동 중 보좌관의 설명을 듣고 새로운 사실을 알게 되었다. 연방 상원 의원이나 상원 의원 입후보자는 상원 규칙에 따라 항공기 1등석 요금 정도만 내면 전용기를 이용할 수 있다는 것이었다. 그래서 선거 운동 스케줄과 절약할 수 있는 시간을 생각해 본 뒤 전용기를 한번 이용해 보기로 했다.

막상 전용기를 이용해 보니, 민항기를 이용할 때와는 전혀 달랐다. 전용기는 개인이 소유, 관리하는 터미널에서 출발하는 데다 라운지에 큼지막하고 푹신푹신한 여러 개의 소파와 대형 TV가 설치되어 있고 벽에는 오래된 항공기 사진들이 걸려 있다. 청결한 화장실은 늘 비어 있으며, 구두닦이 기계가 설치되어 있고, 조그만 접시에는 입가심약과 박하사탕이 담겨 있다.

게다가 터미널에서 서둘 필요도 없다. 조금 늦게 도착하더라도 비행기를 놓칠 염려가 없으며, 조금 일찍 도착했다 해서 정해진 시간까지 기다릴 필요도 없다. 또한 공항 로비를 그대로 지나쳐 활주로까지 승용차를 몰고 들어갈 수 있는 경우가 많다. 아니면 터미널에서 조종사가 손님을 맞아 가방을 들어 주면서 함께 전용기에 오르기도 한다.

전용기는 항공기 자체도 멋지다. 내가 처음 타본 전용기는 사이테이션 X(Citation X)라는 소형 제트기인데, 동체가 날씬하고 광채가 나는 항공기였다. 벽면은 나무로 되어 있었고 가죽 시트는 언제라도 한숨 자고 싶으면 쭉 펴서 침대처럼 만들 수 있었다. 좌석 뒤쪽에는 새우가 든 샐러드와 치즈 접시가 있고 앞쪽 미니바에는 온갖 음료와 주류가 가득했다. 조종사들은 내 코트를 받아 걸어 주고 여러 신문을 갖다주며 불편한 점이 없는지 체크했다. 물론 불편한 점은 없었다.

전용기가 이륙하면 제트기의 롤스로이스 엔진은, 마치 고급 스포츠카가 도로를 박차고 나가듯이 강한 힘으로 항공기의 동체를 하늘로 밀어 올렸다. 전용기가 구름 사이를 뚫고 날아가자 나는 좌석 앞에 설치된 소형 TV 모니터를 켰다. 미국 지도가 나타나면서 서쪽으로 날고 있는 전용기의 이미지가 보이고 고도와 속도, 목적지에 도착할 시간, 바깥 기온 등이 표시되었다.

항공기가 4천 피트의 정상 고도로 비행을 하자 바깥을 내다보았다. 완만한 곡선형의 수평선과 점점이 흩어져 있는 구름, 발밑에 펼쳐진 갖가지 지형의 대지가 눈에 들어왔다. 처음에는 바둑판 모양의 일리노이 서부 쪽으로 평평한 논밭이 보이고 뒤이어 거대한 비단뱀처럼 꿈틀거리며 흐르는 미시시피 강이 눈에 들어왔다. 다시 농장과 목장들이 나타나고 아직 산꼭대기에 하얀 눈이 남아 있는 로키 산맥이 톱날처럼 뾰족뾰족하게 이어지다가 마침내 황혼의 풍경이 펼쳐졌다. 해가 지자 하늘은 주황색으로 변하다가 점차 붉은 기운이 가늘어지더니 마침내 밤과 별과 달에 파묻혀 버리고 말았다.

사람들이 이런 안락한 여행에 쉽사리 빠져 드는 이유가 어디에 있는지 알 것 같았다.

전용기를 이용한 이 특별한 출장은 주로 모금 행사를 위한 것이었다. 민주당 후보로 확정된 후 본선 선거 운동을 앞두고 몇몇 친지와 지지자들이 로스앤젤레스와 샌디에이고, 샌프란시스코에서 모금 행사를 준비해 놓아 그 자리에 참석하기 위해 가는 중이었다.

그러나 이 출장에서 모금 행사보다는 캘리포니아의 소도시 마운틴뷰(Mountain View)를 방문한 일이 가장 인상 깊었다. 스탠퍼드 대학과 팔로알토에서 남쪽으로 몇 마일 떨어진 곳에 있는 이 소도시는 실리콘밸리의 중심부를 차지하고 있는데, 이곳에 인터넷 검색 엔진 회사로 유명한 구글의 본사가 자리 잡고 있다.

구글은 이미 2004년 중반 무렵 거의 우상과 같은 기업으로 부상했다. 구글은 점차 커지는 인터넷의 영향력뿐만 아니라 글로벌 경제의 급속한 질적 전환을 나타내는 상징이기도 했다. 샌프란시스코에서 마운틴 뷰로 향할 때 구글의 연혁을 살펴보았다.

스탠퍼드 대학에서 전산학 박사 과정을 밟고 있던 두 대학원생 래리 페이지(Larry Page)와 세르게이 브린(Sergey Brin)이 기숙사에서 서로 힘을 모아 개선된 형태의 웹 검색 엔진을 개발하는 과정, 1998년 여러 지인으로부터 100만 달러의 투자금을 모아 3명의 종업원과 함께 차고에서 구글을 창업한 과정을 살펴보았다.

또 구글이 사용자의 검색 활동을 방해하지 않고 오히려 그와 관련된 텍스트 광고에 기반을 둔 광고 모델을 만들어 냄으로써 닷컴붐이 완전히 무너져 버린 뒤에도 수익성을 그대로 유지했던 비결이나 창업 6년 만에 높은 가격으로 주식을 상장함으로써 창업주인 페이지와 브린이 세계에서 가장 부유한 사람 축에 들게 된 과정을 되새겨 보았다.

마운틴뷰는 캘리포니아의 전형적인 교외 지역과 흡사했다. 조용한 거리와 새로 조성된 산뜻한 상업 지구, 그리고 요란하지는 않지만 실리콘 밸리 주민의 상당한 구매력에 비춰 본다면 시세가 100만 달러는 족히 넘을 것 같은 주택 등이 그렇다. 우리는 여러 동의 현대적인 모듈러 빌딩(미리 표준화한 기본 단위들을 만들어 놓고 나중에 조립하는 방식으로 건축하는 공법으로 만들어진 건물)이 모여 있는 곳에서 차를 세웠다. 구글 법무실 책임자인 데이비드 드루먼드(David Drummond)가 건물 앞에서 우리를 맞았다. 그는 내 나이 또래의 흑인으로 우리의 구글 방문을 주선했다.

데이비드가 래리와 세르게이에 대해 얘기해 주었다.

"래리와 세르게이가 회사를 만들어 보겠다고 나를 찾아왔을 때만 해도 나는 어디서나 흔히 볼 수 있는, 창업 아이디어를 가진 똑똑한 젊은이들일 뿐이라고 생각했어요. 이 모든 것을 이뤄 낼 것으로는 전혀 예상하지 못했지요."

데이비드는 나를 회사 본관으로 안내했다. 이 건물은 사무실보다는 대학의 학생 회관 같은 인상을 주었다. 1층에 카페 외에도 게임기와 탁구대, 운동 기구를 완벽하게 갖춘 체력 단련실이 있기 때문이었다. 데이비드는 "직원들이 이곳에서 많은 시간을 보내기 때문에 이들을 즐겁게 해주고 싶다"고 말했다.

카페에서는 그레이트풀 데드(Grateful Dead, 1965년 샌프란시스코에서 결성된 미국의 록 밴드로서 록과 포크 뮤직, 블루스, 컨트리, 재즈, 사이키델리아, 가스펠 등의 요소를 두루 융합시킨 독특한 음악으로 유명했다 – 옮긴이 주)의 요리사를 지냈다는 사람이 직원들에게 맛있는 고급 식단을 제공하는 일을 총괄했다.

우리는 2층에서 청바지에 티셔츠 차림인 남녀 직원들을 지나쳤다. 모두 20대인 이들은 컴퓨터 스크린 앞에서 열심히 일하거나 아니면 소파에 앉아 혹은 커다란 운동용 짐볼 위에 엎드린 채 대화에 열중하고 있었다.

마침내 우리는 래리 페이지와 만나게 되었다. 그는 한 기술자와 소프트웨어의 문제점에 관해 대화를 나누고 있었다. 그는 복장이 직원들과 비슷했는데, 머리가 약간 희끗희끗한 것 말고는 별로 나이가 들어 보이지 않았다.

우리는 전 세계의 모든 정보를 누구나 검열 없이 접근해서 이용하도록 한다는 구글의 사명과 이미 60억 웹 페이지 이상을 포함한 방대한 사이트 색인에 관해 이야기를 나눴다. 최근 구글은 검색 기능이 내장된 새로운 웹 기반 이메일 시스템을 내놓았다. 뿐만 아니라 전화로 음성 검색을 할 수 있는 기술을 개발하고 있고, 거대한 도서 검색 사업(Book Project)에 착수했다. 도서 검색 사업은 지금까지 출판된 모든 문헌을 스캔, 웹상에서 접근이 가능한 형태로 만든다는 목표로 추진되고 있다. 한마디로 인간의 모든 지식을 빠짐없이 저장한 가상 도서관을 만들겠다는 것이다.

구글 본사 시찰이 거의 끝날 즈음 래리는 나를 어느 방으로 안내했다. 그 방에 설치된 대형 평면 패널 모니터에는 지구의 입체 형상이 돌아가고 있었다. 래리는 젊은 인도계 미국인 기술자에게 회전하는 지구 입체 형상에 대해 설명해 달라고 부탁했다.

"여기 밝게 빛나는 부분은 현재 진행되고 있는 모든 검색 상황을 보여 줍니다."

엔지니어가 토글 스위치로 화면을 바꾸면서 설명했다.

"색깔별로 각기 다른 언어를 나타냅니다. 그리고 토글을 이런 식으로 움직이면 전체 인터넷 시스템상의 트래픽 패턴을 볼 수 있습니다."

기술적이기보다는 이런 유기적인 형태의 이미지가 더 매혹적이었다. 마치 진화 단계에서 가속이 붙기 전의 초기 모습을 힐끗 보고 있다는 생각이 들었다. 사람 사이를 갈라놓는 모든 경계, 국적, 인종, 종교, 재산의 차이가 사라지고 의미를 상실하면서 케임브리지의 물리학자와 도쿄의 증권 중개인, 인도 오지 마을의 학생, 멕시코시티 어느 백화점의 점장이 모두 키보드를 두드리며 끊임없는 대화의 세계로 빨려들어 오고 그에 따라 지구 상의 시간과 공간이 빛으로만 이뤄진 세계로 바뀌는 것이었다. 그런데 자전하는 지구 입체 형상 중에서 빛을 찾아볼 수 없는 넓은 부분이 눈에 띄었다. 대부분의 아프리카 지역과 남아시아의 여러 지역이 그런 곳이었다. 미국의 일부 지역에서도 빛이 보이지 않았다. 밝은 빛을 내뿜는 굵은 코드에서 여기저기 뻗어 나간 가느다란 선은 점점 빛이 엷어지다가 이내 어둠에 파묻혔다.

이런 몽상을 깨뜨린 것은 세르게이였다. 래리보다 서너 살쯤 아래로 보이는 그는 체격이 다부졌다. 그는 TGIF(Thank God It's Friday, 매주 금요일 오후마다 모든 직원이 한자리에 모여 자유롭게 대화를 갖는 자리 – 옮긴이 주)에 함께 가지 않겠느냐고 물었다. TGIF는 구글 창업 이래 계속 이어져 온 전통으로서 모든 직원이 한자리에 모여 맥주와 음식을 즐기면서 자유롭게 대화를 나누는 자리였다.

우리가 커다란 홀에 들어섰을 때 이미 젊은이들은 자리에 앉아 맥주를 마시면서 웃고 떠들고 있었고 일부는 계속 PDA나 노트북 컴퓨터를 두드리고 있었다. 전체적으로 분위기가 고조되어 있었다. 이들 중 일부는 다른 직원들보다 다소 조심스러워하는 표정이었는데, 데이비드는 이들 50명 정도가 대학원을 마치고 갓 입사한 신입 사원들이라고 설명했다. 오늘은 신입 사원들이 구글 직원들에게 처음 선을 보이는 자리였다. 신입 사원이 한 사람씩 소개될 때마다 대형 화면에 이들의 사진과 함께 학위, 취미, 관심 분야에 관한 내용이 떴다. 신입 사원 중 최소한 절반은 아시아인처럼 보였다. 백인 중 상당수는 동유럽 출신들이었다. 신입 사원 중 흑인이나 라틴계는 한 사람도 없었다. 나중에 승용차 쪽으로 돌아가면서 데이비드에게 이런 점을 지적하자 그는 고객을 끄덕이면서 동감을 표시했다.

"우리도 그게 문제라는 것을 잘 알고 있습니다."

데이비드는 이렇게 말하면서 구글이 여성과 소수 민족 출신의 수학 및 과학 전공자를 늘리기 위해 장학금을 제공하고 있다고 밝혔다. 구글이 경쟁력을 유지하기 위해서는 MIT나 칼테크, 스탠퍼드, 버클리 같은 대학에서 수학, 공학, 전산학을 전공한 최우수 졸업생들을 채용하지 않을 수 없지만, 향후 이런 장학금 프로그램에 따라 흑인과 라틴계 젊은이의 입사를 기대할 수 있을 것이라고 말했다.

데이비드는 미국 출신의 엔지니어는 백인이든 흑인이든 날이 갈수록 구하기 어려워지고 있다고 말했다. 실리콘 밸리의 모든 기업들이 외국 학생들에게 크게 의존할 수밖에 없게 된 것도 그 때문이라는 것이다. 그런데 최근에는 첨단 분야 기업들의 걱정거리가 하나 더 늘었다. 9 · 11 사태 이래 많은 외국 학생들이 비자를 얻기 어렵다는 이유로 미국 유학을 재고하고 있다는 것이었다.

사실 일류 기술자나 소프트웨어 디자이너들은 이제 더 이상 일자리나 창업 자금을 얻기 위해 실리콘 밸리로 올 필요가 없게 되었다. 하이테크 업체들이 앞다퉈 인도나 중국에서 사업을 펼치고 있기 때문이다. 창업 자금을 지원하는 벤처 펀드도 지금은 글로벌 기업으로 변모했다. 따라서 캘리포니아에 있는 벤처 기업을 지원하듯이 상하이나 뭄바이에 있는 벤처 기업에 투자하는 데 아무런 어려움이 없었다. 데이비드는 이런 상황이 장기적으로 미국 경제에 어려움을 안겨 줄 수 있다고 지적했다.

구글 본사를 방문했던 그즈음 다른 지역을 한 군데 더 찾아보고 경제에 대해 많은 생각을 하게 되었다. 일리노이 주 서쪽의 아이오와 주 접경 지역에서 자동차로 45분쯤 떨어진 곳에 있는 게일즈버그라는 소도시였다. 항공기가 아닌 승용차로 이곳을 찾아갔다.

게일즈버그는 1836년 세워진 소도시로 처음에는 대학촌으로 시작되었다. 뉴욕에서 활동하던 장로 교회, 조합 교회 목사들이 서부 변경 지역에 사회 개혁과 실용 교육의 바람을 불어넣겠다고 몰려와 건설했던 것이다. 그에 따라 설립된 대학이 녹스 대학(Knox College)이었다. 이 대학은 그 뒤 남북 전쟁이 일어날 때까지 노예제 폐지 운동의 온상 역할을 하면서 언더그라운드 레일로드 운동(Underground Railroad, 노예제 폐지운동가들이 노예 주에 있는 아프리카 출신 노예를 자유 주나 캐나다로 탈출시키기 위해 활용한 비밀 루트와 조직망 – 옮긴이 주)의 한 거점이 되었다.

미국 흑인 최초로 상원 의원이 된 히럼 레블스(Hiram Revels)는 녹스 대학 예비 학교에 다니다가 미시시피로 돌아갔다. 1854년 게일즈버그를 지나는 시카고-벌링턴-퀸시 철도가 완공되면서 이 소도시의 상권이 붐을 맞았다. 4년 뒤에는 이곳에서 링컨과 더글러스가 겨루는 다섯 번째 대통령 선거 토론회가 열려 1만여 명의 인파가 몰려들었는데 링컨은 이 토론에서 노예제에 대해 도덕적인 문제를 제기하면서 처음으로 반대의 뜻을 분명하게 밝혔다.

내가 게일즈버그에 간 것은 이 소도시의 내력을 되새겨보기 위해서가 아니었다. 게일즈버그에 있는 메이태그 공장의 노동 조합 지도부를 만나기 위해서였다. 메이태그 공장을 운영하는 회사는 1,600명의 직원들을 해고하고 공장을 멕시코로 옮길 계획이라고 발표했다. 일리노이 주 중부와 서부 지역의 모든 소도시와 마찬가지로 게일즈버그도 제조업의 해외 이전으로 큰 타격을 받았다. 지난 몇 년 동안 게일즈버그는 어러 산업 부품 생산 업체들과 고무 호스 제작 업체를 잃었다. 지금은 최근 오스트레일리아 기업인이 인수한 제철 회사 버틀러매뉴팩처링의 폐업이 진행되고 있었다. 게일즈버그의 실업률은 이미 8퍼센트 가까운 수준에서 맴돌고 있었다. 그런데 메이태그 공장까지 폐쇄되면 게일즈버그는 다시 전체 일자리의 5~10퍼센트를 잃게 되는 셈이었다.

공장 노동 조합 사무실에는 7~8명의 남자들과 2~3명의 여자들이 접이식 철제 의자에 앉아 낮은 목소리로 이야기를 나누고 있었다. 대부분 40대 후반이거나 50대 초반으로 보였고, 모두 진이나 카키색 바지에 티셔츠 아니면 격자 무늬의 작업용 셔츠를 걸치고 있었다. 몇몇은 담배를 피우고 있었다.

조합장인 50대 중반의 데이브 비버드는 덩치가 우람하고 가슴이 두툼한 사람인데, 검은 수염에, 선글라스를 끼고 중절모를 쓴 모습이 지지탑(ZZ Top, 1970년대 결성된 미국의 3인조 그룹 – 옮긴이 주)의 멤버처럼 보였다. 그는 메이태그 공장의 폐업을 번복시키기 위해 언론에 호소하고 주주들과 접촉하고 지방 자치 단체 및 주 정부 관계자들에게 간청하는 등 온갖 수단을 써보았지만 모두가 요지부동이었다고 설명했다.

"노동자들이 수익을 내지 못하는 것도 아니었어요."

데이브는 나에게 강조했다.

"경영진에게 물어보면 이곳이 회사의 여러 공장 중에서도 가장 생산성이 높은 축에 든다고 대답할 겁니다. 노동자의 기술도 수준급인 데다 불량률도 낮지요. 우린 임금과 부가 급부 삭감, 일부 감원도 감수했습니다. 주와 시 정부는 계속 공장을 존속시킨다는 약속 아래 지난 8년 동안 메이태그에 최소한 1천만 달러의 감세 혜택을 주었습니다. 그러나 이런 노력도 먹히지 않고 있어요. 연봉을 몇백만 달러씩 받는 CEO가 그것도 모자라서, 회사 주식 값을 대폭 끌어 올려야만 자신의 옵션을 처분할 수 있다고 판단해 가장 손쉬운 방법을 찾다가 결국 공장을 멕시코로 옮기기로 결정한 겁니다. 멕시코 노동자들은 이곳에서 지급하는 임금의 6분의 1만 주면 되기 때문이지요."

나는 주 정부나 연방 기관들이 노동자들을 재교육시키기 위해 어떤 조치를 취했느냐고 물었다. 그러자 거의 모든 사람들이 일제히 콧방귀를 뀌었다. 부조합장인 두그 데니슨이 말했다.

"재훈련요? 그야말로 웃기는 소리죠. 일자리가 남아 있지 않은데 재교육을 받아 본들 무슨 소용이 있겠습니까?"

데이슨은 취업 상담원이 자신에게, 월마트 판매원 정도의 월급을 주는 간호보조원 자리라도 찾아보는 것이 어떻겠느냐고 권했다고 전했다. 이들 중 젊은 축에 드는 한 남자는 이해할 수 없는 비정한 경험을 나에게 털어놓았다. 그는 컴퓨터 기술자 교육을 받기로 결심하고 등록한 뒤 1주일 정도 교육을 받았다고 했다. 그런데 메이태그에서 근무 복귀 명령을 내렸다. 현장 근무는 일시적인 것이지만 메이태그 사규상 회사의 명령에 따르지 않으면 더 이상 재교육비 지원을 받을 수 없었다. 그런데 회사의 지시에 따라 근무에 복귀하면 단 1주일의 교육을 받았다 하더라도 한 차례 재교육을 받은 것으로 간주되어 앞으로는 연방 기관으로부터 재교육비 지원을 받지 못한다는 것이었다.

나는 선거 운동을 벌이면서 이들의 딱한 처지를 널리 알리겠다고 약속했다. 또 우리 쪽에서 마련한 몇 가지 방안을 제시했다. 즉 해외로 공장을 이전하는 기업에겐 감세 혜택을 주지 못하도록 세법을 개정하고 연방 정부가 주관하는 재교육 프로그램에 대한 예산 지원은 늘리겠다는 것이었다.

내가 돌아갈 준비를 하자 야구 모자를 눌러쓴, 체격이 크고 억세게 보이는 사람이 입을 열었다. 그는 자신이 가까운 버틀러 제철 공장의 노조 조합장인 팀 윌러라고 소개했다. 그는 조합원들이 이미 해고 통보를 받았고 자신은 실업 보험금을 받으면서 앞으로의 생계를 걱정하고 있다고 밝혔다. 현재 그가 가장 걱정하는 것은 건강 보험 문제였다.

"아들 마크는 간 이식 수술을 받아야 합니다."

어두운 표정으로 그가 말했다.

"간 기증자가 나타날 때까지 기다리고 있는 중이지만 건강 보험 급부금이 거의 소진되어 저소득층 의료 보조 제도에서 지원을 받을 수 있는지 알아보고 있어요. 그런데 내가 지원 자격이 되는지 안 되는지 그 누구도 분명한 답변을 해주지 않고 있습니다. 자식을 위해서라면 무엇 하나 아까울 것이 없으니, 몽땅 팔고 빚을 내서라도 수술을 시키고 싶지만……."

그의 목이 메는 듯했다. 옆에 앉아 있던 그의 아내는 두 손으로 얼굴을 감쌌다. 나는 저소득층 의료 보조제가 어느 정도까지 도움을 줄 수 있는지 정확하게 알아보고 알려 주겠다고 말했다. 팀이 고개를 끄덕이면서 아내의 어깨를 감쌌다.

시카고로 돌아오면서 팀의 절망을 곰곰이 생각해 보았다. 일자리는 없어지고 아들은 병들었고 저축은 바닥이 나고…….

4천 피트 상공을 나는 전용기 안에서는 좀처럼 들을 수 없는 사연들이었다.

요즘에는 보수와 진보 어느 쪽에서도 우리가 경제상의 근본적인 변화를 맞고 있다는 생각에 이의를 제기하는 사람들은 거의 찾아볼 수 없다. 디지털 기술과 광섬유, 인터넷, 위성, 교통수단이 발전함에 따라 국가와 대륙 사이의 경제 장벽은 사실상 없어졌다. 자본은 전 세계를 누비고 다니면서 가장 높은 수익률을 찾다가 알맞은 투자 대상을 발견하면 몇 차례 키보드를 두드리는 것으로 온갖 경계를 넘어 조 단위의 엄청난 자금을 이동시킨다.

소련이 붕괴하고 인도와 중국에서 시장 중심의 개혁이 이루어지며 무역 장벽이 낮아지고 월마트 같은 대형 판매점이 등장하면서 전 세계 수십억의 인구가 미국 기업과 미국 노동자들과 직접적인 경쟁을 벌이게 되었다. 칼럼니스트 겸 저술가인 토머스 프리드먼(Thomas Friedman)의 표현처럼 세계가 이미 평평해지지는 않았더라도 하루가 다르게 장벽이 줄어들어 더욱 평평해지고 있음은 틀림없다.

세계화가 미국 소비자들에게 상당한 혜택을 주었음은 의심의 여지가 없다. 전에는 대형 TV나 겨울철 복숭아가 사치품이나 고가품이었지만 이제는 값이 뚝 떨어져 누구나 구매할 수 있게 되면서 저소득층의 구매력이 커졌다. 세계화는 인플레를 억제하는 데 도움을 주고 현재 주식 시장에 투자하고 있는 수많은 미국인들의 수익률을 높여 주며 미국 상품과 서비스가 진출할 새로운 시장을 열어 주고 중국과 인도 같은 나라의 빈곤 상태를 대폭 개선함으로써 장기적으로 세계의 안정화에 기여했다.

그러나 세계화가 수많은 미국인들의 경제적 불안정성을 대폭 확대시킨 점도 부인할 수 없다. 미국에 근거지를 둔 기업들은 경쟁력을 유지하고 세계 시장에서 투자자들을 만족시키기 위해 자동화와 다운사이징, 아웃소싱, 기업 활동의 해외 이전을 계속 추진했다. 이들 기업은 임금 인상을 억제하고 건강 보험 및 은퇴 계획을 401(k)(확정 기여형 기업 연금제도. 회사와 개인이 봉급의 일정 비율을 정년 때까지 갹출해 개인이 직접 고른 상품에 투자하는 연금 제도. 사업주가 위험 부담을 전부 지는 확정 급여형과는 달리 운용 성과에 따라 받을 수 있는 연금액이 달라진다)와 HSA(Health Saving Account, 세금 우대 의료비 저축 제도)로 대체해 비용 부담과 리스크를 노동자들에게 더 많이 전가시키고 있다.

그 결과 이른바 '승자 독식' 형 경제가 등장했다. 경제 상황이 나아진다고 해서 반드시 모두에게 이득이 되는 것은 아니라는 것이다. 지난 10년 동안 경제는 견실한 성장을 거듭했지만 고용 증대는 빈약한 수준이었다. 생산성은 대폭 향상되었으나 임금은 제자리걸음이었다. 기업 이윤은 대폭 늘어났으나 그런 결실이 노동자들에게 돌아가는 비율은 날로 줄어들었다. 래리 페이지와 세르게이 브린 같은 사람, 독특한 기술과 능력을 갖춘 사람, 이들을 돕는 지식 노동자들, 즉 고급 기술자나 변호사, 컨설턴트, 마케터의 경우, 글로벌 시장에서 받을 수 있는 잠재적인 보수는 전례가 없을 정도로 높아졌다. 그러나 메이태그 노동자들의 기능이나 기술처럼 자동화나 디지털화가 가능하고 해외로 이전시켜 훨씬 싼 임금의 노동력으로 대체할 수 있는 경우, 세계화의 영향은 끔찍한 결과를 낳는다. 서비스 부문에 종사하는 저임금 노동자들의 수가 앞으로 계속 늘어나리라는 것이다. 이들은 저임금 외에도, 부가 급부가 거의 없어 병이라도 나면 파산할 위험이 크고 은퇴 이후의 삶이나 자녀의 대학 교육을 뒷받침할 여력이 없다.

이런 모든 상황에 대해 우리가 어떻게 대처해야 하느냐가 문제다. 이런 흐름이 처음 모습을 드러내기 시작한 1990년대 초 이래 빌 클린턴이 주도하는 민주당 내 한 진영은 이 같은 신경제를 옹호하면서 자유 무역과 엄격한 재정 운용(fiscal discipline), 그리고 노동자들이 앞으로 등장할 고부가 가치, 고임금 일자리를 감당할 수 있도록 뒷받침하기 위한 교육 및 훈련 부문의 개혁을 촉진시켰다. 그러나 민주당 지지 세력 중 상당수, 특히 데이브 비버드 같은 생산직 노동자들은 이런 정책에 거부감을 나타냈다. 적어도 이들 노동자에 관한 한, 자유 무역은 월 가의 이익에 기여할 뿐, 보수가 괜찮은 일자리가 미국에서 계속 사라지는 현상을 막는 데는 별다른 도움이 되지 않았다.

공화당도 이런 대립과 긴장 상태에서 자유롭지 못하다. 예를 들어, 불법 이민을 둘러싼 최근의 요란한 논란 과정에서 패트 뷰캐넌(Pat Buchanan) 유의 '미국 우선' 보수주의가 공화당 내에서 되살아나 부시 행정부의 자유 무역 정책에 도전할지도 모른다. 한편 조지 부시는 2000년 대통령 선거 운동 과정에서, 또 대통령 임기 초의 연설에서 정부의 진정한 역할을 '온정적 보수주의(compassionate conservatism)'로 표현한 바 있다. 백악관의 주장에 따르면 노인 의료 보험 대상자에 대한 처방 약제 할인 제도(Medicare prescription drug plan)와 '학습 부진 퇴치 운동(No Child Left Behind)'으로 알려진 교육 개혁 노력에서 그런 온정적 보수주의를 발견할 수 있다고 한다. 이런 제도와 노력이 작은 정부를 지향하는 보수 세력에게 가슴앓이가 되고 있음은 물론이다.

그러나 부시 대통령의 공화당 행정부가 제시한 경제 목표들은 대개 감세와 규제 완화, 정부 서비스의 민영화에 집중되었다. 특히 감세 조치는 계속 이어졌다. 행정부 관리들은 이를 소유주 사회(Ownership Society)로 지칭하지만 이것이 담고 있는 핵심은 최소한 1930년대 이후 자유방임 경제의 주요 특성으로 간주된 요소들이다. 즉 수입, 대형 자산, 자본 소득, 배당금에 대한 대폭적인 감세나 면세가 자본 형성과 저축률 상승, 기업 투자와 경제 성장을 촉진시킨다고 믿는 것이다. 또한 정부 규제는 시장의 효율적인 작용을 막고 시장의 기능을 왜곡시키며, 정부의 복지 정책은 원래 비효율적일 수밖에 없으며 의존성을 키워 개인의 책임감과 솔선수범, 선택 의지를 약화시킨다고 믿는 것이다.

아니면 로널드 레이건이 명료하고 간결하게 지적한 것처럼 "정부는 우리가 당면한 문제에 대한 해법이 아니다. 정부가 바로 우리의 문제다"라고 믿는 것이다.

부시 행정부는 예산 수지의 균형을 맞추겠다고 했지만, 지금까지는 지출 쪽에 기울어져 있었다. 공화당이 지배하는 의회는 연속적으로 감면 조치를 밀어붙이면서도 재정 지출의 통제라는 어려운 결정은 회피했다. 그에 따라 부시 집권 이래 특별 이자 충당금이 64퍼센트나 늘어났다. 한편 민주당 의원들과 일반 국민들은 매우 중요한 사회 투자 재원의 대폭 삭감에 반대했다. 또한 사회 보장제를 민영화하겠다는 부시 행정부의 계획에 대해서도 명백한 반대 의사를 표명했다.

부시 행정부가 연방 예산 적자와 국가 채무의 급증을 정말 대수롭지 않게 보는지 여부는 명확하지 않다. 그러나 분명한 점은 적자가 대폭 늘어나게 되면 부시의 뒤를 이을 여러 행정부들이 세계화에 수반되는 경제적 난제들에 대처하거나 사회 안전망을 강화하는 데 투자하기가 더욱 어려워진다는 사실이다.

나는 이런 교착 상태의 결과나 영향을 과장할 생각이 없다. 아무런 대처도 하지 않고 세계화의 흐름대로 방치한다고 해서 당장 미국 경제가 붕괴하는 일은 없을 것이다. 미국의 GDP는 중국과 인도의 GDP를 합친 것보다도 더 크다. 적어도 현재까지는 미국에 기반을 둔 기업들이 소프트웨어 디자인과 신약 연구와 같은 지식 기반 분야에서는 여전히 우위를 차지하고 있고 산학 연계 시스템은 전 세계의 부러움을 사고 있다.

그러나 장기간에 걸쳐 이대로 손을 놓고 있는다면 미국은 우리가 자랄 때와는 전혀 다르게 바뀔지 모른다. 현재보다 사회·경제적으로 훨씬 더 양극화될지도 모른다. 한쪽에는 날로 부를 더해 가는 지식 기반 계급(knowledge class)이 그들만의 주거 지역에 살면서 사립 학교 교육과 개인 건강 보험, 민간 경비 업체 서비스, 전용기 이용 등 시장에서 구할 수 있는 것이면 무엇이든지 구매해 누리고 활용하게 될 것이다. 그러나 다른 한편에서는 점차 많은 사람들이 저임금의 서비스직 일자리로 밀려나 불안정한 고용 상태와 노동 시간 연장 요구에 시달리게 된다. 그리고 의료 서비스와 노후 생활, 자녀 교육을 그러잖아도 재원 부족과 과중한 부담, 실효성 저하로 어려움을 겪고 있는 공공 부문에 의존할 수밖에 없는 처지에 놓이는 것이다.

한편 우리가 계속 손을 놓고 있으면 미국의 자산은 계속 채권국들에게 저당잡히고 산유국들에게 휘둘리게 될 것이다. 뿐만 아니라 장기적인 경제 전망을 좌우할 기초 과학 연구와 노동력 재훈련에 대한 투자가 줄어들고 잠재적인 환경 재앙에 대한 대처에 소홀해질 것이다. 결국 경제적 좌절감이 끓어오르고 계층 간의 대립과 긴장이 고조되면서 정치적 양극화와 불안정성은 더욱 심화될 것이다.

가장 심각한 문제는 젊은이들에게 기회가 줄어든다는 점이다. 건국 이래 미국의 희망과 기대의 중심에는 이른바 상향적 사회 이동이 자리

잡고 있었는데 이런 기대감이 줄어드는 것이다.

이런 미국의 모습은 우리 자신을 위해서도 바람직하지 않을뿐더러 후세에게 물려주고 싶지도 않다. 더구나 나는 미국이 더 나은 미래를 가꿀 능력과 자원을 지니고 있다고 확신한다. 경제를 성장시키면서 번영을 함께 나눌 그런 미래를 만들어 낼 힘이 있는 것이다. 이런 미래를 가꿔 나가지 못하는 이유는 좋은 방안이 없기 때문이 아니다. 미국의 경쟁력 강화에 필요한 어려운 조치들을 과감하게 취하겠다는 국가적 의지가 부족하고 시장에서 정부가 어떤 역할을 담당해야 하는지 새로운 국민적 합의를 이루지 못했기 때문이다.

이런 합의를 이루려면 그동안 우리의 시장 제도가 어떤 발전 과정을 거쳤는지 살펴봐야 한다. 캘빈 쿨리지(Calvin Coolidge, 미국 30대 대통령 – 옮긴이 주)는 "미국인의 주업은 바로 비즈니스다"라고 말한 적이 있었는데, 실제로 미국보다 더 시장의 논리를 지속적으로 흔쾌히 받아들인 나라는 찾아보기 어렵다.

미국 헌법은 자유를 앞세운 사회 제도의 핵심에 사유 재산제를 규정하고 있다. 미국의 종교적 전통도 근면의 가치를 높이 평가하고 고결한 삶이 물질적 보상을 가져다준다는 믿음을 서슴없이 드러낸다. 우리는 부자들을 헐뜯기는커녕, 닮고 싶은 역할 모델로 떠받든다. 미국의 신화는 온통 무일푼으로 아메리카에 와서 큰 부자가 된 이민자나 부를 좇아 서부로 향하는 젊은이 등 꿈을 이루거나 꿈을 추구하는 남녀들로 가득하다. 테드 터너(Ted Turner)의 유명한 지적처럼 미국에서 성공의 평가 기준은 돈이다.

이 같은 기업 문화는 인류 역사상 유례가 없는 번영을 가져왔다. 사실 외국 여행을 떠나 보면 미국인들이 얼마나 풍요로운지 실감할 수 있다. 미국에서는 가난한 사람이라도 누구나 전기와 깨끗한 물, 실내 상·하수도 설비, 전화, TV 등 온갖 편리한 설비와 제품들을 사용하는 것을 당연하게 생각한다. 하지만 세계의 많은 지역에서는 아직도 이런 물품과 시설, 서비스를 활용하지 못하고 있다. 미국은 천연자원 면에서도 지구 상에서 가장 축복받은 땅에 속한다. 그렇다고 미국의 경제적 성공이 이런 천연자원 때문만이라는 것은 아니다. 미국의 가장 큰 자산은 다양한 사회 조직으로 이뤄진 미국의 시스템이었나. 이 시스템은 오랜 세월 동안 끊임없는 혁신과 개인의 창의성, 자원의 효율적 배분을 촉진시켰다.

그 때문에 우리는 자유 시장 경제를 당연한 것으로 생각하는 경향이 있다. 즉 이런 시스템이 수요·공급의 법칙과 애덤 스미스의 보이지 않는 손에서 비롯된 자연스러운 것으로 생각하는 것이다. 그리고 이런 인식에 비춰 볼 때, 어떤 정부든 시장의 이 같은 마법적 작용에 끼어들면 안 된다고 생각하는 경향이 있다. 정부가 과세나 규제, 고소, 관세 부과, 노동자 보호, 사회 보장 지출 등의 형태로 시장의 기능에 간섭하면 반드시 개인의 기업 활동을 약화시키고 경제 성장을 방해하게 될 것이라고 생각하는 것이다. 경제 운용 방식에 있어 일종의 대안을 제시했던 공산주의와 사회주의 체제의 파탄은 이런 인식을 한층 강화시켰다. 모범적인 경제 교과서나 오늘날의 정치적 논쟁에서 무간섭주의는 기본 규칙처럼 여겨져 이의를 제기하는 사람은 대세를 거스르는 것처럼 보인다.

그러나 우리의 자유 시장 경제 체제가 자연법칙에서 비롯된 것도 아닐뿐더러 신의 섭리에 따른 결과물도 아니라는 점을 되새길 필요가 있다. 이 체제는 고통스러운 시행착오의 과정에서 비롯된 것이다. 효율성이냐 공정성이냐, 안정이냐 개혁이냐를 놓고 어려운 선택을 되풀이한 끝에 나타난 체제였다.

자유 시장 경제 체제의 여러 혜택은 대부분, 저마다 행복을 추구하는 개인들이 여러 세대에 걸쳐 노력한 결과 비롯되었지만, 경제적 격변과 전환기를 맞을 때마다 우리는 정부의 역할을 통해 새로운 기회를 창출하고 경쟁을 촉진했으며 시장의 기능을 한층 원활하게 만들었다.

크게 보면 정부의 역할과 기능은 세 가지 형태를 띠었다. 첫째, 건국 이래 정부는 인프라 건설과 인력 훈련, 경제 성장에 필요한 기반 구축 등의 소임을 부여받았다. 헌법 제정자들은 사유 재산과 자유 간의 밀접한 관련성을 인식했다. 이중 알렉산더 해밀턴(Alexander Hamilton)은 국민 경제의 무한한 잠재력도 분명하게 인식했다. 그는 그때까지 의존했던 농업 부문뿐만 아니라 앞으로 활기차게 성장할 상업 및 산업 부문을 국가 경제의 근간으로 삼기 위해 강력하고 역동적인 중앙 정부가 있어야 한다고 주장했다. 해밀턴은 초대 재무 장관에 취임한 뒤 자신의 구상을 실천하는 데 적극적으로 나섰다. 그는 우선 독립 전쟁 채권을 연방 정부가 떠맡게 했다. 이런 조치는 각 주의 경제를 통합하는 데 도움이 되었을 뿐만 아니라 국가 여신 제도와 불안정한 자본 시장을 개선하는 데도 기여했다. 해밀턴은 특허법의 강력한 시행에서 고율의 수입 관세 부과에 이르기까지 미국 제조업을 촉진시키는 제반 정책을 추진했고 상품을 시장으로 원활하게 운송하는 데 필요한 도로와 교량의 건설에 많은 투자가 필요하다고 제안했다.

해밀턴은 토머스 제퍼슨의 강한 저항에 부딪혔다. 제퍼슨은 강력한 중앙 정부가 부유한 상업 세력과 연계된다면 토지와 연결된 평등주의적 민주주의를 지향하는 자신의 비전을 손상시킬 것이라고 판단했다. 그러나 해밀턴은 자본을 토착 지주 세력에게서 떼어 놓아야만 비로소 미국은 자체의 가장 강력한 자원, 즉 미국인의 에너지와 진취적 기업가 정신을 활용할 수 있다고 판단했다. 이 같은 사회 이동(social mobility)이라는 개념은 미국 자본주의가 초기에 다짐한 한 가지 중요한 약속의 밑바탕이 되었다. 즉 산업 및 상업 자본주의가 사회를 불안정하게 할 수도 있지만, 시스템 자체가 역동적이기 때문에 누구나 자신의 재능과 열정을 활용하여 가장 높은 위치로 올라설 수 있다는 것이었다.

제퍼슨도 이 점에는 공감을 나타냈다. 제퍼슨은 바로 이런 믿음 때문에 세습적인 귀족 사회가 아닌 능력주의 사회를 신봉했다. 그에 따라 제퍼슨은 신생 미국의 인재들을 두루 교육·훈련시킬 수 있는 국립 대학의 창설을 옹호했다. 그는 버지니아 대학을 설립한 것을 자신의 가장 큰 업적 가운데 하나로 생각했다.

링컨과 초기의 공화당은 인프라 건설과 인력 개발에 대한 정부 투자의 전통을 적극적으로 받아들였다. 링컨은 미국의 정수는 기회, 즉 삶을 향상시키기 위한 '자유로운 노동' 능력이라고 보았다. 그는 자본주의가 그런 기회를 창출하는 최상의 수단이라고 생각했다. 그러나 링컨은 농업 사회에서 공업 사회로 전환하는 과정이 개인들의 삶과 사회 전체에 혼란을 초래한다는 점도 잘 알고 있었다.

이런 믿음에 따라 링컨은 남북 전쟁이 벌어지는 상황에서도 일련의 정책 시행을 통해 통합적 국민 경제의 기본 바탕을 마련하고 나아가 하위 계층에까지 기회를 열어 놓아 더 많은 사람들이 상향적 사회 이동을 꾀할 수 있게 했다. 링컨은 미국 최초의 대륙 횡단 철도 건설도 적극 추진했다. 또한 미국과학원(National Academy of Sciences)을 설립해 기초 연구와 과학적 발견을 촉진시킴으로써 신기술 개발과 기술의 상업적 활용을 도모했다. 한편 1862년 홈스테드 법(Homestead Act)이라는 획기적인 법률을 제정했다. 이 법에 따라 동부 지역 출신 이주민과 세계 각지에서 몰려온 이민자들은 서부 지역의 광대한 국유지를 무상 또는 헐값에 인수함으로써 성장 일로에 있는 미국 경제 속에서 일정한 혜택을 누릴 수 있었다. 링컨은 이 홈스테드 법에 따라 서부 지역에 정착한 사람들이 그곳에서 자활할 수 있도록, 무상 기증 토지를 재원으로 하는 단과 대학들을 많이 설립해 농민들에게 최신 영농 기법을 가르치는 한편, 농촌에만 머무르지 않고 새로운 꿈을 꿀 수 있도록 교양 교육도 실시했다.

중앙 정부의 자원과 권한이 활기찬 자유 시장 경제를 대체하는 것이 아니라 오히려 더욱 활성화시킨다는 해밀턴과 링컨의 통찰은, 이후에도 미국이 발전을 거듭하는 단계마다 민주·공화 양당 정강 정책의 기본 바탕이 되었다. 후버 댐과 TVA(테네시 강 유역 개발 공사), 고속도로망, 인터넷, 인간 게놈 프로젝트 등 정부의 대규모 투자 사업은 민간 경제 활동이 급속히 확대되는 데 큰 도움이 되었다. 또한 중앙 정부는 수많은 사람들에게 대학 교육을 받을 수 있게 해준 제대 군인 원호법(GI Bill) 같은 프로그램 외에도 공립 학교 제도를 만들고 고등 교육 기관을 설립하는 형태로 개인들이 기술 혁신 시대에 적응하고 스스로 기술 발전을 촉진하도록 북돋웠다.

꼭 필요한 투자지만 개인 기업이 감당할 수 없거나 기피하는 것도 있다. 적극적인 중앙 정부는 이런 투자에 나설 뿐만 아니라 시장이 제구실을 못할 때도 긴요한 역할을 담당했다. 어느 자본주의 체제에서나 시장의 효율적인 기능을 방해하거나 해를 끼치는 뜻밖의 장애물들이 되풀이해서 나타나게 마련이다.

테디 루스벨트는 독점이 경쟁을 제한한다는 점을 인식하고 '트러스트 깨뜨리기'를 정부의 핵심적인 과제로 삼았다. 우드로 윌슨(Woodrow Wilson)은 통화량을 조절하고 금융 시장에 주기적으로 나타나는 공황에 대비하기 위해 연방 준비은행을 만들었다. 연방 정부와 주

정부는 미국민을 유해 상품으로부터 보호하기 위해 최초의 소비자 보호 법인 순정식품 의약품법과 정육 검사법을 제정했다.

1929년 증권 시장의 주가 대폭락과 뒤이은 경제 공황기를 맞이하여 정부는 시장 규제라는 매우 중요한 역할을 떠맡게 되었다. 투자자의 시장에 대한 신뢰도가 완전히 땅에 떨어지고 은행으로 쇄도하는 지급 청구가 금융 제도의 붕괴를 위협할 지경에 이른 데다 소비 수요와 기업 투자가 격감하는 상황이 벌어지자 프랭클린 D. 루스벨트는 더 이상의 경제위축을 막기 위해 정부가 개입하는 일련의 조치를 취했다. 이후 8년 동안 루스벨트 행정부는 뉴딜 정책을 앞세워 경제를 회복시키기 위한 여러 새로운 정책들을 펼쳤다.

이 같은 정부 개입 정책이 모두 소기의 성과를 거둔 것은 아니지만 경제 위기의 재발 위험을 줄이는 데 도움이 될 만한 규제 시스템을 만들어 냈다. 금융 시장의 투명성을 보장하고 각종 부정 행위와 내부 거래 조작으로부터 소액 투자자를 보호하기 위해 증권거래위원회를 설치한 것이나 시민들이 안심하고 은행에 돈을 예치할 수 있도록 연방예금보험공사(FDIC)를 설립한 것, 그리고 기업과 가계의 수요 위축을 반전시키기 위해 감세나 유동성 강화, 재정 지출 확대 등의 형태로 경기 조절용 금융 및 통화 정책을 펼치는 것 등이 그런 예이다.

마지막으로 정부는 기업과 노동자가 사회적 계약을 맺도록 지원했다. 이것은 가장 큰 논란의 대상이 되기도 한다. 미국은 건국 이래 150년 동안 자본이 기업 합동과 유한 책임 회사로 계속 집중되면서 노동자들이 노동 조합 결성을 통해 자신의 영향력을 키워 나가는 것이 법률과 폭력으로 차단되었다. 노동자들은 저임금과 장시간 노동에 시달렸을 뿐만 아니라 위험하고 비인간적인 노동 조건으로부터 거의 아무런 보호도 받지 못했다.

더구나 미국 사회의 문화는 자본주의 체제에서 주기적으로 닥치는 '창조적 파괴'라는 태풍에 휩쓸려 빈곤으로 내몰린 노동자들에게 별다른 동정의 눈길을 보내지 않았다. 성공하고 부자가 되려면 정부의 보호에 기대할 것이 아니라 더 열심히 일하고 노력해야 한다는 인식이 사회 밑바탕에 깔려 있었던 것이다. 이런 상황에서 사회 안전망이라고 해보았자 민간 자선 단체가 베푸는 하찮은 도움이 고작이었다.

대공황은 미국 사회에 엄청난 충격을 안겨 주었다. 미국 전체 인구의 3분의 1이 일자리를 잃고 기본적인 생활조차 할 수 없는 상황에 처했던 것이다. 따라서 정부는 이런 경제적 불균형을 바로잡아야 했다.

프랭클린 D. 루스벨트 대통령은 첫 임기 2년 사이에 의회를 압박해 사회 보장법(Social Security Act of 1935)을 통과시켰다. 새로운 복지 국가의 핵심을 이룬 이 법률은 일자리를 잃은 사람들에게 실업 보험금을 지급하고 장애인과 노령 빈곤층에게 적정액의 복지 수당을 제공하며 노년층의 절반 가까이를 빈곤에서 구제함으로써 사회 안전망의 역할을 톡톡히 했다. 이에 더하여 프랭클린은 노사 관계를 근본적으로 바꾸는 여러 법률들을 제정했다. 주 40시간 근로제, 어린이 노동을 금지시킨 법률이나 최저 임금법, 그리고 산업별 노동 조합 결성을 허용하고 사용자 측이 노사 협상에 성실하게 임하도록 강제하는 내용의 노동 관계법이 여기에 속한다.

프랭클린이 이런 법률을 제정한 기본적인 이유 가운데 하나는 케인스의 경제 이론에서 찾을 수 있었다. 경제 불황을 극복하는 방법 중 하나는 미국 노동자들의 호주머니로 들어가는 가처분 소득을 늘리는 데 있다는 것이다. 프랭클린은 민주주의 국가에서 자본주의 경제를 운용하려면 국민의 동의가 필요하다는 점을 잘 알고 있었다. 그리고 노동자들에게 경제 성장의 결실을 더 많이 분배하는 자신의 개혁 조치가 당시 유럽 전역에서 지지를 받았던 정부 주도의 중앙 통제 경제 체제, 즉 파시즘이나 사회주의, 공산주의 경제 체제의 잠재적 매력을 약화시킬 것이라는 점도 충분히 인식하고 있었다. 그가 1944년 역설했던 것처럼 "배고프고 일자리가 없는 사람들이야말로 독재 체제를 만드는 재료이다."

한동안 이 같은 노력은 제구실을 다 하는 듯했다. 프랭클린 대통령은 연방 정부의 적극적인 개입을 통해 인력 개발과 인프라 구축에 투자하고 시장을 규제하며 노동자들을 만성적인 궁핍에서 벗어나게 함으로써 자본주의 경제 체제를 구해 냈다. 사실 이후 25년 동안 공화당과 민주당이 번갈아 집권하며 미국의 이런 복지 국가 모델은 국민들의 폭넓은 동의를 얻었다. 물론 보수 세력은 사회주의적 색채가 점차 짙어지는 국정 운영에 불만을 토로했고, 진보 세력은 반대로 프랭클린 대통령도 복지정책을 제대로 펼치지는 못했다고 비판했다.

그러나 미국의 대량 생산 경제가 이룩하는 엄청난 성장세, 전쟁으로 파괴된 유럽·일본과 미국 간의 엄청난 생산력 격차는 좌우 간의 이념적 대결을 대부분 침묵시켜 버렸다. 미국 기업들은 외국 경쟁 기업들이 거의 없었던 탓으로 규제 조치에 따른 여러 비용과 인건비 상승을 소비자에게 간단히 전가시킬 수 있었다. 완전 고용 상태에다, 조합 결성을 통해 권익을 지킬 수 있었던 공장 노동자들은 이제 중산층으로 올라서고 가장의 수입만으로 생계를 꾸려 나가며, 건강을 돌보고 은퇴 이후의 삶도 안심할 수 있게 되었다. 이처럼 기업이 지속적으로 이윤을 얻고 노동자들의 임금이 계속 상승하다 보니, 정책을 수립하는 사람들이 어려운 사회 문제들을 해결하기 위해 증세와 규제 강화를 추진하더라도 정치적 저항을 별로 걱정하지 않게 되었다.

당면 사회 문제 해결을 위한 정책 프로그램으로는 존슨 행정부에서 추진한 '위대한 사회 프로그램(Great Society programs, 존슨 대통령이

1960년대에 주창한 빈곤 추방 및 경제 성장 정책 – 옮긴이 주)' 이 있는데, 65세 이상 노인 의료 보장 제도와 65세 미만의 저소득층 및 신체 장애자 의료 보조 제도, 기타 복지 제도에 관한 내용을 담고 있었다. 닉슨 행정부 시절에도 그런 정책의 일환으로 환경보호국과 직업보건안전국(OHSA)을 신설했다.

이 같은 정책이 큰 성공을 거두는 데는 딱 한 가지 장애물이 존재했다. 자본주의 경제가 항상 조용한 것은 아니었던 것이다. 1970년대에 이르자 2차 세계 대전 이후 미국 경제를 이끌어 온 견인차였던 생산성 증가가 둔화하기 시작했다. 또한 석유수출국기구(OPEC)의 목소리가 커지면서 외국 산유국들이 글로벌 경제에서 훨씬 큰 비중을 차지하게 되었고, 그에 따라 미국 경제는 안정적인 에너지 공급 차질로 타격을 받았다. 미국 기업들은 또한 아시아 각국 기업들의 저가 상품과 경쟁을 벌여야 하는 상황에 놓이게 되었다.

1980년대에는 섬유와 신발, 전자 제품, 심지어 자동차까지 값싼 수입품들이 쏟아져 들어오면서 미국 시장을 점유하기 시작했다. 한편 미국에서 활동하는 다국적 기업들은 일부 생산 시설을 외국으로 이전하기 시작했다. 외국 시장으로 진출하기 위해서만이 아니라 저임금 노동력을 활용하기 위해서였다.

이처럼 글로벌 시장에서 경쟁이 심해짐에 따라 지속적인 이윤을 기대할 수도 없을뿐더러 기존의 낡은 경영 관리 방식이 더 이상 통하지도 않게 되었다. 전처럼 비용 상승이나 조악한 상품을 소비자에게 떠안길 수 없게 되면서 기업 이윤과 시장 점유율은 떨어졌다. 이런 상황에서 주주들이 가만히 있을 리가 없었다. 부가 가치 창출을 요구하는 주주들의 아우성에 따라 일부 기업은 혁신과 자동화로 생산성을 향상시키는 방안을 모색했다. 다른 기업들은 주로 비정한 감원 조치와 노조 결성 방해,

생산 시설 해외 이전 등의 방법에 의존했다. 변화된 경영 환경에 적응하지 못한 경영자는 기업 사냥꾼이나 차입 매수(leveraged buyout) 모략꾼들의 희생물이 되었다. 이들은 인수 대상 기업 직원들의 처지는 안중에도 없었다. 그에 따라 기업의 주인이 바뀌면 직원들의 생계는 물론 기업이 위치한 지역 사회가 흔들리게 되었다. 미국 기업들의 수익성이 점차 떨어지고 경영 수지가 악화되면서 제조업 부문 노동자들과 게일즈버그 같은 소도시들이 제일 먼저 이런 경제적 변화의 회오리에 휩쓸리게 되었다.

새로운 환경에 적응해야 할 대상은 민간 부문만이 아니었다. 로널드 레이건이 대통령 선거 운동 과정에서 분명하게 지적한 것처럼 국민들은 정부도 변화를 모색해야 한다고 믿었다.

그러나 레이건은 지난 4반세기 동안 미국에서 복지 정책이 강화된 정도를 과장했다. 어마어마한 국방비를 계산에 넣더라도 예산이 가장 많을 때조차 정부 예산이 미국 경제에서 차지하는 비중은 서유럽 여러 나라에 비해 훨씬 낮은 편이다. 그런데도 레이건이 앞장서서 외친 이른바 '보수 혁명'은 상당한 설득력을 발휘했다. 레이건의 통찰력 있는 지적에 상당한 타당성이 있었기 때문이다. 그는 민주당 정책 수립자들이 파이를 키우는 일보다는 파이를 나누는 일에 더 집착했고, 그동안 진보적인 세력이 추진한 복지 정책은 자기 만족에 빠진 채 지나치게 관료화했다고 지적했다.

지금까지 경쟁에 시달리지 않았던 수많은 기업 경영자들이 더 이상 부가 가치를 창출하지 못하는 것처럼 수많은 관료와 관료 조직들도 그들의 주주(미국 납세자)와 소비자(정부의 행정 서비스 이용자)들이 지불하는 돈에 상응하는 효용 가치를 얻고 있는지 확인하지 않았다.

정부의 온갖 프로그램이 홍보와 선전 내용처럼 제구실을 한 것은 아니었다. 일부는 민간 부문이 떠맡아 시행하면 더 좋은 성과를 낼 수 있었다. 시장에 기초를 둔 인센티브를 제공하면 더 적은 비용과 한층 신축성 있는 방법으로 중앙 통제식 규제와 마찬가지의 성과를 이끌어 낼 수 있었다. 레이건 집권 당시의 높은 한계 세율은 노동과 투자 의욕을 꺾지는 않았지만 투자 결정을 왜곡시켜 조세 피난처를 찾게 만들었다. 또한 복지정책이 빈곤에 시달리는 많은 미국민을 구제한 것은 분명하나 노동 윤리와 가정의 안정성이라는 면에서는 일부 잘못된 유인과 동기를 만들어 낸 것도 사실이었다.

레이건은 민주당이 지배하는 의회와 타협할 수밖에 없었기 때문에 작은 정부를 지향하는 야심만만한 구상 중 상당 부분을 실현할 수 없었다. 그러나 그는 정치적 논란의 양상을 근본적으로 바꿔 놓았다. 이제 중산층의 조세 저항은 중앙 정치 무대의 고정 안건이 되어 정부의 증세 폭에 일정한 한도를 설정해 버렸다. 그리고 많은 공화당원들에게 시장 불개입은 하나의 신조처럼 되었다.

물론 많은 유권자들은 경제가 침체 국면에 빠지면 여전히 정부에 눈길을 돌렸다. 빌 클린턴은 이런 여론의 흐름을 활용해 정부가 경제 문제에 한층 더 적극적인 조치를 취해야 한다고 촉구했다. 이런 주장이 많은 지지를 받아 클린턴의 백악관 입성에 적잖은 도움이 되었다.

클린턴은 1994년 건강보험 개혁안이 정치적으로 참담한 패배로 귀결되고 의회 선거에서 공화당이 승리를 거두자 어쩔 수 없이 자신의 야심을 다소 조정하고 후퇴시켰다. 그러나 그는 레이건이 설정한 몇몇 목표에 진보적인 색채를 덧씌울 수 있었다. 클린턴은 거대 정부의 시대는 끝났다고 선언하면서 복지 개혁법에 서명했고 중산층과 취업 빈곤층을 위해 세금 감면을 추진하고 관료 조직과 온갖 번잡스러운 절차들을 줄이기 위해 노력했다. 게다가 클린턴은 레이건이 한 번도 성공하지 못한 일을 거뜬히 이루어 냈다. 빈곤층을 줄이고 교육과 직업 훈련에 상당한 규모의 신규 투자를 감행하면서도 재정 수지를 정상화시켰던 것이다. 클린턴이 퇴임할 즈음에는 전보다 정부의 규모가 축소되었는데도, 루스벨트가 처음 마련한 사회 안전망을 거의 그대로 유지함으로써 작은 정부와 복지 국가라는 상반되는 목표에 어느 정도 균형이 이뤄진 것처럼 보였다.

그러나 자본주의 경제는 계속 요동치며 새로운 상황을 만들어 냈다. 레이건과 클린턴은 여러 정책을 통해 인심 좋은 복지 국가에 낀 불필요한 지방질을 다소 걷어 낼 수 있었지만 글로벌 경쟁과 기술 혁명이라는 근본적인 현실을 바꿀 수는 없었다. 일자리는 계속 해외로 빠져나가고 있었다. 그것도 제조업 일자리에 국한된 것이 아니었다. 기초적인 컴퓨터 프로그래밍처럼 디지털 전송이 가능한 서비스 부문의 일자리까지 흘러 나갔다. 기업은 기업대로 값비싼 건강 보험 비용을 감당하기 위해 계속 안간힘을 썼다. 수출량보다 수입량이 많고 빌려 주는 돈보다 빌려 오는 돈이 훨씬 많은 상황이 지속되었다.

뚜렷한 국정 운영 철학을 찾아볼 수 없는 부시 행정부와 공화당 의원들은 이러한 상황을 추가 감세와 추가 규제 완화, 사회 안전망 추가 축소라는 보수 혁명 추진으로 대응했다. 공화당이 이런 접근 방식을 택함으로써 1980년대 승리를 거뒀던 지난날의 싸움을 다시 시작함에 따라 민주당 역시 1930년대의 뉴딜 정책을 옹호하는 싸움을 벌이지 않을 수 없게 되었다.

이제 민주·공화 양당의 어떤 전략도 더 이상 실효를 거둘 수 없다. 그저 비용을 감축하고 정부 규모를 축소하는 것만으로는 중국이나 인도와 경쟁을 벌일 수 없다. 미국인들의 생활 수준을 대폭 낮출 수 없다면, 스모그로 뒤덮인 도시에서 수많은 거지들이 득실거리는 상황을 견뎌 낼 수 없다면, 경쟁은 불가능하다. 또한 전 세계의 모든 컴퓨터를 빼앗아 오지 않는 한, 관세 장벽을 쌓고 최저 임금을 인상하는 것으로는 다른 나라와 경쟁할 수 없다.

그러나 지난 역사는 우리에게 정부 주도의 억압적인 경제 체제와 혼란스럽고 가차 없는 자본주의 사이의 양자택일만이 남아 있는 것은 아니라는 자신감을 안겨 준다. 지난 역사는 또한 엄청난 경제적 격변을 거치고 나면 우리가 전보다 더욱 강해질 수 있다는 점을 일깨워 준다.

선조들과 마찬가지로 우리도 제반 정책을 어떻게 선택하고 조합하면 역동적인 자유 경쟁 시장과 광범위한 경제적 안전성, 기업의 혁신, 상향적 사회 이동을 활성화시킬지 자문해 봐야 한다. 우리는 링컨의 짤막한 격언에서 지침을 얻을 수 있다. 개인적으로나 사적으로는 할 수 없는 일들을 정부를 통해 공동으로 수행해야 한다는 것이다.

달리 말하자면 우리는 실효성을 길잡이로 삼아야 한다.

경제 문제에 대한 새로운 국민적 합의는 어떤 형태를 띨 것인가? 나는 해답을 다 아는 것처럼 거짓말할 생각은 없다. 미국 경제 정책 전반을 상세하게 논하려면 여러 권의 책으로 펴내야 할 것이다. 그러나 현재와 같은 정치적 교착 상태를 깰 수 있는 몇 가지 사례를 제시할 수 있다. 우리는 해밀턴과 링컨의 전통을 이어받아 인프라 건설과 인력 개발에 투자할 수 있고 루스벨트 대통령이 처음으로 맺어 놓은 사회 계약을 되살려 현대화하는 일에 착수할 수 있다.

글로벌 경제 속에서 미국의 경쟁력을 강화시킬 수 있도록 교육 및 과학 기술, 에너지 자립화에 투자하는 것부터 시작할 수 있다.

지난 역사를 돌이켜 보면, 미국이 시민들과 맺은 계약의 중심에는 교육이 자리 잡고 있었다. 열심히 일하고 책임질 줄 안다면 생활을 향상시킬 수 있는 기회가 온다는 것이다. 그러나 취업 시장에서 지식이 인력의 가치를 좌우하고 로스앤젤레스의 어린이가 보스턴의 어린이뿐만 아니라 방갈로르와 베이징의 수백만 어린이와 경쟁을 벌여야 하는 세상인데도 미국에는 국가와 시민 간 계약의 핵심적인 목표를 제대로 뒷받침하지 못하는 학교들이 너무나 많다.

2005년 나는 시카고 남쪽 교외 지역의 손턴타운십 고등학교를 찾아갔다. 흑인 학생들이 압도적으로 많은 학교였다. 그전에 보좌관 몇 사람이 미리 가서 교사들과 함께 학생들과의 모임을 준비했다. 학급 대표들은 몇 주간 학생들의 관심사를 조사한 뒤 모임에서 그 결과를 나에게 제시하기로 했다. 학생들과 만났을 때 이들은 동네의 폭력 실태와 교실의 컴퓨터 부족 문제를 얘기했다. 그러나 이들의 가장 큰 관심사는 이런 것이었다. 학구의 재정이 취약해 교사들을 파트 타임으로 고용했기 때문에 이 학교는 매일 수업이 오후 1시 30분에 끝났다. 이처럼 단축 수업을하다 보니, 학생들은 과학 실습이나 외국어 교육을 받을 시간이 없었다.

"어떻게 우리가 이렇게 무시당할 수 있습니까?"

학생들은 나에게 이렇게 물었다.

"우리가 대학에 진학하기를 바라는 사람이 아무도 없다는 느낌이 듭니다."

한마디로 그들은 더 많은 수업을 받고자 했다.

우리는 학교에서 별다른 학습 의욕도 없이 하루하루를 보내는 가난한 흑인과 라틴계 학생들의 이야기를 자주 들었다. 이들 학생은 정보화 시대는커녕, 사양화한 산업 경제에도 적응해 살아갈 준비가 안 되어 있다는 것이었다. 그러나 교육 제도의 문제가 도심 빈민가에만 한정된 것은 아니다. 현재 미국 고교생의 중퇴율은 선진 공업국들 중에서 가장 높은 축에 든다. 미국 고교생이 고학년으로 올라갈 때쯤 되면 수학과 과학

성적은 대부분의 외국 학생들에 비해 뒤떨어진다. 10대 청소년의 절반은 기초적인 분수를 이해하지 못하고, 9세 학생 중 절반은 기초적인 곱셈이나 나눗셈조차 하지 못한다. 대학 입학 시험을 치르는 학생 숫자는 그 어느 때보다 늘어났지만 영어, 수학, 과학 성적으로 대학 수학 능력을 측정해 본 결과 수험생의 22퍼센트만 고등 교육을 받을 만한 능력을 갖추고 있었다.

통계가 보여주는 이런 실상을 정부 혼자만의 노력으로 개선시킬 수 있을 것이라고는 생각하지 않는다. 어린이들이 열심히 공부해 학업 성취도를 높이도록 가르치고 이끄는 책임은 주로 부모에게 있다. 그러나 부모들이 윗세대들처럼 정부가 공립 학교 운영을 통해 교육 과정에 전면적으로 참여하기를 바라는 것도 무리는 아니라고 생각한다.

그러나 불행하게도 정부는 공립 학교의 쇄신과 대담한 개혁을 추진하지 못하고 있다. 내가 말하는 개혁이란 손턴 고등학교 졸업생들이 구글 입사 시험에서 경쟁을 벌일 수 있게 만들 정도의 변화를 뜻한다. 정부는 지난 20년 가까이 쇄신과 개혁 언저리에서 맴돌며 어설픈 시도를 벌이다 평범한 성과에 만족하고 말았다. 이런 결과는 부분적으로 새로운 발상을 하지 못하는, 시대에 뒤떨어진 이념 대립에서 비롯된다. 많은 보수주의자들은 이런 주장을 펼친다. 학업 성취도를 끌어 올리는 데는 많은 돈이 필요하지 않고, 공립 학교의 여러 문제점은 불운한 관료 조직과 비타협적인 교원 노동 조합 때문에 빚어진 것이라는 것이다. 따라서 바우처(Voucher, 정부가 학교에 교육비를 지원하는 대신 학부모나 학생에게 쿠폰 형태의 학비인 바우처를 제공해 직접 학교를 선택하게 하는 것으로서, 일반적으로 교육 바우처 또는 스쿨 바우처 제도로 불린다. 1955년 경제학자 밀턴 프리드먼이 제안한 제도로서 공·사립 학교 간의 경쟁을 촉진하고 학생들의 학업 성취도를 끌어 올리기 위한 것이다 – 옮긴이 주)를 나눠 주는 형태로 정부의 교육 독점을 깨뜨리는 것이 유일한 해결책이라고 그들은 주장한다. 반면 진보주의자들은 더 많은 재정을 투입해야만 교육 성과를 향상시킬 수 있다는 주장을 펼치면서 가능하지도 않은 현상 고수에 집착하는 경우가 많다.

그러나 양쪽의 주장과 가정은 모두 잘못된 것이다. 재원이 많고 적음은 분명 교육에 상당한 영향을 미친다. 그렇지 않다면 학부모들이 무엇 때문에 학구의 재원이 풍족한 교외 지역에 거주하기 위해 그토록 안간힘을 쓰겠는가? 도시 지역과 농촌 지역 학교 중에는 아직도 과밀 학급과 구식 교과서, 시설 불량으로 어려움을 겪고 교사들이 호주머니를 털어 기본 비품을 준비하는 곳이 적지 않다. 그러나 공립 학교의 관리와 운용 방식 또한 재원만큼이나 문제가 된다.

따라서 우리가 해야 할 일은 학업 성취도에 가장 큰 영향을 미칠 수 있는 개혁이 어떤 것인지 찾아내 필요한 자금을 투입하되, 성과가 없는 계획은 폐기하는 것이다. 그런데 우리는 이미 성과를 낼 수 있는 개혁이 어떤 것인지 잘 알고 있다. 먼저 수학과 과학, 언어 능력에 중점을 둔 의욕적이고 엄격한 커리큘럼을 마련하고 수업 시간과 수업 일수를 늘려 학생들이 더 많은 시간 동안 집중해서 학습에 임하도록 해야 한다. 뿐만 아니라 취학 초기부터 다른 학생에게 뒤떨어지는 일이 없도록 조기 교육을 실시하고, 실력에 바탕을 둔 평가로 학생들의 학습 현황을 빈틈없이 파악하며 개혁을 추진할 수 있는 학교장과 유능한 교사들을 확보하고 교육시켜야 한다.

마지막으로 강조할 점은 유능한 교사를 확보하는 것이다. 최근 연구 결과에 따르면 학업 성취도를 좌우하는 가장 중요한 요인은 피부색이나 출신이 아닌, 지도 교사로 밝혀졌다. 그러나 불행히도 현재 각급 학교에는 경험이 짧고, 담당 과목에 대한 전문성이 부족한 교사들이 너무 많다. 특히 문제가 많은 학교일수록 이런 교사들이 많아, 상황은 더 나빠질 뿐 개선의 여지가 보이지 않는다. 베이비 붐 세대가 정년퇴직할 나이가 되면서 해마다 많은 학구에서 경험이 풍부한 교사들이 계속 빠져나가고 있어 앞으로 10년 동안 보충해야 할 교사의 규모가 200만 명에 이른다.

현재 문제가 되는 것은 교사직에 대한 무관심이 아니다. 나는 일류 대학을 졸업한 젊은이들이 학업 성취도 격차 해소 운동(Teach for America, 가정환경이나 출신 배경에 따라 학생들의 학업 성취도에 큰 차이가 나는 현상을 타개하고자 조직된 비영리 단체. 대학 졸업생들을 5주간 집중적으로 교육시켜 주로 도심과 농촌 지역 학교에 배치해 2년간 교사로 활동하게 한다－옮긴이 주)에 참여해 가장 열악한 공립 학교에서 2년 동안 열심히 학생들을 가르치는 것을 많이 보아 왔다. 이들은 이런 활동에 큰 보람을 느끼고 있다. 학생들은 이들 우수한 인력의 창의력과 열정으로부터 많은 것을 배운다. 그러나 2년이 지나면 그들 중 대부분이 전업을 하거나 교외 지역의 좋은 학교로 자리를 옮겼다. 급료가 낮고 교육 기관의 지원이 거의 없는 데다, 고립감마저 느끼기 때문이다.

우리가 진정으로 21세기에 알맞은 교육 제도를 만들고자 한다면 우선 교직에 대한 인식을 진지하게 재검토해야 한다. 예를 들어 교사가 되고 싶어 하는 화학 전공자가 많은 비용을 들여 추가로 교직 과목을 이수해야 하는 부담을 없애 주는 등 교사 자격 인증제도를 바꿔야 하고, 신입 교사와 경험이 풍부한 교사를 한 팀으로 활동하게 함으로써 교사들 사이의 단절을 막아야 하며, 능력이 검증된 교사들에게 더 많은 재량권을 부여해 자율적으로 수업을 진행할 수 있게 해야 한다.

또한 교사들에게 정당한 대우를 해줘야 한다. 자격을 갖추고 경험이 풍부하며 능력도 뛰어난 교사라면 한창 왕성하게 일할 시기에 연봉

10만 달러를 받아서는 안 될 이유는 없다. 수학과 과학 같은 중요한 과목을 가르치는 유능한 교사들과 열악한 도심 빈민 지역 학교를 자원한 교사들에게는 그 이상의 대우를 해야 마땅하다.

보수를 올려 주는 대신 조건이 있다. 성과에 대한 책임을 좀 더 엄격하게 따져야 한다는 점이다. 학구마다 무능력 교사를 가려내 퇴출시키는 노력을 강화해야 한다.

지금까지 교원 노조는 능력 평가와 성과에 바탕을 둔 보수 체계를 반대했다. 학교장의 자의적인 판단에 따라 보수가 결정될 수 있다는 것이 부분적으로 반대의 근거가 되었다. 또한 교원 노조는 대부분의 학구가 오로지 학생들의 시험 성적만으로 교사들의 능력을 평가하고 있는데, 이는 부당하다고 주장한다. 학급의 학업 성취도는 저소득 가정 출신이나 특별 지도가 필요한 학생들의 숫자가 학급 안에 얼마나 되느냐에 따라 크게 좌우될 수 있기 때문이다. 통제할 수 없는 변수에 의해 능력을 평가받는 것은 옳지 않다는 주장이다. 나도 이 주장에 공감한다.

그렇지만 이런 문제들의 해결이 불가능한 것은 아니다. 각 주와 학구들이 교원 노조 관계자들과 머리를 맞대고 협의하면 더 나은 능력 평가 방식을 찾아낼 수 있을 것이다. 예를 들어 학생들의 시험 성적과 동료 교사의 상호 평가 결과를 합해서 능력을 가늠하는 것도 고려할 수 있다. 같은 학교에 근무하는 교사들은 대부분 누가 유능하고 누가 무능한지 놀라울 정도로 정확하게 가려낸다. 이런 방법들을 통해 배우고자 하는 의지를 지닌 학생들이 무능한 교사 밑에서 더 이상 어려움을 겪지 않도록 해야 한다.

우리가 학교 제도를 개혁하는 데 투자하고자 한다면 우선 모든 어린이들이 지식을 배우고 깨우칠 수 있다는 우리의 믿음부터 재확인해야 한다. 최근 시카고 웨스트사이드 지역에 위치한 도지 초등학교를 찾아간 적이 있었다. 이 학교는 여러 평가 항목에서 최하위에 가까운 학교였는데 당시 적극적인 개혁을 모색하고 있었다. 나는 몇몇 교사들과 당면 과제를 놓고 의견을 나누고 있었는데 한 젊은 교사가 '이 아이들 신드롬(These Kids Syndrome)'이라는 희한한 용어로 문제점을 지적했다. 즉 미국 사회가 '이 아이들'이 왜 제대로 배우지 못하는가에 대해 수많은 변명거리들을 찾아내고 있다는 것이었다. 예를 들면 이런 식이다. "이 아이들은 형편이 어려운 집안 애들이지요." "이 아이들은 너무 뒤떨어져 있습니다."

이 교사는 "이런 말을 들을 때마다 화가 치밀었어요"라고 내게 말했다.

"이 학생들은 '이 아이들'이 아닙니다. '우리 아이들'이지요."

나는 앞으로 미국 경제의 앞날은 젊은 교사의 지적을 얼마나 가슴 속 깊이 새기느냐에 따라 크게 좌우될 것이라고 생각한다.

교육 투자가 초등학교와 중등학교 제도의 개선으로 끝날 일은 아니다. 오늘날과 같은 지식 기반 경제에서 앞으로 10년 동안 급성장할 유망 직종은 거의 대부분 과학이나 기술 분야의 능력을 요구한다. 따라서 대부분의 노동자들은 이런 요구에 부응하기 위해 고등 교육을 받아야 할 것이다. 20세기 초 정부는 국민이 산업화 시대에 필요한 기술과 능력을 갖출 수 있도록 무상으로 중등학교까지 의무 교육을 시켰는데, 이와 마찬가지로 현재의 정부도 노동자들이 21세기의 지식 기반 경제에 적응할 수 있도록 지원을 아끼지 말아야 한다.

정책 수립자의 입장에서 보면, 여러 면에서 지금이 100년 전에 비해 이런 문제를 풀어 나가는 데 한결 더 수월하다. 우선 대학교와 커뮤니티 칼리지가 곳곳에 잘 갖춰져 있어 많은 학생들을 받을 수 있다. 또한 사람들이 대부분 고등 교육의 가치나 효용성을 충분히 인식하고 있기 때문에 이를 납득시키기 위해 애쓸 필요가 없다. 젊은층의 학사 학위 취득률은 1980년 16퍼센트에서 현재 약 33퍼센트로 급상승했다.

고등 교육과 관련해 정부는 무엇보다도 대학 등록금이나 수업료가 인상되지 않도록 통제해야 한다. 아내와 나는 이런 실상을 너무나도 잘 알고 있다. 결혼 후 10년 동안, 두 사람이 대학교와 법과 대학원을 다니면서 빌린 학비 융자금에 대한 월 상환액은 주택 융자 월 상환액을 훌쩍 웃돌았다.

지난 5년 동안 4년제 공립 대학의 평균 수업료는 인플레를 감안할 때 무려 40퍼센트나 인상되었다. 이런 비싼 수업료를 감당하기 위해 학생들은 해마다 더 많은 융자금을 받아야 한다. 사실 대학 졸업생들이 교직처럼 보수가 낮은 분야를 외면하는 이유 중 하나도 과중한 학자금 융자이다. 대학 수학 능력을 갖춘 고교 졸업생 중 약 20만 명이 대학 진학을 포기하는 이유도 비싼 학자금 융자를 갚을 엄두가 나지 않기 때문이다.

과중한 학비 부담을 줄여 더 많은 젊은이들이 고등 교육을 받게 할 수 있는 방법은 많다. 우선 주 정부가 공립 대학의 등록금이나 수업료 인상 폭을 제한할 수 있다. 또한 실용적인 학생이라면 기술 학교나 온라인 과정처럼 비용 효율성이 높은 교육을 통해 끊임없이 변화하는 경제 상황에 맞춰 능력을 계발할 수 있다. 한편, 학생들은 미식축구 경기장을 신축하기 위한 재원보다는 강의의 질을 향상시키기 위한 재원을 마련하는 데 더 노력을 집중하라고 대학 당국에 요구할 수 있다.

교육비 상승을 억제하는 데만 노력을 기울이는 것으로 그쳐서는 안 된다. 학생이나 학부모에게 실질적이고 직접적인 도움을 줄 수 있도록 학비 지원이나 저리 융자, 교육 저축 비과세, 대학 수업료 전액 소득 공제 등의 방안을 모색해야 한다.

그러나 지금까지 의회는 정반대 방향으로 움직였다. 연방 정부가 보증하는 대학 학자금 융자 금리를 인상하는가 하면, 저소득 가정 대학생에 대한 학비 보조금을 인플레 수준에 맞춰 늘리지 않았던 것이다. 우리가 미국 경제의 두드러진 특징으로 열린 기회와 상향적 사회 이동을 꼽는다면 이런 방침이나 정책을 정당화할 근거는 전혀 없는 셈이다.

교육 제도는 또 다른 측면에서 미국의 경쟁력을 뒷받침한다. 링컨이 모릴 법(Morrill Act)을 발효시켜 토지 증여 대학 제도를 만든 이래 고등 교육 기관은 미국에서 주요 연구 개발 기관의 역할을 수행해 왔다. 화학 실험실에서 분자 가속기에 이르기까지 온갖 연구 개발 인프라에 대한 연방정부의 전폭적인 지원 아래 이런 연구 기관들은 미래 기술혁신의 주역들을 양성했다. 연구 개발에 대한 투자는 당장 상업적으로 활용해서 성과를 낼 수는 없을지라도 나중에 획기적인 과학적 발견으로 이어질 수 있다.

이런 부문에서도 우리의 정책은 잘못된 방향으로 나아가고 있다. 나는 2006년도 노스웨스턴 대학 졸업식에서 로버트 랭거(Robert Langer) 박사를 만나 많은 대화를 나누었다. MIT 화공 분야 연구 교수인 그는 미국에서 가장 저명한 과학자 중 한 명이었다. 랭거 박사는 상아탑에 들어앉은 학자 타입이 아니다. 그는 500여 개의 특허가 있었으며 니코틴 패치 개발에서 뇌암 치료제에 이르기까지 연구 영역이 광범위했다. 나는 졸업식이 시작되기를 기다리면서 그에게 지금은 어떤 연구를 하고 있느냐고 물었다. 그러자 그는 생체 조직 공학을 연구하고 있다고 대답했다. 나는 줄기 세포 연구를 둘러싼 최근의 논란이 생각나 부시 행정부가 줄기 세포주 숫자를 제한한 것이 그의 연구에 가장 큰 장애가 되고 있느냐고 물었다. 랭거 박사는 고개를 가로저었다.

"줄기 세포주가 더 있으면 확실히 도움이 되겠지만 진짜 문제는 연방 정부의 연구 보조금이 대폭 삭감된 것입니다."

랭거 박사는 15년 전만 해도 연구 계획안을 내놓으면 이 가운데 20~30퍼센트 정도가 연방 정부의 지원을 받았으나 지금은 10퍼센트대에 불과하다고 설명했다. 이런 상황 때문에 과학자나 연구자들은 연구 활동보다는 필요한 자금을 끌어 모으는 데 더 많은 시간을 보낸다. 자금 때문에 유망한 연구 활동이 중단되는 일이 해마다 늘어나고 있다. 특히 위험이 큰 만큼 성공하면 가장 큰 결실을 얻을 수 있는 연구일수록 타격이 심하다.

랭거 박사만이 이런 지적을 하는 것은 아니다. 매달 과학자들과 공학자들이 내 사무실로 찾아와 기초 과학 연구에 대한 연방 정부의 지원이 줄어들고 있는 현실에 대해 의견을 나눈다. 지난 30년 동안 물리학, 수학, 공학 부문에 대한 연방 정부 지원금이 GDP에서 차지하는 비율은 계속 떨어졌다. 같은 시기 다른 나라들은 연구 개발 관련 예산을 대폭 늘렸다. 한편 랭거 박사의 지적처럼 기초 과학 연구에 대한 지원이 축소됨에 따라 당장 수학, 과학, 공학 전공자들의 숫자가 줄어들었다. 매년 중국이 미국보다 8배나 많은 기술자와 공학자를 배출하고 있는 이유도 여기에서 찾을 수 있다.

우리가 해마다 구글 같은 기업들을 배출하는 이른바 이노베이션 경제를 원한다. 혁신을 가능케 할 미래의 인재 양성에 투자해야 한다. 그러기 위해서는 앞으로 5년 동안 기초 과학 연구에 대한 연방 정부의 지원 규모를 두 배로 늘려야 한다. 뿐만 아니라 앞으로 4년 동안 공학자와 과학자를 10만 명 더 양성하거나 아니면 뛰어난 능력을 지닌 젊은 연구자들에게 새로운 연구 보조금을 지급해야 한다. 미국이 과학 기술상의 우위를 그대로 유지하기 위해서는 앞으로 5년 동안 약 420억 달러를 투자해야 하는데 이는 최근의 연방 정부 고속도로 예산의 15퍼센트에 불과한 것이다.

달리 말하자면 필요한 투자 재원을 조달할 능력이 충분히 있다는 것이다. 따라서 부족한 것은 재원이 아니라 긴급한 과제가 무엇인가에 대한 국가적 인식이다.

마지막으로 미국의 경쟁력을 강화하는 데 꼭 필요한 투자 대상은 에너지 자립화를 위한 인프라 구축이다. 과거에도 전쟁이나 국가 안보를 직접적으로 위협하는 사태가 벌어지면 미국은 자족감에 젖은 느긋한 분위기에서 깨어나 교육과 과학 부문에 대한 투자를 늘리는 등 국가적 취약성을 극복하는 길을 모색했다. 냉전이 절정에 이르고 소련이 최초의 인공위성 스푸트니크 호를 발사해 기술적으로 미국을 앞지르고 있다는 불안이 고조되었을 때 바로 그런 현상이 나타났다.

아이젠하워 대통령은 이에 대응하기 위해 교육 부문에 대한 연방 정부의 지원 규모를 두 배로 늘리고 모든 과학 기술자들이 스스로를 혁신하고 향상시킬 수 있도록 필요한 교육과 훈련을 지원했다. 같은 해 고등군사연구계획국(DARPA)을 설립하고 기초 과학 연구에 수십억 달러를 지원함으로써 나중에 인터넷과 바코드, 컴퓨터 설계(CAD)와 같은 기술을 개발하는 데 큰 도움이 되었다. 또한 케네디 대통령은 1961년 아폴로 우주 개발 계획에 착수함으로써 미국 젊은이들이 과학의 새로운 영역을 개척하도록 이끌었다.

현재 우리가 처한 상황에 비춰 볼 때 에너지 문제에 대해서도 이와 같은 접근 방식이 필요하다. 석유에만 의존하는 것이 미국의 장래를 얼마나 위태롭게 하는가는 아무리 강조해도 지나치지 않다. 에너지정책조정위원회(National Commission on Energy Policy)에 따르면 앞으로 20

년 동안 미국의 석유 수요는 무려 40퍼센트나 늘어날 것으로 예측된다. 같은 기간 중 전 세계의 석유 수요도 최소한 30퍼센트 정도 증가할 것으로 예상된다. 중국이나 인도 같은 개발도상국들의 산업 시설이 확대되고 차량도 1억 4천만 대나 늘어날 것이기 때문이다.

석유의 대외 의존은 미국 경제에만 영향을 미치는 것이 아니라 국가 안보도 취약하게 한다. 우리는 외국산 석유를 쓰면서 매일 8억 달러를 지불하는데, 이중 상당액은 세계에서 가장 불안정하게 여겨지는 국가들로 흘러들어간다. 사우디아라비아, 나이지리아, 베네수엘라, (최소한 간접적인 의미에서) 이란 같은 국가가 그런 경우이다. 이런 돈은 핵무기 개발을 꿈꾸는 독재 정권 치하의 국가도, 젊은이들에게 테러의 씨앗을 뿌리는 이슬람 신학교(Madrassas)의 피난처가 되는 나라도 가리지 않는다. 이들 국가들은 우리가 그들의 석유를 필요로 하기 때문에 그런 돈을 손에 쥘 수 있는 것이다.

그러나 이보다 더 큰 문제는 안정적인 원유 공급이 깨질 가능성이 크다는 점에 있다. 알 카에다는 지난 여러 해 동안 페르시아 만에서 경비가 소홀한 정유 공장을 공격하려는 시도를 되풀이해 왔다. 만약 사우디아라비아의 대규모 정유 시설 중 한 곳이라도 공격을 받아 파괴된다면 당장 미국 경제가 타격을 받을 수 있다. 오사마 빈 라덴도 추종자들에게 "특히 이라크와 페르시아 만 일대의 석유 시설을 공격하면 그들을 쓰러뜨릴 수 있을 테니, 그곳에 집중적인 공격을 가하라"고 권유할 정도였던 것이다.

한편, 화석 연료에 의존하는 경제는 환경 문제도 야기한다. 백악관을 제외한 전 세계 대부분의 과학자들은 기후 변화가 실제로 일어나고 있고 매우 심각한 상황이며 끊임없는 이산화탄소 배출로 악화 일로에 있다고 확신한다. 극지의 만년설이 녹아 내려 해수면이 상승하고 기후가 바뀌는가 하면 허리케인이 자주 일어나고 토네이도가 더욱 거세지며 모래 폭풍이 끊임없이 이어지고 삼림이 줄어들고 산호초가 죽고 호흡기 질환과 병충해가 늘어나는데도, 이 모든 것이 심각한 위협이 아니라고 한다면 과연 무엇이 큰 위험이라는 건지 알 길이 없다.

지금까지 부시 행정부의 에너지 정책은 거대 석유 회사들과 유정 개발을 위한 시추 확대에 보조금을 지급하는 데 초점이 맞춰져 있었다. 이에 반해 대체 연료 개발을 위한 투자는 형식에 그쳤다. 미국의 석유 매장량이 자체 수요를 충족시킬 만큼 많다면 이런 정책 방향이 경제적 타당성이 있을지도 모른다. 그러나 미국의 석유 매장량은 전 세계 매장량의 3퍼센트에 불과한 반면, 사용량은 전 세계 석유 공급량의 25퍼센트에 달한다.

이런 상황에서 우리는 재활용이 가능한 21세기형 청정 에너지원을 개발해 내야 한다. 석유 산업에 대한 보조금 지급은 물론, 세제상의 우대 조치도 중단하고 분기별 이윤이 10억 달러를 상회하는 석유 회사들의 수입 중 1퍼센트를 떼어 내 대체 에너지 연구 및 그에 필요한 연구 인프라 구축에 투입하도록 해야 한다. 이 같은 프로젝트를 실행한다면 경제, 외교, 환경 면에서 득이 될 뿐만 아니라 새로운 세대의 과학 기술자들을 훈련시킬 수 있는 방법도 될 것이다. 나아가 새로운 수출 산업과 고임금 일자리도 만들어 낼 수 있을 것이다.

브라질 같은 나라는 이미 대체 에너지 개발을 이루어 냈다. 브라질은 지난 30년 동안 규제와 투자를 적절히 병행하는 정책을 통해 고효율의 바이오 연료 산업을 발전시켰다. 그에 따라 현재 신차의 70퍼센트는 가솔린 대신 설탕에서 추출하는 에탄올을 연료로 쓰고 있다. 미국에서는 브라질 같은 정부의 지원과 관심이 없었기 때문에 에탄올 산업이 이제야 뒤늦게 출발하고 있다.

자유 시장을 옹호하는 사람들은 미국 같은 시장 지향적 경제 체제에서는 브라질 같은 정부 주도의 에너지 정책 추진이 불가능하다고 주장한다. 그러나 시장 상황에 민감하게 대응하는 신축성을 발휘하면서 몇 가지 규제 조치를 취한다면 에너지 분야에 대한 민간 부문의 혁신과 투자를 충분히 촉진시킬 수 있다.

　연비 효율 기준을 설정하는 문제도 신중하게 재검토해야 한다. 휘발유 값이 쌌던 지난 20년 동안 이런 연비 기준을 꾸준히 끌어 올렸다면 미국 자동차 생산 회사들은 연비가 형편없는 스포츠형 다목적 차량 SUV 대신에 연비가 좋은 새로운 모델 개발에 많은 투자를 했을 것이다. 연비가 좋은 차량이라면 휘발류 값이 오를 때 오히려 경쟁력이 커질 수 있다. 그러나 이런 투자를 하지 않았기 때문에 현재 일본 자동차 회사들이 디트로이트를 압도하고 있다.

　도요타는 2006년 인기 있는 하이브리드 승용차 프리우스(Prius)를 10만 대 정도 판매할 계획을 세우고 있지만 GM은 2007년까지 하이브리드 차량을 시장에 내놓지도 못한다. 또한 중국이 이미 연비 기준을 높여 놓았기 때문에 급성장하는 중국 시장에서도 미국 자동차는 도요타 같은 일본 자동차에 밀려 고전할 것으로 예상된다.

　결국 연비가 좋은 승용차와 85퍼센트의 에탄올로 만든 E85와 같은 대체 연료가 자동차 산업의 미래를 결정하는 셈이다. 지금이라도 당장 몇 가지 어려운 선택을 한다면 미국 자동차 회사들의 미래를 기약할 수 있을 것이다. 지난 몇 년 동안 미국 자동차 생산 업자들과 미국자동차노동 조합(UAW)은 설비 교체와 인력 재교육에 경비가 많이 든다는 이유로 연비 효율성 기준을 끌어 올리는 데 반대했다. 그 때문에 디트로이트는 이미 막대한 규모의 퇴직자 건강 보험비와 치열한 경쟁으로 허덕이고 있다.

그에 따라 나는 상원 의원으로 활동한 첫 해 '하이브리드 개발을 위한 건강 보험비 지원'이라는 명칭의 법안을 제출했다. 이 법안은 자동차 생산자들을 설득하기 위한 것으로, 연방 정부가 퇴직 노동자들의 건강 보험비에 대한 재정 지원을 해주면 3대 자동차 회사들이 그 비용 절감분을 연비가 더 좋은 자동차를 개발하는 데 재투자한다는 내용을 담고 있었다.

대체 연료 개발에 적극적인 투자를 한다면 수천 개의 새로운 일자리를 만들어 낼 수 있을 것이다. 앞으로 10년이나 20년 뒤에는 게일즈버그의 낡은 메이태그 공장이 셀룰로오스 에탄올 정제 공장으로 다시 문을 열 수도 있을 것이다.

또한 과학자들은 새로운 형태의 수소 전지를 개발하기 위해 연구실에서 분주한 나날을 보낼 것이다. 그와 함께 새로운 자동차 생산 회사가 등장해 수소차의 대량 생산에 나설 것이다. 이렇게 여러 부문에서 새로 생긴 일자리들은 초등학교부터 대학까지 세계적인 수준의 교육과 새로운 기술을 익힌 노동자들이 차지하게 될 것이다.

이제 우리는 더 이상 머뭇거릴 여유가 별로 없다. 나는 2005년 여름 딕 루거 상원 의원과 함께 우크라이나를 방문해 빅토르 유시첸코(Victor Yushchenko) 신임 대통령을 만나는 과정에서, 외국 에너지에 의존하는 나라가 어떤 처지에 빠질 수 있는가를 확인할 수 있었다.

유시첸코가 대통령에 선출된 과정은 그동안 전 세계 언론에 크게 보도되었다. 유시첸코는 오랫동안 러시아의 뜻에 따라 움직였던 집권당에 맞서 대통령 후보로 나섰다가 암살 기도를 간신히 모면하고 부정 선거로 승리를 빼앗기기도 했다. 그 밖에도 모스크바의 온갖 위협에 시달리다가 마침내 우크라이나 국민들이 들고 일어난 대규모 평화 시위, 이른바 '오렌지 혁명'을 통해 마침내 대통령 자리에 오를 수 있었다.

옛 소련을 구성하는 공화국이었던 나라들은 어디를 가나 민주주의와 자유화, 경제 개혁을 이야기하며 들뜬 분위기였다. 그러나 유시첸코 및 그의 각료들과 얘기해 본 결과 우크라이나에 큰 문제가 있음을 곧 알게 되었다. 앞으로도 계속 석유와 천연가스를 전적으로 러시아에 의존해야 한다는 것이다. 이미 러시아는 더 이상 우크라이나가 국제 시세보다 싼 값으로 에너지를 구매할 수 없다는 점을 강하게 암시했다. 이것은 총선을 앞둔 겨울철에 가정 난방용 기름 값이 당장 세 배나 뛴다는 것을 의미했다. 우크라이나의 친러시아 세력은 때가 무르익기를 기다리고 있었다. 이들은 우렁찬 연설이 울려 퍼지고 오렌지 깃발이 휘날리며 대규모 시위가 벌어지고 유시첸코가 과감한 용기를 발휘한다 하더라도, 우크라이나가 과거의 보호자였던 러시아로부터 벗어날 수 없다는 점을 잘 알고 있었다.

자체의 에너지원을 통제할 수 없는 나라는 장래를 기약할 수 없다. 우크라이나는 이 문제에 관해서는 선택의 여지가 거의 없는 듯하다. 그렇지만 세계에서 가장 부유하고 강한 나라가 그럴 수는 없다. 에너지원을 확실하게 통제할 수 있어야 한다.

교육과 과학 기술, 에너지, 이 세 가지 핵심 부문에 대한 투자는 미국의 경쟁력을 강화하는 데 큰 효과를 발휘할 것이다. 물론 어떤 부문에 투자하든 곧바로 성과를 내지는 않는다. 세 가지 모두 논란의 대상에서 벗어나지 못한다.

연구 개발과 교육 부문 투자는 이미 상당한 압박을 받고 있는 연방 예산에 더 큰 부담을 안겨 줄 것이다. 미국 승용차의 연비를 향상시키거나 공립 학교 교사들을 대상으로 성과급제를 시행하려면, 그렇지 않아도 한판 붙어야겠다고 벼르고 있는 노동자들의 의심을 완전히 해소할 수 있어야 한다. 또한 학교 바우처 제도의 효용성이나 수소 연료 전지의 실용성에 대한 논란도 쉽사리 잦아들지 않을 것이다.

그러나 이런 목표를 달성하기 위한 여러 수단은 공개적이고 열띤 토론의 대상이 되어야 하겠지만 목표 자체가 논란의 대상이 되어서는 안 된다. 우리가 지금 대응하지 않는다면 국제 시장에서 미국의 경쟁력은 악화될 것이다. 반면 과감한 대응에 나선다면 미국 경제는 국제 경제의 혼란이나 불안정으로부터 피해를 덜 입게 될 것이고, 무역 수지는 개선될 것이다. 뿐만 아니라 기술 혁신에 가속도가 붙고 노동자들은 글로벌 경제 상황에 적응하는 데 한층 더 여유를 가질 수 있을 것이다.

그러면 이것으로 충분할까? 우리가 이념상의 분쟁을 어느 정도 해소하면서 계속 경제 성장을 이뤄 나갈 수 있다고 가정하더라도 내가 과연 게일즈버그 노동자들과 눈길을 마주치며 세계화가 그들과 그 자식들에게 도움이 될 수 있다고 말할 수 있을까?

2005년 중미 자유 무역 협정(CAFTA)을 둘러싼 논란이 계속되고 있는 상황에서도 나는 이런 의문을 떨쳐 버릴 수 없었다. 이 협정 하나만 별도로 떼어 놓고 생각한다면 CAFTA는 미국 노동자들에게 별다른 위협이 되지 않았다. 중미 국가들과의 경제적 통합이라는 것은 가령 미국 내 지역인 코네티컷 주 뉴헤이븐과 경제적으로 통합하는 것과 다를 것이 없다. 그에 따라 미국 농산물을 판매할 새로운 시장이 생기고 온두라스와 도미니카 공화국 같은 가난한 나라는 절실한 외국인 투자를 유치할 수 있다. 이런 협정을 체결하는 데는 약간의 문제가 있긴 하지만 전반적으로 미국 경제에 도움이 될 가능성이 많았다.

그러나 내가 노동 조합 대표들을 만나 이야기를 나눠 본 결과 이들의 처지는 전혀 달랐다. 노동자들에게 북미 자유 무역 협정(NAFTA)은 재난이나 다름없었다. CAFTA 역시 마찬가지 결과를 가져올 공산이 컸다. 이들은 자유 무역이 아니라 공정 무역이 필요하다고 역설했다. 즉 미국과 교역하는 나라들에서 단결권, 아동 노동 금지 등 노동권이 강화되어야 한다는 것이다. 또한 환경 보호 기준을 강화하고 수출 업자에 대한 정부의 부당한 보조금 지급을 중지하며 미국 수출품에 대한 관세 장벽을 없애야 한다는 것이다. 미국의 지적 재산권 보호도 강화하고, 특히 중국의 경우 미국 기업들의 경쟁력을 끊임없이 약화시키는 인위적인 위안화 평가 절하를 중단해야 한다는 것이다.

나는 대부분의 민주당 의원들과 마찬가지로 이 같은 주장을 적극적으로 지지한다. 그러나 노조 대표자들에게, 이런 주장을 실행에 옮긴다 하더라도 세계화의 기본적인 현실을 바꾸지는 못할 것이라고 말하지 않을 수 없었다. 무역 법안에 교역 상대국의 노동권이나 환경 보호 기준을 강화하도록 규정하면 다른 나라들의 노동 조건 개선에 압력을 가할 수는 있겠지만 그렇더라도 미국과 이들 국가 노동자 간의 엄청난 임금 격차를 메우지는 못한다.

온두라스나 인도네시아, 모잠비크, 방글라데시의 노동자들은 불결한 공장이나 무더운 작업장에서 장시간 노동에 시달리고 있으며, 이런 현실은 종종 경제 성장의 사다리에 오르는 과정으로 인식된다.

중국의 경우도 마찬가지다. 중국이 위안화를 본래의 가치대로 절상한다면 중국 제품의 가격이 다소 오르고 그에 따라 미국 상품의 경쟁력도 어느 정도 강화될 것이다. 그러나 그렇게 된다고 하더라도 중국 농촌에는 아직도 엄청난 잉여 노동력이 있다. 이런 잉여 노동력 규모는 미국 전체 인구의 절반을 웃돈다. 월마트가 앞으로도 오랫동안 중국 납품 업체들에 의존하게 되리라는 전망은 바로 이런 현실에 근거한다.

나는 미국이 이런 현실을 인정하고 받아들인 뒤 무역 문제에 대한 새로운 접근 방식을 모색해야 한다고 생각한다.

이런 이야기를 하면 노동 조합 관계자들은 고개를 끄덕이면서 그에 관해 함께 대화를 나누고 싶다고 말한다. 그러면서도 이들은 내가 CAFTA에 반대표를 던질 것이라고 생각하지 않을까?

사실 자유 무역에 관한 토론의 기본적인 양상은 1980년대 초 이래 거의 바뀌지 않았다. 노동계와 이들을 지지하는 세력이 대체로 이런 토론에서 밀리는 형세였던 것이다. 요즘 정책 수립자들과 언론, 업계의 통념은 자유 무역이 모두에게 이득이 된다는 것이다. 이런 주장에 따르면 특정 시기에는 자유 무역 때문에 미국의 일자리가 약간 없어져 몇몇 지역에 고통과 어려움을 안겨 줄 수 있다. 그러나 공장 폐쇄로 제조업 부문의 일자리 1천 개가 없어진다 하더라도 경제의 다른 부문, 즉 성장 일로에 있는 새로운 서비스 부문에서 그 이상의 일자리가 생겨난다는 것이다.

그러나 세계화의 속도가 빨라짐에 따라 미국 노동자에게 미치는 장기적 영향을 걱정하는 것이 노동 조합에만 국한되지 않았다. 경제 전문가들은 자동화가 확대되고 생산성이 향상됨에 따라 해마다 동일한 숫자의 일자리를 창출하려면 더 높은 경제 성장을 이뤄야 한다고 주장한다. 그리고 이 같은 현상은 중국과 인도를 포함한 전 세계적인 현상이 되고 있다고 지적했다. 일부 분석가들은 서비스 산업이 주도하는 미국 경제가 과거와 비슷한 수준의 생산성과 생활수준 향상을 기대할 수 있을지 회의적이다. 실제로 지난 5년간의 통계 수치를 보면 사라진 일자리의 임금 수준이 새로 생겨난 일자리보다 더 높다는 점을 지속적으로 보여 준다.

미국 노동자들의 교육 수준을 끌어 올리면 세계화된 경제에 대한 이들의 적응력을 강화시킬 것은 분명하다. 그러나 교육 수준 향상만으로 점점 치열해지는 경쟁 상황에서 이들을 보호할 수 있는 것은 아니다. 미국이 중국이나 인도 또는 동유럽 국가들에 비해 인구 비례 컴퓨터 프로그래머 배출 숫자가 두 배나 된다고 해도 글로벌 시장에 유입되는 신참 프로그래머 숫자는 미국 외 지역 출신이 훨씬 많다. 이들은 모두 미국 프로그래머의 5분의 1밖에 안 되는 적은 보수를 받으면서 일하고 있다.

달리 말하자면 자유 무역이 세계 전체의 파이를 키우겠지만 그렇다고 해서 미국 노동자들이 앞으로도 계속 더 많은 몫을 차지하리라는 보장은 없다는 것이다.

이런 현실을 감안한다면 무엇 때문에 일부에서 세계화를 중단시키려고 하는지 쉽게 이해할 수 있을 것이다. 이들은 현상을 고정시킴으로써 경제적 혼란과 불안정을 가져오는 외부의 영향을 차단하려고 한다. CAFTA에 대한 논란이 한창 진행되고 있을 때 나는 뉴욕에 들러 클린턴 행정부 때 재무 장관을 지낸 로버트 루빈(Robert Rubin)을 만났다. 우리는 선거 운동 기간 중 알게 된 사이였다. 나는 당시 읽고 있던 몇몇 연구 보고서에 대해 그와 대화를 나누었다. 민주당원 중에서 루빈만큼 세계화를 적극 지지하는 사람을 찾기는 어려울 것이다. 루빈은 지난 수십 년 동안 월 가에서 가장 유력한 은행가 중 한 사람으로 활동했을 뿐만 아니라 1990년대 내내 세계 금융의 방향을 정하는 데 관여했다. 루빈은 사려 깊고 겸손한 성품의 소유자였다. 그래서 나는 게일즈버그 메이태그 공장 노동자들에게서 들은 몇 가지 걱정이 충분한 근거 있는 것인지 그에게 물었다. 가령 이런 질문이었다. 훨씬 저임금의 노동력으로 무장한 세계에 우리 자신을 완전히 노출시킨다면 장기적으로 미국의 생활수준 하락을 피할 수는 없지 않을까?

그러자 루빈은 이렇게 설명했다.

"복잡한 문제지요. 대부분의 경제 전문가들은 사람의 창의력이 무한하기 때문에 미국 경제가 창출할 수 있는 새로운 일자리의 숫자를 제약하는 본질적인 요인은 없다고 말할 것입니다. 사람들은 새로운 산업과 새로운 수요, 욕구를 찾아내거나 창출하게 마련입니다. 나는 경제전문가들의 이 같은 인식이 옳다고 생각하지요. 지난 역사를 돌이켜보면 실제로도 그랬습니다. 물론 과거의 패턴이 오늘날에도 그대로 통용되리라는 보장은 없지요. 기술 혁신의 속도와 경쟁 대상국들의 규모, 이들 국가와의 비용 격차를 감안할 때 종래와 다른 역학 관계가 생겨나고 있는 것 같습니다. 그 때문에 나는 미국이 모든 일을 적절하게 수행하고 조정한다 할지라도 여전히 몇 가지 도전에 직면할 것이라고 생각합니다.”

내가 말했다.

“게일즈버그 노동자들이 이 답변을 듣는다면 안심할 것 같지 않군요.”

“가능성을 이야기한 것이지, 개연성을 말한 것이 아닙니다.”

루빈은 이렇게 지적하면서 다음과 같이 덧붙였다.

“나는 미국이 재정적인 면에서 건전성을 유지하고 교육 제도를 개선한다면 게일즈버그 노동자들의 자녀들이 잘될 것이라고 낙관합니다. 어쨌든 게일즈버그 노동자들에게 한 가지 점만은 분명하게 말할 수 있습니다. 보호주의 노력은 비생산적이기 때문에 시장에서 이들의 자녀들을 더욱 어려운 입장으로 몰아넣을 것이라고 말입니다.”

나는 세계화에 관한 미국 노동자들의 걱정이 나름대로 정당한 근거가 있다는 점을 루빈이 인정했다고 판단했다. 내가 지금까지 겪어 본 바로는 대부분의 노동 조합 지도자들은 세계화 문제에 대해 깊이 있게 사고했다. 따라서 이들의 생각을 무조건 보호주의자의 통념으로 배척해서는 안 된다.

그러나 루빈의 기본적인 통찰도 부정하기 어렵다. 우리가 세계화의 속도를 늦출 수는 있어도 이를 막을 수는 없기 때문이다. 현재 미국 경제는 전 세계 여러 지역의 경제와 깊숙하게 통합되어 있는 데다, 디지털 상거래가 매우 광범하게 확산되어 있어 효과적인 보호무역주의를 시행하기는커녕 상상하기도 어렵다.

수입 철강재에 관세를 부과하면 미국 제철업계에 일시적인 도움은 되겠지만 제품 생산에 철강재를 쓰는 미국 제조 업체들은 국제 시장에서 경쟁력이 약화될 것이다. 미국 회사가 판매하는 비디오 게임이 일본 소프트웨어 공학자들이 개발하고 멕시코에서 포장한 것이라면 그런 물건을 사는 것을 '국산품 애용'으로 보기는 어려울 것이다. 미국 국경 순찰대원들은 인도 콜 센터의 서비스를 방해하거나 프라하의 전기 기사가 자신의 작업 내용을 전자 우편을 통해 미국 더뷰크(Dubuque)에 있는 기업에 전송하는 것을 막을 수 없다. 무역에서 국경이란 장벽은 거의 사라졌다.

그렇다고 우리가 그냥 손을 털어 버리고 노동자들에게 스스로 살길을 찾아보라고 말해야 한다는 뜻은 아니다. 나는 의회에서 CAFTA 심의가 거의 끝나갈 즈음, 다른 여러 상원 의원들과 함께 백악관의 초청을 받고 부시 대통령과 협정 비준 문제를 협의하는 자리에서 바로 이런 점을 지적했다. 나는 대통령에게 무역의 이점을 옹호한다고 말했다. 또 백악관이 CAFTA 비준에 필요한 표를 어떻게든 끌어 모을 것이라는 점을 의심하지 않는다고 말했다.

그러나 CAFTA에 대한 저항과 반대가 협정의 특정 내용 때문이라기보다는 점점 심화되는 노동 시장의 불안정성 때문이라고 나는 강조했다. 따라서 우리는 노동자들의 불안을 가라앉힐 방책을 강구해야 하며 연방 정부가 노동자들 편이라는 강한 메시지를 전해 주어야 한다고 말했다. 그렇지 못한다면 보호무역주의로 기울어지는 정서만 부추길 뿐이라고 강조했다.

부시 대통령은 내 이야기를 주의 깊게 들은 뒤 내 지적에 관심이 있다고 말했다. 그러면서도 그는 내가 CAFTA 비준에 찬성할 것으로 기대한다고 말했다.

그러나 나는 찬성표를 던질 수 없었다. 결국 CAFTA는 내 반대표를 포함해 반대 45, 찬성 55로 상원에서 비준안이 가결 처리되었다. 나는 내 표결이 만족스럽진 않았지만, 그래도 자유 무역으로 피해를 입은 사람들에게 백악관이 너무 무심하다는 것에 항의하는 유일한 수단으로 반대표를 던질 수밖에 없었다. 나는 로버트 루빈처럼 미국 경제의 장기적인 전망과 무역 자유화라는 새로운 환경에 적응할 수 있는 미국 노동자들의 능력에 대해 낙관적으로 생각한다. 그러나 여기에도 한 가지 조건이 있다. 모든 국민들이 세계화의 득실을 한층 공평하게 나눠 가져야 한다는 것이다.

프랭클린 루스벨트 대통령은 오늘날과 비견되는 혼란스러운 경제적 전환기에 미국을 새로운 형태의 사회 계약으로 이끌었다. 그 이후 반세기 이상 동안 미국에 광범위한 번영과 경제적 안전을 안겨 준 노사정 협약(bargain between government, business, and workers)이 바로 그것이다.

일반 노동자들은 세 가지 요인 덕분에 경제적으로 안심할 수 있었다. 우선 그들은 가족을 부양하면서 저축도 약간 할 수 있을 정도의 임금을 주는 일자리를 찾을 수 있었고, 고용주로부터 건강 보험 급부금과 퇴직 연금을 받을 수 있었다. 또한 실패와 좌절로 인생의 밑바닥으로 굴러떨어질 위기에 처한 사람들에게는 고통을 덜어 줄 수 있는 정부의 사회 안전망이 존재했다. 이것은 사회 보장 제도, 65세 미만의 저소득층에 대한 의료 보조 제도, 65세 이상 노년층에 대한 의료 보장 제도, 실업 보험 등을 말한다.

사회적 연대감은 이런 뉴딜 계약을 뒷받침한 힘이 되었다. 고용주는 직원들을 정당하게 대우해야 한다고 생각했으며, 불운이나 오산으로 쓰러진 사람이 있다면 미국 사회가 안아 일으켜 세워야 한다고 생각했다. 이런 계약의 밑바탕에는 위험과 성과를 공유하는 시스템이 시장의 기능을 향상시킬 수 있다는 인식도 깔려 있었다. 루스벨트는 노동자들에 상당한 수준의 임금과 급부금을 지급하면 중산층 소비자가 될 수 있을 것이라고 생각했다. 그럼으로써 미국 경제를 안정시키고 경제 성장을 촉진할 수 있을 것이라고 판단했던 것이다. 게다가 루스벨트는 사람들이 실패하더라도 어느 정도 보호받을 수 있다면 좀 더 모험적인 일에 도전할 가능성이 높아진다는 점을 인식하고 있었다. 안전장치가 있다면, 사람들은 직업을 바꾸거나 새로운 사업을 벌이거나 다른 나라와의 경쟁에 나서는 일을 별로 두려워하지 않을 것이라고 생각했던 것이다.

이것이 바로 사회 보장(Social Security)이라는 보호망으로서 뉴딜 관련 입법 조치의 핵심이었다. 사회 보험의 한 형태인 이런 제도를 통해 사람들은 여러 위험으로부터 보호받을 수 있었다.

우리는 스스로의 선택에 따라 언제든지 민간 보험에 들 수 있다. 모든 일이 항상 계획대로 진행되지는 않기 때문이다. 아이가 아프거나 다니던 회사가 문을 닫을 수도 있다. 아니면 부모가 알츠하이머병에 걸리거나 보유한 주식 값이 폭락할 수도 있다.

피보험자의 숫자가 많으면 많을수록 위험은 그만큼 더 분산되어 보장 범위가 넓어지고 보험료는 그만큼 낮아진다. 그러나 보험 회사가 보장해 주지 않는 위험들도 있다. 주로 보험 회사가 수익성을 기대할 수 없는 경우, 특정 위험에 대한 보장을 회피하는 것이다.

업무 수행과 관련된 보험이 충분하지 못하지만, 그렇다고 이를 보완하는 별도의 보험을 들 수도 없는 경우가 있다. 뜻밖의 비극에 대처하는 보험이 제대로 갖춰지지 않은 경우도 있는 것이다. 이런 이유로 사람들은 정부가 개입해 국민 모두를 포괄하는 보험 제도를 만들어 주기를 바라는 것이다.

지금은 루스벨트 대통령이 만들어 놓은 사회 계약이 허물어지기 시작한 상태다. 기업 경영자들은 외국과의 치열한 경쟁에 대처하고 또 분기별 수익성을 따지는 증권 시장의 압박에 대응하기 위해 자동화와 다운사이징, 공장이나 기업 활동의 해외 이전 등을 추진하고 있는데 이런 움직임은 모두 임금이나 수당 인상을 요구하는 노동자들의 협상력을 약화시키고 나아가 이들의 실직 위험성을 높인다.

연방 정부는 사원들에게 건강 보험 혜택을 주는 기업에게 세제 혜택을 주고 있지만, 기업 쪽은 보험료나 본인 부담금, 공제 금액 등을 인상하는 형태로 급상승하는 비용을 노동자들에게 전가했다. 한편 수백만의 미국인들이 일하고 있는 소규모 기업 가운데 절반 정도는 경영 형편이 좋지 못해 직원들에게 아무런 보험 혜택도 주지 못한다. 이와 비슷한 움직임으로 기업들은 종래와 같은 확정 급여형 연금 계획(defined-benefit pension plan)에서 투자 상품의 운용 성과에 따라 연금액이 달라지는 401(k)로 옮겨 가고 또 일부는 파산 법원의 판결을 활용해 남아 있는 연금 지급 채무를 벗어던지기도 한다.

이런 상황들은 얽히고설켜 가정에 심각한 영향을 미치고 있다. 지난 20년 동안 일반 노동자의 임금 인상률은 인플레이션율과 비슷한 수준에 머물렀다. 그러나 1988년 이후 일반 가정의 건강 보험료는 4배나 늘어났다. 그렇다고 개인 저축률이 떨어지거나 개인 부채가 늘어나지도 않았다.

부시 행정부는 이런 추세를 완화시키기보다는 오히려 조장했다. 이른바 '소유주 사회'라는 개념인데, 즉 사용자가 노동자에게 지고 있는 여러 책임에서 벗어나게 해주고 정부 주도의 사회 보장 프로그램처럼 아직도 남아 있는 뉴딜 정책의 잔재를 깨끗이 털어 버린다면 시장의 힘이 그런 역할을 대신 해주리라는 것이다. 종래의 사회 보장제를 떠받치는 기본직인 원칙이 '우리 다 함께(We're all in it together)'라면 소유주 사회의 기본 원칙은 '각자 스스로 알아서(You're on your own)'인 듯하다.

언뜻 근사해 보이기도 한다. 단순 명쾌한 데다 다른 사람에 대한 책임감 같은 것을 모두 떨쳐 버릴 수 있어 멋지게 보이기까지 한다. 문제는 딱 하나, 적어도 글로벌 경제 속에서 이미 뒤처진 사람들에게는 이런 방안이 제구실을 하지 못한다는 점이다.

정부가 시도하는 사회 보장의 민영화 방안을 생각해 보자. 부시 행정부는 증시가 투자자 개개인에게 더 높은 투자 수익률을 안겨 줄 수 있다고 주장한다. 적어도 전체적인 측면에서 살펴보면 이런 주장은 옳다. 지난 역사를 돌아볼 때, 사회 보장제에 따라 생계비를 지급하는 것보다는 시장의 작용이 더 효율적이다. 그러나 투자자 개개인의 결정은 항상 승자와 패자를 낳게 마련이다. 일찌감치 마이크로소프트의 주식을 사놓은 사람이 있는가 하면 분식 회계로 파산한 엔론의 주식을 뒤늦게 매입한 사람도 있을 수 있기 때문이다.

그렇다면 소유주 사회는 패자들을 어떻게 다루어야 할까? 나이 든 사람들이 길거리에서 굶주리고 있는 모습을 보고 싶지 않다면 이들의 은퇴 생활 생계비를 어떻게든 마련해 줘야 할 것이다. 문제는 또 있다. 우리 가운데 누가 패자가 될 것인지 미리 알 수 없기 때문에 적어도 한창 때의 소득을 기준으로 일정 비율의 급여를 보장해 줄 수 있어야만 정부의 지원이 의미를 지니는 것이다. 그렇다고 해서 투자자들에게 위험 부담이 큰 대신 수익률도 높은 투자 방식을 권유해서는 안 된다는 뜻은 아니다. 물론 그런 투자 전략도 권해야 한다. 다만 사회 보장을 위한 부담금을 제외한 여유 자금으로 그런 투자를 하라는 것이다.

부시 행정부는 사용자나 정부 주도의 건강 보험제를 개인적인 세금 우대 건강 저축 구좌(Health Savings Accounts, HSA) 제도로 바꾸려고 하는데, 이런 노력에도 같은 원칙을 적용할 수 있다. 개인이 받는 임금 총액이 사용자를 통해 제공받던 수준의 건강 보험을 감당할 정도가 되고 의료 비용의 인상 속도를 따라잡을 수 있다면 이런 제도도 의미가 있을 것이다. 그러나 만약 건강 보험을 제공하지 않는 회사에서 일한다면 어떻게 될까? 또는 정부의 의료비 상승률 추정이 잘못되었다면 어떻게 될까? 사람들이 과도하거나 불필요한 의료 서비스를 받는 게 아니라는 점이 입증된다면 어떻게 될까?

결국 세금 우대 건강 저축 구좌 개설로 개개인이 '선택의 자유'는 누릴 수 있겠지만 앞으로 의료비 상승의 부담은 고스란히 떠안게 된다는 것을 의미한다. 의료비가 상승한다면 건강 저축 구좌에 쌓인 저금으로 충당할 수 있는 의료 서비스의 폭은 해마다 줄어들 것이다.

바꾸어 말하면 '소유주 사회'는 새로운 경제 상황이 불러올 위험과 혜택을 국민들에게 고르게 배분하려는 노력조차 하지 않는다. 오히려 그러잖아도 고르지 못한 승자 독식의 경제 상황에서 위험과 혜택의 편중 현상을 한층 심화시키고 있다.

이런 상황이라면 건강하거나 부유하거나 아니면 그냥 운이 좋은 사람은 더 운이 좋거나 부유하거나 건강해질 것이다. 반대로 가난하거나 몸이 불편하거나 운이 나쁜 사람에게는 그 누구도 도움의 손길을 뻗치지 않을 것이다. 이는 경제를 지속적으로 성장시키고 견실한 중산층을 유지하는 묘책이 될 수 없다. 또한 사회적 응집력을 유지할 수 있는 방법도 아니며, 다른 사람이 잘 되어야만 나도 잘 될 수 있다는 우리 모두의 가치에도 역행하는 것이다.

이쯤 되면 우리 모두를 한 국가의 국민으로 보기도 어렵다.

다른 접근 방식이 남아 있다는 것은 그나마 다행이다. 이 방식은 루스벨트 대통령의 사회 계약을 21세기의 상황에 맞는 형태로 바꾸는 것을 말한다. 우리는 임금 수준, 실업, 은퇴 후의 생활, 건강 유지 면에서 노동자들이 좀 더 안심하고 일할 수 있도록 효과적인 방안들을 찾을 수 있다. 때로는 옛날 방식이, 때로는 새로운 방식이 필요하다.

우선 임금 문제부터 살펴보자. 미국인들은 노동을 생계의 수단으로만 인식하지 않는다. 그들의 삶에 목표와 방향, 질서와 존엄성을 부여하는 수단으로도 생각한다. 부양자녀 가구 지원 계획(Aid to Families with Dependent Children, AFDC)과 같은 과거의 복지 관련 프로그램은 이런 중요한 가치를 충분히 감안하지 않은 경우가 많아 국민에게 인기가 없었을 뿐만 아니라 지원 대상이 될 사람들을 격리시키는 경우도 많았다.

한편 미국인들은 종일 근무를 하는 직업이라면, 가족을 부양할 수 있을 정도의 보수를 주어야 한다고 생각한다. 그러나 서비스 업종에 종사하는 미숙련 노동자를 비롯, 경제의 최하층에서 일하는 노동자들에겐 이런 생각이 가당찮은 실정이다.

정부는 여러 정책을 통해 이들 노동자를 도울 수 있고, 그러면서도 시장의 효율성에 나쁜 영향을 미치지 않을 수 있다. 우선 사회에 첫발을 내딛는 사람들에게 적용되는 최저 임금을 인상할 수 있다. 일부 경제 전문가들은 최저 임금을 대폭 인상하면 고용주들이 많은 인력을 고용하기 어렵다고 주장한다. 이런 주장은 일리가 있다. 그러나 최저 임금이 9년 동안이나 인상되지 않으면서 실질 가치로 환산하면 1955년보다도 구매력이 떨어진 상태이다. 그 때문에 오늘날 최저 임금을 받으면서 종일 근무를 하는 노동자들은 가난에서 벗어날 길이 없다. 이런 실정이라면 위에서 언급한 경제 전문가들의 주장은 별다른 설득력이 없는 셈이다. 로널드 레이건이 저소득 노동자들에게 세제상의 소득 보전을 위해 시행했던 환급형 소득 공제 제도(Earned Income Tax Credit)의 수혜 가정을 늘리고 절차를 간소화해야 한다.

모든 노동자들이 급변하는 경제 상황에 적응할 수 있도록 기존의 실업 보험제와 무역 조정 지원제(trade adjustment assistance)를 현실에 맞게 재조정해야 한다. 무역 조정 지원제를 포괄적으로 시행하는 방안은 많이 나와 있다. 서비스 산업 부문으로 지원을 확대하거나 신축성 있는 교육 계정을 만들어 노동자들의 재교육에 활용할 수 있게 하는 방안, 취약한 경제 부문에 종사하는 노동자들이 실직하기 전에 재교육을 받게 하는 방안이 그런 것들이다. 또 새로운 직장의 임금이 기존 직장보다 낮은 경우가 종종 있는데, 이런 경우에 대비해 1~2년 동안 임금 차액의 50퍼센트를 보전해 주는 임금 보험 제도를 시도해 볼 수 있다.

끝으로 노동자들이 더 많은 임금과 수당을 받을 수 있도록 노사 간 힘의 균형이 사용자 쪽에 치우치지 않도록 노력해야 한다. 1980년대 초 이래 노동 조합의 입지는 계속 약화되었다. 경제 상황의 변화 외에도 노동 관계법과 연방 노사관계위원회가 노동자들을 거의 보호하지 못하기 때문이었다.

노동 조합을 결성하거나 가입하려 했다는 이유로 해마다 해고되거나 임금을 받지 못하는 노동자가 무려 2만여 명에 이른다. 이런 상황을 그대로 방치할 수는 없다. 사용자들이 노조 결성에 관여한 노동자들을 해고하거나 차별하지 못하도록 이들에 대한 처벌 규정을 강화해야 한다. 사용자는 대부분의 노동자들이 그들의 대표 조직으로 노동 조합을 인정할 경우에는 이를 받아들여야 한다. 또한 사용자와 새로 결성된 노동 조합이 적절한 시한 안에 노사 협약을 체결할 수 있도록 연방 기관의 중재 활동도 필요하다.

기업 쪽에서는 노조에 가입한 노동자들이 많아지면 미국 경제의 유연성과 경쟁력이 상실될 것이라고 주장할지 모른다. 그러나 글로벌 경제의 경쟁상황이 한층 치열해지면 노동자들은 기업 쪽과 협력하기를 원하게 될 것이다. 단, 그들은 생산성 향상의 결실이 공정하게 분배될 때에만 사용자 측과 협력할 것이다.

정부는 여러 정책을 통해 미국 기업의 경쟁력을 약화시키지 않으면서도 노동자들의 임금 수준을 끌어 올릴 수 있고, 노동자들이 은퇴 이후 품위 있는 노후 생활을 영위하도록 할 수 있다. 이를 위해 사회 보장제의 핵심을 그대로 유지하면서 지급 능력을 강화시켜야 한다. 사회 보장 신탁 기금을 운용하는 데는 현실적으로 여러 문제가 제기되고 있지만 모두 해결 가능하다. 1983년 사회 보장 신탁 기금 운용에 문제가 발생했을 때, 로널드 레이건과 토머스 오닐 하원 의장은 함께 머리를 맞대고 협의한 끝에 이후 60년 동안 이 제도를 안정적으로 운용할 수 있는 초당적인 방안을 마련했다.

민간 퇴직 연금제와 관련해 확정 급여형 연금 계획이 쇠퇴하고 있는 점은 인정하지만, 기업이 현재 근무하는 노동자들과 정년퇴직자들에게 약속한 내용 중 이행하지 않은 것은 빠짐없이 실행하도록 촉구해야 한다. 그동안 기업들은 파산법 11조에 따라 파산 신청을 함으로써 노동자들에 대한 지급 의무에서 벗어나는 경우가 종종 있었는데, 이런 일을 막기 위해 파산법을 개정해 연금 수급자들이 우선적인 변제를 받을 수 있게 해야 한다. 또한 새로운 규정을 만들어 기업이 연금 재원을 충실하게 비축하도록 강제해야 한다. 그렇지 않을 경우 이런 부담이 결국 납세자에게 돌아가게 된다.

국민들이 사회 보장 제도를 보완하는 수단으로 401(k) 같은 확정 기여형 연금 계획에 의존하게 된다면 정부가 방관만 하지 말고 더 많은 사람들이 이런 방안을 활용하도록 적극적으로 나서야 한다. 클린턴 대통령의 경제 담당 보좌관이었던 진 스펄링(Gene Sperling)은 미국민이 모두 참여하는 401(k)의 시행을 제안했다. 스펄링은 이런 401(k)는 저소득 계층과 중간 계층을 위한 새로운 퇴직 연금 형태로서 수급자가 불입하는 액수에 상응하는 정도를 정부가 보조하는 형식이다. 다른 전문가들은 직원들의 불입액 한도를 넘지 않는 범위 안에서 사용자들을 401(k)에 자동적으로 가입시키는, 단순하고 비용도 들지 않는 방안을 제안했다. 직원들은 여전히 한도액 내에서 불입액을 조정하거나 가입을 아예 거부할 수도 있지만 규정을 바꿀 경우 가입률이 급증하는 것으로 나타났다.

사회 보장제를 보완하기 위해서는 이런 방안들 중에서도 가장 충실하고 시행하기 쉬운 것을 선택해야 하며, 국민 대다수가 참여하는 강화된 연금 제도로 나아가야 한다. 또한 이런 제도를 통해 절약과 저축을 권장할 뿐만 아니라 모든 국민이 세계화의 결실을 더 많이 누릴 수 있게 해야 한다.

건강 보험 제도는 미국 노동자들의 임금 수준을 끌어 올리고 은퇴 이후의 삶을 안정되게 누릴 수 있게 하는 것만큼이나 중요하다. 어쩌면 허물어진 건강 보험 제도를 바로잡는 일이야말로 미국의 가장 절박한 과제일지도 모른다.

사회 보장 제도와는 달리 정부가 지원하는 두 가지 주요 의료 보호 제도, 즉 65세 이상 노인 의료 보장제(Medicare)와 65세 미만 저소득층 및 신체장애자 의료 보조 제도(Medicaid)는 사실상 허물어진 상태이다. 만약 손을 보지 않은 채 그대로 방치한다면 의료 보호 수혜자들과 사회 보장 수급자들에게 들어가는 비용 총액이 2050년에는 현재의 연방예산 총액에 맞먹을 정도의 엄청난 규모로 불어날 가능성이 많다. 더구나 엄청나게 비싼 처방 약제는 적용 대상이 한정되어 있더라도 가격을 통제할 수 없기 때문에 이런 약제의 추가는 문제를 더욱 심각하게 만든다. 이런 과정에서 민간 의료 보험 제도는 비효율적인 관료주의와 끝없는 서류 절차, 과중한 부담에 시달리는 의료 기관, 환자들의 불만 등이 뒤엉킨 난맥상을 드러내고 있다.

클린턴 대통령은 1993년 미국민 전체를 대상으로 한 건강 보험 제도를 추진하려고 했지만 결국 좌절하고 말았다. 이후 건강 보험 제도를 둘러싼 논란은 벽에 부딪히고 말았다. 일부 보수 세력은 세금 우대 건강 저축 구좌(HSA)를 통해 시장 기능에 맡기자는 주장을 펼쳤고 진보 세력은 유럽이나 캐나다에서 시행하는 국민 건강 보험 제도와 비슷한 방안을 채택해야 한다고 주장했다. 한편 전문가 집단은 기존 제도를 실효성 있는 점진적 개혁을 통해 바꿔 나가야 한다고 주장했다.

지금은 몇 가지 단순한 사실을 인정함으로써 이런 교착 상태를 극복해야 한다. 우리가 의료에 지출하는 엄청난 자금을 감안한다면 분명 미국민 전체에게 기본적인 의료 보장 혜택을 제공할 수 있다. 미국인의 1인당 의료비 관련 지출은 다른 어느 나라보다 많다. 우리는 해마다 되풀이되는 현재와 같은 의료비 인상을 그대로 감당할 수 없다. 그러므로 노인 의료 보장제와 65세 미만 의료 보조제를 포함한 의료 보장 시스템 전체의 비용을 억제해야 한다.

지금 미국의 상황은 더 이상 의료 보장을 사용자 쪽에만 기댈 수 없는 실정이다. 앞으로는 노동자들이 직업을 자주 바꾸고 실직하는 일도 늘어날 것이며 시간제 근무를 하거나 자영업에 종사할 가능성도 많기 때문이다.

시장만으로는 의료 보장과 관련된 어려운 문제들을 해결할 수 없다. 개인이 감당할 수 있을 정도로 비용을 낮추려면 건강 보험 가입자의 규모가 상당해야 하는데, 시장이 제공하는 건강 보험 상품들은 그런 규모를 창출할 수 없다는 점이 입증되었기 때문이다. 또한 의료 서비스는 다른 상품이나 서비스와 다르다. 아이가 아플 때는 일반 상품이나 서비스처럼 질과 가격을 따져 가며 최상의 쇼핑을 할 수 없는 것이다.

앞으로는 의료 서비스의 질적 향상과 질병 예방, 효과적인 진료에 대한 요구가 더 높아질 것이다. 이런 몇 가지 원칙에 유념하면서 진지한 의료 개혁 방안이 어떤 내용과 모습을 갖추게 될지 한 가지 사례를 들어 살펴보기로 하자.

우선 미국과학원 산하 의학연구소처럼 당파성이 배제된 기관이 양질의 기초 의료 보장 계획의 내용과 형식, 그에 필요한 비용을 산출하게 한다. 의학연구소는 이런 시범 계획안을 마련하는 과정에서 현행 의료 보장 프로그램 중 비용 효율이 높고, 서비스 수준도 높은 것들을 골라낸다. 특히 이 시범 계획은 1차적인 진료, 예방, 치명적인 질병 치료, 천식과 당뇨병 같은 만성질환의 적절한 관리 등을 두루 망라하는 데 중점을 둔다. 대개 전체 환자의 20퍼센트 정도가 진료 행위의 80퍼센트를 차지한다. 따라서 식이 요법이나 정기적인 투약을 확인하는 식의 간단한 개입과 노력으로 질병을 예방하거나 질병의 진행을 관리할 수 있다면 치료 성과를 현저하게 높이고 경비도 대폭 줄일 수 있다.

이런 시범적인 의료 보장 계획은 연방 기관 직원용과 같은 기존 보험 기금이나 아니면 각 주 단위로 새로 조직하는 보험 기금을 통해 누구나 가입할 수 있게 한다. 민간 비영리 보험 회사인 블루크로스 블루실드

(Blue Cross Blue Shield)나 아에트나(Aetna)는 다른 보장 내용으로 이런 보험들과 경쟁할 수 있다. 그러나 이들 보험사가 어떤 서비스를 제공하든 의학연구소가 제시한 양질의 서비스와 비용 억제라는 두 기준을 충족시켜야 할 것이다.

비용을 한층 더 낮추기 위해서는 노인 의료 보장제와 65세 미만 저소득층 및 신체장애자에 대한 의료 보조제, 새로운 시범 의료 보장 제도에 참여하는 보험 회사와 의료 기관이 온라인 지급 청구 제도와 온라인 진료 기록, 최신의 과실 보고 시스템 등을 갖춰야 한다. 이런 방식은 모두 관리 비용을 대폭 절감할 뿐만 아니라 의료 과실과 많은 비용이 드는 의료 사고 소송의 발생 빈도를 낮출 수 있다. 이런 간단한 조치만으로도 의료 비용을 10퍼센트까지 줄일 수 있는데, 일부 전문가들은 그 이상의 절감도 가능하다고 말한다.

이처럼 질병 예방에 더 많은 노력을 기울이고 관리비와 의료 사고에 따른 비용을 줄이면 많은 돈을 절약할 수 있다. 이런 식으로 절감한 자금은 주 단위의 보험 기금을 통해 시범적인 의료 보장 계획에 가입하고자 하는 저소득 세대를 보조하는 데 쓰거나 건강 보험 혜택을 받지 못하는 모든 어린이를 보험에 의무적으로 가입시키는 데 활용할 수 있다. 필요하다면, 사용자가 종업원들에게 제공하는 건강 보험의 세금우대 조치를 일부 조정해서 이런 보조금의 재원을 마련할 수도 있다. 즉 사용자들이 일반 노동자에게 제공하는 의료 보험에 대해서는 계속 세제상의 특전을 주고, 경영 관리자들을 대상으로 하는 최상의 의료 보험에 세제 혜택을 주는 문제는 재검토하는 것이다.

의료 개혁 방안의 구체적인 실례를 하나 살펴보았다고 해서, 우리의 의료 보장 제도를 바로잡을 수 있는 손쉬운 방법이 있다고 생각해서는 안 된다. 그런 방법은 있을 수 없다. 앞서 설명한 것과 비슷한 형태의 의료 보장 계획을 시행하고자 한다면 그전에 여러 세부적인 측면을 면밀하게 검토해야 한다. 특히 새로운 형태의 보험 기금을 만들 경우, 사용자들이 이를 구실로 직원들에게 이미 제공하고 있는 의료 보험을 폐기하는 일이 없도록 해야 한다. 또한 의료 보장 제도를 개선할 수 있는 다른 방법들도 여럿 있을 것이며, 그중에서 비용 효율성이 높으면서도 개선 효과가 큰 방안을 찾을 수도 있을 것이다.

내가 말하고자 하는 것은 모든 국민이 괜찮은 수준의 의료 혜택을 누리게 해야 한다는 확고한 의지만 있다면 연방 정부 재정 수지를 적자로 만들거나 다른 부문의 예산을 줄이지 않고도 그런 목표를 달성할 수 있는 방법들이 존재한다는 것이다.

국민들이 세계화에 따른 어려움을 감내하게 하려면 우리는 그런 확고한 의지를 밝혀야 한다. 5년 전 어느 날 밤 아내와 나는 막내딸 사샤의 울음소리에 잠이 깼다. 그때 사샤는 생후 3개월밖에 안 된 갓난아이였기 때문에 한밤중에 깨서 울곤 했다. 그러나 그날은 우는 소리가 좀 달랐다. 아무리 어르고 달래도 울음을 그치지 않아 걱정스러웠다. 그래서 할 수 없이 그동안 우리 아이들을 돌봐준 소아과 의사에게 전화를 걸었다. 의사는 아침이 되면 바로 아이를 데리고 진료실에 오라고 했다. 의사는 사샤를 진찰한 뒤 뇌막염에 걸린 것 같다면서 즉시 응급실로 보냈다.

검사 결과 정말 뇌막염에 걸린 것으로 확인되었다. 다행히 정맥 주사로 항생제를 투여한 후 차도가 보였다. 사샤를 제때 진찰하고 치료하지 않았다면 청력을 잃거나 아니면 생명까지 잃었을지 모른다. 아내와 나는 꼬박 3일 동안 병원에서 사샤 곁을 지켰다. 의사가 사샤의 요추부를 바늘로 찔러 치료제를 주입하는 동안 간호사들은 통증으로 발버둥치며 비명을 지르는 딸을 꽉 붙잡고 있었고 우리는 그저 기도를 하면서 뇌막염이 악화되지 않기를 빌 뿐이었다.

지금 다섯 살인 사샤는 건강하고 명랑한 아이로 잘 자라고 있다. 그러나 지금도 나는 그때 병원에서 보낸 3일간을 떠올리면 가슴이 떨린다. 그 3일 동안 나의 모든 관심은 딸아이에게 있었다. 사샤가 누워 있는 병실 바깥의 모든 일과 모든 사람은 관심 밖이었다. 주 상원 의원으로서 수행해야 할 업무도, 스케줄도, 심지어 내 장래까지도 생각할 수 없었다. 그러나 나는 게일즈버그에서 만난 제철 공장 노동자 팀 윌러와는 처지가 달랐다. 그는 간 이식 수술을 시켜야 할 아들이 있었지만 일자리까지 잃었다. 그 밖에도 비슷한 어려움을 겪고 있는 미국인들은 수없이 많을 것이다. 그래도 나는 그때 일자리가 있었고 건강 보험에도 가입해 있었던 것이다.

미국민은 세계 시장에서 다른 나라와 경쟁하고자 하는 분명한 의지가 있다. 우리는 다른 선진국 국민들보다 더 열심히 일한다. 우리는 경제적 불안정이 심화되는 현실을 감내하고 더 나은 미래를 위해 위험을 부담할 용의가 있다. 그러나 정부가 우리에게 경쟁할 기회를 부여하는 적절한 투자를 할 때, 나와 가족이 나락으로 떨어지지 않도록 구해 줄 안전망이 존재한다는 것을 인식할 때, 우리는 제대로 경쟁해 나갈 수 있을 것이다.

미국민들이 맺을 만한 값진 계약이 있다면 바로 이런 것이다.

미국의 경쟁력을 강화할 수 있는 투자와 새로운 형태의 사회 계약, 이 두 가지를 함께 추구한다면 우리 자녀와 후세에게 좀 더 나은 미래를 기약할 수 있다. 그러나 워싱턴에서 진행되는 모든 정책 토론이나 심의 과정에 빠짐없이 등장하는 한 가지 문제점, 즉 재원을 어떻게 마련할 것인가 하는 문제점이 여기에서도 어김없이 나타난다.

빌 클린턴 대통령은 임기가 거의 끝날 무렵 이 문제에 대한 해답을 찾았다. 우리는 무려 30년 만에 처음으로 예산 수지상의 엄청난 흑자를 기록해 국가 채무를 빠른 속도로 줄여 나갔다. 심지어 연방준비제도이사회의 앨런 그린스펀 의장이 국채가 너무 빠른 속도로 상환되는 탓으로 이사회의 통화 정책 조절 능력이 제약을 받고 있는 점을 걱정할 정도였다. 닷컴 버블(dot-com bubble)이 터지고 9·11사태의 충격이 경제에 상당한 부담을 준 이후에도 지속적인 경제 성장과 국민 개개인의 기회 확대에 힘입어 국채를 상환할 수 있는 능력을 갖게 되었다.

그러나 우리는 그런 방향을 선택하지 않았다. 부시 대통령은 두 곳에서 전쟁을 동시에 치르면서 국방비를 무려 74퍼센트나 늘려도, 교육 부문에 더 많은 투자를 할 수 있다고 자신 있게 말했다. 뿐만 아니라 노년층을 대상으로 한 새로운 처방 약제 의료 계획을 시행하며 연속적인 대규모 감세 조치를 취할 수 있다고 장담했다. 그것도 이 모든 일을 한꺼번에 할 수 있다는 것이다. 의회 지도자들은 또 그들대로 연방 정부의 예산 낭비와 부정행위를 줄이는 식으로 이런 엄청난 재정 적자 요인을 상쇄할 수 있다고 장담했다. 그러나 정작 의회의 지역구 선심 사업은 무려 64퍼센트나 늘어났다.

이처럼 행정부와 의회가 다 같이 예산 적자 초래 가능성을 부인한 결과가 어떻게 되었을까? 지난 몇 년간 미국의 연방 정부 재정 상황은 그야말로 불안정하기 짝이 없었다. 현재 미국의 한 해 예산 적자는 3,000억 달러에 이른다. 여기에는 연방 정부가 사회 보장 신탁 기금에서 해마다 차입하는 1,800억 달러가 넘는 금액은 포함되지 않았다. 물론 이런 차입금은 모두 국가 채무로 누적된다. 현재 국가 채무는 9조 달러에 달한다. 어린이를 포함한 미국 전체 인구로 이 채무액을 나눠 보면 한 사람당 3만 달러쯤 된다. 모든 미국인이 저마다 3만 달러씩 빚을 지고 있는 셈이다.

현재 가장 큰 문제가 되는 것은 부채 그 자체가 아니다. 부채 중 일부가 교육 제도의 전면적인 개혁이나 광대역 통신망의 확충, 에탄올 중심의 혼합 연료인 E85를 판매하는 주유소의 전국적인 확대 설치처럼 미국의 경쟁력을 강화하는 데 투자되었다면 나름대로 정당성이 있다고 할 수 있다. 또한 사회 보장 제도를 강화하고 의료 보장 제도를 개편하는 재원으로 나머지를 활용할 수도 있었다.

그러나 부시 행정부가 누적시킨 채무는 대부분 감세 조치 때문에 생긴 것이다. 그동안 쌓인 채무의 47.4퍼센트는 감세 조치를 통해 상위 5퍼센트 소득 계층에게 돌아갔다. 상위 1퍼센트에 돌아간 감세 혜택은 무려 이런 채무액의 36.7퍼센트에 이른다. 연간 160만 달러 이상의 소득으로 최상위 0.1퍼센트에 속하는 부자들에게도 감세 혜택으로 이런 누적 채무액의 15퍼센트가 돌아갔다.

달리 말하면 글로벌 경제의 최대 수혜자들에게 혜택을 주기 위해 연방 정부의 신용 카드 사용액을 대폭 늘린 것이나 다름없었다.

지금까지 미국은 엄청나게 쌓인 이런 국가 채무를 그런대로 감당할 수 있었다. 중국 중앙은행을 비롯한 외국 중앙은행들이 자국의 수출품을 미국이 계속 구매하기를 바라기 때문이다. 그러나 외국 중앙은행들을 통해 다른 나라 돈을 손쉽게 빌려 쓸 수 있는 상황이 무한정 계속되지는 못할 것이다. 어느 시점이 되면 외국은 미국에 더 이상 돈을 빌려주지 않을 것이고, 그렇게 되면 금리가 올라가 미국이 생산하는 부가 대부분 대외 채무 상환에 들어갈 것이다.

우리가 앞으로 이런 처지에 놓이지 않기를 바란다면 지금부터 많은 노력을 기울여야 한다. 적어도 문서상으로는 앞으로 어떤 대책이 필요한지 우리는 잘 안다. 우선 필요하지도 않고 급하지도 않은 계획을 축소하고 통합해야 한다. 의료 보장 비용의 지출도 억제해야 한다. 오랫동안 지속되면서 실효성을 잃은 세금 공제 조치를 폐기하고 과세상의 허점을 없애 기업들이 납세를 피하지 못하게 해야 한다. 또한 클린턴 행정부 때 시행된 바 있는 페이고(Paygo, 재정 수입 감소나 지출 증대를 초래하는 법안을 채택할 때는 재정 적자 요인을 상쇄하는 조치를 반드시 병행 추진하도록 의무화한 제도 - 옮긴이 주) 시스템을 되살려 활용할 수도 있다. 이런 시스템을 통해 감세 조치 같은 새로운 지출 요인이 발생할 경우, 이를 보충할 수 있는 방안이 마련되지 않는 한 연방 정부 재정에서 자금이 빠져나가지 못하도록 금지할 수 있다.

우리가 이 같은 조치를 모두 취한다고 하더라도 현재의 재정 상황에서 벗어나기는 여전히 어려울 것이다. 그 때문에 글로벌 시장에서 미국의 경쟁력을 강화하는 데 필요하다고 판단되는 투자마저 일부 집행을 늦춰야 할지도 모른다. 또한 힘든 상황에 처한 가정을 지원하는 문제도 우선순위를 정해 시행해야 할 것이다.

그러나 이런 어려운 결정을 내리는 경우에도 지난 6년간의 교훈을 잊어서는 안 된다. 우리는 이렇게 자문하며 그간의 교훈을 곱씹어야 한다. '지난 6년간의 예산 집행과 조세 정책이 과연, 우리가 깊이 간직해온 가치 기준에 그대로 부합하는가?'

"미국에서 계급 전쟁이 벌어진다면 우리 계급이 이길 겁니다."
나는 버크셔해더웨이의 회장이자 세계에서 두 번째로 큰 부자인 워런 버핏(Warren Buffett)의 사무실에 앉아 있었다. 나는 버핏의 취향이 소박하기로 유명하다는 점을 익히 들어 잘 알고 있었다. 그는 1967년 구입한 수수한 주택에서 지금까지 그대로 살고 있으며 자녀들을 모두 오마하에 있는 공립 학교에 보냈다.

그런데도 나는 오마하에 있는 그의 사무실을 방문하면서 다소 놀랐다. 별 특징을 찾아볼 수 없는 그 건물에서 내가 들어선 사무실은 보험 대리점과 비슷한 모습이었다. 사무실 벽은 모조 나무판으로 되어 있었고, 장식용 그림이 몇 점 걸려 있었으며, 사람은 아무도 보이지 않았다. 그때 "뒤돌아 오세요"라고 말하는 여자 목소리가 들렸다. 내가 돌아서자 '오마하의 현인(Oracle of Omaha)'이라 불리는 버핏의 모습이 보였다. 버핏은 딸 수지와 조수인 데비와 이야기를 나누면서 싱글벙글 웃고 있었다. 입고 있는 양복은 약간 구겨져 있었고 숱이 많은 양쪽 눈썹은 안경 위쪽으로 비죽이 튀어나와 있었다.

버핏은 조세 정책에 관해 의견을 나누자고 나를 오마하로 초청했다. 좀 더 정확하게 말하자면 버핏은 재정 수지가 엉망인 상황에서 자신과 같은 고소득자들에게 계속 감세 혜택을 주는 워싱턴의 의도가 무엇인지 궁금해했다.

"내가 며칠 전에 계산을 해보았습니다."

버핏이 입을 열었다.

"나는 평생 조세 피난처를 이용하거나 세무 담당자를 둔 적이 없지만 올해 내가 낼 세율은 우리 회사 안내원보다도 낮더군요. 사실 나는 일반 미국인들보다 내가 낮은 세율의 세금을 부담한다고 확신해요. 그리고 대통령이 자신의 뜻을 관철하면 내가 낼 세금은 여기서 더 줄어들겠죠."

버핏이 이처럼 낮은 세율을 적용받는 데는 그럴 만한 이유가 있었다. 대부분의 부유층과 마찬가지로 버핏의 소득도 거의 전부 배당금과 자본 이득, 투자 소득에서 나왔기 때문이었다. 이런 소득의 과세율은 2003년 이래 15퍼센트에 불과하다. 그러나 안내원의 급여에 부과되는 세율은 사회 보장세(FICA)를 포함할 경우 이 세율의 2배 가까이나 되었다. 버핏은 이런 일이야말로 터무니없는 모순이라고 지적했다.

"자유 시장 경제 체제는 자원을 가장 효율적이고 생산적으로 활용할 수 있게 만드는 최상의 메커니즘입니다."

버핏이 말을 이었다.

"정부는 이런 면에서 별다른 능력을 발휘하지 못하고 있습니다. 자원의 효율적, 생산적 활용으로 산출된 부를 공정하고 슬기롭게 분배해야 하는데, 시장도 여기에 대해 별 역할을 하지 못하고 있습니다. 창출된 부의 일부는 교육 부문에 재투자해야 합니다. 후세들에게 공정한 기회를 주기 위해서죠. 또 인프라를 유지하고 시장 경제 체제에서 실패하거나 좌절을 겪은 사람들에게 사회 안전망 같은 것을 제공하는 데도 투자해야 합니다. 그러려면 시장 경제 체제에서 가장 큰 이득을 본 우리 같은 사람들이 가장 큰 몫을 부담해야 합니다. 그래야 도리에 맞는 것이지요."

우리는 한 시간 동안 마주 앉아 세계화와 기업체 임원 보수, 악화일로에 있는 무역 적자, 국채 문제 등에 대해 의견을 나누었다. 버핏은 특히 부시가 내놓은 유산세(estate tax) 폐지 방안에 신경을 곤두세웠다. 그는 유산세 폐지가 장점보다는 귀족주의를 부추기는 것이라고 판단했다.

"유산세를 폐지해 버린다면 자원의 관리권을 그런 자원의 취득에 아무런 기여를 하지 않은 사람들에게 넘겨주는 것이나 다름없습니다."

버핏은 이렇게 지적했다.

"이것은 2000년도 올림픽 경기 수상자 자녀만으로 2020년도 올림픽 경기 선수단을 구성하는 것과 흡사한 것입니다."

나는 사무실을 나서기 전 버핏에게 동료 억만장자들 중에 그의 의견에 동조하는 사람이 얼마나 되느냐고 물었다. 버핏은 웃음을 터뜨렸다.

"굳이 말하자면 그리 많지는 않습니다."

버핏은 자신 같은 부류의 사람들이 이런 사고방식을 가지고 있다고 말했다.

"이들은 스스로 땀 흘려 번 '그들의 돈'이기 때문에 재산을 고스란히 간직할 자격이 있다고 생각합니다. 하지만 그들은 자신들을 부유하게 살 수 있도록 해준 공공 투자의 혜택은 고려하지 않습니다. 내 경우를 예로 들어 보죠. 나는 우연히 자본을 적절하게 배징해서 투자하는 능력을 갖고 있습니다. 그러나 그런 능력을 활용할 수 있느냐의 여부는 전적으로 내가 태어난 사회에 달려 있지요. 내가 만약 사냥으로 먹고사는 부족 사이에서 태어났다면 이런 능력은 전혀 쓸모가 없었을 것입니다. 더구나 나는 빨리 달리지도 못하는 데다 몸이 특별히 튼튼하지도 못하기 때문에 아마도 야생 동물의 먹잇감이나 되었겠죠."

버핏은 말을 이어 나갔다.

"그러나 나는 운이 좋아 적당한 시기와 지역에서 태어났습니다. 이 사회에서는 내 재능을 높이 사줄뿐더러 훌륭한 교육으로 그런 능력을 계발해 주었지요. 게다가 정부가 법률과 금융 제도로 내가 좋아하는 일을 마음껏 할 수 있도록 뒷받침해 주어 나는 결국 많은 돈을 벌게 되었습니다. 그래서 나는 그 모든 것에 보답하고자 내가 할 수 있는 최소한의 도리를 다하려고 합니다."

세계에서 가장 부자인 자본가가 이런 식으로 말하는 것을 보면 놀랍다는 생각이 들 수도 있다. 그러나 버핏의 이런 생각이 너그럽고 따뜻한 마음만을 보여 주는 것은 아니다. 그보다는 세계화에 잘 대응한다는 문제가 적절한 정책을 찾아내는 것뿐만 아니라 단기적인 편익보다 공익과 후세의 이익을 앞세우려는 새로운 마음가짐과도 관련이 있다는 것을 보여 준다.

좀 더 구체적으로 설명하자면 이제 모든 재정 지출이나 증세 요인을, 같은 차원에 놓고 생각해서는 안 된다는 것이다. 경제적 실익이 없어 기업에 대한 보조금 지급을 중단하는 것과 빈곤층 어린이에 대한 의료 혜택을 줄이는 것은 모두 재정 지출을 축소하는 것이지만 그 성격은 전혀 다르기 때문에 똑같이 생각해서는 안 된다. 일반 가정이 여러 면에서 어려움을 겪고 있는 시기에 이들에게 되도록이면 세금을 낮춰 주려고 하는 것은 도리에 맞는 일이다. 그러나 부유하고 유력한 계층이 세금에 대한 일반 국민의 거부감에 편승하려 하거나 대통령과 의회, 로비스트, 보수 성향의 논평가나 해설자들이 중신층의 힘겨운 세금 부담과 부유층의 감내할 만한 세금 부담을 같은 선상에 놓고 적당히 얼버무려 유권자들에게 주입하는 행태는 도리에 맞는다고 할 수 없다.

　　이런 혼란은 유산세 폐지 방안을 둘러싼 논란에서 가장 두드러지게 나타난다. 현행 세제에 따르면 남편과 아내는 유산세를 물지 않고 400만 달러까지 남겨 줄 수 있다. 현행 세법으로도 2009년이 되면 이런 면세 한도액이 700만 달러로 올라간다. 그 때문에 현행 세제에 따른 유산세 부담은 미국 인구의 0.5퍼센트에 해당하는 부유층에게만 적용된다. 2009년에는 미국 인구의 0.3퍼센트 정도에게만 해당된다. 이 같은 유산세를 철폐하면 미국 재정 수지에 약 1조 달러의 결손이 생기기 때문에 일반 국민들이나 미국의 장기적인 이해에 영향을 덜 미치는 감세 방안을 찾기는 어렵다.

　　그런데도 대통령과 그의 지지 세력이 철저한 마케팅을 벌인 탓인지, 현재 미국 여론의 70퍼센트가 유산세에 반대하고 있다. 그에 따라 농민단체들은 내 사무실로 찾아와 유산세가 폐지되지 않으면 논밭을 물려받아 영농에 힘쓰는 가족농이 사라질 것이라고 주장한다. 그러나 유산세 때문에 농장이 없어졌다는 소식은 어디에서도 들을 수 없었다. 한편 몇몇 기업의 CEO들은 워런 버핏이라면 유산세의 존속을 찬성할 만하다고 말한다. 그의 재산이 워낙 어마어마한 규모여서 90퍼센트가 세금으로 떨어져 나간다 하더라도 여전히 자식들에게 수십억 달러를 물려줄 수 있다는 것이다. 그러나 재산이 고작 1,000만 달러나 1,500만 달러밖에 안 되는 사람들에게 그런 유산세를 물리는 것은 어불성설이라는 것이 이들의 주장이다.

미국의 부유층은 불평을 늘어놓을 형편이 못 된다. 1971년부터 2001년 사이에 미국 일반 노동자 임금의 중간값(median wage)은 사실상 아무런 변동이 없었지만 미국 인구의 최상위 0.01퍼센트의 소득은 500퍼센트 가까이 늘어났다. 부의 분배는 갈수록 심하게 왜곡되어 현재 불평등의 정도는 이른바 '도금 시대(Gilded Age, 남북 전쟁 이후 미국 경제가 확장되고 금권 정치가 횡행하던 시기를 지칭하는 것으로 마크 트웨인의 풍자 소설 제목을 딴 표현이다 - 옮긴이 주)' 이래 그 어느 때보다도 심한 편이다. 이런 추세는 이미 1990년대 내내 나타났고 클린턴의 조세 정책은 이것을 약간 지연시켰을 뿐이다. 그런데 부시의 감세 조치가 그런 흐름을 한층 악화시켰다.

내가 이런 사실을 들춰내는 것은 공화당의 주장처럼 계급적인 대립이나 시샘을 부추기려고 하기 때문이 아니다. 엄청난 부를 쌓은 미국인들을 존경하고 이들이 거둔 성공을 조금도 질시하지 않는다. 대부분은 아니라 하더라도, 많은 부자들이 사업을 일으켜 고용을 창출하고 고객들에게 효용을 안겨 주는 등 근면과 노력을 통해 그런 부를 이룩했다는 점을 잘 알고 있다. 다만 신경제(new economy)의 가장 큰 혜택을 받은 사람들이, 모든 미국 어린이들도 똑같이 성공을 추구할 기회를 가질 수 있도록 뒷받침할 책무를 가장 잘 감당할 수 있다고 생각할 뿐이다.

나에게는 어머니와 외할아버지, 외할머니로부터 물려받은 중서부 사람들의 감성 같은 것이 있는데, 워런 버핏도 이런 감성을 지닌 것처럼 보인다. 말하자면 이런 것이다. 사람은 어느 수준에 이르면 자족감을 느끼게 된다. 박물관에서 피카소 그림을 감상하더라도 집 안에 걸어 둔 피카소 그림을 볼 때와 같은 기쁨을 느낄 수 있다. 음식점에서 20달러가 채 안 되는 값싼 요리를 맛있게 즐길 수도 있다. 더욱이 집 안의 커튼 값이 어지간한 미국인의 연봉을 웃돈다면 세금을 좀 더 내는 것도 무방할 것이다.

무엇보다도, 그것은 부의 차이는 있을망정 우리는 함께 성장하고 함께 몰락하며, 우리 중 어떤 이들을 잃을 수는 없다는 의식이다. 변화의 속도가 빨라져 몇몇이 성공하고 많은 이들이 실패하면 한 핏줄이라는 공동체 의식은 날이 갈수록 유지하기 어려워진다. 제퍼슨이 해밀턴의 국가관을 걱정한 데는 전혀 근거가 없었던 것이 아니다. 우리는 항상 이기심과 공동체 의식, 시장과 민주주의, 부와 권력의 집중화와 기회의 개방 사이에 균형을 맞추는 일에 끊임없는 노력을 기울여 왔다. 그런데 워싱턴에서는 이런 균형이 깨졌다고 나는 생각한다. 모두가 선거 자금 모금에 혈안이 되어 있고 노동 조합은 약화된 데다, 언론은 엉뚱한 곳에 관심을 쏟고 로비스트들은 자신들의 고객인 유력 집단의 이익을 위해 전력 질주하고 있다. 우리가 어떤 사람들인지 어디에서 왔는지 일깨워 주고 서로의 유대감을 확인시켜 주는 대항의 목소리는 거의 들을 수 없다.

2006년 초 뇌물 스캔들이 발단이 된, 워싱턴에서 활동하는 로비스트들의 영향력을 억제해야 한다는 논란의 배후에도 이런 맥락이 숨어 있었다. 논란이 진행되는 과정에서 상원 의원들이 일반 항공기 1등석 요금으로 전용기를 이용할 수 있는 권리를 포기해야 한다는 안이 나왔지만 상원에서 통과될 리가 없었다. 지금도 보좌관들은 민주당의 윤리

개혁 분야 대변인으로 임명된 내가 스스로 이런 권리를 포기해야 한다고 권유한다.

　그렇게 하는 것이 마땅했다. 그러나 솔직히 말한다면, 이틀 동안 일반 항공기 편으로 네 도시를 돌게 되었을 때 그런 권유를 따른 것을 다소 후회했다. 시카고 오헤어 공항으로 가는 교통편도 끔찍할 정도였다. 공항에 도착해 보니 멤피스행 항공기의 출발이 지연되고 있었다. 게다가 어린아이가 내 구두에 오렌지주스를 쏟았다.

　줄을 서서 출발 시간을 기다리고 있는데, 골프 셔츠와 치노 바지를 입은 30대 중반쯤 된 사람이 나에게 다가와 의회가 금년에 줄기 세포 연구에 대해 어떤 조치를 취해주었으면 좋겠다고 말했다. 그는 자신이 파킨슨 병 초기 단계라면서 세 살짜리 아들이 있노라고 말했다. 그와 대화를 주고받을 여유가 없을 것 같았다. 벌써 시간이 많이 지체되어 마음이 급했다. 그러나 내가 바쁘다고 해서 다른 사람도 서둘러야 할 이유는 없었다.

　바로 이런 일들이 전용기를 탈 때 놓치는 것들이라고 나는 혼자 생각했다.

제6장

신앙

BARACK OBAMA

The AUDACITY *of* HOPE

개신교 주류 교파들의 신도수가 급속히 줄어들고 있는 시기에
어느 교파에도 속하지 않은 복음교회의 교세는 날이 갈수록 급성장하고
신자들의 참여도와 열정은 유례를 찾기 어려울 정도다.
대부분의 미국인들은 일도, 재산도, 오락거리도, 분주한 일상도
가슴을 채워주지 못한다고 느낀다. 그들은 몸에 밴 외로움을 떨쳐버리고,
소모적이고 무자비한 일상의 고통에서 벗어나게 해줄 무엇인가를 갈망한다.

● ● ● 연방 상원 의원 민주당 후보로 확정된 지 이틀 뒤 나는 시카고 대학 의과대학원의 어느 의사로부터 이메일을 받았다.

'우선 당내 예비 선거에서 압도적인 표차로 감격스러운 승리를 거둔 데 대해 축하드립니다.'

의사의 메일은 이렇게 이어졌다.

'예비 선거에서 흔쾌한 마음으로 당신에게 표를 던졌고 본선에서노 당신을 찍는 것을 진지하게 고려하고 있음을 밝힙니다. 내가 메일을 보내는 이유는 당신에게 내가 걱정하는 바를 전하기 위해서입니다. 그런데 이 걱정거리가 당신에 대한 지지를 철회하게 만들지도 모릅니다.'

이 의사는 자신이 기독교인으로서 포괄적이고 '총체적인' 믿음을 갖고 있다고 밝혔다. 이런 신앙 때문에 그는 임신 중절과 동성 결혼에 강하게 반대하지만 한편으론 자유 시장에 대한 맹목적 숭배와 부시 행정부 외교 정책의 두드러진 특징으로 보이는, '즉각적인 군사적 수단 의존'에 대해서도 의문을 갖고 있다고 밝혔다.

이 의사가 나를 제치고 공화당 후보에게 투표해야 할지 곰곰이 생각했던 것은 임신 중절에 대한 내 입장 때문이었다. 사실 그는 이 문제에 대한 내 입장을 정확하게 알고 있는 게 아니었다. 그가 읽은 내용은 선거 운동 본부가 내 웹 사이트에 올린 문건이었다. 그 문건은 내가 '여성의 (임신 중절) 선택권을 앗아 가고자 하는 보수적인 이데올로그들'과 맞서 싸울 것임을 암시하고 있다. 그의 이메일은 이렇게 이어졌다.

나는 당신이 정의감이 강하다고 생각합니다. 그리고 특정 국면에서는 정의를 추구하는 것이 정치적 입지를 불안정하게 만든다는 점도 알고 있습니다. 나는 당신이 힘없는 사람들의 어려운 입장을 대변하고 옹호해 왔다는 점을 잘 알고 있습니다. 또한 당신은 이성적 판단력을 중시하는 공정한 사람으로 알고 있는데…… 임신 중절에 반대하는 사람들이 모두 여성에게 고통을 짊어지게 하려는 나쁜 생각을 가진 이데올로그라고 진정으로 믿는다면 당신은 내가 보기에 공정한 사람이 아닙니다…… 지금 우리가 맞이한 시대는 선과 해악을 가져올 수 있는 온갖 가능성으로 가득 차 있습니다. 뿐만 아니라 정치적 다원성의 맥락에서 공동의 정치형태를 찾아내고자 애쓰고 타인과 연관된 문제를 주장할 때 과연 분명한 근거가 있는 것인지 확신하지 못하는, 그런 시대에 살고 있습니다…… 나는 이 시점에서 당신에게 임신 중절에 반대하라고 요구하지는 않겠습니다. 다만 이 문제에 대해 공정한 관점에서 언급해 달라고 요청할 뿐입니다.

이런 메일을 받고 곧바로 웹 사이트를 체크해 보니 실제로 그런 언짢은 표현이 들어 있었다. 그 글은 내가 직접 올린 것은 아니었다. 보좌관들이 민주당 내 예비 선거가 진행되는 과정에서 임신 중절에 대한 여성의 권리를 옹호하는 내 입장을 정리해서 올린 것이었다. 당시 예선에 나선 몇몇 출마자는 로 대 웨이드 사건에 대한 대법원 판결을 내가 옹호하는가에 의문을 제기하고 있었다. 당시 민주당 내에서는 지지자들을 결집하기 위해 흔히 이런 표현을 쓰곤 했다. 그러나 이런 쟁점을 놓고 대립하는 쪽과 싸움을 벌이는 것은 무의미한 일이었고, 여기에 모호한 표현을 사용하는 것은 약한 모습을 드러내는 것이었다. 임신 중절에 반대하는 마음 하나로 똘똘 뭉쳐 사정없이 밀고 들어오는 세력과 맞서려면 그런 약한 모습을 보여서는 안 될 일이었다.

나는 이 의사의 메일을 여러 번 읽으면서 부끄러움을 느꼈다. 사실 임신 중절에 반대하는 운동에 뛰어든 사람 중에는 도저히 호감을 가질 수 없는 사람들도 있었다. 이들은 임신 중절을 원하는 여성들이 병원으로 들어가지 못하도록 밀치거나 막으면서 처참한 태아의 사진을 이들 여성의 얼굴에 들이대면서 목청껏 고함을 질러 댔다. 심지어 여성들을 들볶거나 위협하기도 했고 가끔은 폭력을 행사하기조차 했다.

그러나 내가 선거 운동을 벌이는 집회장에 나타나는 임신 중절 반대자들은 이런 극렬한 사람들이 아니었다. 나는 보통 일리노이 주 남부의 조그만 도회지 같은 곳에서 이들과 가끔씩 부딪쳤다. 이들은 선거 운동 집회가 열리는 건물 바깥에 조용히 서서, 다소 식상한 표현으로 나름대로의 단호한 메시지를 전달했다. 이들은 직접 만든 피켓이나 작은 현수막을 방패처럼 들고 있었다. 이들은 고함을 지르거나 우리의 집회를 방해하려 하지는 않았다. 그래도 우리 보좌진은 이들 때문에 신경이 날카로워졌다. 이들이 처음 나타났을 때는 신경이 더욱 곤두선 나머지 과도한 반응을 보였다. 내가 집회장에 도착하기 5분 전쯤 그곳에 먼저 가 있던 팀이 나를 태우고 운전하던 보좌관에게 전화를 걸어 이들과 부딪히지 않도록 뒷문으로 들어오는 것이 어떻겠느냐고 제안했다.

나는 운전석의 보좌관에게 말했다.

"뒷문으로 들어가고 싶지 않으니 정문으로 가겠다고 전해 주게."

우리가 집회장 주차장에 도착해 보니, 주차장 울타리 바깥에 7~8명의 시위자 모습이 보였다. 몇 명의 나이 든 여성들과 한가족으로 보이는 사람들이 전부였다. 이 가족은 부부와 어린 두 자녀가 함께 있었다. 나는 승용차에서 내려 이들에게 다가가 내 이름을 밝혔다. 남자가 약간 망설이면서도 내게 악수를 청하면서 자신의 이름을 밝혔다. 내 또래로 보이는 그는 진 바지에 격자무늬 셔츠를 입고 프로 야구 팀 세인트루이스 카디널스의 모자를 쓰고 있었다. 그의 아내도 내게 악수를 청했지만 다른 나이 든 여성들은 약간 떨어진 위치에 그대로 서 있었다. 9~10세쯤 되어 보이는 두 아이는 호기심 어린 표정으로 나를 빤히 쳐다보았다.

"안으로 같이 들어가시겠어요?"

내가 물었다.

"아닙니다."

남자가 이렇게 대답하면서 팸플릿 하나를 건넸다.

"오바마 씨, 나는 당신의 견해 중 많은 부분에 공감하고 있습니다."

"감사합니다."

"그런데 당신은 기독교인으로서 가족이 있는 것으로 알고 있습니다."

"맞습니다."

"그렇다면 어떻게 태아를 죽이는 일을 지지할 수 있나요?"

나는 그의 입장을 이해하지만 그 점에서는 의견이 다르다고 말했다. 일시적인 기분 때문에 임신 중절을 하겠다는 여성은 거의 없으며, 임신한 여성이 임신 중절이라는 가슴 아픈 결정을 내릴 때는 그에 따른 윤리적 측면을 충분히 감안하며 그럼에도 양심의 가책에 시달린다고 말했다. 과거 시술 의사와 시술받는 여성이 다 같이 처벌을 받는 상황에서도 임신 중절이 그대로 계속된 것처럼 임신 중절을 금지시킨다고 그런 행위가 사라지지는 않으며 오히려 임신한 여성들이 안전하지 못한 수술을 받을 수밖에 없다는 점이 걱정스럽다고 했다. 나는 우선 임신 중절을 하고자 하는 여성들의 숫자를 줄이는 방법에 대해서는 합의점을 찾을 수 있을 것이라고 말했다.

그는 내 말을 조용히 경청한 뒤 팸플릿에 담긴 통계 수치를 보여 주었다. 해마다 희생되는 태아의 숫자라는 것이다. 몇 분 뒤 나는 지지자들을 만나기 위해 집회장 안으로 들어가야 한다고 전하면서 함께 들어가지 않겠느냐고 다시 한 번 요청했다. 그는 거절했다. 내가 집회장 쪽으로 돌아서자 그의 아내가 큰 소리로 말했다.

"당신을 위해 기도하겠어요. 당신의 마음이 바뀌도록 기도할게요."

그날 내 마음은 바뀌지 않았고 그들 또한 그 이후 마음이 바뀌지 않았을 것이다. 그러나 나는 의사에게 고맙다는 내용의 답장을 보내면서 이 가족을 머릿속에 떠올렸다. 그다음 날 의사에게서 온 이메일 내용을 보좌관들에게 회람시키면서 웹 사이트에 올린 표현을 수정해 좀 더 단순하고 명쾌한 용어로 임신 중절 찬성 입장을 나타내게 했다. 그날 밤 잠자리에 들기 전에 이런 기도를 올렸다. 의사가 나에게 베푼 것처럼 나도 남의 뜻을 호의와 성심으로 헤아리는 마음가짐을 갖게 해달라는 것이었다.

미국인이 종교적인 국민이라는 사실은 누구도 의심하지 않는다. 최근 조사 결과에 따르면, 미국인 중 95퍼센트가 신을 믿고 3분의 2 이상이 교회에 다니며 37퍼센트는 독실한 기독교인을 자처하고 이보다 훨씬 많은 사람들은 진화론보다 창조론을 믿는 것으로 나타났다. 종교가 예배 장소에 국한되어 있는 것도 아니다. 종말론을 내세우는 책이 나오면 수백만 권씩 팔리는가 하면, 기독교 음악이 빌보드 차트에 오르내리며, 모든 대도시 교외 지역에는 매일같이 대형 교회(megachurch)가 새로 출현해 탁아 시설부터 싱글 친목회와 요가, 필라테스 강습에 이르기까지 온갖 서비스를 제공한다.

부시 대통령은 그리스도의 가르침으로 마음가짐을 새롭게 했다고 자주 털어놓았고 미식축구 선수들은 마치 천상의 사이드라인에서 하느님이 득점 판정을 내리기라도 하는 것처럼 터치다운을 할 때마다 하늘을 기리킨다.

이런 독실한 신앙심은 새삼스러운 것이 아니다. 최초의 영국 청교도들은 종교적 박해를 피해 아메리카로 온 뒤 아무런 제약 없이 엄격한 칼뱅주의를 그대로 따르는 신앙생활을 했다. 그에 따라 복음주의적 신앙 부흥 운동이 아메리카 전역을 여러 차례 휩쓸었고 끊임없이 찾아오는 대규모 이민자들은 신앙에 의지해 낯선 신천지에 삶의 뿌리를 내렸다. 노예제 폐지에서 민권 운동, 윌리엄 제닝스 브라이언(William Jennings Bryan)의 농촌 포퓰리즘(prairie populism)에 이르기까지 몇몇 강력한 정치 운동에 불을 붙인 것도 다름아닌 종교적인 정서와 종교적 행동주의였다.

그런데도 만약 반세기 전에 당시의 가장 저명한 문화 비평가들에게 앞으로 미국에서 종교가 어떻게 될 것 같으냐고 물었다면 쇠퇴의 길로 접어들 것이라는 대답이 나왔을 것이다. 일반적으로 사람들은 종교가 과학과 전반적인 교육 수준 향상, 경이로운 기술 발전의 희생물이 되어 위축될 것이라고 전망하였다.

그러나 이런 전망과는 달리 사회에서 존경을 받는 사람들은 일요일마다 빠짐없이 교회를 찾고 남부 지역의 신앙 부흥 전도 집회에서는 신앙 치료와 열광적 복음 전도가 위력을 보이며 '신을 부정하는 공산주의'에 대한 두려움이 매카시즘과 공산 분자 공포(Red Scare, 1940년대 후반부터 1950년대 후반까지 공산주의자를 위시한 급진 세력을 의혹의 눈초리로 바라보고 정부 내에 이들이 광범하게 침투해 있다는 식의 불안감이 팽배해 있던 사회분위기를 가리킨다 – 옮긴이 주)를 조장하는 데 일정한 역할을 했다. 그러나 대체로 전통적인 종교와 종교적 근본주의는 현대성과 조화를 이루기 어려운 것으로 간주되면서, 교육 수준이 낮은 빈곤층이 고단한 삶을 잊는 도피처 구실을 하는 것이 고작이었다. 전문가들과 학계에서는 빌리 그레이엄(Billy Graham) 목사의 개혁 운동마저 시대착오적인 활동으로 간주했다. 다시 말해, 현대 경제의 운용이나 외교 정책의 수립과는 아무런 관련이 없는 흘러간 시대의 흔적에 불과하다는 것이다.

1960년대가 되자 개신교와 가톨릭의 많은 지도자들은 미국의 종교단체들이 살아남고자 한다면 시대의 변화에 '적절하게' 맞춰 나가야 한다는 결론을 내렸다. 즉 교회의 가르침을 과학과 조화를 이루게 하고 또 경제적 불평등과 인종주의, 성 차별주의, 미국의 군사 우선 정책과 같은 현실적 쟁점을 정면으로 다루는 사회적 신조와 지침을 명확하게 밝혀야 한다는 것이다.

그렇다면 실제로는 어떤 상황이 벌어졌을까? 미국인들의 종교적 열정이 식었다는 이야기는 많이 나왔지만 이런 말은 언제나 부분적으로는 과장된 것이었다.

그렇기 때문에 '자유주의적 엘리트주의'에 대한 보수 세력의 비판은 상당한 타당성을 지니고 있다. 대학 교수나 언론인 등 대중문화를 매개하는 사람들은 온갖 형태의 종교적 표현들이 미국 전역의 수많은 지역 사회에서 지속적으로 어떤 역할을 담당하고 있는지 제대로 인식하지 못하고 있었던 것이다.

미국의 지배적인 문화 단체나 조직들이 미국인들의 종교적 욕구나 충동을 제대로 인식하지 못함에 따라 종교 조직이 사업에까지 영역을 넓히게 되었다. 이와 같은 현상은 선진국 어느 나라에서도 유례를 찾을 수 없었다.

미국 중서부 지역과 바이블 벨트(Bible Belt, 1920년대 초 미국의 언론인 H. L. 맥켄이 만든 말로서, 보수적인 기독교인들이 많이 거주하는 미국 동남부 20개 주를 가리킨다─옮긴이 주)에서는 눈에 띄진 않더라도 상당히 활력 있는 또 다른 세계가 등장했다. 이 세계는 신앙 부흥 운동과 성직자들의 열정뿐만 아니라 기독교 TV와 라디오, 대학, 출판사, 엔터테인먼트 기획사들로 이루어졌다. 그래서 독실한 기독교 신자들은 대중 문화가 자신들을 외면한 것처럼 그들도 바깥세상의 대중 문화를 외면할 수 있었다.

개인적인 구원에 초점을 두는 많은 복음주의자들은 정치적 활동에 휘밀려 드는 것을 꺼렸다. 1960년대 사회적 격변이 일어나지 않았다면 복음주의자들의 그런 태도는 끝없이 이어졌을 것이다. 남부 기독교인에게 까마득히 멀리 떨어진 연방 법원에서 인종 차별 제도를 철폐하라고 판결한 것은 학교에서 성경 수업 시간을 없애라고 판결한 것이나 다름없이 비쳤다. 모두 남부의 전통적인 삶의 근간을 뿌리째 뒤흔드는 공격이었던 것이다.

미국 전역에서 전개되는 여성 운동과 성 혁명(sexual revolution), 점차 목소리가 커지는 동성애자들의 주장, '로 대 웨이드' 사건을 통한 대법원의 임신 중절 합법화 판결은 결혼과 성, 남녀의 적절한 역할을 설파하는 교회의 가르침에 대한 직접적인 도전으로 비쳤다.

조롱과 공격을 당하고 있다고 생각한 보수적인 기독교인들은 더 이상 미국 사회에 넓게 퍼져 있는 정치·문화적 흐름에서 자신들이 벗어날 수 없다는 사실을 깨달았다. 사실 복음주의 기독교의 용어를 중앙 정치 무대에 처음으로 소개한 것은 다름 아닌 지미 카터였다. 그러나 공화당이 정치적으로 각성한 복음주의자들을 끌어들이고 이들을 동원해 자유주의 정통파에 맞서게 하는 데 가장 유리한 위치에 있었다. 공화당은 다른 가치들보다 전통과 질서, '가족 가치'에 더 큰 역점을 두었기 때문이다.

로널드 레이건과 제리 팔웰(Jerry Falwell), 패트 로버트슨(Pat Robertson), 랠프 리드(Ralph Reed), 그리고 칼 로브와 조지 부시가 이른바 기독교인 보병으로 이루어진 이 대군단을 어떻게 활용했는가에 대해 이 자리에서 되풀이해서 설명할 생각은 없다. 다만 오늘날 백인 복음주의 기독교도들은 보수적인 가톨릭교도들과 함께 공화당 지지 기반의 핵심을 이루고 있다는 사실만 말하려고 한다.

복음 교회의 조직력과 기술 발전으로 더욱 확장된 미디어망은 이런 핵심 지지층을 끊임없이 동원하고 있다. 이들은 임신 중절과 동성 결혼, 학교 예배, 지적 설계론(intelligent design, 자연이 매우 복잡하고 정교해 다윈의 진화론만으로는 설명하기 어렵다는 점을 들어 신과 같은 창조자가 개입한 것이 틀림없다는 주장이다. 펜실베이니아 주 도버 지역 교육위원회가 이런 지적 설계론을 학교에서 가르치도록 결정하자 학부모들과 여러 단체가 과학적 근거가 없는 이런 이론을 가르치게 하는 것은 정교 분리를 명시한 헌법에 위배되는 것이라고 제소해 2005년 연방 법원의 판결로 중지시켰다 - 옮긴이 주) 등을 쟁점으로 제기했다.

뿐만 아니라 테리 시아보(Terri Schiavo, 15년간 식물인간으로 살다가 법원의 판결로 영양 공급관이 제거되면서 41세로 숨진 미국 여인. 영양 공급관 제거를 요구하는 남편과 이에 반대하는 시아보의 부모가 7년 동안 법정 소송을 벌이면서 전 세계적인 안락사 논쟁을 불러일으켰다 - 옮긴이 주), 법정의 십계명 게시 문제, 부모가 자녀들을 직접 가르치는 홈스쿨링, 바우처 제도, 대법원 구성 등도 쟁점으로 제기해 신문의 헤드라인을 자주 장식하게 되었다. 이 같은 쟁점들은 미국 정치에서 두드러진 하나의 흐름을 형성하고 있다.

이제 미국 백인들이 공화·민주 양당 중 어느 쪽을 지지하는지 결정하는 가장 큰 요인은 성별이나 지역주의가 아니라 정기적으로 교회에 나가는 사람이냐 아니냐 하는 것이다. 그 때문에 민주당은 핵심적인 지지층이 여전히 비종교적인 색채가 강한데도 '종교 세력을 끌어들이고자' 안간힘을 다하고 있다. 미국이 기독교 국가라는 어젠다가 강조되면 민주당이 설 자리가 없어질지 모른다는 불안감 때문이다. 따라서 민주당의 이런 불안은 나름대로 타당성이 있다고 볼 수 있다.

그러나 보수적인 기독교 세력의 정치적 영향력 확대라는 것은 문제의 한 측면일 뿐이다. '도덕적 다수파'(Moral Majority, 침례교과 목사인 제리 팔웰이 1979년에 만든 보수적인 기독교 단체로서, 성서의 엄밀한 해석에 따른 신앙을 내세우지만 좌파에 대항해 임신 중절 합법화에 반대하고 국방 예산 증액을 지지하는 등 뉴라이트 그룹과 비슷한 정치적 색채를 드러내기도 한다 - 옮긴이 주)와 '기독교동맹'(Christian Coalition)이 많은 복음파 기독교인들의 불만을 일깨웠다고 볼 수도 있다.

그러나 주목할 만한 현상은 복음주의 기독교가 최첨단 기술이 지배하는 미국에서 살아남았을 뿐만 아니라 날이 갈수록 융성해지기까지 한다는 점이다. 개신교 주류 교파들의 신도수가 급속하게 줄어들고 있는 시기에 어느 교파에도 속하지 않은 복음 교회의 교세는 날이 갈수록 급성장하는 데다 신자들의 참여도와 열정은 유례를 찾기 어려울 정도다.

복음 교회의 이 같은 교세 신장에 대해서는 의견이 분분하다. 전도 능력이 탁월했다고도 하고 지도부의 카리스마가 대단했다는 설명도 있다. 하지만 복음교회의 성공은 그들이 파는 상품이 사람들의 갈망을 반영하고 있기 때문이라는 해석도 있다. 그 갈망은 특정한 쟁점이나 원인을 뛰어넘는 성격의 것이다.

수많은 미국인은 매일 다람쥐 쳇바퀴 돌듯 똑같은 일상을 되풀이한다는 느낌을 갖는다. 아이들을 승용차에 태워 학교 앞에 내려 주고, 직장에 출근하고, 때때로 출장을 가고, 쇼핑몰에서 물건을 사고, 체중이 불어나지 않도록 애쓰며 살다가, 어느 날 문득 무엇인가 허전한 느낌이 든다. 대부분의 미국인들은 일도, 재산도, 오락거리도, 분주한 일상도 가슴을 채워 주거나 만족감을 주지 못한다고 생각한다. 이때 이들이 원하는 것은 삶을 지탱시켜 줄 목적의식이다. 이들은 몸에 밴 외로움을 떨쳐 버리고, 소모적이고 무자비한 일상의 고통에서 벗어나게 해주는 무엇인가를 갈망한다. 누군가 자신을 보살피며 자신의 이야기에 귀를 기울여주기 때문에 자신이 아무런 가치도 없는 것을 향해 아득한 고속도로를 마냥 달리고 있는 것은 아니라는 다짐을 받고 싶어 한다.

깊은 종교적 헌신을 향한 이런 움직임에 내가 다소라도 통찰력을 지녔다면, 아마도 나 역시 그런 길을 걸어왔기 때문일 것이다.

나는 종교적인 가정에서 자라지는 않았다. 캔자스 출신인 외할아버지와 외할머니는 어릴 때부터 종교에 깊숙이 빠져 들었다. 외할아버지는 아버지가 군에서 탈영을 하고 어머니가 자살한 뒤 독실한 침례교 신자인 조부모의 손에서 자랐다. 또한 외할머니의 부모는 감리교 신자였다. 외할머니의 아버지는 정유 공장에 근무했고 어머니는 교사였다. 대공황기의 소도시에서는 그런대로 괜찮은 직장을 가지고 있었다.

그러나 외할아버지와 외할머니가 캔자스를 떠나 하와이로 이주하면서부터 신앙심은 이들의 가슴속에 깊숙이 자리 잡지 못했다. 외할머니는 지나칠 정도로 합리적인 데다 고집이 센 편이어서 뭐든지 직접 보고 느끼거나 만져 보고 확인해야 받아들였다.

우리 집안에서 몽상가로 불리는 외할아버지는 가만히 있지 못하는 성품이어서 만약 다른 기질이 없었더라면 신앙 생활을 도피처로 삼았을 지도 모른다. 외할아버지는 반골 기질을 지닌 데다 여러 욕구들을 잘 다스리지 못하는 편이었다. 게다가 다른 사람들의 약점을 대부분 눈감아 주었으며 무슨 일에서든 진지하지 못했다.

외할머니의 냉정한 합리주의와 외할아버지의 쾌활함은 그대로 어머니에게 이어졌다. 어머니는 캔자스와 오클라호마, 텍사스의 여러 소도시들을 거치며 책을 좋아하고 감수성이 예민한 아이로 성장했다. 어머니의 경험도 부모에게서 물려받은 무신론적 태도를 강화시켰을 뿐이다. 젊은 시절 어머니 주변 기독교인들에 대한 추억을 들어 보면 호의적이지 않았다. 어머니는 가끔 나에게 교훈을 주기 위해서 경건한 척하는 설교자들의 행태를 되새기곤 했다. 그들은 전 세계 인구의 4분의 3을 무지한 이교도로 규정하였다. 그들은 하늘과 땅이 7일 동안 창조되었다고 주장했지만 지질학과 천체물리학상의 증거는 이를 반증한다.

어머니는 또한 교회에 다니는 존경할 만한 부인들이 교양이 부족한 사람들은 상대도 하지 않았으며, 자신들의 추악한 결점을 감추는 데 안간힘을 썼다고 말하곤 했다. 교회 성직자들이 인종을 차별하고 모욕하는 표현을 쓰는가 하면, 일꾼들에게는 되도록이면 한 푼도 주지 않고 사취하려고 애썼다고 했다. 어머니는 조직화한 종교가 경건한 외형 안에 편협함을 숨기고 정당성을 빙자해 잔혹성과 억압을 감춘다고 보았다.

그렇다고 어머니가 종교에 대해 내게 아무것도 가르치지 않았던 것은 아니다. 어머니는 전 세계의 여러 위대한 종교에 대해 실제적인 지식을 쌓는 것이 균형 잡힌 교육에 꼭 필요한 부분이라고 생각했다.

우리 집 책장에는 성경과 코란, 바가바드기타(Bhagavad Gita, 고대

인도의 대서사시 '마하바라타' 가운데 제6권 '비스마파르마'의 23~40장에 있는 철학적 · 종교적인 700구의 시 – 옮긴이 주)가 그리스 신화, 북유럽 신화, 아프리카 신화와 나란히 꽂혀 있었다.

부활절이나 성탄절이 되면 어머니는 나를 교회로 데려갔다. 어머니는 교회뿐만 아니라 나를 사찰과 중국 춘절 행사, 신사, 하와이의 고대 무덤 등으로 데려갔다. 나는 이처럼 여러 종교에 접했지만, 종교에 얽매일 필요는 없다고 생각하게 되었다. 특별히 종교로 인해 스스로를 채찍질하거나 내면을 살피고 바로잡기 위한 노력을 기울이는 일을 하지는 않았던 것이다. 어머니는 종교가 인류의 문화적 표현일 뿐, 인류 문화의 원천은 아니라고 역설했다. 인류는 미지의 대상을 제어하고 삶에 대한 심오한 진리를 이해하고자 애를 쓰는데 종교는 그런 노력의 한 형태에 불과하며, 꼭 최선의 방법은 아니라는 것이었다.

어머니는 종교를 인류학적인 시각에서 바라보았다. 존중해야 할 문화지만 몰입하지는 말고 객관적인 입장에서 다뤄야 할 하나의 현상으로 인식했던 것이다. 더구나 어릴 때 나는 종교를 전혀 다르게 받아들이는 사람들을 거의 만나 본 적이 없었다. 아버지는 내가 두 살 때 어머니와 이혼했기 때문에 유년 시절에는 없는 거나 마찬가지인 존재였다. 아버지는 본래 회교도 가정에서 자랐지만 어머니를 만났을 때는 이미 확고한 무신론자가 되어 있었다. 그는 종교를 어린 시절 케냐의 시골에서 보았던 주술사의 숭배 대상처럼 미신에 가까운 것으로 생각했다.

어머니가 재혼해 만난 인도네시아인 의붓아버지도 무신론적인 성향이 강한 사람이었다. 그는 이 세상을 헤쳐 나가며 성공하고 출세하는 일에는 종교가 별다른 쓸모가 없다고 생각했다. 그가 성장한 인도네시아에서는 주된 종교인 회교가 힌두교나 불교, 옛 정령 숭배의 전통과 쉽사리 융합되었다. 나는 의붓아버지와 함께 인도네시아에서 5년 동안 살면서 처음에는 가까운 가톨릭 학교에 다니다가 회교 색채가 강한 학교로 옮겼다. 어머니는 내가 가톨릭 학교에 다닐 때나 회교 학교에 다닐 때나 구구단을 잘 외우는지에 대해서는 관심을 기울여도 교리를 제대로 배우는지, 아니면 저녁 예배 시간을 알리는 종소리의 의미를 제대로 알고 있는지에 대해서는 별 관심이 없었다.

이처럼 세속주의를 공언하고 있었음에도 어머니는 내가 아는 사람들 중 가장 영적으로 각성한 사람이었다. 어머니는 천성적으로 인정과 자애, 사랑하는 마음이 가득한 사람이었고 인생의 대부분을, 때로는 스스로 손해를 보면서까지 그런 마음을 베풀면서 살았다. 어머니는 교리 책과 같은 종교 서적이나 외부의 권위에 의존하지 않은 채 많은 미국인들이 주일 학교에서 배우는 여러 가치들, 정직과 배려, 절제, 인내, 근면성 등을 나에게 가르치기 위해 많은 노력을 기울였다. 어머니는 가난과 불의에 분노를 느꼈고, 이런 것에 무심한 사람들을 경멸했다.

무엇보다도 어머니는 평생 경이에 찬 눈으로 생을 대했다. 삶 그 자체와 소중하지만 순간적인 삶의 본질에 대한 경외감은 경건함으로 표현해도 좋을 만했다. 어쩌다 그림 한 점을 보거나 시 한 구절을 읽을 때, 음악을 들을 때 곧잘 어머니의 두 눈에 눈물이 가득 고이는 것을 볼 수 있었다. 어머니는 내가 조금 자라자 가끔 나를 한밤중에 깨워 유난히 눈부신 달을 바라보게 하거나 황혼 녘에 함께 산책하면서 두 눈을 감고 바스락거리는 나뭇잎 소리에 귀를 기울이게 하곤 했다.

어머니는 어린아이를 보면 무릎 위에 앉혀 놓고 간지럼을 태우기도 했고, 간단한 게임을 하면서 아이의 두 손을 찬찬히 살피기도 했다. 아이의 작은 손을 관찰하며 뼈와 힘줄이 정확하게 맞물려 신비롭게 움직이는 것을 신기하게 생각했던 것이다. 어머니는 도처에서 신비로운 현상을 찾아내고 삶의 낯선 풍경들에서 기쁨을 얻었다.

어머니의 이런 정신과 마음가짐이 내게 어떤 영향을 끼쳤는가는 나중에야 제대로 알게 되었다. 어머니의 그런 정신은 아버지의 부재에도 불구하고 나를 지탱해 준 힘이 되었다. 뿐만 아니라 도처에 위험한 함정이 도사리고 있는 사춘기를 잘 보낼 수 있도록 나에게 힘을 불어넣어 주었다. 결국에는 내가 나아가야 할 길로 이끌어 준 힘이 되었던 것이다.

내가 맹렬하게 야심을 좇았던 것은 아버지 때문이었을지 모른다. 아버지가 이룬 것과 이루지 못한 것이 무엇인지 알게 되면서 아버지의 사랑을 받고 싶다는 말 없는 욕구가 내면에 쌓이게 되었고, 아버지에 대한 원한과 분노가 나의 야심에 불을 질렀던 것이다.

하지만 어머니의 기본적인 믿음이 내 야망이 이루어질 수 있도록 길을 열어 주었다. 나는 정치 철학을 공부하면서 공동체 건설과 정의를 실현하는 데 도움이 될 만한 논리와 실천 시스템을 다 같이 모색하고자 했는데, 이것은 어머니의 가치 기준에 부합하는 일이었다. 또한 나는 대학을 졸업한 뒤, 실직과 마약, 절망에 맞서 싸우고 있는 시카고 여러 교회를 지원하는 지역 사회 운동가로 일하기로 작정했는데, 이런 활동도 어머니에게서 물려받은 가치 기준을 어떻게 현실에 적용할지 모색하는 과정에서 비롯되었다.

나는 앞서 펴낸 책에서 지역 사회 운동가로 시카고에서 일한 경험이 내 인격 형성에 어떻게 도움이 되었는지 서술했다. 시카고 지역 목사와 평신도들과 함께 일하면서 공직 생활을 하겠다는 결심을 굳히게 되었다. 그런 경험은 나 자신의 인종적 정체성을 강화시켜 주고 보통 사람이 비범한 일을 해낼 수 있다는 믿음을 확인시켜 주었다.

그러나 한편으론 시카고 시절의 경험 때문에 어머니가 평생 극복하지 못했던 딜레마에 부딪힐 수밖에 없었다. 내 가슴속 깊이 자리 잡은 믿음의 원천이 되는 공동체나 공동의 전통이 나에게 없다는 사실이었다. 함께 일하는 기독교도들은 나에게 그들과 공유하는 부분이 있다는 점을 인정했다. 그들이 보기에 나는 그들의 가치 기준을 공유하고 그들의 노래를 부르며 그들의 성경책 내용을 잘 알고 있었다. 그러나 그들은 내 한 부분이 여전히 그들과 뚝 떨어진 채 초연한 입장을 취해 마치 관찰자 같은 느낌을 준다고 생각했다. 내 믿음의 뿌리가 없고 그런 믿음을 공유하는 공동체에 대한 명백한 헌신이 없다면 결국 어느 단계에서는 내가 언제나 동떨어져 있을 것이라는 걸 깨달았다. 어머니와 같은 방식으로 자유롭긴 하되, 결국은 어머니처럼 홀로 남겨질 것이었다.

이런 자유로움보다 한 단계 더 나아갈 수도 있다. 어머니는 자신의 일과 자식들에게서 의미를 찾으며, 세계 곳곳에서 알게 된 친구들을 하나의 공동체로 엮어 세계 시민으로서 행복하게 살았을 것이다. 만약 흑인 교회의 독특한 역사적 특성이 내가 무신론을 얼마간 떨쳐 버리고 기독교 신앙을 받아들이게 하지 않았다면, 나 역시 어머니와 같은 삶에 만족하고 살았을 것이다.

우선 미국 흑인의 종교적 전통에서 사회 개혁을 촉진시키는 힘을 발견하고 마음이 끌렸다. 흑인 교회는 구체적인 필요성 때문에 신자들의 삶을 두루 보살피지 않으면 안 되었다. 흑인 교회는 현실적인 이유로 개인의 구원을 전체의 구원과 분리시키는 호사를 거의 누릴 수 없었다. 그에 따라 신앙 생활과 함께 지역 사회의 정치, 경제, 사회 생활의 중심 역할을 떠맡아야만 했다. 흑인 교회는 헐벗고 굶주린 사람들을 먹이고 입히며, 권력자와 지배층에 맞서라는 성서적 소명을 내면 깊이 받아들였다.

이런 투쟁의 역정을 돌이켜보면서 신앙이 단순히 지친 사람의 위안거리나 죽음에 대한 대비책이 아니라 현세에서도 적극적이고 뚜렷한 변화의 동력이라는 것을 깨닫게 되었다. 교회에서 매일 마주치는 사람들의 일상적인 활동과 '길이 없는 곳에서 길을 찾아내' 끔찍한 상황 속에서도 희망과 존엄성을 잃지 않는 능력을 지켜보면서 신의 모습을 이 세상에서 엿볼 수 있었다.

흑인 교회를 통해 종교 문제를 달리 생각할 수 있었던 것은 투쟁을 신앙의 바탕으로 삼아야 했던 흑인 교회의 고단한 역사를 소상하게 알기 때문이었던 것 같다. 흑인 교회를 통해, 신앙을 갖는다는 것이 절대로 의문을 품어서는 안 된다거나 이 세상에서 이룩한 것을 포기해야 한다는 뜻은 아니라는 것을 알게 되었다.

나중에 TV에 등장한 복음 전도자들 사이에서 일종의 유행처럼 번지기 전부터 흑인 교회의 전형적인 설교에서는 모든 기독교인들도 일반인과 똑같은 탐욕과 원한, 육욕, 분노를 느낄 수 있다는 점을 거침없이 인정했다. 복음 성가와 힘찬 발 구르기, 눈물과 고함 소리는 모두 그런 감정을 분출하고 인정하는 일이었고, 감정을 영적인 교류의 차원으로 승화시킨 것이었다.

흑인 사회에서는 죄인과 구원받은 사람을 가르는 구분이 더 유동적이었다. 교회에 나오는 사람이 지은 죄와 교회에 나오지 않는 사람이 지은 죄는 별 차이가 없었다. 따라서 그런 죄를 비난하는 투로만 말하는 것이 아니라 유머를 섞어 가며 말하기도 했다. 사람들이 교회를 찾는 것은 이 세상에 살기 때문이지, 이 세상을 등지고 있기 때문이 아니었다. 돈이 많건 가난하건, 죄를 지었건 구원을 받았건 간에 바로 씻어 내야 할 죄가 있기 때문에 신의 품에 안기고자 하는 것이었다. 인간이기 때문에, 그리고 높은 산봉우리와 깊은 골짜기를 평탄하게 만들고 온갖 굽은 길을 반듯하게 만드는 힘겨운 삶의 여정에서 손을 잡아 줄 사람이 필요하기 때문에 교회를 찾는 것이었다.

마침내 내가 트리니티유나이티드 교회(Trinity United Church of

Christ)의 복도를 걸어가 세례를 받을 수 있었던 것은 이 같은 새로운 인식 때문이었다. 종교에 헌신한다고 해서 비판적인 사고를 중단하거나, 경제적·사회적 정의를 구현하기 위한 싸움을 중단하거나, 내가 잘 알고 아끼는 세계로부터 물러날 필요가 없다는 인식 때문이었다.

따라서 스스로의 선택으로 세례를 받았음에도 그동안 품고 있던 의문이 신비스럽게 사라지는 일은 일어나지 않았다. 그러나 시카고 사우스사이드에 있는 교회의 십자가 앞에 무릎을 꿇고 앉아 있으면 성령이 나에게 손짓한다는 느낌이 들었다. 나는 신의 뜻을 따르고 절대적 진리를 찾는 데 헌신했다.

상원 내에서 종교 문제에 대한 논의가 고압적으로 진행되는 경우는 거의 없다. 그 누구도 종교에 관한 질문을 받지 않는다. 본회의장에서 안건 심의가 진행되는 동안에도 신의 가호를 기원하는 소리를 들어본 적은 거의 없었다. 상원에 배치된 목사 배리 블랙은 현명하고 현세적인 성직자로서 해군 군목을 지낸 사람이었다. 흑인인 그는 볼티모어에서 가장 고달프고 어려운 지역 출신이었다. 그는 아침 기도를 집전하고 자발적인 성경 연구 모임을 주관하며 원하는 사람들에게 종교적인 상담을 해주는 한정된 역할을 수행하면서도 항상 따뜻한 태도로 모든 사람을 끌어안는 마음가짐을 잃지 않았다.

수요일 조찬 기도회는 자발적이고 초당적이며 전 기독교적인 모임이다. 유대인인 놈 콜먼 상원 의원이 현재 조찬 기도회의 공화당 쪽 간사다. 참석자들은 돌아가면서 성경 구절을 선택해 그에 대한 그룹 토론을 주도한다. 이 조찬 기도회에서는 릭 샌토럼, 샘 브라운백, 톰 코번처럼 자신의 종교색을 노골적으로 드러내는 상원 의원들조차 진지하고 개방적이고 겸손하며 유머 감각이 풍부한 태도나 마음가짐으로 개인적인 신앙의 행로를 드러낸다는 얘기를 들을 때면, 종교가 정치에 미치는 영향이 대체로 건전한 것 같다는 생각이 들기도 한다. 또 종교가 개인적인 야심을 억제시키는 구실이나, 그날 그날의 신문 헤드라인과 정치적 편법이라는 풍파에 흔들리지 않게 만드는 밸러스트(짐이 별로 없을 때 배의 균형을 잡기 위해 싣는 물이나 자갈 등의 짐) 역할도 할 수 있을 것으로 생각하게 된다.

그러나 점잖은 상원의 영역을 벗어나면 정치에서 종교가 담당하는 역할에 대한 논의가 품위 있게 진행되지 않는 경우도 있다. 2004년 연방 상원 의원 선거에서 공화당 후보로 나와 대결을 벌인 앨런 키스 대사는 선거 운동이 거의 끝나갈 무렵에 유권자들의 관심을 끌기 위해 희한한 주장을 폈다.

"예수 그리스도라면 오바마에게 표를 주지 않을 것입니다. 오바마의 표결이 그리스도의 행적에 비춰 볼 때 상상할 수도 없는 것이기 때문입니다."

키스 후보가 이런 견해를 밝힌 것은 처음이 아니었다. 본래 공화당 후보로 선출된 사람이 이혼 관련 서류에서 거북한 사실이 드러나면서 후보 자리를 사퇴하지 않을 수 없게 되자 공화당 일리노이 주 지부는 이 지역 출신 후보를 찾다가 그것이 불가능하자 키스를 내세우기로 결정했다. 그런데 키스는 메릴랜드 주 출신으로 일리노이 주에 거주한 적이 없는 데다, 여러 차례의 선거에서 한 번도 승리를 거두지 못해 공화당 중앙 본부의 많은 사람들이 전혀 달갑지 않게 생각하고 있었다. 주 상원의 공화당 소속 동료 의원은 그를 내세운 전략이 무엇인지 툭 터놓고 나에게 전했다.

"하버드 대 출신의 진보적인 흑인 후보에 맞서도록 우리도 하버드 출신의 보수적인 흑인 후보를 내세우게 된 거지. 승리하기는 어렵겠지만 그래도 최소한 당신 머리 위에 드리워진 후광을 지울 수는 있을 거야."

키스 자신은 자신만만했다. 하버드 대학에서 박사 학위를 받고 진 커크패트릭(Jeane Kirkpatrick, 1981년부터 1985년까지 유엔 대사를 지내며 미국의 보수적인 대외 정책을 주도한 인물이다. 미국의 국익에 부합한다면 독재 정권과도 손잡을 수 있다고 주장한 '커크패트릭 독트린'으로 유명하며 미국 네오콘의 대모와 같은 존재 - 옮긴이 주)의 총애를 받으며 로널드 레이건 행정부 때 유엔 경제사회이사회의 미국 대사를 역임한 그는 메릴랜드 주에서 연방 상원 의원 후보로 두 차례 출마하고 뒤이어 두 차례 공화당 대통령 후보 예비 선거에 출마한 경력으로 일반인의 주목을 받았다. 네 차례 출마해 모두 참패했지만 키스의 지지자들이 보기에 이런 패배는 그의 명성에 아무런 손상을 입히지 않았다. 오히려 그런 패배를 통해 보수적인 원칙을 고수한 키스의 비타협적인 태도가 재확인되었을 뿐이라는 것이다.

키스는 거의 어떤 주제에 대해서도 그 자리에서 문법적으로 아무런 오류가 없는 강연을 할 수 있는 사람이었다. 그가 정치 연설을 할 때는 어조과 몸짓이 자못 격렬했다. 온몸을 흔들고 앞으로 뻗은 손가락이 허공을 가르는가 하면, 이마에서는 땀이 흐르고 목청껏 외치는 목소리는 격정으로 떨렸다. 그는 이런 제스처와 목소리로 지지자들에게 사악한 세력과 맞서 싸우라고 촉구했다.

그러나 그의 지성이나 웅변으로도 후보자로서 부족한 몇 가지 결점을 극복하지 못했다. 그로서는 불행한 일이었다. 예를 들면, 대부분의 정치인과는 달리 키스는 스스로 자신의 도덕적·지적 우월성이라고 생각하는 측면들을 감추려 하지 않았다. 키스는 경직된 태도와 거의 연극에 가까운 딱딱한 매너, 그리고 늘 따분해 보이는 표정 없는 시선 때문에 오순절 교회파의 전도자와 윌리엄 버클리(William Buckley, 미국의 작가이자 신디케이트 신문 칼럼니스트, TV쇼 진행자로서 보수 성향이 강한 인물-옮긴이 주)를 섞어 놓은 인물처럼 보였다.

더구나 키스는 자신감 때문에 자기 검열의 감각이 마비되었다. 대부분의 사람들은 감에 의존해 자기 검열을 함으로써 남과 끊임없이 다투지 일 없이 세상을 헤쳐 나간다. 키스는 무엇이건 머리에 떠오르는 것을 그대로 입에 올렸고 끈덕진 논리로 밀어붙였다. 그는 선거 운동을 늦게 시작한 데다 선거 자금도 부족하고 연고가 없는 곳에 출마한 탓으로 이미 불리한 처지였는데, 그나마 단 3개월의 선거 운동 기간 중 거의 모든 사람들의 기분을 상하게 만들었다. 그는 딕 체니의 딸을 포함해 모든 동성애자를 싸잡아 '이기적인 쾌락주의자'로 규정하면서 동성 커플의 자녀 입양은 결국 근친상간으로 이어질 수밖에 없다고 주장했다.

키스는 일리노이 주 기자단을 '반 결혼, 반 생명 어젠다'의 도구에 불과하다고 지탄했다. 내가 여성의 임신 중절 권리를 옹호하는 것은 '노예 소유주의 입장'을 취하는 것이나 다름없다고 비난했다. 또한 내가 국민 전체를 대상으로 한 건강 보험 제도와 그 밖의 다른 사회 프로그램을 지지하는 것으로 미뤄 볼 때 '비타협적이고 이론적인 사회주의자'라고 비판했다. 이에 덧붙여, 내가 노예의 후손이 아니기 때문에 나는 진짜 흑인이 아니라고 말했다. 그는 흑인 표를 의식한 탓인지 노예의 후손인 흑인에게는 소득세를 완전히 없애는 형태로 보상을 해줘야 한다고 주장해 그를 후보로 추천한 보수적인 공화당 인사들마저 고개를 돌리게 만들었다. 일리노이 주의 강경 보수 성향의 웹 사이트인 '일리노이 리더'의 토론방 게시판에는 "이건 큰 실책이다!"라는 글이 올라왔다. "백인들은 어쩌란 말인가!"

나로서는 앨런 키스 같은 공화당 후보가 더없이 좋은 상대였다. 그저 입을 꾹 다문 채 상원 의원 취임을 위한 선서 준비나 하면 되었다. 그러나 선거 운동이 진행되면서 그가 계속 내게 부아가 치밀게 했다. 이런 식으로 내 화를 돋운 사람은 지금까지 거의 없었다. 그 때문에 유세를 하던 중 마주치게 되면 나는 한바탕 욕을 퍼붓거나 목을 비틀고 싶은 다소 무자비한 충동을 억제해야 하는 경우가 종종 있었다.

한번은 인도 독립 기념일 행진에서 그와 딱 마주쳤다. 그때 나는 내 주장을 강조하는 의미에서 손가락으로 그의 가슴 부위를 찔렀다. 사실 이런 동작은 우두머리임을 과시하는 행동(alpha-male behavior)과 다소 비슷한 것으로서 고등학교를 졸업한 이후로는 한 번도 그런 적이 없었는데, 마침 관찰력이 예리한 TV 카메라맨에게 그 모습이 포착되었다. 그날 저녁 이 장면은 슬로 모션으로 TV에 방영되었다. 선거 때까지 모두 세 차례의 토론에서 나는 입을 다물거나 짜증스러워하거나 아니면 무표정한 딱딱한 모습으로 앉아 있었다. 그즈음 키스 후보를 거의 제쳐놓은 유권자들은 대부분 그런 모습을 간과했지만 나를 지지하는 사람 중 일부는 상당히 언짢게 받아들였다. 이들은 "왜 이 사람이 당신의 부아를 돋우도록 그대로 내버려 두느냐?"고 물었다. 이들은 키스 후보가 괴짜이고 극단론자여서 그의 주장은 들어 볼 가치조차 없다고 생각했다.

그러나 이들이 이해하지 못하는 부분이 있었다. 내가 키스를 과소평가해서는 안 된다는 점이었다. 내가 신봉하는 종교를 그가 대변한다고 주장하기 때문이었다. 그가 쏟아 놓는 말의 내용이 못마땅하긴 해도 그의 주장 중 일부를 지지하는 사람들이 기독교계에 상당히 많다는 점을 인정해야만 했다.

그의 주장을 들어 보면 이런 식이었다. 미국의 건국은 신이 베푼 자유와 기독교 신앙이라는 두 가지 원칙에 바탕을 두고 있었다. 그러나 연이은 진보 성향의 행정부들이 규제와 사회주의적 복지 프로그램, 총기

법, 공립 학교 강제 취학, (키스가 '노예세'라고 부르는) 소득세 등을 통해 연방 정부를 강탈해 신을 외면한 물질주의를 추구하면서 개인의 자유와 전통적인 가치를 조금씩 잠식했다.

또한 진보적인 판사들은 수정헌법 제1조의 정교 분리의 의미를 왜곡하고 핵가족제를 위협하는 기이한 행태들, 특히 임신 중절과 동성애의 정당성을 인정하는 식으로 이 같은 도덕의 붕괴를 촉진시켰다. 미국을 새롭게 부활시키는 방법은 간단했다. 전반적으로 종교가, 특히 기독교가 공사를 모두 아우르는 삶의 중심으로 제자리를 되찾게 하고 온갖 법규의 내용을 종교적 가르침과 합치시키며 연방 정부의 권한은 헌법과 신의 계율이 다루지 못한 영역에서 필요한 법규를 제정하는 수준으로 대폭 제한하는 것이었다.

바꿔 말하면 앨런 키스는 종교적 권리라는 핵심적 비전을 대변하고 있는 셈인데 이런 종교적 권리는 일체의 단서나 절충, 해명을 용인하지 않았다. 그 자체로서는 통일성을 완벽하게 갖추고 있어 키스가 연설할 때는 마치 구약성서에 나오는 선지자처럼 확신에 찬 유창한 언변을 구사하는 것처럼 보였다. 나는 헌법이나 정책 문제라면 그의 주장을 쉽사리 꺾을 수 있었지만 그가 성경 구절을 내세우면 수세에 몰릴 수밖에 없었다.

키스는 이런 식으로 나를 공격했다.

오바마는 자신이 기독교인이라고 말한다. 그럼에도 그는 성경에서 혐오스럽다고 밝힌 생활 방식을 지지한다. 오바마는 자신이 기독교인이라고 말하면서도 순결하고 성스러운 삶을 파괴하는 것을 지지한다.

이렇게 공격할 때 내가 어떻게 대응할 수 있겠는가? 성경을 글자 그대로 엄밀하게 해석하는 것은 어리석은 짓이라고 반박할 수 있겠는가? 아니면 가톨릭 신자인 키스는 교황의 지침에 의문을 제기해서는 안 된다고 공박해야 할까? 이렇게 대응할 생각이 없기 때문에 나는 이런 토론에서 진보적인 사람들이 흔히 하는 방식대로 응수했다. 즉 우리는 다원화한 사회에 살고 있기 때문에 자신의 종교적 견해를 타인에게 강요할 수 없으며 나는 일리노이 주의 연방 상원 의원 직에 출마했지, 일리노이의 목사 직에 출마한 것이 아니라는 것이었다. 이렇게 답변하면서도, 내가 여전히 종교에 대한 회의에 빠져 있고 내 신앙에 불순물이 많이 섞여 있으며 내가 참된 기독교인이 아니라는 키스의 비판에 적잖이 신경이 쓰였다.

어떤 의미에서 키스에 대한 나 자신의 딜레마는 진보주의가 종교적 권리에 대응할 때 부딪치는 한층 폭넓은 딜레마를 그대로 반영하는 것이다. 진보주의는 타인의 종교적 믿음에 관대하도록 가르친다. 단 그런 믿음이 타인에게 해를 끼치거나 다른 믿음을 가질 타인의 권리를 침해하지 않아야 한다. 종교적 공동체가 자체의 영역에 만족하고 신앙이 오로지 개인의 양심상의 문제로 한정된다면 이런 관대함이 시험받을 일은 없다.

그러나 종교가 고립에 안주하는 경우는 드물다. 조직화한 종교는 대외 활동에 적극적이다. 독실한 신자들은 가능한 곳이라면 어디에서든지 적극적인 복음 전파에 나서야 한다고 생각한다. 이들은 세속적인 국가가 증진시키는 여러 가치들이 그들의 믿음과 정면으로 부딪치고 있다고 생각한다. 따라서 이들은 자신들의 견해가 정당함을 입증하고 강화시키기 위해 공동체를 확대시키고자 한다.

그러나 종교적 동기에 따라 움직이는 조직이 이 같은 목적을 달성하기 위해 정치판에 뛰어들게 되면 진보 세력은 신경질적인 반응을 보이게 된다. 우리처럼 공직에 있는 사람들은 종교적 가치를 놓고 대화하기를 꺼린다. 다른 사람의 감정을 상하게 할지도 모르고 개인적인 믿음과 관계없이 조직의 기본적인 원칙 때문에 임신 중절이나 학교 예배와 같은 문제에 대해 독자적인 입장을 표명할 수 없다는 말만 늘어놓게 되지 않을까 하는 걱정 때문이다.

특정 세대에 속하는 가톨릭 정치인들이 이런 문제에 대해 특히 예민하고 조심스러운 것 같다. 아마도 상당수의 미국인들이 존 F. 케네디가 결국 교황의 지시를 받았을지 모른다는 의혹을 가졌던 세대에 이들이 속해 있기 때문일 것이다.

공직에서 활동하는 사람은 아니라 하디라도 일부 진보 세력은 여기에서 한걸음 더 나아가, 공적 영역에 등장하는 종교의 모습이 불합리하고 편협하며 위험하기까지 하다고 배척한다. 또한 보수 세력은 개인의 구원과 개인의 도덕성 문제에 대한 단속에 역점을 두고 있기 때문에 종교를 빌미로 빈곤이나 기업의 부정행위 같은 공공 윤리 문제를 외면하게 되었다고 지적했다.

상대가 앨런 키스 같은 인물일 때는 진보 세력의 이런 회피 전략이 효과적일 수 있다. 그러나 장기적인 측면에서 볼 때, 종교가 미국인들의 삶에 큰 영향을 미친다는 점을 인정하지 않은 채, 종교와 다원화한 현대적 민주주의 사회를 조화시키는 방법에 대한 진지한 논의를 회피하는 것은 잘못된 일이라고 생각한다.

우선 이런 태도는 바람직하지 못하다. 미국에는 종교를 믿는 사람이 아주 많다. 민주당을 지지하는 사람들도 대다수가 종교를 믿는다. 우리가 종교 문제에 대한 논의를 포기하게 되면 다른 사람들이 그 공백을 메우게 된다. 바람직한 기독교인이나 회교도, 유대교도가 무엇을 말하는지에 대한 토론을 외면할 때, 서로에 대한 의무를 일깨워 주는 것 같은 종교의 긍정적인 면보다는 종교가 어떤 영역에, 어떤 방식으로 개입해서는 안 되는지 부정적인 면에서만 논할 때, 또는 우리가 환영을 받지 못할 것이라는 생각 때문에 종교 관련 행사와 종교 방송을 회피할 때, 우리는 종교 문제에 대한 논의를 포기하는 셈이 된다.

그런데 우리 대신 그 공백을 메우는 사람들은 그 누구보다도 편협한 종교관을 가진 사람이거나 종교를 이용해 자신의 당파적 목표를 정당화시키려는 냉소적인 인물인 경우가 많다.

그보다 더 근본적인 문제는 일부 진보 세력이 독실한 신앙심에 대해 거부감을 느낄까 봐 어떤 쟁점을 도덕적인 측면에서 효과적으로 다루지 못하는 경우가 있다는 점이다. 이런 문제는 사실 수사적인 측면과 관련된 것이다. 종교적인 의미를 담고 있는 모든 용어를 제외한다면 우리는, 수많은 미국인들이 개인적인 윤리와 사회 정의를 인식하고 표현하는 데 활용하는 이미지와 표현들을 잃게 된다. 예를 들어 재선에 성공한 링컨의 두 번째 대통령 취임사에서 '주님의 심판' 이라는 말이 빠지거나 '나에게는 꿈이 있다' 라는 킹 목사의 그 유명한 연설에서 '우리 모두 신의 자녀' 라는 말이 들어가지 않았다면 어땠을지 한번 생각해보라. 이들이 한층 숭고한 진리를 내세웠기 때문에 불가능한 일에 힘을 불어넣어 마침내 미국이 공동의 운명을 끌어안게 만들었던 것이다.

물론 덕성이라는 것이 조직화한 종교의 독점적인 영역은 아니다. 도덕성을 내세우거나 공동선에 호소하기 위해 꼭 종교를 가져야 하는 것도 아니다. 그러나 우리는 일부 사람들을 불쾌하게 만드는 일을 피한다는 이유로 도덕성을 강조하거나 그런 덕성에 호소하려는 노력을 회피해서는 안 된다.

진보 세력이 이 나라의 윤리적 토대를 활용하지 못하는 것이 수사적인 측면에만 그치는 것은 아니다. '설교조' 로 흐르는 것에 대한 두려움과 거부감 때문에 가장 절박한 몇몇 사회 문제를 해결하는 데 가치 기준과 문화가 기여할 수 있는 일정한 역할을 무시하기도 한다.

결국 빈곤과 인종주의로 고통 받는 사람들, 건강 보험의 혜택을 받지 못하는 사람들이나 일자리를 얻지 못한 사람들의 문제는 가령 10개 항에 걸친 완벽한 방안을 모색하는 과정에서 빚어진 기술적인 문제에 불과한 것이 아니다. 이런 문제는 사회적 무관심과 개인적인 무감각에도 그 뿌리가 닿아 있다. 즉 사회 계층의 최상층부에 있는 사람들은 자신의 부와 지위를 유지하기 위해 수단과 방법을 가리지 않고 최하위층에 있는 사람들은 절망과 자기 파괴적 태도에서 벗어나려 하지 않는 데에서 비롯되는 측면도 존재하는 것이다.

이런 문제를 해결하려면 정부의 정책이 바뀌어야 한다. 또한 사람들의 생각과 마음이 바뀌어야 한다. 나는 대도시의 도심에서 총기 소지를 금지시켜야 하고, 지도자들은 총기 제조 업체들의 로비에 맞서 그런 뜻을 분명하게 밝혀야 한다고 생각한다. 그러나 갱 단원이 누군가가 자신을 무시했다는 이유로 사람들에게 무차별 총격을 가한다면 그것은 윤리상의 문제가 있는 것으로 보아야 한다. 그런 범죄 행위에 대해서는 당사자를 응징해야 마땅하지만 동시에 그의 가슴속에 큰 구멍이 뚫려 있다는 점도 인정해야 한다. 범법자의 이런 결점을 정부 프로그램만으로 바로잡을 수 있는 것은 아니다.

나는 차별 금지법의 엄격한 시행에 찬성하며, 이 나라 CEO들이 의식을 바꾸고 진심으로 다양성을 추구하는 것이 수많은 변호사들의 분투보다도 더욱 신속한 차별 철폐의 결실을 가져올 것이라고 믿는다. 나는 가난한 청소년들을 교육시키는 데 더 많은 세금을 들여야 한다고 믿는다. 이들에게 충실한 성교육을 시켜 원치 않는 임신을 막고 임신 중절 비율을 낮추며 모든 아이들이 사랑받으며 소중하게 양육될 수 있도록 해야 한다.

그러나 나는 신앙이 젊은 여성들의 자의식과 젊은 남성들의 책임감을 고취하고 그들이 성적 접촉을 가질 때 서로 존중하는 마음가짐을 갖게 만든다고 생각한다.

그렇다고 모든 진보 세력이 갑자기 종교적인 용어에 집착하거나 아니면 '1천 개의 찬연한 광선(a thousand points of light, 현 부시 대통령의 아버지인 조지 H. W. 부시가 1988년 대통령 선거 운동 유세와 대통령 취임사에서 되풀이하여 강조한 구절로서 하늘의 무수한 별처럼 미국 전역에 산재한 채 사회에 기여하는 수많은 지역 조직이나 단체를 가리킨다 – 옮긴이 주)'을 지지해 제도 개혁을 위한 투쟁을 포기하라는 뜻이 아니다. 나는 개인의 성품에 호소하는 일이 조직적인 활동을 가로막는 구실이 되는 경우가 많다는 점을 잘 알고 있다. 정치인들 중에는 선거 때가 되면 흑인 교회에 나타나 복음 성가대의 리듬에 맞춰 손뼉을 치거나 무미건조하기 짝이 없는 정책 관련 연설에 양념을 치듯이 성경 한두 구절을 끼워 넣는 사람들이 있는데, 이런 정치인이 드러내는 것처럼 속이 빤히 들여다보이는 부실한 신앙심도 없을 것이다.

나는 진보 세력이 몇 가지 편견을 떨쳐 버리면, 미국이 나아갈 윤리적·물질적 방향에 대해 신앙인과 비신앙인이 공유하는 가치 기준을 인정할 수 있을 것이라고 생각한다. 예를 들어, 다음 세대를 위해 희생을 감수해야 한다는 요구나 '나'만이 아니라 '상대'의 입장에서도 생각할 필요가 있다는 소리가 미국 전역의 종교 집회에서 울려 퍼지고 있다는 점은 인정할 수 있을 것이다. 우리는 신앙심이 깊은 보수 세력을 저지하고자 하는 측면만이 아니라 모든 신앙인들을 미국을 새롭게 만드는 보다 큰 사업에 참여시킨다는 측면에서도 신앙을 가볍게 보아서는 안 된다.

이런 움직임은 이미 나타나기 시작했다. 릭 워런(Rick Warren)과

T. D. 제이크스(T. D. Jakes) 같은 대형 교회의 목회자들이 막강한 영향력을 통해 에이즈 확산 방지와 제3세계 채무 경감, 다르푸르의 대량 학살 사태에 대한 대응에 나서고 있다. 짐 월리스(Jim Wallis)와 토니 캄폴로(Tony Campolo) 같은 자칭 '진보적 복음주의자들'은 연방 정부의 사회 보장 계획 관련 예산 삭감과 점차 확대되는 불평등에 반대하는 기독교인들을 결집시키는 수단으로 성서의 가르침을 내세우며 빈곤층을 돕는 일에 앞장서고 있다. 내가 다니는 교회도 미국 전역에 산재한 개별 교회들처럼 탁아소 운영을 후원하거나 양로원을 짓거나 전과자의 갱생을 돕는 일을 하고 있다.

그러나 종교계와 비종교계 간의 협력은 아직도 시험적인 수준에 머물러 있다. 이런 협력 관계를 강화시키려면 더 많은 노력이 필요하다. 양쪽의 긴장과 의혹 같은 것을 터놓고 솔직하게 다뤄야 하고 상호 협력을 위해서는 다 같이 받아들일 수 있는 기본적인 규범을 만들어야 한다.

복음주의 기독교인들이 받아들이기 가장 힘든 1차적인 조치는 국교 수립 금지 규정(establishment clause)이 미국 민주주의의 발전뿐만 아니라 미국의 종교가 건전해지는 데에도 핵심적인 구실을 했다는 점을 인정하는 일이다. 정교 분리를 매도하는 기독교 보수 세력에 속하는 상당수 사람들의 주장과는 달리 이런 견해는 1960년대 몇 안 되는 진보 성향의 판사들에게서 나온 것이 아니다. 이런 주장은 권리 장전을 기초한 사람들과 오늘날의 복음 교회를 일으킨 선조들과 관련되어 있다.

미국 혁명을 선도한 많은 인물, 그중에서도 특히 프랭클린과 제퍼슨은 자연신교 신봉자였다. 이들은 전능한 신을 믿으면서도 기독교회의 도그마뿐만 아니라 예수의 신성을 포함해 기독교 자체의 핵심적인 교의에 대해서도 의문을 제기했다. 매디슨은 제퍼슨이 말한 대로 이른바 교회와 국가 사이에 '분리의 장벽'을 세우는 데 찬동했다. 이런 장벽은 종교적 믿음과 의식으로부터 개인의 자유를 보호하고 종파 싸움으로부터 국가를 보호하며 국가의 간섭과 부당한 영향력으로부터 조직화한 종교를 보호하는 수단 구실을 하는 것이다.

물론 모든 헌법 제정자들의 의견이 합치된 것은 아니었다. 패트릭 헨리(Patrick Henry)와 존 애덤스(John Adams) 같은 인물은 국가 기관을 활용해 종교 활동을 증진시키는 다양한 방안을 내놓았다.

제퍼슨과 매디슨이 종교의 자유를 버지니아 법령 속에 규정하고 또 이것이 수정헌법 제1조의 종교 관련 조항의 모델이 되긴 했지만 계몽 운동 학자인 이들 두 사람이 정교 분리의 가장 효과적인 옹호자는 아니었다.

그보다는 존 릴런드(John Leland) 목사 같은 침례교도와 복음주의 기독교도들이 이런 조항이나 규정의 비준에 필요한 대중의 지지를 이끌어 냈다. 이들이 그런 노력을 기울인 데는 그럴 만한 이유가 있었다.

우선 이들은 아웃사이더였다. 이들의 열정적인 예배가 노예를 포함한 하층민들의 마음을 끌었고 교회를 찾는 모든 사람들에게 진한 복음은 기존의 질서를 위협했다. 이들은 또 계급과 특권을 존중하지 않았다. 또한 이들은 남부에서 지배적인 영향력을 행사했던 성공회와 북부의 회중 교회로부터 박해와 경멸을 받았다. 이들은 국가의 후원을 받는 국교 형태의 종교가 등장한다면 소수파 교단인 그들의 종교 활동이 제약을 받을지도 모른다고 걱정했는데 이런 우려는 옳은 것이었다. 이들은 또 국가가 종교를 강제하거나 뒷받침하면 종교의 생명력이 약화될 것이라고 판단했다. 릴런드 목사는 다음과 같이 말하기도 했다.

정부가 뒷받침해 줄 필요가 있는 것은 오류뿐이다. 진실은 그런 지원이 없을 때 더 잘 버텨 나갈 수 있다.

종교의 자유에 대한 제퍼슨과 릴런드의 처방은 효력을 발휘했다. 미국은 전 세계를 끊임없이 괴롭힌 종교 분쟁을 피할 수 있었을 뿐만 아니라 종교 관련 조직의 세력은 점점 확대되었다. 일부 관측가들은 이런 현상을 불러일으킨 직접적인 요인으로 국가가 후원하는 종교가 없었던 점을 든다. 국가가 후원하는 종교가 없었기 때문에 자연스럽게 신앙의 자유로운 선택으로 이어졌다. 더구나 미국이 다양한 인종으로 구성된 점을 감안할 때 종파성의 위험성은 그 어느 나라보다도 커질 수 있었다. 과거에 어떠했든 간에 이제 우리는 더 이상 기독교 국가가 아니다. 우리는 유대교 국가이자 회교도 국가이며 불교 국가이자 힌두교 국가이며 또 무신론 국가이기도 하다.

만약 미국 영내에 기독교만 있다고 가정해 보자. 학교에서는 누구의 기독교를 가르쳐야 할까? 제임스 돕슨(James Dobson, 복음주의 기독교도이자 심리학자로 「가족 중심」이라는 라디오 프로그램을 제작해 전 세계 164개국의 7천여 방송국을 통해 매일 2억 2천만여 명의 청취자에게 전달한다–옮긴이 주)의 기독교인가, 아니면 알 샤프턴(Al Sharpton, 오순절 교회파 목사이자 민권 및 사회 정의 운동가로서 2004년에는 민주당 대통령 후보 경선에 뛰어들었다–옮긴이 주)의 기독교인가? 성서의 어느 부분을 미국 공공 정책의 지침으로 삼아야 할까? 노예제를 정당하다고 보고 조개류를 먹는 것을 혐오스러운 행위로 암시한 레위기를 지침으로 삼아야 할까? 자식이 신앙생활에서 벗어나면 돌로 쳐 죽이라고 암시한 신명기를 따라야 할까? 아니면 산상 수훈에 충실해야 할까? 산상 수훈을 충실하게 따른다면 국방부가 과연 존속할 수 있을지 의심스럽다.

이런 상황은 공적인 토론에서, 선출직 공직자들이 직무를 수행할 때, 종교적 관점을 고려해야 한다는 것을 의미한다. 비종교인이 신앙을 가진 사람에게 공적 영역으로 들어서기 전에 종교를 버리라고 요구한다면 이는 분명 잘못된 일이다. 프레더릭 더글러스(Frederick Douglass)와 에이브러햄 링컨, 윌리엄 제닝스 브라이언, 도로시 데이(Dorothy Day), 마틴 루터 킹을 비롯해 미국사상 위대한 개혁가로 평가받는 사람들 대부분은 신앙으로부터 힘을 얻었을 뿐만 아니라 자신의 주장을 펼치는 데 종교적인 표현을 되풀이해서 사용했다.

사람들이 공공 정책에 관한 토론 과정에서 자신의 '개인적 도덕성'을 주입해서는 안 된다고 말하는 것은 사실상 어리석은 일이다. 미국의 법률은 그 정의를 살펴보면 도덕성을 성문화한 것이고 이런 도덕성은 상당 부분 유대-기독교 전통에 뿌리를 둔 것이다.

미국의 토론 중심, 다원적 민주주의(deliberative, pluralistic democracy)는 종교적 동기를 따르는 사람이라도 자신의 관심사를 해당 종교 특유의 가치 대신에 보편적 가치로 바꾸도록 요구한다. 다원적 민주주의는 종교인이 어떤 제안을 내놓더라도 토론의 대상으로 삼고 합리적 판단에 따르도록 요구한다. 내가 종교적 이유로 임신 중절에 반대해 이를 금지시키는 법안의 통과를 모색할 때 내가 다니는 교회의 가르침만 내세우거나 신에게 기원만 하면 토론과 심의에서 이길 것으로 기대할 수는 없을 것이다. 다른 사람이 내 말에 귀를 기울이기를 바란다면 나는 왜 임신 중절이 원칙에 위배되는지 설명해야 하는데, 여기서 원칙이란 종교가 없는 사람을 포함해 온갖 종교를 믿는 사람들이 모두 수긍할 수 있는 그런 보편적인 원칙을 말한다.

많은 복음주의 기독교도처럼 성경의 무오류성을 확신하는 사람들이 보기에 이런 원칙은 비종교적인 물질세계가 영원불멸의 신성한 세계를 억압하는 실례로 비칠 것이다. 그러나 다원화된 민주주의 사회에 사는 우리에겐 선택의 여지가 없다. 종교와 이성은 서로 다른 영역에 속하고 진리로 나아가는 길도 서로 다르다는 것은 명백하다.

이성과 과학은 우리 모두가 감지할 수 있는 현실에 바탕을 둔 지식의 축적과 관련되어 있지만 종교는 보통 사람들의 이해와 사고로 입증될 수 없는 여러 진리에 바탕을 둔다. 다시 말해 '보이지 않는 것에 대한 믿음'이라고 할 수 있다. 과학 교사들이 창조론이나 지적설계론을 교실에서 가르치지 않는다는 입장을 고수한다고 해서 그것이, 과학적 지식이 종교적 통찰보다 우월하다고 주장하는 것은 아니다. 이들은 다만, 과학과 종교는 앎에 이르는 과정에 적용되는 규칙이 다르고 이런 규칙은 호환성이 없다는 점을 주장하고 있을 뿐이다.

정치는 과학이 될 수 없다. 또한 정치는 이성에 의존하는 경우가 매우 드물다. 그러나 다원화된 민주주의 사회에서는 다르다. 과학과 마찬가지로 정치는 공유하는 현실에 바탕을 두고, 공동의 목표를 서로 설득하는 능력에 좌우된다. 그러나 과학과 달리 정치는 가능성을 만들어 내는 타협을 용인한다. 본질적인 차원에서 살펴보면 종교는 타협을 용납하지 않는다. 종교인들은 그 결과에 관계없이 신의 말을 그대로 따라야 한다. 이런 비타협적인 헌신성에 바탕을 둔 삶이 종교인에게는 가장 훌륭한 것이다. 그러나 국가의 정책 결정이 그런 헌신성에 바탕을 둔다면 위험한 일이 될 것이다.

아브라함과 이삭에 관한 이야기는 단순하면서도 감동적인 실례가 된다. 성경에 따르면 아브라함은 신으로부터 '사랑하는 외아들 이삭'을 제물로 바치라는 명령을 받는다. 그것도 불에 태운 번제물로 바치라는 명령이었다. 아브라함은 두말없이 이삭을 산꼭대기로 데리고 가서 제단에 묶어 놓은 다음, 칼을 들어 신이 지시한 대로 실행할 준비를 갖췄다.

물론 우리가 아는 대로 이 이야기는 해피엔딩으로 끝났다. 신이 마지막 순간에 천사를 내려 보내 막았던 것이다. 아브라함은 이로써 신앙심 시험을 통과했다. 그는 신에 대한 충성심을 보여 주는 모델과 같은 존재가 되고 그의 훌륭한 신앙심은 후대를 통해 계속 보답받는다. 그런데 21세기에 아브라함이 나타나 아파트 옥상에서 칼을 뽑아 들고 있는 모습을 사람들이 보았다면 경찰에 신고할 것이 분명하다. 사람들은 그를 쓰러뜨리려고 할 것이다. 마지막 순간에 그가 칼을 내려놓았다 하더라도 아동가정국이 이삭을 데려가고 아브라함은 아동 학대 혐의로 기소될 것이다. 신이 우리 모두가 보는 앞에 현신하거나 천사를 보내지 않기 때문에 우리는 이렇게 행동할 수밖에 없을 것이다. 아브라함이 듣고 본 체험이 사실이라 할지라도 우리는 그것을 듣지도, 보지도 못한다. 따라서 우리 모두가 알 수 있는 것에 따라 행동하는 것이 그나마 최선일 따름이다. 그 종교를 믿는 개인이나 공동체가 진실이라고 알고 있는 것들의 일부만 다른 집단에서 진실로 받아들일 수 있기 때문이다.

끝으로 종교와 민주적 다원주의가 조화를 이루려면 어느 정도의 균형 감각이 있어야 한다. 이런 점은 교리상으로도 전혀 생소한 것이 아니다. 성경의 무오류성을 내세우는 사람들도 성서상의 여러 명령을 구별한다. 십계명이나 예수의 신성과 관련된 부분은 기독교 신앙의 핵심적 요소로 보는 반면, 어떤 구절들은 문화적 특수성이 두드러져 현대 생활과 조화를 이룰 수 있도록 변경이 가능하다고 보는 것이다. 미국인들은 이런 점을 직관적으로 알고 있다. 가톨릭 신자 대다수가 산아 제한을 하고 동성 결혼에 반대하는 사람 중 일부가 그런 결혼을 금지시키는 헌법 개정에도 반대하는 이유가 그 때문이다. 성직자들이 신도들에게 조언을 하면서 이런 지혜를 용인하지는 않겠지만 정치적 판단이 필요할 때는 이런 맥락을 인정할 것이 분명하다.

균형 감각이 기독교 실천주의(activism)의 지침 구실을 한다면 교회와 국가 사이에 경계를 세우려는 사람들에게도 역시 지침이 되어야 한다. 공적인 영역에서 신을 언급한 것이 모두 정교 분리에 위배되는 것은 아니다. 대법원이 적절하게 지적한 것처럼 전후 맥락이 중요하다. 충성 맹세문을 외우는 어린이들이 '신의 가호 아래'라는 단어 때문에 억압당하는 느낌을 받는다고 보기는 어렵다. 나도 그런 느낌을 받지 않았다. 학생들의 자발적인 기도 모임이 학교 시설을 이용하도록 허용하는 것이 누군가에게 위협이 되지는 않는다. 고교 공화당 지지 클럽이 학교 시설을 이용하는 것이 민주당에 아무런 위협이 되지 않는 것과 마찬가지다. 또한 전과자나 마약과 술 등에 중독된 약물 남용자를 대상으로 종교적 프로그램을 실행해 볼 수도 있을 것이다. 신앙을 바탕으로 한 이런 프로그램은 효과적인 문제 해결 방식이 될 수 있기 때문에 그에 알맞은 지원을 해줄 필요가 있다.

민주주의 사회에서 종교 문제를 논의하는 광범위한 원칙을 제시하긴 했으나 이것으로 모든 문제를 해결할 수는 없을 것이다. 다른 종류의 민주적인 토론을 할 때에도 마찬가지겠지만, 종교와 연관된 문제를 놓고 토의할 때 우리와 의견이 다른 사람들을 불성실하다고 몰아붙이면 안 된다는 점을 기억한다면 도움이 될 것이다. 우리는 온갖 윤리적 주장의 설득력을 판단할 때 그와 같은 주장과 요구가 적용되는 방식 면에서 어떤 모순이 없는지 살펴봐야 한다.

나는 뮤직 비디오의 외설스러움에 분노하는 것처럼 노숙자들의 지저분함에 대해서도 똑같이 분노하는 사람들의 이야기에 귀를 기울이는 편이다. 그러나 우리는 때때로 논란의 초점을 무엇이 옳은가보다는 누가 최종적인 결정을 내리느냐에 맞춰야 할 때가 있다는 점을 인정해야 한다. 어떤 가치를 따르도록 강제하는 국가 기구의 역할이 필요한 것인지 개인적인 양심과 규범에 맡기는 것이 최선인지 결정해야 하는 것이다.

그러나 이런 기준으로도 모든 대립과 분쟁을 해소할 수는 없다. 임신 중절에 반대하는 사람 중 상당수가 강간과 근친상간에 따른 낙태를 예외로 인정할 생각이 있다는 점은 곧 현실적인 고려에 의해 원칙을 유연하게 적용할 수 있다는 것을 의미한다. 임신 중절에 대한 여성의 권리를 아무리 열렬하게 옹호하는 사람이라도 시기를 놓친 낙태에 일정한 규제를 가하는 데 찬성할 용의가 있다는 점은 곧, 태아가 단순히 임신한 여성의 신체의 일부에 그치지 않는다는 점과 사회가 태아의 발육에 책임이 있다는 점을 인정하는 것이라 할 수 있다. 그런데도 임신과 동시와 생명이 시작된다고 믿는 사람들과 태아는 출생할 때까지 여성 신체의 연장에 불과하다고 생각하는 사람들은 곧바로 절충이 불가능한 논점에 다다르게 된다. 그런 단계에 이르더라도 폭력이나 위협보다는 설득이 정치적 성과를 좌우한다는 점을 분명하게 인식해야 한다.

또한 다양한 형태의 교육과 피임을 통해 원치 않는 임신을 줄이고 입양이나 그 밖에 여론의 폭넓은 지지를 받으면서 그동안 실효성이 입증된 여러 다른 방안을 시행하는 데 더 힘을 쏟아야 할 것이다.

교회에 꼬박꼬박 나가는 많은 기독교인은 동성 결혼 문제도 좀처럼 양보하지 않는다. 나는 이런 태도에 문제가 있다고 생각한다. 기독교 신자들도 간통이나 신앙생활에 어긋나는 행위를 저지르지만 민사상의 처벌을 받지 않고 그대로 넘어가는 것이 미국 사회이기 때문이다.

나는 교회에서 목사의 설교에 귀를 기울이다 보면 값싼 장기 자랑처럼 동성애자를 호되게 비판하는 소리를 너무 자주 들었다. 보통 설교 내용이 잘 풀리지 않으면 이렇게 소리친다. "아담과 이브의 결합이지, 아담과 스티브의 결합은 안 됩니다!" 나는 미국 사회가 모든 문화권에 가장 공통적인 자녀 양육 단위를 남녀간의 결합체로 보고 이 나라를 이런 결합을 위한 터전으로 가꾸기로 결정할 수 있다고 믿는다. 그러나 국가가 미국 시민의 동성 간 시민 결합(civil union)을 인정하지 않는다면 그런 국가를 가질 생각이 없다. 국가가 시민 결합을 인정하지 않는다면 이들은 사랑하는 대상이 동성이라는 이유만으로 병원을 찾거나 건강 보험 혜택을 받는 기본적인 문제에서도 동등한 권리를 누리지 못한다. 나는 로마서에 들어 있는 애매모호한 한 구절이 산상수훈보다도 교리를 한층 명확하게 표현하는 것으로 간주하는 식의 성경 해석을 받아들일 수 없다.

내가 이 문제를 민감하게 받아들이는 데는 그럴 만한 이유가 있다. 나는 내 부주의로 다른 사람이 심적인 고통을 겪는 것을 보았다. 선거를 앞두고 키스와 여러 차례 토론을 벌이던 중 가장 열성적인 지지자라고 할 수 있는 사람으로부터 전화 메시지를 받았다.

이 여성 지지자는 조그만 사업체를 경영하고 있었고, 사려 깊고 너그러운 어머니였다. 그녀는 또한 레즈비언으로서 지난 10년 동안 동성의 파트너와 시민 결합 형태의 관계를 맺어 왔다. 내가 동성 결혼에 반대한다는 사실을 알고 있으면서도 그녀는 나를 지지하기로 결정했다.

나는 상당한 수준의 사회적 합의가 이뤄지지 않은 상황에서 동성 결혼에 과도하게 초점을 맞추는 것은 동성 연애자에 대한 차별을 예방하기 위한 현실성 있는 다른 조치들에 대한 관심을 앗아 가는 것이라고 주장했는데, 이 여성 지지자는 나의 이런 주장을 알고 있었다.

그녀는 전화 메시지에서 내 라디오 인터뷰 내용을 언급했다. 나는 그 인터뷰에서 동성 결혼 문제에 대한 나의 입장을 설명하기 위해 내 종교관을 참고 삼아 이야기했다. 그녀는 이런 문제에 종교를 끌어들임으로써 그녀와 같은 처지의 사람들이 나쁜 사람들인 것처럼 내가 암시했다는 느낌을 받았다는 것이다.

미안한 마음을 떨쳐 버릴 수 없어 그녀에게 전화를 걸어 내 심정을 밝혔다. 그녀와 통화하면서 동성애에 반대하는 기독교인 중 아무리 많은 사람들이 죄는 미워해도 죄인은 미워하지 않는다고 주장하더라도 그런 판단이 선량한 사람들에게 고통을 안겨 준다는 점을 되새기게 되었다. 다시 말해, 그런 판단은 신의 모습대로 창조되었을 뿐만 아니라 그들을 비난하는 사람들보다 예수 그리스도의 계시에 더욱 충실하게 사는 동성애자들에게 고통을 주었던 것이다.

나는 다원화한 사회의 선출직 공직자로서는 물론, 기독교인으로서도 동성 결혼을 지지하지 않는 것이 잘못된 것일 수 있다는 생각을 계속 가져야 한다고 판단했다. 그것이 나의 의무라고 생각했던 것이다.

임신 중절을 할 수 있는 여성의 권리를 지지하는 내 판단에 오류가 있을 수 없다고 주장할 수 없는 것과 마찬가지다. 나는 나 자신이 우리 사회의 편견에 물들어 있으면서 이를 종교 탓으로 돌리고 있었을지 모른다는 점과 서로 사랑하라는 예수의 가르침이 그 취지와 다른 결과를 가져올 수 있다는 점, 그리고 나중에는 내가 역사의 흐름과 정반대편에 선 인물로 간주될 수 있다는 점을 인정하지 않을 수 없다.

나는 그런 회의 때문에 내가 그릇된 기독교인이 될 것이라고 믿지 않는다. 오히려 나를 인간답게 만든다고 생각한다. 하느님의 의도를 헤아리는 데 한계가 있어 결국 죄를 짓기 쉬운 인간의 모습, 그 자체인 것이다. 나는 성경의 내용이 정적인 것이 아니라 살아 움직이는 말씀이라고 생각하며 읽는다. 따라서 동성애 지지자든 임신 중절에 반대하는 의사든, 이런 사람들로부터 끊임없이 새로운 계시를 받아야 한다는 믿음을 갖고 성경을 읽는다.

내가 믿음을 지키지 못하고 있다는 뜻은 아니다. 나는 황금률(Golden Rule, 기독교 윤리의 근본 원리 – 옮긴이 주)과 잔혹성에 대한 저항 정신, 사랑과 자비, 겸손과 품위라는 가치에 절대적인 확신을 갖고 있다.

　나는 2년 전 앨라배마의 버밍햄으로 갔다가 이런 믿음을 가슴속 깊이 새겼다. 버밍햄 민권협회에서 강연을 하기 위해 간 자리였다. 이 협회 사무실에서 대로를 사이에 두고 바로 건너편에 16번가 침례교회가 있었다. 이 교회에서는 1963년에 4명의 어린이, 애디 매 콜린스와 캐롤 로버트슨, 신시아 웰시, 데니스 맥네어가 목숨을 잃었다. 주일 학교가 열리던 중 백인 지상주의자들이 설치한 폭탄이 터졌기 때문이다.

　나는 강연을 하기 전에 이 교회부터 찾았다. 젊은 목사와 집사 몇 사람이 교회 입구에서 나를 맞아 폭탄이 터지면서 벽에 생긴 파편 흔적을 보여 주었다. 아직도 그 흔적이 생생했다. 나는 교회 뒤쪽에 있는 시계가 사건이 터진 오전 10시 22분을 가리킨 채 그대로 멈춰 있는 것을 보았다. 그리고 희생된 어린 소녀 4명의 사진을 찬찬히 살펴보았다.

　현장을 둘러본 뒤 목사, 집사와 손을 맞잡고 교회에서 기도를 드렸다. 이들이 물러나자 자리에 앉아 생각을 정리했다. 40년 전 그토록 사랑스러운 딸이 뜻밖의 폭력에 허망하게 희생되었다는 사실을 알았을 때 부모들의 심정은 어땠을까? 또한 네 어린이의 죽음 이면에 어떤 의도가 숨어 있다는 확신, 엄청난 상실감 속에서 비로소 발견하게 되는 어떤 의도가 있다는 확신이 없었다면 부모들이 그 고통을 어떻게 견뎌 낼 수 있었을까?

　그 부모들은 애도자들이 미국 전역에서 몰려오는 것을 보고, 전 세계에서 쏟아져 들어온 조문들을 읽었을 것이다. 린든 존슨 대통령이 전국에 중계된 TV 연설을 통해 이 슬픔을 극복할 시기가 되었음을 선언하는 것을 지켜보았을 것이고 의회가 마침내 1964년 민권 법안을 통과시키는 것을 목격했을 것이다. 친지와 낯선 사람을 가릴 것 없이 모두가 이들에게 이런 확신을 심어 주었을 것이다. 딸들의 죽음은 헛된 것이 아니었다고. 그 죽음은 미국의 양심을 일깨워 사람들을 자유롭게 만들고 폭탄이 댐을 부수듯 정의가 거대한 파도처럼 넘쳐흐르게 했다고. 그러나 어린 딸이 더 나은 세상으로 갔다는 생각이 들지 않았다면, 그 후 직접 목격한 이런 변화와 확신이 이들의 슬픔을 가라앉히고 광기와 끝없는 분노에 빠져 들지 않게 만들기에 충분했을까?

생의 마지막 나날을 보내던 어머니를 떠올렸다. 어머니는 암이 몸 전체로 번져 회복할 수 없는 상태가 되었다. 어머니는 투병 중 아직 죽음을 맞을 마음의 준비가 되어 있지 않다고 나에게 털어놓았다. 어머니가 매우 기쁘게 누리던 현실 세계가 등을 돌리고 배신한 것처럼 암이 갑작스럽게 기습했던 것이다. 어머니는 씩씩하게 투병하면서 마지막 순간까지 의연하고 명랑한 태도로 통증과 화학 요법을 견뎌 냈지만 간간히 눈빛에 공포가 스치는 것을 볼 수 있었다. 통증이나 미지의 대상에 대한 공포 이상으로 어머니를 두려움에 떨게 했던 것은 오로지 혼자 감당할 수밖에 없는 죽음의 외로움이었다는 생각이 든다. 세상을 버리는 마지막 여정과 최후의 모험에서, 그 체험을 온전하게 함께 나눌 사람이 아무도 없고, 스스로에게 고통을 가하는 신체의 작용에 대해 함께 신기해하거나 머리가 빠지기 시작하고 침샘이 막혔을 때 완전히 엉망으로 보이는 생명의 기능을 보고 함께 웃어 줄 사람이 아무도 없다는 생각이 그런 외로움을 낳았던 것이다.

나는 그런 생각을 그대로 간직한 채 교회에서 나와 강연을 했다. 그날 밤 늦게 시카고의 집으로 돌아와서 식탁에 앉아 두 딸 말리아와 사샤의 모습을 지켜보았다. 둘은 깔깔거리다 아옹다옹하기를 되풀이했다. 그러더니 꼬투리째 먹는 콩을 안 먹겠다고 피하다가 아내가 쫓아가자 계단 쪽과 화장실 쪽으로 도망쳤다. 주방에서 혼자 설거지를 하던 나는 두 딸이 성장하는 모습을 상상하다가 불현듯 아이들의 모습을 매순간 그대로 낚아채 붙잡아 두고 싶다는 생각이 간절했다. 부모라면 누구나 간간히 이런 욕구를 느낄 것이 분명하다. 아이들의 온갖 몸짓을 그대로 지니고 곱슬곱슬한 머리칼, 함께 깍지 꼈을 때 느끼는 손가락의 촉감을 영원히 간직하고 싶을 것이다.

언젠가 둘째딸 사샤가 사람이 죽으면 어떻게 되냐고 물어본 적이 있었다. 그러면서 "아빠, 난 죽고 싶지 않아"라는 말을 덧붙였다. 그래서 나는 사샤를 꼭 끌어안아 주면서 "그런 걱정을 해야 할 때가 되려면 아직 한참이나 남았단다"라고 대답했는데, 사샤는 그런 대답에 안심이 된다는 표정이었다.

나는 사실 그대로 이야기를 해주는 것이 좋지 않았을까 하는 생각도 했지만 나 자신도 사람이 죽으면 어떻게 되는지, 영혼은 어디에 깃드는지, 빅뱅이 일어나기 전에는 무엇이 존재했는지 알 길이 없었다. 그러나 2층으로 올라가면서 내가 바라는 것이 무엇인지 깨닫게 되었다. 어머니가 폭탄에 희생된 4명의 여자 아이들과 함께 있으면서 이들을 포옹하고 또 이들의 영혼에서 희열을 찾아내기를 바란 것이다.

그날 밤 나는 두 딸의 침실에서 이불을 덮어 주면서 천국의 일면을 보았다는 느낌이 들었다.

| 제7장 |

인종

BARACK OBAMA
The AUDACITY *of* HOPE

이런 이야기들은 흑인사회의 일부가 안에서 곪아터지고 있다는

증거처럼 들린다. 어느 교사는 여덟 살밖에 안 된 아이가

음탕한 욕설을 퍼부으며 자신을 위협했을 때의 기분을 말해주었고,

어떤 국선 변호인은 어린 의뢰인들이 태연하게

자신들이 30세까지는 못 살 것이라고 얘기했다고 전한다.

또 어느 소아과의사는 십대 부모들이 유아에게

아침으로 감자칩을 먹이는 것을 보고 기겁을 하게 된다고 털어놓기도 했다.

● ● ● 장례식은 거대한 교회에서 치러졌다. 10에이커가 넘는 잘 가꿔진 대지 위에 기하학적 구조로 지어진 대형 교회였다. 건축비가 무려 3,500만 달러나 들었다는데, 그만큼 큰돈을 들인 티가 났다. 연회장과 회의 센터 외에도 1,200대의 차를 수용할 수 있는 거대한 주차장을 갖추고 있었다. 뿐만 아니라 최첨단 음향 장치와 디지털 편집 설비를 갖춘 TV 제작 시설도 있었다.

교회 안에는 약 4천 명의 조문객이 이미 자리를 잡고 있었다. 대부분 흑인이었다. 이 가운데 상당수는 의사, 변호사, 회계사, 교육자, 부동산 중개인 등 전문직에 종사하는 사람들이었다.

연단 위에는 상원 의원과 주지사, 업계 지도자들이 제시 잭슨, 존 루이스(John Lewis), 알 샤프턴, T. D. 제이크스 같은 흑인 지도자들과 함께 나란히 앉아 있었다. 화창한 10월 햇살이 쏟아지는 교회 바깥에도 수천 명의 조문객이 한산한 거리를 따라 줄지어 서 있었다. 나이 많은 부부와 혼자 온 남자, 유모차를 끌고 나온 젊은 어머니들 중 몇몇은 가끔 지나가는 차량 행렬에 손을 흔들기도 하고 깊은 생각에 잠긴 채 가만히 서 있기도 했지만 모두 관 속에 안치된 몸집이 작은 백발의 여인에게 마지막 경의를 표하기 위해 기다리고 있기는 마찬가지였다.

성가대의 합창이 끝나자 목사가 기도를 올렸다. 뒤이어 빌 클린턴 전 대통령이 조사를 낭독했다. 클린턴은 남부의 백인 소년으로서 흑인 좌석과 백인 좌석이 분리된 버스를 탈 때의 심정이 어떠했는지, 로사 팍스(Rosa Parks)가 촉발시키는 데 일조한 민권 운동이 어떻게 자신과 이웃의 백인들로 하여금 편협성에서 벗어나게 했는지 설명하기 시작했다. 클린턴은 흑인 청중들을 편안하게 생각하고 흑인들도 클린턴에게 상당한 애정을 갖고 있었기 때문에 화해와 용서를 말하는 그의 조사는 지난날의 쓰라린 상처를 어루만지는 데 어느 정도 도움이 되었다.

자유 세계의 지도자를 역임한 남부 출신의 클린턴은 한 흑인 여자 재봉사에게 빚지고 있음을 인정하는 모습을 보여 주었다. 클린턴의 이런 모습은 여러 면에서 로사 팍스의 유산에 대한 찬사로는 적절한 것이었다. 사실 이 장대한 교회가 세워진 것이나 많은 흑인 공직자가 선출된 점, 상당수의 참석자들이 누리는 부와 성공, 그리고 연방 상원 의원으로서 단상의 한 자리를 차지하고 있는 나 자신의 모습은 모두 1955년 12월 그날의 사건에서 뿌리를 찾을 수 있었다.

그날 팍스 부인은 결의와 위엄을 잃지 않은 차분하고 냉정한 모습으로 좌석을 양보하라는 버스 운전사의 요구를 거절했다. 우리는 로사 팍스를 존중하는 태도로, 역사 속에서 이름을 찾아볼 수 없는 수많은 남녀와 어린이들에게도 경의를 표했다. 그들의 활동상은 세월의 회오리 속에 묻혀 버렸지만 그들의 용기와 기품은 많은 사람들을 자유롭게 만드는 데 큰 힘이 되었다.

그러나 나는 전직 대통령과 뒤이은 여러 인사들의 조사에 귀를 기울이면서도 마음만은 두 달 전 허리케인 카트리나로 뉴올리언스가 수몰되면서 모든 TV 뉴스와 신문 지면을 뒤덮다시피한 참상 쪽으로 계속 쏠렸다. 나는 뉴올리언스의 초대형 경기장 앞에서 울고 있거나 욕설을 퍼붓는 10대 미혼모들과 이들의 엉덩이에 힘 없는 모습으로 업혀 있는 아기들, 휠체어에 앉은 채 더위에 지쳐 고개를 축 늘어뜨리고 더러운 치마 아래로 앙상한 다리를 드러낸 할머니들의 모습이 어른거렸다.

누군가 벽 옆에 갖다 놓은 얇은 담요 한 장으로 최소한의 존엄을 지킨 쓸쓸한 시체 한 구의 모습을 담은 뉴스 영상이 머리에 떠올랐다. 젊은 남자들의 모습도 눈앞에 어른거렸다. 이들은 상체를 드러낸 채 물에 젖어 축 늘어진 바지 차림으로 시커먼 물속을 헤집고 다니면서 근처 가게에서 집어 온 온갖 물건을 두 팔에 감싸안고 있었지만 두 눈에는 어찌할 바를 모르는 혼란이 서려 있었다.

허리케인이 처음 걸프 연안을 강타했을 때 나는 러시아 방문을 마치고 귀국하던 중이었다. 참사가 벌어진 지 1주일 뒤 나는 휴스턴으로 달려가 클린턴 부부와 부시 대통령의 아버지인 조지 H. W. 부시 부부와 함께 구호 활동을 펼쳤다. 이들은 허리케인 피해자들을 돕기 위한 모금 활동을 벌이겠다고 밝히고 휴스턴의 초대형 경기장 아스트로돔과 인근 릴라이언트센터에 임시 수용된 2만 5천 명의 수재민들을 찾아가 위로했다.

휴스턴 시는 수많은 이재민들을 수용하기 위한 비상 시설을 마련하는 데 최선의 노력을 기울였다. 특히 적십자사와 연방재난관리청(FEMA)과 협력해 이재민들에게 의식주와 의료 서비스를 제공했다. 그러나 우리는 릴라이언트센터 안에 설치된 수많은 간이침대 옆을 지나면서 이재민들과 악수를 나누고 어린이들과 잠시 놀아 주고 이들의 어려움에 귀를 기울이면서 새로운 사실을 깨닫게 되었다.

이들 중 상당수가 카트리나가 밀어닥치기 전부터 이미 우리 사회로부터 버림받았다는 사실이었다. 이들의 모습은 미국 대도시의 도심 빈곤충 주거 지역에서 흔히 볼 수 있던 얼굴이었다. 바로 흑인 빈민층의 모습이었다. 모두 일자리가 없거나 거의 없는 것이나 다름없으며 병들 거나 곧 병들 사람들이며 또한 허약하거나 나이 든 사람들이었다. 어느 젊은 어머니는 낯선 사람들로 가득 찬 버스에 자식들을 무작정 태웠다 고 말했다. 노인들은 집을 잃었지만 들어 놓은 보험도 없고, 의지할 가 족도 없다고 힘 없는 목소리로 호소했다.

일단의 젊은이들은 뉴올리언스에서 흑인들을 몰아내려는 사람들이 제방을 무너뜨렸다고 주장했다. 키가 크고 수척한 어느 여인은 몸집이 두 배쯤 큰 사람에게나 맞을 것 같은 헐렁한 아스트로스 티셔츠를 입은 채 내 팔을 잡아끌었다. 그러고는 작은 목소리로 이렇게 말했다.

"우린 카트리나가 밀어닥치기 전에도 가진 게 없었어요. 이제는 아 무것도 없는 형편보다도 더 밑바닥으로 추락하고 말았군요."

이후 나는 워싱턴으로 돌아와 구호품과 의연금을 모으기 위해 전화 통에 매달리다시피 했다. 상원 민주당 의원 모임에서는 구호 관련 입법 가능성을 협의했다. 나는 일요일 아침 뉴스 쇼에 출연해 카트리나 수재 민들이 흑인이기 때문에 정부의 대응과 구호가 늦어졌다는 주장을 부인 했다. 나는 "(정부의) 무능한 대처는 피부색을 가리지 않았다"고 지적했 다. 그러나 도심 빈민 지역의 여러 문제에 당연히 관심을 기울였어야 했 는데도 그 문제에 대해 한동안 무관심하게 멀리 떨어져 있었다는 사실 은 정부가 수립한 계획이 적절하지 못했음을 보여 주는 것이라고 주장 했다.

어느 날 오후 늦게 우리는 공화당 상원 의원들과 함께 연방 정부의 카트리나 수재 대책에 대한 비공개 브리핑에 참석했다. 브리핑 자리에 는 정부 각료가 거의 다 참석했고 합참의장의 모습도 보였다. 한 시간 남짓 계속된 이 브리핑 자리에서 체르토프 국토안보부 장관과 럼스펠드 국방 장관, 그 밖의 각료들은 모두 득의만만한 표정으로 소개시킨 주민의 숫자와 군용 식량 배급 현황, 방위군 배치 상황 등을 전했다. 이들의 얼굴에서 양심의 가책 같은 것은 전혀 찾아볼 수 없었다. 그로부터 며칠 뒤 우리는 부시 대통령이, 이번 참극으로 좀 더 뚜렷하게 드러난 인종적 불평등의 결과를 인정하고 뉴올리언스가 다시 일어날 것이라고 선언하는 모습을 지켜보게 되었다.

그리고 그로부터 두 달도 채 안 지난 지금, 로사 팍스의 장례식장에 앉아 있으면서 모두가 마치 아무 일도 없었던 것 같은 표정을 짓고 있다. 그 참극과 위기 상황 속에서 미국 전역의 수많은 미국인들이 분노와 수치감을 느꼈을 뿐만 아니라 수많은 연설과 이메일, 비망록이 쏟아지고, 의원총회가 연이어 열리고, TV 특집 방송과 신문의 심층 취재, 여러 편의 논평이 나왔었는데, 지금은 모두 마치 아무 일도 없었던 것 같은 표정을 짓고 앉아 있다.

그러나 승용차는 여전히 지붕에 얹혀 있고 아직도 시신이 발견되고 있었다. 걸프 연안 지역에서는 대형 청부 업체가 수억 달러짜리 공사를 따냈지만 비용을 줄이기 위해 불법 체류자들을 고용한다는 소문이 떠돌고 있었다. 이것은 차별 철폐 조치 관련 법규를 지키고 일반 수준의 임금을 지급해야 하는 합법적 인력의 고용을 회피하기 위한 것이었다. 재해가 발생했을 당시에는 근본적인 개혁을 모색할 시기를 맞았다는 인식, 즉 오랜 무기력에서 벗어나 양심의 눈을 뜨고 빈곤 퇴치를 위한 전쟁을 새롭게 벌이겠다는 생각이 팽배했지만 얼마 안 되어 사라져 버렸다.

그 대신 우리는 교회에 앉아 로사 팍스에게 찬사를 보내고 지난날의 승리를 추억하면서 추억에 빠져 있었다. 팍스 부인의 조상을 의사당 돔 아래 세우자는 법안은 추진 중이었다. 또한 그녀의 모습을 담은 기념

우표가 발행될 것이고 미국 전역의 수많은 거리와 학교, 도서관이 그녀의 이름을 기릴 것이 분명했다. 나는 그녀가 이 모든 것들을 어떻게 생각할지 궁금했다. 기념 우표나 조상이 그녀의 정신을 되살릴 것이라고 생각할까, 아니면 그녀를 기린다는 것은 그 이상의 행동을 요구하는 것이라고 생각할까?

휴스턴에서 나를 잡아끌며 작은 목소리로 딱한 처지를 호소한 그 여인을 떠올리며, 제방이 터져 물바다가 된 여러 날 동안 우리가 과연 어떤 사람들로 여겨졌을지 생각해 보았다.

나와 처음 만나는 사람들은 내가 2004년 민주당 전당 대회에서 한 기조 연설 중 한 구절을 다시 나에게 읊어 주는 경우가 종종 있다. 그 구절이 기억에 남았던 모양이다. 그 내용은 이런 것이었다.

흑인 아메리카와 백인 아메리카도, 라틴계 아메리카와 아시아계 아메리카도 없다. 오직 아메리카합중국이 있을 뿐이다.

우리가 흑인 차별과 노예제, 일본계 미국인 수용소와 멕시코 계절 농장 노동자, 일터의 긴장 상태와 문화적 충돌 등의 과거로부터 마침내 벗어나, 누구나 피부색이 아니라 인간 됨됨이로 평가를 받는다는 킹 박사의 약속이 실현되는 그런 아메리카의 비전을 이 구절이 잘 포착한 것처럼 보인 모양이다.

여러 이유에서 나는 이런 아메리카의 비전을 믿을 수밖에 없다. 나는 여러 인종이 뒤엉켜 사는 하와이에서 흑인 남성과 백인 여성의 결합으로 태어났다. 누이동생은 인도네시아인의 피가 절반 섞여 있지만 멕시코인이나 푸에르토리코인으로 오인되는 경우가 많았고 매제와 조카는 중국계이다. 그 밖의 친척 중에는 마거릿 대처처럼 생긴 사람도 있고, 버니 맥(Bernie Mac, 흑인 배우 겸 코미디언-옮긴이 주)처럼 보이는 사람도 있다. 그래서 성탄절에 가족이 두루 모이면 유엔 총회장과 비슷한 모습이 된다. 이쯤 되면 특정 인종에 충실해야 한다고 생각하거나 내 가치를 종족 중심으로 평가하는 일 따위는 아예 있을 수 없다.

더구나 나는 미국이 항상 새로운 사람들을 받아들이고, 미국 땅에 도착한 다양한 사람들로부터 국가적 정체성을 이끌어 내는 데 성공했다고 본다. 미국이 이런 능력을 발휘하는 데는 헌법의 도움이 컸다.

비록 노예제라는 원죄 때문에 손상을 입긴 했어도 헌법은 법 앞에 평등한 시민권을 그 핵심으로 삼고 다른 무엇보다도 경제 시스템은 지위나 직책, 계급에 관계없이 모든 사람들에게 동등한 기회를 제공한다. 물론 인종주의와 본토박이의 텃세 같은 감정 때문에 이런 이상이 약화되기도 했다. 그래서 힘 있는 특권층이 자신의 목적을 달성하기 위해 편견을 이용하거나 부추겼다.

그러나 해리엇 터브먼(Harriet Tubman, 탈주한 여자 흑인 노예로서 노예제 폐지를 위해 비밀 루트를 통해 13차례에 걸쳐 모두 70명의 흑인 노예를 캐나다로 탈출시켜 자유인이 되게 했다-옮긴이 주)에서 더글러스, 차베스(Chavez), 킹 목사에 이르기까지 여러 개혁가들의 손을 거치며 이런 평등의 원칙은 점차 우리 자신의 모습을 정확하게 인식한 바탕 위에서 인류 역사상 유례를 찾을 수 없는 다문화 국가를 만들도록 이끌었다.

끝으로 내 연설의 그 구절은 앞으로 나타나게 될 미국의 인구 통계적 실상을 설명하려는 것이다. 이미 텍사스와 캘리포니아, 뉴멕시코, 하와이, 컬럼비아 특별구는 소수 민족이 전체 인구의 절반 이상을 차지하고 있다. 그 밖의 다른 12개 주의 인구도 3분의 1 이상이 라틴계와 흑인, 아시아인이다. 라틴계 미국인의 숫자는 현재 4,200만 명에 이르는 데, 이들은 여러 인종 중 가장 빠른 속도로 증가하고 있어서 2004년과 2005년 사이에는 미국 인구 증가분의 절반 가까이를 차지했다. 라틴계보다는 숫자가 훨씬 작지만 아시아계 미국인의 숫자도 급속하게 불어나고 있어 앞으로 45년 후면 두 배 이상으로 늘 것으로 예상된다. 전문가들은 2050년이 되면 미국은 더 이상 백인이 다수를 이루는 국가가 되지 못할 것으로 전망하고 있다. 그에 따라 나타날 정치적·경제적·문화적 영향은 이루 헤아리기조차 어렵다.

그런데도 나는 시사 해설가들이 우리가 이제 '탈인종적 정치 상황(postracial politics)'을 맞게 되었다거나 인종적인 차이에 무감각한 사회에 살고 있다는 의미로 내 연설을 풀이하는 소리를 듣게 되자 한마디 경고를 하지 않을 수 없었다. 우리가 한 국민이라고 말한 것은 인종 문제가 더 이상 중요하지 않다는 뜻이 아니다. 평등을 이루기 위한 투쟁이 승리로 끝나지도 않았을뿐더러 오늘날 소수 민족이 미국 사회에서 부딪치는 여러 문제나 어려움은 대개 그들 스스로 자초한 것이 아니기 때문이다. 유아 사망률에서 예상 수명과 취업률, 주택 소유율에 이르기까지 거의 모든 사회 경제 지표에 비춰 볼 때, 특히 흑인과 라틴계가 줄곧 백인보다 훨씬 뒤떨어진다. 수많은 미국 기업의 이사회 구성을 살펴보면 소수 민족 출신을 찾아보기는 쉽지 않다. 미국 상원 의원들의 면면을 살펴보면 라틴계는 3명, 아시아계는 2명에 불과하다. 그나마 아시아계는 둘 다 하와이를 대표하는 의원들이다. 이 글을 쓰는 현시점에서 흑인으로는 내가 유일하다. 인종 문제에 대한 내 인식이나 태도가 이런 불평등과 아무런 관련이 없다고 말한다면 그것은 우리의 지난 역사와 체험에 눈을 감는 것이고 잘못된 것을 바로잡을 의무를 내던지는 것이다.

나는 성장 과정이 일반적인 흑인들과는 다른 편이다. 운도 많이 따르고 성장 환경도 좋은 편이어서 현재 연방 상원 의원까지 될 수 있었고, 그러다 보니 아무래도 일반 흑인들이 겪는 마음의 상처에서 대체로 벗어나 있기는 하다. 하지만 그래도 지금까지 45년 동안 살아오면서 겪은 사소한 모욕과 냉대를 늘어놓자면 한이 없을 정도이다.

백화점에서 쇼핑을 할 때 경비원이 뒤를 졸졸 따라다니기도 하고, 음식점 바깥에서 주차 관리원이 차를 몰고 오기를 기다리는데 백인 부부들이 들어설 때마다 승용차 열쇠를 나에게 건네주기도 했다. 경찰 순찰자가 이유 없이 내 승용차를 갓길로 밀어붙이며 정지시킨 적도 있다.

나는 "흑인이니까 안 돼"라는 식의 말을 들을 때 기분이 어떤지 잘 안다. 이런저런 일로 분노를 씹어 삼켜야 할 때의 그 쓰라림도 잘 알고 있다. 아내와 나는 TV와 음악은 물론, 친구나 거리에서 들을 수 있는 일상적인 폭언에도 계속 신경을 써야 한다는 점을 잘 알고 있다. 두 딸아이가 들을지 모르기 때문이다. 주로 세상 사람들이 흑인 소녀에 대해 어떻게 생각하는지, 흑인이면 당연히 이럴 거라고 일반인들이 믿고 있는 바가 무엇인지 딸들이 듣게 될까 봐 늘 걱정하곤 한다.

인종 문제를 명확하게 인식하려면 두 쪽으로 나뉜 스크린에 이 세상을 비춰 보아야 한다. 즉, 우리가 바람직하다고 생각하는 아메리카의 모습을 한쪽에 비추고 다른 한쪽에는 현실 그대로의 모습을 비춘 뒤 아무런 편견 없이 바라보는 것이다. 또한 냉소적인 태도나 될 대로 되라는 식의 자포자기 심정으로 빠져 들지 말고 지난날의 잘못과 이를 바로잡기 위한 당면 과제를 분명하게 인식해야 한다.

나는 지금까지 인종 관계에서 의미심장한 변화가 나타나는 것을 목격했다. 기후의 변화만큼 분명하게 느낄 수 있는 변화였다. 나는 흑인 사회 일부가 이런 변화를 부인한다는 소리를 들었다. 그런 태도는 우리를 위해 투쟁해 온 사람들의 명예를 더럽히는 행위일 뿐만 아니라 이들이 일으킨 변화를 완결시킬 동력을 빼앗는 것이기도 하다. 그러나 나는 인종 문제가 개선되었다고 주장하는 그만큼 냉엄한 현실에도 유념하고 있다. 개선 정도로 만족할 수 없기 때문이다.

내가 연방 상원 의원에 출마해 뛰는 과정에서도 그런 변화가 나타났다. 이런 변화는 이미 지난 25년 동안 일리노이 주 백인 사회와 흑인 사회에서 계속 진행되어 온 것이다. 내가 출마할 즈음에는 이미 일리노이 주 정부와 주 의회에서 공직자로 선출되어 활동한 흑인들이 여럿 있었다. 주 감사원장 겸 법무장관 롤랜드 버리스(Roland Burris), 연방 상원 의원 캐럴 모즐리 브라운, 불과 2년 전 인기 있는 후보자로 주 국무장관에 선출된 제시 화이트(Jesse White)가 그런 인물들이었다.

새로운 길을 개척한 이런 흑인 공직자들의 성공적인 업무 수행 때문에 나의 연방 상원 의원 출마는 더 이상 색다른 주목거리가 되지 못했다. 내가 흑인이라고 해서 당선에 유리할 것도 없지만 그렇다고 흑인이기 때문에 당선 가능성에서 배제되는 것도 아니었다.

더구나 선거 운동에 합류해 준 지지자와 유권자들의 타입이나 성향도 종래의 통념을 벗어났다. 내가 연방 상원 의원 출마를 선언했을 때 주 상원의 백인 동료 의원 3명이 나를 지지하고 나섰다. 그런데 이들 3명의 의원은 사카고에서 흔히 말하는 이른바 '호숫가 진보주의자(Lakefront Liberals)'들이 아니었다. 주 상원의 공화당 의원들은 '호숫가 진보주의자'에 해당하는 민주당 의원들이 볼보 승용차를 몰고 다니며 카페라테를 홀짝이고 백포도주를 즐긴다고 놀려 댔다. 이들은 나처럼 가망 없는 주장을 펼칠 법한 사람들이다. 그런데 나를 지지한다고 밝힌 3명의 백인 동료 의원은 '호숫가 진보주의자'에 속하는 사람들이 아니라 노동 계급 출신이었다. 레이크 카운티의 테리 링크(Terry Link), 쿼드시티스의 데니 제이콥스(Denny Jacobs), 윌 카운티의 래리 월시(Larry

Walsh)였다. 이들이 대표하는 선거구는 대개 백인이 사는 노동 계급 거주 지역이나 시카고 교외 지역들이었다.

이 의원들은 나를 잘 알고 있었다. 우리 넷은 지난 7년 동안 주도 스프링필드의 상원에서 함께 일하면서 개회 중일 때는 매주 포커 게임을 즐겼다. 네 사람이 저마다 독자성을 지키는 데 자부심을 느낀다는 점도 나를 지지하는 이유가 되었다. 이들은 그런 독자성 때문에 백인 출마자 지지를 권유하는 주변의 압력에도 불구하고 나를 지지한다고 선언했던 것이다.

그러나 이들이 나를 지지한 것은 이런 개인적인 관계 때문만은 아니었다. 이들은 모두 좋은 환경에서 성장했고 그런 곳에서는 한때 흑인에 대한 적대감이 별로 이상한 것이 아니었다. 나와 이들의 깊은 우정 자체가 인종 관계의 변화를 보여 주는 사례이긴 했지만 말이다.

나를 지지한 링크, 제이콥스, 월시, 이 3명의 상원 의원은 모두 고집 센 노련한 정치인들이었다. 이들은 패배가 뻔히 예상되는 후보자를 지지하거나 자신의 정치적 입지를 위태롭게 만드는 일에는 관심을 기울이지 않았다. 이들은 자신의 지역구 주민들이 나를 만나면 '환영' 하게 될 것이라고 생각했다.

이들처럼 노련한 정치인들은 맹목적인 판단을 하지 않는다. 7년 동안 3명의 상원 의원은 주 의사당이나 자신들의 지역구에서 내가 그들의 선거구민과 만나는 모습을 지켜보았다. 이들은 백인 어머니들이 내 곁으로 자녀를 밀어 함께 사진을 찍게 하거나 2차 세계 대전 참전 용사회 총회에 연사로 초청받아 간 내게 연로한 백인 참전 용사들이 악수를 청하는 모습도 지켜보았다. 또한 이들은 내가 평생의 경험을 통해 알게 된 것을 감지하고 있음이 분명했다. 즉, 백인들이 줄곧 지니고 있는 선입견이 어떤 것이건 간에 요즘에는 이들 대다수가 어느 정도의 시간이 지나면 피부색이나 인종에 얽매이지 않고 사람을 판단할 수 있게 된다는 것이다.

그렇다고 편견이 사라졌다는 말은 아니다. 우리 중 그 누구도 우리 문화가 끊임없이 주입하는 고정관념, 특히 흑인의 범죄 성향과 지능 수준, 근로 윤리에 대한 고정관념으로부터 벗어나지 못하고 있다. 일반적으로 소수 집단의 구성원들은 주로 백인 문화에 얼마나 동화되었는지 계속 평가받는다. 따라서 어느 소수 집단이 이런 외적인 표준에서 크게 벗어날수록 이들에 대한 부정적인 인식은 그만큼 커지게 된다.

대부분의 백인들이 지난 30년 동안 최소한의 기본적인 예의를 갖추는 것은 말할 것도 없고, 인종 차별 금지라는 규범을 마음속으로 받아들임에 따라 다른 인종과의 일상적인 접촉에서 의식적으로 이런 고정관념에 따라 행동하는 일은 없다 하더라도, 어떤 결정을 내려야 할 때에는 이런 고정관념의 영향을 받게 마련이다. 예를 들어, 직원을 채용하거나 승진시킬 때, 누군가를 체포하고 기소하려고 할 때 고정관념이 영향을 미치게 된다. 뿐만 아니라 방금 백화점에 들어선 고객에 대한 인상이나 자녀를 취학시킬 학교의 인종 구성에 대한 느낌은 이런 고정관념의 영향을 받기 쉽다.

그럼에도 오늘날 미국에서는 그런 편견이 전보다 훨씬 약화되었을 뿐더러 반박의 대상이 되고 있다고 생각한다. 백인 부부가 거리에서 10대의 흑인 청소년을 만나면 겁이 날 수도 있겠지만 그 흑인 소년이 아들과 같은 학교에 다니는 친구라는 사실을 알게 되면 함께 밥을 먹자고 부를 수도 있을 것이다. 흑인 남자가 밤늦게 택시를 잡기는 쉽지 않겠지만 그가 능력 있는 소프트웨어 기술자라면 마이크로소프트사는 주저 없이 그를 채용할 것이다.

이런 주장을 입증할 수는 없다. 인종을 대하는 태도와 관련된 조사 결과는 믿을 수 없는 것으로 유명하다. 내 주장이 맞다 하더라도 많은 소수 민족에게는 달갑지 않은 위로가 될 것이다. 사실 타인의 고정관념이 잘못되었다고 반박하면서 나날을 보낸다는 것은 정말 피곤한 일이다. 소수 민족 중에서도 특히 흑인이 일상적으로 그런 고정관념에 시달리면서 압박감이 크다. 흑인이라는 집단은 미국 내에서 호의나 친절의 대상이 되지 못하고 흑인 개인은 매일 되풀이해서 자신을 입증해 보여야 한다. 의심스러운 점을 선의로 해석해 주는 일도 거의 없고 실수할 여지도 거의 주지 않는다는 느낌을 떨쳐 버릴 수 없는 것이다. 흑인 아이가 이런 세상을 헤쳐 나가려면 망설임도 떨쳐 버려야 한다. 흑인 소녀가 학교에 처음 가는 날, 백인 학생이 대부분인 교실로 들어서면서 느낄 법한 망설임 같은 것 말이다. 라틴계 여성이 사원 대다수가 백인인 회사의 채용 인터뷰를 준비할 때도 자신감 상실 같은 위축감과 싸워야 한다.

무엇보다도 중요한 것은 그런 노력을 중단하고 싶은 마음을 버리는 일이다. 소수 민족이 백인 사회로부터 스스로를 완전히 단절시키는 일은 불가능하다. 백인들은 다른 인종과의 접촉을 피할 수 있지만 소수 민족은 그렇게 할 수도 없다. 그러나 소수 민족이 최악의 상황을 가정해 자신을 보호하기 위해 마음의 문을 닫아 버릴 수는 있다. 몇몇 흑인들은 그래서 나에게 이렇게 말하기도 한다.

"내가 무엇 때문에 흑인에 대한 백인의 무지를 깨우쳐 주기 위해 애를 써야만 합니까? 우린 지난 300년 동안 그런 노력을 했지만 아직도 별다른 효과가 없습니다."

나는 이런 지적에 대해, 그렇다면 남은 선택은 개선 가능성(what might be) 대신에 기존의 현실에 굴복해 이를 그대로 받아들이는 것뿐이라고 말한다.

내가 일리노이 주의 정치인으로 활동하면서 가장 가치 있었던 일

중 하나로 꼽는 것은 인종 문제에 대한 내 가정을 깨뜨리게 된 것이었다. 연방 상원 의원 후보로 출마해 선거 운동을 벌일 때 일리노이를 대표하는 원로 연방 상원 의원인 딕 더빈과 함께 일리노이 주 남부 지역 39개 도시를 대상으로 유세에 나섰다. 유세 대상지 중에는 케이로라는 조그만 도시가 있었는데 주 남단 미시시피와 오하이오 강이 합수되는 지점에 위치해 있었다.

케이로는 1960년대 말부터 1970년대 초에 걸쳐 몇 차례 벌어진 인종 분쟁으로 이름이 널리 알려진 곳이다. 케이로의 인종 분쟁은 미국 최남단 지역을 제외한다면 가장 극심한 축에 들 정도였다. 당시 젊은 변호사였던 딕은 폴 사이먼 부지사 밑에서 일하고 있었는데, 케이로의 긴장을 완화할 방안을 모색하기 위해 현장으로 파견되었었다. 케이로로 향하는 승용차 안에서 딕은 처음 그곳을 찾아갔던 당시의 정황을 이렇게 전해 주었다. 그는 도착하자마자 호텔 객실에 있는 전화를 사용하지 말라는 경고를 받았다. 교환원이 백인시민협의회 회원이라는 것이었다. 판매점을 운영하던 백인들은 흑인 고용을 요구하는 불매 운동 주도 세력에 굴복하지 않고 아예 폐업해 버렸다. 흑인 주민들은 학교의 흑백 통합을 위한 노력, 그들의 공포와 좌절감, 린치 행위와 교도소 자살 사건들, 총격과 폭동 상황 등을 그에게 낱낱이 전해 주었다고 했다.

케이로로 들어서기 전까지만 해도 주민들의 반응이 어떤지 전혀 모르고 있었다. 한낮인데도 도시는 사람이 살지 않는 것처럼 조용했다. 대로변을 따라 점포 몇 군데가 문을 열었고 나이 많은 몇몇 부부가 의원처럼 보이는 곳에서 나왔다. 모퉁이를 돌자 큰 주차장이 나타났는데 그곳에 200명쯤 되는 사람들이 부산하게 움직이고 있었다. 이중 4분의 1 정도는 흑인이고 나머지는 모두 백인이었다.

이들은 모두 '오마바를 연방 상원 의원으로'라고 적힌 푸른색 배지를 달고 있었다.

그때 몸집이 크고 친절한 표정의 에드 스미스가 활짝 웃으며 우리가 타고 온 밴 차량으로 성큼성큼 다가왔다. 그는 노동자국제동맹 중서부 지역 책임자로서 케이로에서 태어나 성장했다.

그는 밴에서 내리는 우리 일행과 악수를 나누면서 말했다.

"환영합니다. 바비큐가 익어 가고 있고 어머니가 요리를 준비하는데 여러분이 시장했으면 좋겠군요."

나는 이날 주차장에 모인 백인들이 무슨 생각을 하고 있었는지 정확히 알지 못한다. 대부분이 내 나이 또래이거나 그 위여서 30년 전에 벌어진 그 끔찍한 분쟁의 직접적인 당사자는 아니라 하더라도 최소한 그 사건들을 기억하고는 있었을 것이다. 이들 중 상당수는 그 지역의 가장 유력한 인물 축에 드는 에드 스미스가 요청해서 그 자리에 나왔을 것이 분명했다. 다른 사람들은 준비된 음식을 먹기 위해 나왔거나 아니면 현직 연방 상원 의원과 상원 의원이 되겠다고 유세차 찾아온 후보자를 한번 구경하고 싶어 나왔을 법하다.

바비큐 맛은 기가 막혔고 대화는 활기차게 진행되었다. 사람들은 우리를 만나서 아주 즐겁다는 표정이었다. 우리는 그렇게 한 시간 남짓 먹고 사진 찍고 사람들의 이야기에 귀를 기울이며 보냈다. 우리는 이 지역의 경제를 되살리고 각급 학교의 재원을 튼튼하게 만들기 위해 무엇을 해야 하는지를 놓고 의견을 나눴다. 또 이라크로 파견되는 아들딸에 관한 이야기와 도시 중심부에 흉물처럼 서 있는 낡은 병원을 헐어 버려야 한다는 이야기를 들었다. 이렇게 시간을 보내고 떠날 즈음이 되자 나는 이들과 어떤 관계가 형성되었다는 느낌이 들었다. 어떤 변화를 가져올 정도는 아니어도 서로에 대한 편견을 어느 정도는 씻어 내고 호감을 약간 키우는 데는 부족함이 없는 그런 관계 말이다. 달리 말하자면 신뢰가 형성되었던 것이다.

　물론 다른 인종 간의 이 같은 신뢰가 시험적인 것으로 그치는 경우도 종종 있다. 이런 신뢰는 지속적인 노력으로 뒷받침되지 않으면 곧 사라질 수 있다. 또한 소수파 쪽에서 불의에 눈을 감고 침묵을 지킬 때에만 지속될 것이다. 만약 차별 철폐 조치로 다른 곳으로 밀려난 백인 노동자들을 등장시킨 네거티브 광고 몇 편이 시기를 잘 타서 방송되거나, 경찰이 비무장 흑인이나 라틴계 청년에게 총격을 가한 뉴스가 나오면 이런 신뢰 관계는 곧바로 산산조각이 날 수 있다.

　그러나 나는 케이로에서 있었던 화기애애한 시간이 잔잔한 파문을 일으킬 수 있다는 점도 믿는다. 다양한 인종으로 구성된 주민들이 그 따뜻한 기억을 가정과 예배 장소로 가져간다. 그런 온기가 대화를 통해 아이들이나 동료 직원들에게도 스며들면 더디고 완만한 파문 속에서 고립을 낳는 증오와 의심을 극복하게 될 수 있을 것이다.

　최근 나는 일리노이 남부를 다시 찾았다. 온종일 여러 차례 연설하고 여기저기 얼굴을 내민 뒤 남부 지역 선거 운동 현장 책임자 중 한 사람인 백인 청년 로버트 스티븐과 함께 차를 몰고 달렸다. 아름다운 봄날 밤이어서 미시시피 강의 드넓은 수면이 만월의 환한 달빛 아래 희미하게 반짝이고 있었다. 강물을 보니 케이로를 비롯해 미시시피 강 유역의 여러 도시들이 생각났다.

　이 도시들은 바지선 수송 경기에 따라 흥망을 거듭했고, 자유인과 노예, 허크(Huck, 마크 트웨인의 『허클베리 핀의 모험』에 등장하는 주인공으로 노예인 짐의 탈출을 돕는다 - 옮긴이 주)의 세계와 짐(Jim)의 세계가 합류하는 지점에서 때로는 서글프고 때로는 고단하며 때로는 잔혹한 역사의 굴곡을 헤쳐 나갔다.

　나는 로버트에게 케이로 중심부에 있는 낡은 병원 건물을 철거하는 문제에 진척이 있었다고 말했다. 우리 선거 사무실에서 주 보건부와 현지 공무원들 간의 협의를 주선하기 시작했던 것이다. 또한 케이로를 처음 찾아갔을 때의 상황을 로버트에게 말해 주었다. 그는 일리노이 남부 지역에서 자랐기 때문에 우리는 곧 그의 친구와 이웃 사람들이 갖고 있는 인종적 태도에 관해 이야기를 나누기 시작했다. 로버트는 바로 지난주, 지역에서 약간 영향력이 있는 몇몇이 자신에게 앨턴에 있는 조그만 사교 클럽 가입을 권유했다고 말했다. 그가 자란 집에서 두 블록쯤 떨어진 곳에 있는 사교 클럽이었다. 로버트는 이 클럽에 처음 가보았는데 꽤 멋있어 보였다. 로버트는 여러 사람과 식사를 하고 잡담을 즐기다가 실내에 있는 50여 명을 찬찬히 둘러보았다. 흑인은 단 한 사람도 없었다. 앨턴의 인구 중 4분의 1 정도는 흑인이기 때문에 좀 이상하다는 생각이 들어 다른 사람들에게 그 이유를 물어보았다.

한 사람이 대답했다.

"사적인 클럽이니까 그렇죠."

그러나 로버트는 여전히 이해가 되지 않았다.

"그렇다면 흑인들은 이 클럽에 가입하려고 하지 않았나요?"

아무도 대답하지 않자 로버트가 말을 이었다.

"2006년에 아직도 이런 일이 있다니, 이해가 되지 않는군요."

주위의 사람들이 어깨를 으쓱했다. 늘 그런 식으로 운영했다고 이들이 말했다. 흑인은 받아들이지 않았던 것이다.

그러자 로버트는 냅킨을 탁자에 올려놓은 뒤 인사를 하고는 나와 버렸다.

나는 그 클럽의 회원들을 곰곰이 생각해 보다가 백인들이 아직도 나 같은 흑인들에게 부글부글 끓어오르는 적대감을 그대로 가지고 있다는 증거로 이 문제를 제기해 볼 수 있겠다는 생각이 들었다. 그러나 이제 더 이상 아무런 힘도 쓸 수 없는 이 같은 편협성을 문제삼아 공연히 그런 세력에게 힘을 불어넣어 줄 필요가 있을까 하는 생각이 들었다.

나는 로버트의 행동을 생각해 보았다. 대단하진 않아도 쉽게 할 수 없는 일이었다. 만약 로버트 같은 젊은이가 옳다고 생각하는 것을 실행하기 위해 습관적 행동과 두려움이라는 물길을 건너고자 한다면 나는 틀림없이 건너편에서 기다리다가 그가 뭍에 오르도록 도와줄 것이다.

내가 연방 상원 의원에 당선된 것은 인종 문제에 대한 일리노이 주 백인 유권자들의 태도가 바뀐 데에만 힘입은 것은 아니다. 일리노이 주 흑인 사회의 변화에도 도움을 받았다.

선거 운동 초반 끌어 모은 지지 세력의 성향으로도 이런 변화를 확인할 수 있었다. 내가 민주당 내 예비 선거 운동을 벌이면서 처음으로 모금한 50만 달러 가운데 절반 가까이는 흑인 사업가와 흑인 전문직 종사자들이 헌금한 것이었다. 시카고 일대에 전파를 쏘아 내 선거 운동을 처음으로 다루기 시작한 것도 흑인 소유의 라디오 방송 WVON이었고, 나를 처음으로 커버 스토리로 큼직하게 다뤄 준 시사 잡지도 흑인이 소유한 주간 『엔디고(N' Digo)』였다. 내가 선거 운동을 위해 처음으로 전용기가 필요했을 때, 흑인 친구가 자신의 제트기를 선뜻 빌려 주었다.

한 세대 전만 해도 흑인 사회에는 이런 힘이 없었다. 시카고 흑인 사회는 미국에서 상당히 활기찬 축에 드는데도 1960~1970년대에는 백인 사회 기준으로 부자라 할 만한 흑인들의 숫자는 손에 꼽을 정도에 불과했다. 에보니(Ebony) 창업자인 존 존슨, 존슨 프로덕츠의 창업자 조지 존슨, 소프트 쉰(Soft Sheen)의 창업자 에드 가드너, 흑인 최초로 GM 총판권을 따낸 앨 존슨 등이 그런 인물들로, 모두 자수성가한 사람들이었다.

오늘날 시카고에는 흑인 의사와 치과의사, 변호사, 회계사, 그 밖의 전문직 종사자들이 많을 뿐만 아니라 시카고 산업계의 최고위 경영 관리직에도 흑인들이 여럿 있다. 흑인들은 음식점 체인이나 투자 은행, 광고 회사, 부동산투자신탁 회사, 건축 회사 등을 소유하거나 경영하기도 한다. 이들은 원하는 고급 주택지에 살면서 자녀를 일류 사립 학교에 보낼 만한 재력을 지니고 있다. 이들은 또 시민협의회 같은 조직에 기꺼이 참여하고 다양한 형태의 자선 활동을 아낌없이 후원한다.

통계상으로 보면 소득 수준 상위 20퍼센트에 해당하는 흑인들의 숫자는 여전히 소수에 불과하다. 시카고에서 활동하는 흑인 전문직 종사자나 기업인들은 아직도 흑인이기 때문에 겪는 여러 어려움을 호소한다. 흑인 사업가 중 부모에게서 큰 재산을 물려받은 사람은 거의 없다. 또한 이들에겐 사업을 처음 시작할 때 도움을 주거나 갑작스럽게 경기 침체가 밀어닥쳤을 때 그 충격을 완화시켜 주는 투자자도 없다. 이들이 백인이었다면 설정한 목표를 달성하기가 한결 수월했을 것이라는 점을 의심하는 사람은 거의 없다.

그런데도 이들 중 인종 문제를 버팀목으로 활용하거나 자신의 실패를 인종 차별 탓으로 돌리는 사람은 없다. 사실 이들 새로운 세대의 흑인 전문직 종사자들은 자신의 목표를 성취해 나가는 과정에서 여러 한계에 부딪혔지만 그런 제약을 인정하지 않았다.

메릴린치 시카고 지점에 근무하면서 영업 실적 1위를 차지한 한 친구는 퇴사한 뒤 아예 독자적인 투자 은행을 만들기로 했는데, 그의 목표는 흑인 사업체 중 제1의 기업이 아닌, 미국 전체에서 업계 최고의 회사를 만드는 것이었다. GM 임원이었던 다른 친구는 하얏트(Hyatt)와 합자해 주차 서비스 회사를 세우기 위해 퇴사하기로 결정했는데, 그의 어머니는 아들이 미쳤다고 생각했다. 그러자 친구는 나에게 이렇게 말했다.

"어머니는 GM의 임원 자리만큼 좋은 일자리는 없다고 생각했어요. 어머니 세대만 해도 그런 자리는 꿈도 꿀 수 없었기 때문이지요. 그렇지만 난 내 사업을 해보고 싶었습니다."

이런 소박한 생각은 미국을 이해하는 기본적인 요소이기 때문에 거의 진부하게 보일 정도다. 그러나 흑인 사회에서 이런 생각은 과거와의 근원적인 단절, 즉 노예제와 인종 차별이라는 심리적 족쇄를 끊어버리는 것을 의미한다. 그런 생각은 또 민권 운동으로부터 물려받은 가장 중요한 자산일지 모른다. 바로 존 루이스와 로사 팍스 같은 지도자들이 자유로 들어서는 문을 활짝 열어젖히기 위해 집회를 갖고 행진하며 위협과 체포, 구타를 이겨 내면서 쟁취해 물려준 선물이다.

또한 그것은 흑인 어머니와 아버지 세대의 유언이기도 하다. 그들의 영웅적인 일상의 투쟁은 극적이지는 않아도 매우 의미심장한 것이었다. 그들은 부모로서 조그만 집 한 채를 장만하기 위해 아무런 불평 없이 능력에 걸맞지 않은 열악한 일자리에서 평생 일하며 모든 것을 아끼고 절약했다. 또한 부모로서 자식들이 무용 교습을 받거나 학교에서 주관하는 견학 여행에 갈 수 있도록 쓸 것을 못 쓰고 살았다. 그들은 리틀 리그 게임을 지도하고 생일 케이크를 굽고 자식들이 도전적인 프로그램에 배치될 수 있도록 교사들에게 신신당부했다. 또한 매주 일요일마다 자녀를 교회에 데려가고 줄 맞춰 서지 못하면 뒤쪽에서 호되게 야단을 치며 매일 밤과 기나긴 여름 방학 기간 동안 동네 어린이들이 나쁜 길로 빠지지 않도록 감독했다. 그리고 그들은 자녀가 무엇인가를 이뤄 내도록 독려하고 사랑으로 뒷받침함으로써 이 사회가 자녀들에게 무엇을 요구하건 감당할 수 있게 만들었다.

지난 한 세기 동안 흑인 중산층이 4배로 늘어나고 흑인 빈곤율이 절반 수준으로 떨어진 것은 이처럼 미국적인 본질에 가장 충실한 상향적 사회 이동이라는 방법에 힘입은 바가 크다. 라틴계 또한 근면과 가정에 충실한 생활 태도 같은 비슷한 과정을 거쳐 두드러진 변화를 보였다. 1979년부터 1999년 사이에 스스로 중산층이라고 생각하는 라틴계 가구의 숫자가 70퍼센트 이상 늘어났다. 이들의 희망과 기대를 반영하듯, 흑인과 라틴계 노동자들은 백인 노동자들과 별다른 차이를 보이지 않는다. 이들은 각 분야에 종사하면서 미국 경제를 움직이고 또 민주주의가 잘 운용되도록 돕는다. 즉 교사와 기계공, 간호사, 컴퓨터 기술자, 조립라인 노동자, 버스 운전기사, 우편집배원, 판매점 책임자, 연관공, 수리공 등으로 일하면서 미국 사회의 심장 구실을 하는 것이다.

이처럼 지난 40년 동안 많은 변화와 발전이 있었는데도 흑인 및 라틴계와 백인 간의 생활수준 격차는 좀처럼 좁혀지지 않고 있다. 흑인의 평균 임금 수준은 백인 평균 임금의 75퍼센트 정도이고 라틴계는 71퍼센트 수준이다. 또한 흑인의 순재산 평균은 약 6천 달러이고 라틴계는 8천 달러 정도 되는데 백인은 8만 8천 달러에 이른다. 일자리를 잃거나 집안에 위급한 일이 생겨도 흑인과 라틴계는 꺼내 쓸 예금이 넉넉하지 않다. 그 때문에 자녀가 이런 일을 당하더라도 부모가 별로 도와줄 여력이 없다. 중산층에 속하는 흑인과 라틴계라도 집을 소유한 비율은 높지 않으며 건강 수준도 미국인의 전반적인 수준에 못 미친다. 많은 소수 민족이 계속 아메리칸드림을 좇으며 살고 있지만 그런 꿈을 실현할 가능성은 아직도 희박하다.

좀처럼 좁혀지지 않는 이런 격차를 어떻게 메울 것인가 하는 점과 이 목표를 달성하는 데 정부가 어느 정도의 역할을 해야 하느냐의 문제는 계속 미국 정계의 핵심적인 논란거리로 남아 있다. 그러나 이런 논란 속에서도 모두가 합의할 수 있는 몇 가지 방법을 찾아내야 한다. 예를 들어, 민권 운동의 미완성 사업으로 남아 있는 몇몇 과제를 완결시키는 일부터 시작할 수 있을 것이다. 고용과 주택, 교육과 같은 기본적인 분야에서 차별 금지법을 시행하는 것이다. 이제 더 이상 그런 법률의 시행이 필요하지 않다고 생각하는 사람이 있다면 근처에 있는 교외 오피스 지역을 찾아가 흑인 사무원들의 숫자를 헤아려 봐야 한다. 비교적 숙련도가 낮은 일자리에 취업한 흑인들의 숫자도 헤아려 볼 필요가 있을 것이다. 아니면 거주 지역에 있는 노동 조합 연합체 사무실을 찾아 취업 실습 과정에 있는 흑인들의 숫자가 얼마나 되는지 문의해 봐야 한다. 또한 백인 주민이 압도적으로 많은 지역의 부동산 중개인들이 그 지역의 주택 구매를 위해 찾아온 흑인들을 계속 다른 지역으로 유도하려 한다는 점을 보여 주는 최근의 연구 결과를 읽어 본다면 그런 주장을 하지 못할 것이다. 흑인 인구가 많지 않은 주에 산다면 모르겠지만 그렇지 않다면 무엇인가 잘못되어 있다는 점에 누구나 쉽게 동의할 것이다.

과거 공화당 행정부 때는 민권 관련법의 시행이 미적지근한 수준이었는데 현재 부시 행정부 아래서는 기본적으로 시행조차 되지 않았다. 오히려 법무부 민권국은 소수 민족 출신 대학생에 대한 장학금 지급과 교육 수준 강화 프로그램이 '역차별'을 낳고 있다고 흥분하며 말한다. 그동안 특정 교육 기관이나 전공 분야에 소수 민족 출신 학생들의 숫자가 형편없이 적었고 이들에 대한 우대 프로그램이 백인 학생들에게 미치는 영향이 그야말로 예외적인 수준에 불과하다는 점을 감안한다면 법무부의 주장은 터무니없는 것이다.

법무부의 이런 태도는 정치 스펙트럼에 관계없이 정계 전반에 걱정을 안겨 주는 원천이 되고 있음이 분명하다. 차별 철폐 조치에 반대하는 정치인들조차 이런 태도에 우려를 나타낸다. 차별 철폐 조치의 실행 계획은 잘 짜기만 하면, 백인 학생들이 누릴 기회를 제약하지 않으면서 자격을 갖춘 소수 민족 출신 학생들에게 그동안 닫혔던 기회를 제공할 수 있다. 예를 들어, 그동안 수학과 물리학을 전공하는 흑인이나 라틴계 박사과정 학생들이 거의 없었는데, 이런 분야의 석·박사 학위 취득에 관심이 있는 학생들에게 얼마간의 장학금을 지급하는 계획을 실행할 때 백인 학생들이 그런 계획에서 배제되는 일은 없을 것이다. 미국이 첨단 기술 기반 경제에서 번영을 누리려면 인재를 많이 확보해야 하는데, 이런 프로그램은 이 같은 인력 공급을 확대하는 데 도움이 될 것이다. 나는 민권 관련 사건의 변론을 맡았던 변호사로서 단언하는데, 대기업이나 노동 조합, 지방 정부의 각 기관이 오랜 세월 동안 조직적으로 소수 민족 출신들을 차별한 증거가 너무나 분명한 상황에서는 소수 민족 출신 고용의 목표치와 실행 계획표를 만드는 것이 이런 차별을 그런대로 바로잡을 수 있는 유일한 방법이다.

이와 관련해 많은 사람들은 나와 의견을 달리한다. 이들은 기업이나 정부 기관이 과거의 차별 조치로 피해를 입은 사람들에게 도움이 된다 할지라도 그런 일을 서둘러 시행하겠다는 생각을 할 리가 없다고 주장한다. 옳은 지적이다. 나는 이들의 주장을 이해하고 또 논란의 대상이 되는 문제가 빠른 시일 안에 해결되리라고 기대하지 않는다. 그렇다고 해도 최소한 다음과 같은 일이 벌어지는 것까지 그대로 방치해서는 안 된다. 소수 민족 출신과 백인이 다른 조건에서는 모두 동일할 때, 백인만 취업이나 주택 구입, 융자 신청에서 계속 혜택을 받는다면, 정부가 사법의 형식으로나마 이 문제에 개입해 바로잡아야 한다는 것이다.

우리는 이런 격차를 메우는 의무가 정부에만 있는 것이 아니라는 데도 의견을 모아야 한다. 소수 민족도 개인적으로든 집단적으로든 그런 의무를 져야 한다. 가령 흑인에게 악영향을 미치는 사회적·문화적 요인들은 미국 사회 전체를 괴롭히는 병폐이긴 하지만 흑인 사회에서 좀 더 두드러진다. TV 앞에서 살다시피 하고, 몸에 해로운 음식을 많이 섭취하며, 학업에 별 관심을 기울이지 않는 경향이 그런 경우이다. 흑인은 가정에서 하루 평균 11시간 이상 TV를 켜놓고 지내며, 담배를 더 많이 피우고 패스트푸드도 더 많이 먹는다.

한편 흑인 가정의 형태에서 아버지와 어머니가 함께 자녀를 양육하는 전통적 형태가 급격히 줄고 있는데, 그 속도는 미국 사회 전체와 비교하면 놀랄 정도다. 이런 현상은 과거에는 정도의 차이였던 것이 그 뒤 성정(kind)의 차이로 바뀌면서 나타난 것으로서, 흑인 남성들이 되는대로 섹스와 자녀 양육에 임하는 태도를 그대로 반영하는 것이다. 이런 태도가 흑인 자녀들을 더욱 취약하게 만들고 있는데, 여기에 관한 한 변명의 여지가 없다.

이런 여러 요인들이 뒤엉킨 채 발전을 가로막고 있다. 정부의 간단한 조치가 사람들의 행태를 바꾸는 데 도움이 되기도 한다. 가령 신선한 식료품을 취급하는 슈퍼마켓 체인이 흑인 거주 지역에 점포를 개설하도록 정부가 권장한다면 사람들의 식습관을 바꾸는 데 큰 도움이 될 것이다.

하지만 사람들의 태도 변화는 가정과 거주 지역, 예배 장소에서 시작되어야 한다. 지역 사회에 뿌리를 내리고 있는 기관이나 조직, 특히 오랜 세월 동안 흑인 교회로 활동해 온 종교 기관은 각 가정이 청소년들에게 학업 성취를 중요시하도록 북돋워 주게 만들고 건강에 도움이 되는 생활 방식을 권장하며 아버지의 의무와 보람을 강조하는 전통적인 사회 규범을 되살리는 데 도움을 줄 수 있다.

그러나 궁극적인 면에서 살펴볼 때 소수 민족 노동자와 백인 노동자 간의 격차를 메우는 가장 중요한 수단은 인종 문제 자체와는 별다른 관련이 없다. 요즘에는 흑인이나 라틴계 노동자를 괴롭히는 요인들이 백인 노동자들을 고통스럽게 만드는 요인과 기본적으로 별다른 차이가 없다. 즉 다운사이징(downsizing)이나 아웃소싱(outsourcing), 자동화, 제자리걸음의 임금 수준, 고용주가 많이 부담했던 건강 보험과 연금 제도의 폐지, 젊은이들에게 글로벌 경제에서 경쟁할 만한 기술이나 능력을 가르쳐 주지 못하는 학교 등이 그런 요인이다. 특히 흑인은 육체 노동을 요구하는 제조업 부문에서 일하는 경우가 많고, 새로운 일자리가 생기는 교외 지역에 거주할 처지가 못 되는 경우가 많기 때문에 이런 추세에 더욱 취약했다.

따라서 소수 민족 노동자에게 도움을 줄 수 있는 방안은 백인 노동자의 어려움을 덜어 주는 방안과 다르지 않다. 생계를 꾸려 갈 수 있을 정도의 임금을 받을 수 있는 기회나 그런 일자리를 얻을 수 있게 해주는 교육·훈련, 부의 분배 면에서 어느 정도 균형을 되살릴 수 있게 할 노동법 및 세법의 개정, 의료 혜택과 탁아 시설, 그리고 노동 계층이 의지할 수 있는 퇴직 연금 제도 등이 여기에 속한다.

과거에도 전반적인 경기 호전이 소수 민족에게 도움이 된 경우가 있었다. 라틴계와 흑인 아버지 세대가 이룩한 경제적·사회적 지위 향상은 주로 백인 중산층을 확대시킨 상향적 사회 이동의 기회가 그대로 소수 민족에게도 부여되었기 때문이다. 이들은 다른 모든 사람과 마찬가지로 지속적인 경제 성장과 정부의 인력 투자 덕을 많이 보았다. 또한 인력난과 자본 조달의 용이성, 그리고 학자금 무상 지원(Pell Grants)과 학자금 융자(Perkins Loans) 등도 흑인들에게 직접적인 도움을 주었다. 백인들은 소득이 늘어나고 생활이 안정되면서 동등한 대우를 요구하는 소수 민족의 아우성에 거부감을 덜 느꼈다.

이런 흐름은 최근에도 그대로 적용된다. 1999년만 해도 흑인의 실업률은 기록적인 수준으로 떨어졌고, 소득은 반대로 기록적인 수준으로 올라갔다. 차별 철폐 조치에 따라 흑인 고용이 급증하거나 흑인들의 근로 윤리가 갑자기 바뀌었기 때문이 아니라 경제가 호황을 맞은 데다 정부가 부의 균형 있는 분배를 위해 소득세 공제 확대와 같은 몇 가지 적절한 조치를 취했기 때문이다. 흑인 사회에서 빌 클린턴의 인기가 높은 비결을 알고 싶다면 몇 가지 흑인 관련 통계만 살펴봐도 알 수 있다.

그러나 이런 통계 수치 때문에 인종 문제에 관심을 기울이는 사람들도 현재 시행하는 여러 가지 방안의 손익을 꼼꼼히 따져 봐야 한다. 우리는 소수 민족에게 기회를 확대해 주는 차별 철폐 조치를 계속 옹호해야 한다. 이 조치가 제한적이긴 하지만 소수 민족에게는 아주 유용한 도구 역할을 하기 때문이다.

또한 모든 청소년이 비슷한 수준의 학력을 갖추고 고등학교를 제대로 졸업할 수 있도록 많은 투자를 해야 한다는 점을 모든 사람들에게 납득시키는 일에 훨씬 더 많은 노력을 기울여야 한다. 이 목표를 이룰 수만 있다면 차별 철폐 조치보다 흑인과 라틴계 청소년들에게 더 큰 도움이 될 것이기 때문이다. 이들에겐 고교 졸업장과 일정 수준의 학업 성취가 절실하게 필요하다.

마찬가지로 소수 민족과 백인 간의 건강 관리 수준 차이를 없애기 위한 여러 실행 계획을 지지해야 한다. 몇 가지 증거에 비춰 보면 소득 수준과 건강 보험 등급과 같은 요인을 배제시킨다 하더라도 소수 민족은 백인들에 비해 여전히 질이 떨어지는 의료를 받고 있다. 따라서 특정 인종만을 대상으로 하는 프로그램보다는 우리가 시도하는 전 국민을 대상으로 하는 의료 보장 제도가 백인과의 격차를 없애는 데 더 큰 도움이 될 것으로 보인다.

인종별 실행 계획보다 국민 전체를 대상으로 하는 의료 보장 프로그램에 역점을 두는 것은 바람직한 방책일 뿐만 아니라 훌륭한 정치 운동이기도 하다. 나는 언젠가 일리노이 주 상원 본회의장에서 같은 민주당 소속 동료 의원과 나란히 앉아 다른 동료 의원의 발언에 귀를 기울이고 있었다.

그 동료 의원은 존 도라는 흑인의원으로 선거구가 주로 도심 빈민층 거주 지역이다. 이 의원은 특정 실행 계획의 폐지가 노골적인 인종차별주의가 되는 이유를 열정적으로 장황하게 설명했다. 얼마 뒤 옆에 앉은 백인 의원이 나를 쳐다보며 이렇게 말했다. 그 백인 의원은 상원 표결에서 진보적인 성향을 보인 의원 중 한 사람이었다.

"존 의원의 문제가 무엇인지 아십니까? 그의 발언을 들을 때마다 나는 내가 백인임을 더욱 분명하게 느끼게 됩니다."

나는 이 흑인 의원을 옹호하기 위해, 흑인 정치인이 자신의 선거구민이나 지지 세력이 겪는 크나큰 고난을 언급할 때 어느 정도의 톤이 적절한지 가늠하는 것은 쉬운 일이 아니라고 말했다.

이렇게 변명하면서도 백인 동료 의원의 지적에 곰곰이 되씹어 볼 만한 점이 있다고 생각했다. 옳든 그르든 간에 백인들의 죄책감은 대부분 사라졌다. 인종적 편견이 전혀 없기 때문에 인종적 불평등이 사라지고 그에 따른 빈곤 문제가 해결되기를 진심으로 바라는 백인들도 인종적 희생을 앞세우는 제안이나 인종 차별의 역사를 근거로 특정 인종을 중심으로 하는 권리 주장에 대해서는 선뜻 지지하지 않으려는 경향을 보인다.

보수 세력이 백인 노동자들에게 미치는 차별 철폐 조치의 부정적 영향을 터무니없이 과장하는 식으로 증오의 정치(politics of resentment)를 부추기는 데 상당한 성공을 거둔 것도 이런 경향이 부분적으로 작용하고 있음이 분명하다. 그러나 주로 이것은 순수한 이해관계의 문제다. 대부분의 백인들은 자신은 인종 차별에 나선 적이 없었다고 생각하고 그들 자신의 문제를 걱정하기에도 바쁘다고 느낀다. 이들은 또 국채 규모가 9조 달러에 육박하고 해마다 3천억 달러의 적자가 쌓이는 형편이다 보니, 그런 문제들을 해결하는 데 들일 재원이 많지 않다는 점도 잘 알고 있다.

그 때문에 소수 민족 출신에게만 도움이 되는 계획과 미국민을 '우리'와 '그들'로 나누는 방안은 백인들에게 큰 희생을 요구하지 않을 경우에 한해 몇 가지 단기적인 양보만 이끌어 낼 수 있을 것이다. 이런 방안이나 계획은 미국을 변화시키는 데 필요한 지속적이고 폭넓은 정치적 연대를 만들어 내는 바탕이 될 수는 없다. 한편 미국민 전체에게 도움이 되는 방안(학교에서 학생들을 제대로 가르치게 하고 직장에서 생계비가 될 만한 임금을 지급하며 건강 보험은 진료를 필요로 하는 모든 사람들을 대상으로 하고 정부는 수재를 겪은 이재민들에게 도움의 손길을 뻗치는 등의 활동)이나 법 앞의 만인 평등을 보장함으로써 (기존 민권 관련 법률의 충실한 시행처럼) 많은 미국인들이 공유하는 이상적인 가치를 증진시키는 것은 비록 소수 민족에게 아주 큰 혜택이 돌아간다 하더라도 그와 같은 정치적 연대의 기본 바탕이 될 수 있다.

이처럼 역점을 바꾼다는 것은 쉬운 일이 아니다. 오랜 습관은 쉽사리 없어지지 않고 또 소수 민족으로서는 예나 지금이나 인종 차별 문제를 최대 관심사로 부각시키지 않으면 백인 사회가 죄책감에서 벗어나 힘겨운 싸움 끝에 얻어 낸 것조차 무위로 돌아갈 수 있다는 불안감을 항상 떨쳐 버리지 못한다. 나도 이런 불안감을 충분히 이해한다. 더구나 역사가 정해진 방향으로만 흘러가지 않게 마련이므로 경제상황이 어려워질 때는 인종 간 평등이라는 중대한 목표가 얼마든지 외면당할 수도 있다.

지난 세대의 라틴계나 흑인이 극복해야 했던 것들을 살펴보게 되면 다음 세대들이 경제의 주류 부문으로 계속 진입할 수 있는 능력에 대해 낙관하게 된다. 과거의 역사를 돌이켜보면 대부분의 기간 동안 흑인들은 기회의 사다리에 좀처럼 오를 수 없을 것처럼 보였다. 라틴계가 소방대원이 되거나 기업체에 입사하는 일은 달갑잖지만 마지못해 받아들인다는 정도로 여겨졌다.

그러나 경제 성장과 상향적 사회 이동 촉진 프로그램에 대한 정부의 투자, 그리고 차별 금지 원칙을 시행하려는 어느 정도의 의지가 결합되면 대다수의 흑인과 라틴계를 한 세대 이내에 사회 경제적 주류 대열에 진입시키는 데 부족함이 없었다.

우리는 지난 세대의 이런 성취를 되새겨야 한다. 또한 중산층으로 진입하는 데 실패한 소수 민족의 숫자가 아니라 역경을 딛고 그에 성공한 사람들의 숫자에 주목해야 한다. 유색인 부모가 자식들에게 물려준 분노와 쓰라림이 아니라 그런 감정이 약화된 정도를 눈여겨보아야 한다. 그러다 보면 무엇인가 밑바탕으로 삼을 만한 것을 찾을 수 있다. 그리고 앞으로 더욱 큰 진보를 이룰 수 있다는 점을 알게 될 것이다.

국민 전체가 당면한 난제를 해결하기 위한 일반적인 해법이 흑인 및 라틴계와 백인 간의 격차를 좁히는 데 효과적일 수 있다는 점에서 각별한 관심이 필요한 두 가지 측면이 있다. 인종 분쟁의 불길에 부채질을 하고 이미 이루어진 진척이나 향상을 손상시키는 문제들이 그런 것이다.

흑인 사회와 관련해서는 도심 빈민층 주거 지역의 생활 여건이 악화되는 것이 문제가 되고 라틴계와 관련해서는 취업 증명서가 없는 노동자 문제와 이민 문제를 둘러싼 격렬한 정치성 항의가 쟁점으로 제기된다.

내가 자주 찾는 시카고 음식점 가운데 맥아더스라는 곳이 있다. 매디슨 가 웨스트사이드 서쪽 끝에 있는 음식점인데 조명이 밝고 연한 색조의 목재로 칸막이 좌석을 만들어 놓았다. 그 음식점은 약 100명 정도가 식사를 할 수 있는 규모였다. 주중에는 언제나 100명쯤 되는 손님들이 차례를 기다리며 서 있는 모습을 볼 수 있다. 손님은 가족과 10대 청소년들, 점잖은 여인 그룹과 나이 많은 노인 그룹이 대부분이었다.

셀프서비스 식당이라 큼지막한 접시에는 프라이드치킨과 메기 요리, 호핀존(hoppin' John), 둘둘 만 야채 요리, 미트로프(meatloaf), 옥수수 빵, 그 밖의 남부 흑인 요리가 가득 담겨 있었다. 손님들의 이야기에 따르면, 밖에서 기다릴 만한 가치가 충분히 있었다.

주인인 맥 알렉산더는 60대 초반으로 가슴이 두툼한 거구의 남자인데, 백발에 가까운 성긴 머리에, 콧수염을 기르고 안경 너머의 한쪽 눈이 약간 사팔뜨기여서 생각에 잠긴 전문직 종사자 같은 풍모를 보였다. 미시시피 주 렉싱턴 태생으로 재향 군인인 그는 베트남 전쟁에 참전해 왼쪽 다리를 잃었다. 요양을 끝낸 뒤 그는 아내와 함께 시카고로 이주해 창고관리 업무를 담당하면서 창업 훈련 코스를 거쳤다. 1972년 그는 레코드 판매점인 맥스 레코즈를 개업하고 또 웨스트사이드기업개선협회를 만드는 일을 지원했다. 이 협회는 그가 '이 세상의 조그만 한 귀퉁이'라고 말하는 사업체들을 개조시켜 주는 일을 담당한다.

어느 면으로나 알렉산더는 성공한 사업가였다. 레코드 판매점이 잘되자 그는 음식점을 개업해 인근 주민들을 종업원으로 고용했다. 그는 또 거의 버려진 건물들을 사들여 깨끗하게 수리한 뒤 임대하는 사업도 했다. 매디슨 가 일대의 풍경이 웨스트사이드의 악명으로 연상되는 분위기와는 달리 그렇게 험악하지 않은 것도 맥 알렉산더와 같은 사람들의 노력 덕분이다. 이제 이 거리는 구역마다 옷가게와 약방, 교회가 자리 잡고 있고 대로에서 조금만 들어가면 시카고 교외 지역에서 흔히 볼 수 있는 조그만 목조 주택들이 많이 있다. 이런 주택에 사는 사람들은 잔디밭과 화단을 깔끔하게 가꿔 놓고 있다.

그러나 어느 방향으로나 몇 블록만 더 가보면 맥의 세상과는 다른 모습이 눈에 띈다. 거리 이 구석 저 구석에 몰려서서 지나가는 사람들을 흘끗흘끗 쳐다보는 젊은이들, 볼륨을 한껏 높인 카스테레오에서 일정한 간격으로 들리는 강한 비트와 간간히 들리는 사이렌 소리, 판자를 댄 우중충한 빌딩과 벽에 마구 휘갈겨 쓴 갱단의 알 수 없는 표시, 겨울 바람에 마구 휘날리는 도처의 쓰레기들.

최근 시카고 경찰청은 매디슨 가의 가로등 기둥 위에 24시간 가동되는 카메라와 경광등을 설치해 놓아 그 일대의 모든 구역이 푸른색 경광 아래 놓이게 되었다. 매디슨 가에 사는 주민들은 이런 상황에 대해 별다른 불만이 없었다. 푸른색 경광은 이제 익숙해졌다. 다만 이런 경광등은 모든 사람들이 알고 있는 사실을 다시 한번 상기시켜 주는 시설물에 불과하다. 즉, 이 일대의 면역 체계가 거의 완전히 망가져 스스로 방어할 능력을 상실하면서 마약과 총격, 절망으로 계속 악화되어 가는 바람에 맥과 같은 사람들이 최선을 다하고 있는데도 침투한 바이러스가 탄탄하게 자리를 잡아 사람들은 계속 야위고 쇠약해지고 있다는 것이다.

어느 날 오후 맥은 나와 함께 자신의 건물 한 곳을 둘러보기 위해 걸으면서 이렇게 말했다.

"웨스트사이드에서 범죄는 새삼스러운 일이 못 됩니다. 1970년대만 해도 경찰은 흑인 거주 지역을 잘 보살펴야겠다는 생각을 하지 않았죠. 말썽을 피우는 일이 백인 거주 지역에까지 영향을 미치지 않으면 그대로 내버려 두었던 것입니다. 레이크앤대멘(Lake and Damen)에 첫 번째 점포를 개업했을 때는 8~9차례나 연속으로 도둑이 들었죠."

맥의 이야기는 이렇게 이어졌다.

"경찰이 이제는 좀 더 신경을 쓰고 있습니다. 이곳에 나와 있는 파출소장은 괜찮은 친구인데, 정말 최선을 다하고 있지요. 그런데 이 친구도 다른 사람들과 마찬가지로 질려 버린 상태입니다. 이곳 아이들은 아무것도 겁을 내지 않아요. 이 아이들은 경찰도, 교도소에 가는 것도 두려워하지 않는답니다. 이곳 젊은이 중 절반 이상은 이미 전과가 있어요. 경찰이 거리 한 구석에 몰려 있는 아이들 10명을 끌고 가면 한 시간도 채 안 돼 다른 아이들 10명이 그 자리에서 서성댈 것입니다."

맥은 계속해서 말을 이어 나갔다.

"바꿔 주어야 할 것은 아이들의 태도입니다. 사실 아이들 탓을 할 수도 없어요. 대부분의 아이들이 가정에서 아무것도 배우지 못하기 때문입니다. 이 아이들 어머니도 잔소리를 전혀 하지 못하지요. 어머니들 중 상당수가 아직도 미성년이기 때문이에요. 아이들 아버지는 교도소에 들어가 있으니 이 아이들을 잘 이끌어 주고 학교에 보내고 인사법이나 예절을 가르쳐 줄 사람이 주변에 아무도 없습니다. 그러니 이 아이들이 제멋대로 자랄 수밖에 없지요. 사실상 길거리에서 자라는 셈입니다. 아는 것이라고는 길거리에서 보고 들은 것뿐이고, 건달 패거리가 아이들의 가족입니다. 그리고 이곳에선 마약을 파는 일 외에는 일자리가 없습니다. 그렇다고 내 말을 곡해하지는 마십시오. 이곳에도 온전하고 따뜻한 가정이 꽤 남아 있으니까요……. 돈벌이는 시원치 않아도 자식들이 잘못된 길로 빠지지 않도록 최선을 다하는 가정들도 있어요. 그러나 이런 가정이 수적으로 너무 적습니다. 이런 가정의 부모들은 이곳에 오래 살면 살수록 아이들이 잘못될 위험이 크다고 생각합니다. 그래서 기회만 있으면 한시라도 빨리 이곳을 빠져나가려고 하지요. 이곳 상황이 계속 악화되는 이유가 바로 거기에 있습니다."

맥이 고개를 가로저으면서 말했다.

"모르겠습니다. 무엇인가 개선시킬 수 있다는 생각을 계속 하긴 하지만 솔직히 말해 상황이 절망적이라는 느낌이 가끔 들 때가 있어요. 어렵습니다. 점점 더 어려워지고 있어요."

요즘 나는 흑인 사회에서 이와 비슷한 걱정을 자주 듣는다. 도심 빈민층 주거 지역의 상황이 거의 통제 불능 상태로 악화되고 있음을 솔직하게 인정하는 말이다. 통계 수치는 이런 걱정을 잘 보여 준다. 유아 사망률을 보면 흑인 빈곤층의 경우는 말레이시아와 비슷한 수준이다. 흑인 남자 실업률을 살펴보면 시카고 몇몇 지역에서는 3분의 1 이상이 실업자로 추산된다. 언젠가 한번은 형사처벌을 받을 것으로 예상되는 흑인 남자들은 3명 중 1명꼴이다.

그러나 이런 통계 수치보다는 개인과 연관된 문제나 체험을 털어놓는 경우가 적지 않다. 이런 이야기를 들어 보면 흑인 사회의 일부가 안에서 곪아 터지고 있다는 증거처럼 들린다. 이야기를 전하는 사람들도 믿을 수 없다는 표정과 서글픈 감정을 숨기지 않았다. 어느 교사는 8세밖에 안 된 아이가 음탕한 욕설을 퍼부으면서 신체적으로 해를 가할 것처럼 위협했을 때의 기분을 전하는가 하면, 어느 국선 변호인은 15세 청소년의 가슴 아픈 전과 기록을 얘기해 주고 어린 의뢰인들이 태연하게 자신들이 30세까지는 못 살 것이라고 예측하는 모습을 전한다. 또 어느 소아과 의사는 10대 부모들이 이제 겨우 아장아장 걷는 유아에게 아침으로 감자칩을 먹여도 괜찮다고 생각하거나 5~6세짜리 아이를 집에 혼자 두고 왔다고 예사롭게 말하는 것을 들으면 기겁을 하게 된다고 털어놓기도 했다.

이것은 지난 역사의 어둠 속에 갇힌 채 헤어나지 못하는 사람들의 이야기, 빈곤층 중에서 가장 가난한 흑인들이 모여 사는 지역의 이야기이다. 그 속에는 노예제의 온갖 상처와 극심한 흑인 차별, 내면화한 분노, 강제된 무지, 아내를 지키지 못하거나 가족을 부양하지 못한 남자의 치욕감, 아무 쓸모도 없는 인간이라는 소리를 들으며 성장했지만 그런 마음의 상처를 씻어 줄 사람도 없는 청소년 등의 이야기가 차곡차곡 쌓여 있다.

물론 대물림되는 뿌리 깊은 빈곤이 미국에 계속 충격을 안겨 주었던 시절이 있었다. 마이클 해링턴(Michael Harrington)의 『또 하나의 아메리카 The Other America』나 보비 케네디의 미시시피 삼각주 일대 방문이 미국 현실에 대한 분노를 자아내면서 즉각적인 대책 마련을 촉구한 경우가 여기에 속한다.

그러나 이후에는 그런 모습을 찾아볼 수 없었다. 오늘날에는 이른바 사회 밑바닥 계층의 이미지를 여기저기에서 엿볼 수 있다. 대중문화 속에 불변의 요소처럼 자리 잡고 있기 때문이다. 영화와 TV에서는 이들이 경찰을 위시해 법질서를 수호하는 요원들의 최상의 목표가 되고 있다. 랩 음악과 비디오에서는 갱 생활이 미화되고 백인과 흑인 10대 청소년들의 모방의 대상이 되고 있다. 그러나 최소한 백인 청소년들은 갱 생활이 겉치레에 불과하다는 것을 잘 알고 있다.

저녁 뉴스에서는 도심 빈민층 거주 지역에서 벌어지는 약탈이나 파괴 행위가 항상 멋진 뉴스거리가 된다. 따라서 흑인 빈곤층의 삶을 자주 접하다 보면 사람들은 동정심을 갖기보다는 공포감을 느끼고 노골적으로 경멸하게 된다. 대체로는 무관심을 낳는다. 교도소를 가득 채우고 있는 흑인들, 책을 읽지 못하거나 갱단의 총격전에 말려든 흑인 청소년, 워싱턴 D.C.의 공원과 주택 바깥 쇠창살에 기대 잠이 든 흑인 노숙자를 사람들은 당연시한다. 이들은 이런 상황을 보며 비극적이긴 하지만 죄의식을 가질 일도 아니고 개혁의 대상으로 삼아야 할 일도 분명 아니라고 생각한다.

행동과 가치 면에서 단절되고 이질적인 흑인 빈민층이라는 개념은 현대 미국 정치에서도 중요한 역할을 했다.

존슨 대통령은 흑인 빈민굴을 정리하기 위해 빈곤과의 전쟁을 벌였다. 보수 세력은 복지 국가라는 개념 자체에 많은 국민들이 등을 돌리게 만들었는데 이는 빈곤과의 전쟁에서 실패한 경험을 바탕으로 삼은 것이었다. 보수 성향의 여러 싱크 탱크에서는 한 가지 방안으로 가내 공업을 제안했다. 이들은 흑인을 빈곤으로 몰아넣은 원인을 인종주의나 경제 체제 속에 내재된 구조적 불평등에 있다기보다는 문화적 병리 현상이라고 주장했다. 그뿐만 아니라 복지 혜택과 같은 정부의 지원 프로그램이나 범죄자들에게 온정적인 진보 성향의 판사들이 그런 병리 현상을 사실상 한층 악화시키고 있다고 지적했다. TV에서는 아랫배가 불쑥 튀어나온 천진난만한 어린이 모습 대신에 흑인 약탈자와 노상강도의 모습을 자주 보여 주었다. TV 뉴스에서는 남의 집 가정부로 일하면서 어떻게든 가계를 꾸려 나가려고 안간힘을 다하는 흑인 여성의 모습보다는 오로지 더 많은 지원금을 받겠다는 생각에서 임신을 하는 이른바 '복지혜택으로 풍요롭게 사는 여인(welfare queen)'에게 초점을 맞추는 일이 더 잦았다.

보수 세력은 엄격한 사회 기강을 확립해야 한다고 주장했다. 그러기 위해 경찰관을 증원하고 교도소를 증설하며 개인의 책임을 더욱 중시하고 사회 복지 제공을 중지해야 한다는 것이다. 이런 방안을 채택한다면 흑인 빈민굴을 일신할 수는 없어도 최소한 더 이상 악화되는 것은 막을 수 있는 만큼 땀 흘려 일하는 납세자들의 귀중한 세금이 그런 데 낭비되는 것을 막을 수 있다는 것이다.

보수 세력의 이 같은 주장이 백인 다수 여론의 지지를 받았다는 것은 별로 놀랄 일이 못 된다. 이들의 주장은 미국에서 오랫동안 다양한 방식으로 논란을 불러일으켰던, '보상받을 만한' 빈곤층과 '그렇지 않은' 빈곤층이라는 개념을 활용했다. 이들의 주장은 인종 차별적인 뉘앙스를 띠는 경우가 많았고 1970∼1980년대처럼 경제 상황이 어려운 시기에 더 많은 호응을 받았다.

이럴 때 진보적인 정책 수립자와 민권 운동 지도자들의 관심과 지원은 별다른 도움이 되지 않았다. 이들은 지금까지 인종 차별주의의 피해를 입은 사람들을 탓해서는 안 된다고 생각하였다. 그래서 흑인 빈곤층의 몸에 밴 여러 행태가 빈곤이 대물림되는 원인 중 하나라는 증거를 경시하거나 외면하는 경향을 보여 왔다. 가장 유명한 사례는 대니얼 패트릭 모이니헌이 1960년대 초 흑인 빈곤층에서 사생아 출생률이 증가하는 점을 경고했다가 인종주의자라는 비난을 받은 일이다.

이처럼 어느 지역 사회의 경제적 성공을 이뤄 내는 데 가치 기준이나 행동 방식이 일정한 구실을 하는데도 이를 무시하려 하는 것은 결국 현상을 매우 안이하게 받아들이는 결과를 낳으면서 백인 노동 계층의 외면까지 받았다. 특히 진보적인 성향이 가장 두드러진 일부 정책 수립자들은 혼란스러운 도시 환경에서 멀리 떨어진 교외 지역에 살았기 때문에 이런 경향이 두드러졌다.

사실 백인들만 도심 지역의 생활 환경에 대해 불만과 좌절감이 계속 쌓이는 것은 아니었다. 대부분의 흑인 주거 지역에서도 법을 준수하면서 열심히 일하는 사람들은 오래전부터 경찰이 더욱 적극적으로 자신들을 보호해 주도록 요구하고 있었다. 그들이 범죄의 표적이 되기 쉽기 때문이었다. 흑인들은 주방이나 이발소 같은 장소나 예배가 끝난 뒤 나누는 사적인 대화에서 근로 윤리가 약화되고 부모가 제구실을 못하며 성도덕이 허물어졌음을 개탄하는 소리를 자주 듣는다.

그런 의미에서 만성적 빈곤의 근본 원인에 대한 흑인들의 태도나 마음가짐은 흑인 정치인들이 인정하는 것보다 훨씬 더 보수적이다. 그런데도 흑인들은 젊은 갱단원을 표현할 때 '약탈자(predator)'라는 말을 쓰거나 또는 사회 복지 혜택에 의존하는 어머니들을 지칭할 때 '최하층(underclass)'이라는 말을 쓰지 않는다. 이런 용어는 관심의 대상이 될 만한 사람과 그렇지 않은 사람들을 구별 짓는 말이기 때문이다. 흑인의 경우, 빈곤층에서 떨어져 나오는 것이 단순한 선택의 문제가 될 수 없다. 흑인의 피부색 때문에 흑인들 속에서만 자유롭고 존중받을 뿐, 바깥 사회에서는 하찮은 취급을 받기 때문이다.

또한 도심 지역이 왜 기능 장애를 일으키게 되었는지 그 배경을 흑인들이 잘 알기 때문이기도 하다. 시카고에서 태어나고 자란 대부분의 흑인들은 남부에서 많은 사람들이 대규모로 이주해 올 때의 상황을 흑인 사회 공동의 기억으로 간직하고 있다. 남부에서 많은 사람들이 북부로 이주한 뒤 흑인들은 빈민굴로 밀려 갈 수밖에 없었다. 부동산업자들은 백인 지구의 매물이 있어도 흑인들에겐 알려주지 않는 식으로 인종 차별적인 중개를 했고, 임대차 계약상 여러 제약을 가했다. 그에 따라 흑인들은 공영 임대 주택지로 가게 되었는데, 이런 주거 지역은 학교의 질적 수준이 떨어지고 공원은 적은 재원 때문에 제대로 조성되어 있지 못하며 경찰의 보호는 거의 없고 마약 거래는 그대로 용인되다시피 했다.

흑인들은 또 좋은 일자리가 다른 이주 집단에게 돌아가고 흑인들이 많이 취업했던 육체 노동 일자리는 점차 사라지는 바람에 그때까지 비교적 온전한 생활을 누리던 흑인 가정들도 여러 압박을 받으면서 허물어지고 청소년들도 가정과 함께 엉망이 되었던 상황을 기억하고 있다. 결국 한계 상황에 이르면서 과거에는 서글프고 이례적인 일이었던 것이 일반적인 일처럼 되고 말았다. 이들은 저 노숙자 남자가 왜 술을 마시는 지 안다. 바로 그들의 삼촌이기 때문이다. 저 상습범에 대해서는 어린 시절의 모습까지 잘 기억하고 있다. 활기와 사랑이 넘치던 아이였다. 바로 그들의 사촌이기 때문이다.

달리 말하자면 흑인들은 문화가 중요하지만, 문화 또한 환경에 따라 형성된다는 점을 알고 있다. 우리는 도심 빈민층 거주 지역에 사는 많은 사람들이 스스로의 자멸적인 행동 때문에 옴짝달싹하지 못하지만 그런 행태는 타고난 것이 아님을 잘 알고 있다. 이런 점을 알기 때문에 흑인 사회는 계속 이런 확신을 갖고 있다. 즉, 미국이 분명한 의지만 있다면 도심 빈민 지역에 갇혀 있는 사람들의 환경이 달라질 수 있고 이들 빈곤층 개개인의 마음가짐이 근본적으로 바뀔 수 있으며 그동안 입은 여러 상처들은 서서히 회복될 수 있는 것이다. 이 세대에서 이루어지지 않는다면 최소한 다음 세대에서는 가능할 것이다.

이런 생각은 우리가 이념적인 다툼을 뛰어넘어 도심 빈민층 주거 지역의 여러 문제를 해결하기 위한 새로운 노력의 밑바탕 구실을 할 수 있을 것이다. 우선 이런 일부터 시작할 수 있을 것이다.

먼저 빈곤을 줄이기 위해 우리가 할 수 있는 가장 큰 단일 과제가 10대 소녀들에게 고등학교를 졸업하도록, 사생아를 낳지 않도록 권유하는 일이라는 점을 인정해야 한다. 학교와 지역 사회를 중심으로 이런 노력을 기울이면서 10대 임신을 줄이는 데 효과가 있었던 것으로 입증된 프로그램을 확대 실시해야 한다. 부모와 성직자, 지역 사회 지도자들은 전체 사회가 이런 문제에 관심과 경각심을 갖도록 계속 촉구해야 한다.

우리는 또한 사회 복지 문제에 대한 보수 세력 및 빌 클린턴의 접근 방식이 옳다는 점도 인정해야 한다. 과거의 방식에는 문제가 많았다. 소득과 취업을 분리시키고 복지 혜택 수혜자에게는 사생활을 침해하는 번거로운 관료적 절차를 참아 달라는 것 외에는 아무것도 요구하지 않았다. 또 아버지가 자녀들을 키우기 위해 같은 집에 살지 않아도 된다고 허용한 과거의 부양자녀 가정 지원(AFDC) 프로그램은 솔선해서 일어서려는 사람들의 의욕과 자존심을 꺾거나 약화시켰다. 가난의 대물림을 줄이기 위한 방안은 복지 혜택보다는 취업에 중점을 두어야 한다. 사람들은 일을 통해 자립심과 소득을 얻을 뿐만 아니라 일을 통해 삶의 질서와 체계, 체면, 성장의 기회를 얻기 때문이다.

그러나 사람들이 취업만으로 빈곤에서 벗어닐 수 없다는 점도 인정해야 한다. 사회 복지 개혁으로 취업 알선이 확대되면서 정부의 지원을 받는 사람들의 숫자가 미국 전역에서 대폭 줄어들었다. 그와 동시에 취업 빈곤층(working poor)의 숫자도 대폭 늘어났다. 노동 시장에는 많은 여성 인력이 있지만 상당수 일자리는 생계비도 안 되는 임금을 지급한다. 그 때문에 아이들을 잘 돌봐 줄 보육 시설을 찾고 적당한 집을 구하고 병원의 진료를 받는 데 매일 안간힘을 쓰다 보면 월말에는 생활비가 거의 다 떨어져 아이에게 새 옷을 사줄 돈도, 가스비를 내거나 식료품을 살 돈도 남아 있지 않다.

저소득 근로자를 대상으로 소득세 세액 공제를 확대하는 방안 등은 이런 여성들과 자녀의 생활에 상당한 도움을 줄 수 있다. 그러나 우리가 진정으로 가난의 대물림 고리를 끊어 버리고자 한다면 이들 여성에게 다른 도움을 주어야 한다. 도심 빈민층 거주 지역에 살지 않는 사람이라면 당연하게 누리고 있는 지원을 해주어야 하는 것이다.

우선 경찰력을 늘려 치안을 강화함으로써 이들 여성과 자녀들에게는 개인 경호와 비슷한 형태의 보호 조치를 해주어야 한다. 이들은 또 예방에 역점을 두는 지역 보건 센터의 진료 혜택을 받을 수 있어야 한다. 산후 조리와 건강 상담은 물론, 경우에 따라 술이나 약물, 마약 남용도 치료받을 수 있도록 도움을 주어야 한다.

이들 여성의 자녀들이 취학하는 학교도 근본적인 개혁이 필요하다. 그리고 이들이 안심하고 직장에 나가거나 학업을 계속할 수 있도록 비용이 적당한 탁아 시설도 활용할 수 있게 해줘야 한다.

또한 이들 여성이 제대로 부모 노릇을 할 수 있도록 가르쳐 주어야 한다. 이런 지역의 어린이들은 학교에 들어갈 나이쯤 되면 이미 뒤처지기 시작한다. 우선 숫자나 색깔, 글자를 모른다. 가만히 앉아 있는 일이나 조직 생활에도 익숙하지 못하다. 그동안 진찰을 받지 않아 모르고 지냈지만 건강상의 문제로 시달리는 경우도 있다. 이 어린이들이 사랑을 받지 못해서 이렇게 된 것은 아니다. 아이들에게 필요한 것을 어떻게 채워 주어야 하는지 어머니들이 몰랐기 때문이다. 따라서 태아 검진과 상담, 정기적인 소아과 진료, 가정교육 프로그램, 조기 교육 프로그램처럼 정부가 충실하게 계획을 짜서 시행한다면 가정교육상의 문제들을 해결할 수 있을 것이다.

마지막으로 도심 빈민층 주거 지역에서 실업과 범죄의 연결 고리를 끊어 버려 그곳의 성년 남자들이 자신의 책임을 다할 수 있게 해야 한다. 정말 일할 생각이 있다면 이곳의 실직자도 대부분 일자리를 구할 수 있다. 하지만 기술이 없어 저임금 일자리밖에 구할 수 없으므로 위험하긴 해도 수입이 괜찮은 마약 거래에 손을 댈 수밖에 없다는 것이 일반적인 통념이다. 그러나 이런 문제를 연구한 경제 전문가들과 그런 위험한 일에 뛰어든 젊은이들의 이야기를 들어 보면 이런 통념과는 거리가 멀다.

우선 길거리에서 마약 거래를 하면서 얻는 수입이 흔히 사람들이 생각하는 것처럼 그렇게 많지 않다는 것이다. 이런 거래 활동의 말단은 물론, 중간급에 있는 사람들도 수입은 최저 임금 수준이다. 사실 도심 빈민층 주거 지역에 사는 남자들이 웬만한 임금을 받을 수 있는 일자리를 구하지 못하는 것은 이런 거리 생활을 청산할 생각이 없기 때문이기도 하지만 다른 곳에서 일한 경력이나 내세울 만한 기술이 없기 때문이다. 게다가 전과가 있으면 그 또한 장애가 된다.

맥은 자신이 사는 지역의 젊은이들에게 재기의 기회를 주는 데 앞장섰다. 그는 자신이 고용한 직원 중 95퍼센트가 중죄를 지은 전과가 있는 사람이라고 밝혔다. 그중 일류 요리사 축에 드는 사람은 지난 20년 동안 여러 차례의 마약 거래와 한 차례의 무장 강도 행위로 교도소를 들락거렸다. 맥이 지급하는 임금 수준은 시간당 8달러에서 시작해 최고 15달러까지 준다. 그의 밑에서 일하고자 하는 취업 지원자가 항상 대기하고 있는 상태다. 맥은 또 그런 사람들을 채용할 경우 일부에게 문제가 있어 이직률이 높을 수도 있다는 점을 처음으로 시인한 사람이다. 이들은 정시 출근은 물론, 상당수는 상급자의 지시를 받는 일에도 익숙하지 않다. 그러나 직원으로 채용한 젊은이들의 변명을 일체 용납하지 않다 보니, 대부분 빠르게 적응하고 있다. 맥의 얘기는 이 같은 상황을 잘 보여 준다. "나는 사업을 하는 사람이니, 이 일자리가 달갑지 않다면 다른 사람에게 맡길 수밖에 없어."

시간이 흐를수록 정상적인 생활 리듬에 익숙해지면서 이들은 시간을 정확하게 지키고 팀워크를 다지며 제몫을 다하고 있다. 이제 고졸 학력 인정 시험(GED)을 보아야겠다는 말을 꺼내기 시작하며 가까운 커뮤니티 칼리지(보통 2년제로 각 지역의 산업과 연결된 직업 교육 코스가 많으며 주·야간으로 다양한 코스가 개설되어 있다)에 들어가겠다는 말도 들린다. 더 나은 목표를 향해 나가겠다는 포부를 갖게 된 셈이다.

맥과 같은 사람이 수천 명만 있다면, 그리고 취업을 희망하는 이들에게 부족함이 없을 정도의 기회를 시장이 만들어 낼 수 있다면 얼마나 좋겠는가. 그러나 대부분의 고용주들은 중죄 전과가 있는 사람들을 쓸 생각을 하지 않을뿐더러 그런 생각이 있는 고용주라도 여러 제약을 받는 경우가 있다. 예를 들어, 일리노이 주에서는 중죄 전과가 있는 사람은 학교와 양로원, 병원에 취업할 수 없다. 이들의 취업을 위해 어린이나 노년층의 안전을 양보할 수 없다는 정서가 반영된 결과였다. 또한 일부 전과자들은 이발사와 손톱관리사로도 일할 수 없다.

　정부가 민간 업체와 계약을 맺고 어느 지역 전체에 도움이 될 사업을 시행하되, 중죄 전과가 있는 사람들을 교육시켜 인력으로 활용하는 조건으로 추진한다면 이들의 생활환경을 바꾸는 노력에 시동을 걸 수 있을 것이다. 이런 사업으로는 주택과 사무실 빌딩의 에너지 절약을 위해 단열재를 씌우거나 지역 사회 전체를 인터넷 시대로 이끌기 위해 광대역 통신망을 까는 것 등이 있을 수 있다.

　이런 사업에는 물론 많은 재원이 필요하겠지만 재소자 한 사람을 수감하고 관리하는 데 적잖은 비용이 든다는 점을 감안할 때, 상습범 숫자의 감소는 그런 사업의 정당성을 뒷받침하고도 남는다. 그렇다고 일자리가 없는 사람들이 모두 거리 생활을 청산하고 난생처음 해보는 취업 쪽으로 눈을 돌리지는 않을 것이다. 또한 중죄 전과자들을 지원하는 사업을 벌인다고 해서 상습범이나 폭력성이 뿌리 깊게 배어 있는 사람들을 수감할 필요성이 사라지는 것은 아니다.

　하지만 현재 마약 거래에 나서고 있는 젊은이들에게 적당한 일자리를 마련해 준다면 지역 사회의 범죄율은 크게 떨어질 것이다. 그러면 더 많은 고용주들이 이런 지역에서 사업을 벌여 그 지역의 자립경제가 뿌리를 내리기 시작하고, 그런 상태가 10년이나 15년 정도 지속되면 그 지역의 가치 규범이 바뀌기 시작해 사람들이 스스로 장래를 생각하게 되면서 결혼율이 높아지고 자녀들이 좀 더 안정된 환경에서 성장하게 될 것이다.

이런 현상은 우리 모두에게 값진 일이 될 것이다. 범죄 발생 건수가 줄어들고 부모나 사회의 도움을 받는 자녀들이 늘어나며 도시가 부활하고 흑인의 빈곤이 조성한 편견과 불안, 불화가 서서히 사라진다면 당연히 그렇지 않을까? 우리가 지난 한 해 이라크에서 허비한 것은 과연 가치가 있는 것일까? 유산세 철폐 요구를 단념하는 것은 가치 있는 일이 아닐까? 이런 변화가 어떤 이득을 가져올지 쉽게 측정할 수는 없다. 그런 이득 자체를 헤아릴 수 없기 때문이다.

도심 빈민층 거주 지역의 여러 문제가 비극적인 사태로 점철된 과거의 상황을 직시하지 못한 데서 비롯되고 있다면 현재의 이민 문제는 불확실한 미래에 대한 불안을 야기하고 있다. 미국의 인구 상황은 통계적으로 봐도 급속하게 바뀌고 있다. 또 새로운 이민자들의 주장은 차별과 저항, 죄의식과 역습처럼 흑백 대립적 패러다임에는 들어맞지 않는다. 가나와 우크라이나 또는 소말리아와 루마니아에서 오는 흑인이나 백인 이민자들은 과거처럼 인종적 역학 관계에 따른 부담을 지는 일이 없다.

선거 운동을 하면서 이 같은 새로운 아메리카의 면면을 직접 목격했다. 데번 거리에 형성된 인도 시장과 서남부 교외 지역에 신축된 번쩍거리는 모스크, 어느 아르메니아계의 결혼식장과 필리핀계의 무도회장, 한국계미국인리더십협의회와 나이지리아기술자협회의 모임에서 그런 모습을 볼 수 있었다. 어디를 가도 이민자들이 주택과 일자리를 찾아내어 그대로 뿌리를 내린 채 열심히 일하는 모습을 볼 수 있었다.

이민자들은 접시를 닦거나 택시를 몰거나 세탁소에서 땀 흘려 일하면서 돈을 저축하고 사업을 벌여 죽어 가는 동네를 살려내고 있었다. 교외 지역으로 이사할 때까지 그렇게 안간힘을 다하면서 자식들을 키웠다. 이들의 어린 자녀는 시카고 태생답게 모국어 억양 대신 영어 발음이 자연스럽다. 10대 청소년들은 랩을 즐기고 쇼핑센터에서 물건을 사며 의사나 변호사, 기술자, 심지어 정치가로서의 꿈을 키워 나가고 있다.

미국 전역에 걸쳐 이런 모범적인 이민자들의 이야기는 수없이 들려온다. 야망과 적응, 근면과 교육, 융화와 상향적 사회 이동의 이야기들이다. 요즘 이민자들은 이런 모범적인 이야기들보다도 더 무서운 속도로 발전하고 있다. 미국은 이제 몇 세대 전에 비해 훨씬 더 관대해지고 세속적인 나라가 된 데다 이민자들이 만들어 내는 신화를 경외의 눈길로 바라본다. 이런 변화된 환경의 수혜자인 새로운 이민자들은 저마다의 위치에서 좀 더 자신감을 가지고 자신의 권리를 한층 강하게 주장하고 있다.

연방 상원 의원이 된 뒤 나는 미국 사회에 편입된 이들 새로운 이민자들로부터 강연 요청을 수없이 받는다. 그런 자리에 가면 외교 정책과 연관된 내 입장이나 견해에 대해 질문을 받는 경우가 종종 있다. 예를 들면 키프로스나 타이완의 장래 문제에 대해 어떤 입장을 취하느냐는 식이다. 이들은 인종이나 민족 집단으로서 그들에게 국한된 정책에 큰 관심을 기울인다. 인도계 약사들은 노인 의료 보장 제도의 상환제에 불만이 많고 한국계 중소기업 경영자들은 세법 개정을 위해 로비 활동을 벌인다.

그러나 이들은 주로 자신들도 미국인이라는 사실을 확인받고자 한다. 내가 이민자 중심의 청중 앞에 나설 때마다 우리 보좌진은 선의의 농담을 빼놓지 않는다. 이들은 내 연설이 항상 세 부분으로 이루어져 있다고 말한다. "난 여러분의 친구다", "(여러분의 모국은) 문명의 발상지다", "여러분은 아메리칸드림을 구현하고 있다." 그들의 놀림은 맞는 말이다. 내가 늘 전하고자 하는 메시지는 매우 단순하다. 미국인으로 거듭 태어난 이들 이민자 앞에 내가 나서는 것만으로도, 이들이 중요한 사람들이며 나의 정치적 성공을 좌우할 유권자이자 마땅히 존중받아야 할 시민권자임을 확인시켜 주는 것이다.

이민자 사회에서 가진 대화나 연설이 모두 이처럼 느긋한 분위기 속에서 화기애애하게 진행되지는 않는다. 예를 들어, 9 · 11 테러의 여파 속에서 아랍계와 파키스탄계 미국인과 가진 대화 모임은 일면 다급한 일이었다. 구금설과 FBI 조사설이 나도는가 하면 이웃 사람들이 싸늘한 눈초리로 쏘아보다 보니, 그들은 불안할 뿐만 아니라 미국 사회의 일원이라는 생각조차 흔들렸다. 더구나 미국 이민사의 어두운 오점도 계속 머리에 떠올랐다. 따라서 이들로서는 미국 시민으로서의 신분에 흔들림이 없을 것인지, 2차 세계 대전 중 일본계 미국인들을 구금한 행위에서 미국이 제대로 교훈을 얻었는지, 정치적 풍향이 엉뚱한 쪽으로 바뀔 경우에도 내가 그들 편에 설 것인지 다짐을 받고자 했다.

나는 필젠과 리틀 빌리지 같은 지역, 시서로와 오로라 같은 조그만 도시에서 라틴계 사회와 모임을 가졌다. 이런 모임을 통해 나는 아메리카와 시민권의 의미, 그리고 진행 중인 온갖 변화에 대한 감정적인 갈등 같은 것을 곰곰이 생각해 보지 않을 수 없었다.

일리노이 주에 푸에르토리코, 콜롬비아, 엘살바도르, 쿠바, 멕시코 등지에서 온 라틴계가 자리 잡은 것은 몇 세대 전으로 거슬러 올라간다. 당시 농장 일꾼으로 일하던 사람들이 북부로 올라와 공장에서 일하기 시작했다. 다른 이민자들과 마찬가지로 이들도 미국 문화에 동화되었다. 그러나 흑인과 마찬가지로 이들의 상향적 사회 이동도 인종적 편견 때문에 어려움을 겪는 일이 많았다. 그래서 흑인과 라틴계 정치 · 민권 운동 지도자들은 종종 공동의 목표를 내걸고 협력하기도 했다.

1983년 해럴드 워싱턴(Harold Washington)이 시카고 최초의 흑인 시장으로 선출되었을 때 라틴계의 지지가 결정적인 역할을 했다. 이런 지지는 보답으로 이어졌다. 워싱턴 시장이 젊고 진보적인 라틴계 인물들을 시카고 시 의회와 일리노이 주 의회 의원으로 선출되도록 지원했던 것이다. 처음에 라틴계 주 의회 의원들은 아예 흑인 의원 총회의 공식 멤버로 활동했다. 그러다가 나중에 라틴계 의원이 늘면서 독자적인 조직을 만들어 활동하게 되었다.

나는 이런 배경 아래서 시카고로 온 직후부터 라틴계 사회와 유대를 맺었다. 나는 젊은 사회 운동가로서 가끔 라틴계 지도자들과 손잡고 일했다. 점차 엉망이 되어 가는 학교 문제에서 불법적인 덤핑 행위와 예방 접종을 받지 못하는 어린이 문제에 이르기까지 주로 흑인과 라틴계 주민들에게 모두 영향을 미치는 쟁점들을 함께 다뤘다.

나의 관심은 이런 사회 활동에 국한되지 않았다. 나는 시카고에서 멕시코와 푸에리토리코계 사람들이 모여 사는 지역에 애정을 갖게 되었다. 무더운 한여름 밤 이들의 아파트에서 흘러나오는 살사와 메렝게 선율이나 과거에는 폴란드와 이탈리아, 아일랜드계 신자들로 가득 찼던 지역 성당 미사의 엄숙한 의식, 공원에서 핏대를 올리며 신바람 나게 축구 경기 이야기를 하는 모습들, 샌드위치 가게 카운터 너머에서 남자들이 주고받는 근사한 유머, 그리고 내 우스꽝스러운 스페인어 발음에 내 손을 붙잡고 깔깔대는 나이 든 부인의 모습 등에 애착을 갖게 되었다.

나는 이들이 사는 동네에서 평생 동안 관계가 이어질 친구를 사귀고 지지자를 얻었다. 적어도 나는 흑인과 라틴계의 운명이 앞으로 영원히 맞물려 있게 될 것이고 이런 점이 연대의 초석이 되어 당초의 약속을 지키도록 미국을 압박하는 데 도움이 될 것이라고 생각했다.

그러나 내가 법과대학원을 마치고 돌아올 즈음부터 시카고 일대 흑인과 라틴계 간의 긴장이 표출되기 시작했다. 1990년부터 2000년 사이에 스페인어를 쓰는 시카고 주민이 38퍼센트나 늘어났다. 이처럼 주민이 급증하자 라틴계는 흑인과의 연대에서 하위 파트너로 남아 있는 것에 더 이상 만족할 수 없었다. 해럴드 워싱턴이 사망한 뒤 새로 선출된 일단의 라틴계 공직자들은 리처드 M. 데일리(Richard M. Daley, 민주당 소속의 유력 정치인으로 1989년 시카고 시장에 선출된 뒤 2007년 6선을 거듭하면서 시카고 최장수 시장의 기록을 세웠다 - 옮긴이 주)를 위시한 시카고 구태 · 보스 · 파벌 정치(political machine)의 잔존 세력과 손잡고 정치 전면에 나섰다.

이들은 고결한 원칙과 흑인과의 연대 따위에는 별다른 관심을 기울이지 않은 채 새로 얻은 권력을 활용해 공사를 따내고 중요한 자리를 차지했다. 흑인들의 사업이나 상권이 장사가 안 돼 쩔쩔매는 데 반해 라틴계의 사업은 계속 번창했다. 우선 모국과의 경제적 유대, 언어 장벽 때문에 라틴계 거주 지역에서만 생활할 수 있는 사람들로 이루어진 탄탄한 고객 기반이라는 큰 이점이 있었다. 그리고 식당 웨이터와 웨이터 조수, 호텔 청소부, 호텔 벨보이처럼 지금까지 흑인 차지였던 저임금 일자리를 멕시코계와 중미계 노동자들이 차지하게 되었다.

이런 현상은 여기저기에서 동시에 생겨났고, 건설 부문까지 라틴계가 잠식해 들어갔다. 오래전부터 건설업계는 흑인들을 고용하지 않았다. 그에 따라 흑인들이 불안감을 느끼면서 불만을 표현하기 시작했다. 흑인들은 북부로 올라온 지 얼마 안 되는 사람들에게 또다시 밀려나는 것이 아닌가 하는 불안감에 휩싸였다.

내가 이런 불화를 과장해서는 안 된다. 흑인과 라틴계는 고교 중퇴율 급등에서부터 부실한 의료 보험에 이르기까지 해결해야 할 난제들을 많이 공유하고 있기 때문에 앞으로도 계속 공동의 목표를 내세우며 협력해야 한다. 물론 흑인들은 거주 지역 근처의 건설 공사 현장을 지나칠 때마다 멕시코 일꾼들밖에 보이지 않아 마음이 언짢겠지만 그래도 나는 이들이 멕시코 일꾼들에게 욕을 하는 소리는 거의 듣지 못했다. 대개 흑인들은 일꾼들을 욕하는 게 아니라 고용주들을 욕한다.

사실 많은 흑인들은 라틴계를 못마땅하게 생각하면서도 마음속으로는 감탄한다. 우선 라틴계 이민자들의 근로 윤리는 대단하다. 그들은 가정에 헌신적이며 밑바닥부터 시작하려는 의지도 놀라울 정도이다. 무엇이든지 주어진 것을 최대한 활용하려는 생각 또한 매우 강하다.

많은 흑인들은 백인과 마찬가지로 미국 남쪽 국경을 통해 쏟아져 들어오는 불법 이민 대열을 불안한 눈길로 바라보고 있다. 현재 일어나고 있는 현상이 과거와는 근본적으로 다른 양상을 보이고 있다고 느끼기 때문이다. 이런 불안이 모두 터무니없는 것은 아니다. 해마다 불어나는 이민자 노동력은 지난 한 세기 동안 볼 수 없었던 규모다. 이처럼 대체로 숙련도가 낮은 노동자들이 대규모로 유입되는 것이 경제 전반에 어느 정도 득이 되긴 한다. 특히 점차 고령화하는 일본과 유럽의 노동력과는 달리 미국 노동력의 평균 연령을 낮춰 준다. 하지만 미국 육체노동자들의 임금 수준을 낮추고 그러잖아도 부담이 큰 사회 안전망에 압박을 주게 된다.

그 외에도 미국에서 태어난 사람들이 느끼는 불안감은 그동안 여러 차례 되풀이된, 익숙한 감정이다. 과거 이탈리아와 아일랜드, 슬라브계 이주민에게 품었던 외국인 혐오증과 비슷한 감정이다. 즉, 라틴계는 문화적으로나 기질 면에서 근본적으로 다르기 때문에 미국식 생활 방식에 완전히 동화될 수 없다는 불안감이다. 또는 현재 나타나고 있는 인구 통계상의 변화에 비춰 볼 때 지금까지 영향력을 행사하던 사람들의 기득권을 라틴계에게 빼앗기게 될 거라는 불안감이 그것이다.

대부분의 미국인들은 단지 일자리를 빼앗긴다고 생각해서 불법 이민을 걱정하는 것은 아니다. 이 문제에는 단순한 인종주의에 국한되지 않는 미묘한 측면도 있다. 과거에는 미국이 제시하는 조건과 요구에 따라 이민이 이루어졌다. 즉 이민자의 기술이나 피부색, 업계의 요구 등에 따라 선택적으로 이민을 받았던 것이다. 과거의 이민자는 중국인이든 러시아인이든 그리스인이든 상관없이 조국과 단절된 채 때로는 가혹한 억압을 받으며 낯선 땅에서 이방인으로 살아야 했기 때문에 그들이 스스로 만들지 않은 타인의 규범에 따르지 않으면 안 되었다.

그러나 오늘날에는 이런 조건이 더 이상 통하지 않는 듯하다. 이민자들은 정부의 체계적인 정책에 따라 적법한 자격을 갖추고 들어오는 것이 아니라 허술한 국경을 넘어 들어온다. 멕시코는 아직도 많은 사람들이 빈곤에 허덕이는 데다, 미국과 국경을 맞대고 있어 불법 이민을 근절시키기는커녕 그 규모를 줄이는 일조차 어려운 지경이다.

또한 오늘날의 이민자들은 위성 통신이나 전화 카드, 인터넷 등을 활용할 뿐만 아니라, 특히 라틴계 이민자의 경우 라틴계 시장의 엄청난 규모에 힘입어 모국과의 언어적·문화적 유대를 이어 가기가 한결 수월하다. 스페인어 TV 방송인 유니비전(Univision)의 뉴스 프로그램은 현재 시카고에서 가장 높은 시청률을 자랑한다. 미국에서 태어난 사람들은 당연히 이민자가 자신들에게 적응해야 하는데, 지금은 자신들이 이민자들에게 맞춰 사는 처지가 되었다고 생각한다.

이처럼 이민 문제를 둘러싼 논란은 일자리를 잃는 차원의 문제가 아니라 종주권을 상실하는 의미로 비치고 있다. 즉 9·11 사태나 조류 인플루엔자, 컴퓨터 바이러스, 공장의 중국 이전처럼 미국이 자신의 운명을 통제하지 못하는 것처럼 보이는 또 다른 사례가 되고 있다.

2006년 봄 상원이 대폭 손질한 이민 법안을 심의하던 당시는 논란을 벌이던 양쪽이 격정에 휩싸이면서 분위기가 폭발 직전의 상태였다. 거리에서는 수십만 명의 이민자들이 항의 시위를 벌이고 옛 식민지 시대의 민병대를 표방하는 자칭 자경단원들이 남부 국경을 지킨답시고 멕시코 국경 쪽으로 몰려가다 보니, 민주·공화 양당과 대통령을 막론하고 저마다의 정치적 이해 관계가 첨예해질 수밖에 없었다.

상원은 테드 케네디와 존 매케인(John McCain)의 주도로 핵심 쟁점을 3가지로 정리한 타협안을 마련했다. 개정안은 우선 국경의 경비를 대폭 강화하도록 규정하였다. 내가 척 그래슬리(Chuck Grassley) 의원과 공동으로 제출한 수정안을 통해 불법 체류 노동자의 고용을 전보다 훨씬 어렵게 만들었다.

이 개정안은 또 1,200만 명에 이르는 불법 체류자들을 추방하는 일이 현실적으로 어렵다는 점을 인정하고 앞으로 11년에 걸쳐 이들 중 상당수가 미국 시민권을 취득할 수 있도록 규정했다. 끝으로 이 개정안은 약 20만 명의 외국인 노동자가 한시석 취업을 위해 입국할 수 있도록 허용했다.

이런 점을 모두 감안해 나는 이 개정안에 찬성해야 한다고 판단했다. 그러나 개정안에 규정된 한시적 취업 외국인 노동자(guest worker) 규정이 내내 마음에 걸렸다. 이런 규정은 기본적으로 대기업에 대한 선물이었다. 대기업이 시민권 취득을 주선하지 않고도 외국인 노동자를 고용할 근거가 마련되는 셈이다. 결국 기업 활동을 해외로 이전하지 않고도 아웃소싱의 혜택을 그대로 누릴 수 있는 수단을 확보하게 된 것이다. 나는 이런 문제를 해결하기 위한 수정안을 통과시키는 데 성공했다. 즉 일자리가 생기면 미국 노동자를 우선적으로 고용해야 하며, 외국인 노동자에게 미국인 노동자보다 적은 임금을 지급하는 형태로 미국인 노동자의 임금을 깎으려 해서는 안 된다는 조항을 넣은 것이다. 기업이 임시 취업 외국인 노동자를 고용할 수 있지만 인력이 부족할 때만 그렇게 할 수 있다고 못을 박은 것이다.

이런 수정안은 오로지 미국 노동자들을 보호하겠다는 취지였기 때문에 모든 노동 조합이 이를 적극 지지하고 나섰다. 그러나 이런 수정안이 법안에 포함되자 상원 안팎의 일부 보수 세력이 곧바로 나를 공격하기 시작했다. 내 수정안이 "외국인 노동자에게 미국인 노동자보다 더 많은 임금을 주려는 것"이라고 비난했던 것이다.

어느 날 상원 본회의장에서 나는 이 수정안의 내용을 호되게 비난했던 공화당 의원 중 한 사람을 만났다. 나는 그 의원에게 외국인 노동자에게 미국인 노동자와 같은 수준의 임금을 지급해야 한다면 기업들이 외국인 노동자를 고용할 인센티브가 없어지는 것이므로 내 수정안은 미국인 노동자를 보호하기 위한 것이라고 설명했다. 그동안 이 공화당 의원은 불법 체류자들의 신분을 합법화시키려는 내용의 법안이면 어떤 것이든 극력 반대했었다. 내 설명에도 불구하고 그는 고개를 가로저었다.

"작은 사업을 하는 사람들은 여전히 외국인 노동자들을 쓰려고 할 것이오."

그가 계속 말했다.

"그래서 당신 수정안은 이들 기업인을 돕는다면서 오히려 이들의 인건비 지출을 늘리고 있는 것이라오."

내가 물었다.

"아니, 임금 수준이 똑같은데 무엇 때문에 미국인 노동자 대신에 외국인 노동자를 쓴단 말입니까?"

그가 빙긋이 웃으면서 대답했다.

"버락, 그들이 현실을 직시하기 때문이오. 멕시코 노동자가 미국인 노동자들보다 일하려는 의욕이 더 강하니까."

이민 법안에 반대하는 사람들은 공개석상에서는 미국인 노동자들을 옹호하는 척하면서도 사적으로는 이런 식으로 말한다. 이와 같은 태도는 이민 문제 토론 속에 배어 있는 냉소적 태도와 위선이 어느 정도인가를 잘 보여 준다. 그러나 일반적인 여론이 이민 법안을 못마땅하게 생각하는 데다 루 도브스(Lou Dobbs, CNN의 '루 도브스 투나이트'의 앵커이자 신디케이트 라디오 쇼의 사회자로서 불법 이민에 극력 반대한다—옮긴이주)를 위시한 미국 전역의 라디오 토크 쇼 사회자들이 매일같이 사람들의 걱정과 불안을 들쑤시는 터라 이 법안이 상원을 통과한 뒤 하원에 계류된 채 계속 낮잠을 자고 있는 것이 별로 놀랍지 않다.

좀 더 솔직하게 말하자면 나 또한 자국민 보호주의적(nativist) 정서에서 완전히 벗어나지 못했다. 이민 찬성 시위 현장에서 멕시코 깃발이 휘날리는 것을 볼 때면 애국적인 견지에서 분노 같은 것이 울컥 치밀기도 한다. 또 승용차를 수리하면서 통역자를 내세워야 할 때도 낭패감을 느끼곤 한다.

이민 문제가 의회에서 열띤 논란을 벌이기 시작할 때쯤 이민을 옹호하는 사회 운동을 벌이는 여러 사람이 내 사무실을 찾아왔다. 그들은 영주권을 가진 배우자나 자녀들을 남겨 놓은 채 추방당한 30명의 멕시코 국적자들이 합법적인 미국 체류 신분을 취득할 수 있도록 개인 구제 의안을 발의해 달라고 부탁했다. 우리 사무실의 젊은 보좌관으로서 칠레계인 대니 세풀베다가 이들을 만나, 내가 상원 이민법 개정안의 주요 발의자 중 한 사람이고 그들의 어려운 입장을 동정하긴 하지만 비슷한 처지에 있는 수백만 명 중에서 이들 30명만 골라 특별히 법 적용의 면제를 요청하는 법안을 발의한다는 것은 원칙에 어긋나므로 곤란하다는 뜻을 전했다.

그러자 이들 중 몇몇이 발끈했다. 이들은 내가 이민자 가정과 이들의 자녀에 관심을 기울이지 않고 정의보다는 국경에 더 신경을 쓰고 있다고 말했다. 한 사람은 대니가 칠레계라는 사실을 망각하고 있다면서 진정한 의미의 라틴계가 아니라고 비난했다.

이런 정황을 전해 듣고 실망도 하고 화가 나기도 했다. 나는 이들을 내 집무실로 불러들여 직접 설명해 주고 싶었다. 미국의 시민권은 권리가 아니라 특전이며 국경을 제대로 지키고 법치를 존중하지 않으면 이들이 미국에 입국하는 일 자체나 미국에 남아 있는 식구들에게 주어지는 기회와 보호 조치에도 해가 될 것이 분명하다고 말하고 싶었다. 또 우리 쪽 보좌관을, 특히 그들이 내세우는 목표와 주장을 옹호하는 우리 직원을 매도하는 행위를 참을 수 없다는 뜻을 알리고 싶었다.

그러나 대니가 오히려 부작용만 빚을 수 있다는 이유를 들어 만류했다. 그로부터 몇 주일 뒤인 어느 토요일 오전, 나는 필젠의 성피오 교회에서 진행된 시민권 취득 실습 교육장에 참석했다. 이 실습 교육은 루이스 구티에레즈(Louis Gutierrez) 연방 하원 의원과 서비스부문종사자국제연맹, 이민자권리옹호단체들이 공동으로 주관하는 것이었다. 교회 바깥에는 약 1,000명이 줄을 지어 서 있었는데 그중에는 어린 자녀가 있는 젊은 부부와 나이 든 부부, 아장아장 걷는 아이들을 데리고 온 여인들이 섞여 있었다. 교회 안에는 사람들이 나무 의자에 조용히 앉아 차례를 기다리면서 모두 주최 측이 나눠 준 조그만 미국 국기를 쥐고 있었다.

이들은 자원 봉사자들의 호명을 기다리고 있었다. 이들이 미국 시민권을 얻으려면 앞으로 몇 년 동안 지루한 절차를 거쳐야 하는데 오늘 자원 봉사자들의 도움을 받아 첫 준비 작업에 들어가는 것이다.

내가 교회 중앙 통로를 따라 내려가자 몇몇 사람이 미소를 지으면서

손을 흔들었다. 어떤 사람들은 내가 이름을 밝히면서 악수를 청하면 주
저하는 표정으로 고개를 끄덕였다. 어느 멕시코 여인은 영어를 못하지
만 아들이 이라크에 파견되어 있었다. 내가 아는 콜롬비아 젊은이는 음
식점에서 웨이터로 일하는데 지금은 커뮤니티칼리지에서 회계학을 공
부하고 있었다. 마침 여덟 살쯤 되어 보이는 여자아이가 부모와 함께 다
가와서 사인을 해달라고 부탁했다. 학교에서 지금 정부에 관해 공부하
고 있는데 내 사인을 받아 다른 학생들에게 보여 주고 싶다는 것이었다.

　이름을 묻자 여자 아이는 크리스티나라고 대답하면서 초등학교 3
학년이라고 말했다. 나는 부모에게 이런 딸을 두어 뿌듯하겠다고 말했
다. 크리스티나가 내 말을 스페인어로 부모에게 통역해 주는 모습을 지
켜보면서 이런 생각을 했다. 미국이 이들 새로운 이민자를 두려워할 이
유가 아무것도 없으며, 이들 또한 150년 전에 이민 온 사람들과 똑같은
이유로 미국 땅을 밟았다는 것이다. 유럽의 기근과 전쟁, 꽉 막힌 계급
사회의 답답함을 피해 미국으로 건너온 과거의 이민자와 마찬가지로
이들도 비록 합법적 체류 허가나 취업 증명서, 연줄이나 특별한 기술은
없더라도 더 나은 생활을 누릴 것이라는 기대를 품고 미국 땅을 밟은
것이다.

　우리에겐 국경을 지킬 권리와 의무가 있다. 우리는 이미 미국에 체
류하고 있는 사람들에게, 시민권을 받게 되면 공통의 언어를 습득하고
우리와 같은 목적과 동일한 충성 대상을 지니며 공동의 운명을 받아들
이는 의무를 진다고 주장할 수 있다. 그러나 궁극적인 측면에서 볼 때
우리의 생활 방식에 대한 위협은 우리와 모습이 다르고 아직 우리의 언
어를 습득하지 못한 사람들에게 압도당할 것이라는 데 있지 않다. 그런
위협은 우리가 크리스티나와 그 가족의 인간애를 인식하지 못할 때 닥
쳐올 것이다. 우리가 당연하게 여기는 권리와 기회를 이들에게 부여하

지 않을 때, 또는 좀 더 넓은 의미에서 미국이 날이 갈수록 계속 불평등해지고 있는데도 우리가 모두 이를 방관하고 있을 때, 그리고 그런 불평등이 인종적 편견에 따라 이루어져 결국 인종 분쟁을 부채질하고 흑인과 라틴계, 아시아계 인구가 늘어나면서 미국의 민주주의나 경제가 그런 대립과 갈등을 더 이상 감당할 수 없을 때, 그런 위협은 닥쳐올 것이다.

나는 크리스티나 가족이 작별 인사를 하는 모습을 지켜보면서 이 어린이가 맞이할 미래가 이런 모습이어서는 안 된다고 생각했다. 앞으로 크리스티나가 맞을 미래는 사회적 다양성이 한층 깊어지고 문화 또한 여러 나라 언어로 표현되면서 더욱 풍성해질 것이다. 내 두 딸은 스페인어를 배움으로써 더욱 성숙해질 것이다. 크리스티나는 로사 팍스를 알게 되고 이 흑인 재봉사의 삶이 어떤 메시지를 던져 주는지 깨우치게 될 것이다. 나의 두 딸과 크리스티나가 앞으로 당면할 여러 문제들 속에는 버스 좌석의 흑백 분리처럼 명확하게 도덕적으로 부당한 일은 없을 것이다. 그러나 이들 세대도 분명 여러 형태의 시련을 겪을 것이다. 팍스 부인과 프리덤 라이더(Freedom Rider, 1960년대 초 인종차별 철폐를 위해 백인과 흑인이 함께 버스를 타고 남부지방을 누비고 다닐 때, 이 캠페인에 참여한 사람들을 가리킨다 – 옮긴이 주)들이 겪었고 현재의 내 세대가 겪고 있는 것처럼 이들도 우리를 분열시키고 서로 등을 돌리게 만드는 소리들에 시험을 당할 것이다.

크리스티나와 나의 두 딸이 이런 시련을 겪고 시험을 받을 때 미국의 역사를 읽으면서 그들이 귀중한 유산을 물려받았음을 깨우치기를 바란다.

아메리카는 이들의 꿈을 모두 실현시키고도 남을 만큼 넓고 크다.

| 제8장 |

국경 너머의 세계

BARACK OBAMA
The AUDACITY *of* HOPE

탈레반이 정권을 장악한 것은 아프가니스탄이

무법천지 상태에 빠져 있을 때였다.

몇 년 전 빈 라덴이 캠프를 설치했던 곳도

인종청소로 악명 높은 수단이었다.

대량살상을 꾀하는 다음 번 바이러스가 나타날 곳도

어느 이름 없는 빈민굴의 참상 속에서일 것이다.

● ● ● 인도네시아는 섬으로 이루어진 나라다. 무려 7천여 개의 섬이 동서로는 인도양과 태평양 사이 적도에 펼쳐져 있고, 남북으로는 오스트레일리아와 남중국해 사이에 걸쳐 있다. 인도네시아인은 대부분 말레이족으로서 자바, 수마트라, 칼리만탄, 술라웨시, 발리 같은 큰 섬에 살고 있다. 암본과 인도네시아령 뉴기니처럼 동쪽 끝에 있는 섬들에는 인구 비율은 각각 다르지만 멜라네시아인들도 살고 있다.

인도네시아는 열대 기후에 속한다. 과거 열대 우림 지대에는 오랑우탄과 수마트라호랑이 같은 특이한 야생 동물이 많이 살았다. 지금은 이런 열대 우림이 벌목과 채광, 쌀, 차, 커피, 야자 같은 작물 재배에 밀려 급속하게 줄어들고 있다. 서식지인 열대 우림 지대가 사라지면서 오랑우탄은 현재 멸종 위기에 놓여 있고 수마트라호랑이도 야생 상태로는 고작 몇백 마리 정도만 남아 있을 뿐이다.

인도네시아는 인구가 2억 4,000만 명이 넘어 중국, 인도, 미국에 이어 세계 4위를 차지하고 있다. 또 인도네시아에는 700여 부족이 살고 있으며, 쓰이는 언어 또한 742개 이상이나 된다. 인구의 90퍼센트가 이슬람교도로서 세계 최대의 이슬람 국가이다. 게다가 인도네시아는 아시아 유일의 석유수출국기구(OPEC) 회원국이다. 그러나 인프라가 노후화하고 매장량이 고갈된 데다, 국내 소비가 워낙 많아 현재 원유를 수입해 쓰고 있다. 공식 표준어는 바하사 인도네시아어이고 수도는 자카르타, 통화는 루피아이다.

대부분의 미국인들은 지도를 펼쳐 놓고도 인도네시아를 찾아내지 못한다. 인도네시아 사람들은 그런 얘기를 들으면 이해할 수 없다는 표정을 짓는다. 지난 60년 동안 인도네시아의 운명은 미국의 외교 정책에 좌우되었기 때문이다.

인도네시아는 오랫동안 술탄의 통치를 계속 받다가 가끔 여러 왕국으로 쪼개지기도 했고 다시 1600년대에 네덜란드의 식민지, 즉 네덜란드령 동인도 제도가 되어 300여 년 동안 식민 통치를 받았다. 2차 세계 대전이 일어나기 전 일본이 동인도 제도의 풍부한 석유 매장량에 눈독을 들였다. 일본은 독일, 이탈리아와 함께 전쟁 추축국(Axis powers)이 되면서 미국의 석유 금수에 맞서기 위해서는 군사 및 산업용 석유가 필요하다고 생각했다. 이런 판단에 따라 일본은 진주만 공격 이후 재빨리 동인도 제도를 장악했다. 일본의 점령은 2차 세계 대전이 끝날 때까지 계속되었다.

1945년 일본이 항복하면서 막 싹트기 시작한 인도네시아 민족주의 세력이 독립을 선포했다. 그러나 네덜란드는 이를 용인하지 않고 식민지를 되찾으려고 나섰다. 4년간의 전쟁 끝에 네덜란드는 마침내 점차 커지는 국제적 압력에 굴복해 인도네시아의 주권을 승인했다. 미국이 반제국주의를 내세우는 공산주의의 세력 확장을 걱정해 네덜란드에 대한 마셜 플랜 지원 자금의 제공을 중단하겠다고 위협했던 것이다. 인도네시아 독립 운동의 선두에 서서 눈부신 활약을 보인 수카르노(Sukarno)가 인도네시아 초대 대통령이 되었다.

그러나 미국은 수카르노에게 크게 실망했다. 수카르노는 인도의 네루, 이집트의 나세르와 함께 비동맹 운동을 창설하는 데 앞장섰기 때문이다. 비동맹 운동은 식민 통치에서 벗어난 신생 독립국들이 서방과 소련의 영향권 사이에서 독자적인 길을 걷겠다는 움직임이었다. 인도네시아 공산당은 한 번도 집권하지 못했는데도 끊임없이 규모와 영향력을 키워나갔다. 수카르노 자신도 주요 산업 부문을 국유화하고 미국의 원조를 거부하며 소련 및 중국과의 유대를 강화하는 등 반서방적인 공세에 열을 올렸다. 한편 미국은 베트남에 발을 깊숙이 들여놓은 데다 도미노 이론(domino theory, 어떤 지역의 한 나라가 공산화되면 인접 나라들도 차례로 공산화된다는 이론 – 옮긴이 주)을 여전히 외교 정책의 핵심 원칙으로 삼고 있었기 때문에 CIA가 나서 인도네시아의 여러 반정부 세력을 비밀리에 지원하고 군 간부들과도 긴밀하게 접촉하기 시작했다. 더구나 인도네시아 군 장교 가운데 상당수는 미국에서 군사 훈련을 받은 사람들이었다.

1965년 수하르토(Suharto) 장군 주도 아래 군부 쿠데타가 일어나 수카르노가 축출되고 비상 통치 아래 공산 분자와 용공 세력에 대한 대대적인 숙청 작업이 시작되었다. 이 기간 동안 무려 50~100만 명이 학살당했고 75만 명 정도가 투옥되거나 해외 망명길에 올랐다는 이야기가 전해진다.

이런 숙청 작업이 벌어진 지 2년이 지난 1967년 수하르토가 대통령에 취임했고, 바로 그해 나는 어머니와 함께 자카르타에 도착했다. 어머니가 하와이대학에서 만난 인도네시아 유학생과 재혼했기 때문이다. 당시 나는 여섯 살이었고 어머니는 스물넷이었다. 나중에 어머니는 그 이전에 인도네시아에서 어떤 일이 벌어졌는지 알았다면 절대로 자카르타에 가지 않았을 것이라고 말했다. 그러나 어머니는 그런 사실을 몰랐다. 쿠데타와 대규모 숙청의 전모는 나중에야 미국 신문에 보도되었다. 인도네시아 사람들도 그런 사실을 입 밖에 내지 않았다. 하와이에 있을 때 여권이 취소되고 우리가 자카르타에 도착하기 몇 달 전에 인도네시아군에 징집된 의붓아버지는 어머니와 정치 이야기를 하려고 하지 않았다. 그런 것은 잊어버리는 것이 상책이라는 충고만 했다.

실제로 인도네시아에서는 과거를 쉽게 잊을 수 있었다. 그 당시만 해도 자카르타는 여전히 무기력한 벽지 같은 인상을 주었다. 4~5층 이상 되는 건물도 거의 없었을 뿐만 아니라 사람들은 승용차보다는 자전거식 인력거를 더 많이 타고 다녔다. 짙은 녹음과 잘 가꿔진 잔디밭, 식민지 시대의 우아함이 배어 있는 도심과 부유층 거주 지역의 아름다운 풍경은 주위를 둘러싸고 있는 지저분한 마을 때문에 무색해졌다.

자카르타의 마을 도로 대부분은 비포장인 데다 하수도는 도랑식이었다. 그 밖에도 먼지투성이의 시장과 흙벽돌, 합판, 골함석 따위로 지은 판잣집 같은 것들이 자카르타를 더 초라하게 만들었다. 이런 집들은 흙탕물이 흐르는 강가의 완만한 강둑에 있었기 때문에 금방이라도 무너질 듯 위험해 보였다. 그곳에 사는 사람들은 갠지스 강에 몸을 적시는 순례자들처럼 가족들이 모두 나와 그 밑의 강물에서 목욕도 하고 빨래도 했다.

처음에 우리 가족은 별로 넉넉한 생활을 하지 못했다. 인도네시아군이 초급 장교에게 월급을 많이 주지는 않았기 때문이다. 우리는 교외의 작은 집에서 살았는데 에어컨이나 냉장고를 갖추지 못했음은 물론 수세식 화장실도 없었다. 우리 집에는 승용차도 없었다. 그 때문에 의붓아버지는 오토바이를 타고 다녔고 어머니는 매일 아침마다 소형 합승 버스를 타고 미국 대사관에 출근했다. 어머니는 대사관 내 학교에서 영어를 가르쳤다. 돈이 없어 나는 국제 학교 대신에 인도네시아 현지 학교에 들어가 농부나 하인, 재단사, 사무원의 자식들과 어울려 거리를 쏘다녔다.

당시 7~8세였던 나는 이런 생활이 별로 싫지 않았다. 지금 생각하면 그 당시는 뜻하지 않은 경험과 신기한 일로 가득 찬 즐거운 시절이었다. 나는 닭을 쫓아다니거나 물소를 피해 도망치기도 했고, 밤마다 그림자 인형극(shadow puppets)을 보거나 귀신 이야기를 들으며 즐거워했다. 당시는 행상들이 맛있는 과자나 사탕을 집 앞에까지 가지고 와서 팔던 시절이었다. 우리는 다른 미국인들과는 달리 이웃 사람들에게 잘해주었기 때문에 항상 먹을 것이 넉넉했다.

그 당시 나는 어린 나이였지만 우리 가족의 사회적 지위가 우리 집 재산뿐만 아니라 서양과 얼마나 밀접한 관계가 있느냐에 따라 좌우된다는 점을 알고 있었다. 그러나 어머니는 자카르타에 나와 있던 다른 미국인들이 인도네시아 사람들에게 생색을 내는 듯한 태도를 보이거나 인도네시아에 대해 알려고 하지 않으면 몹시 못마땅해 했다.

어머니는 미국 대사관에 함께 근무하는 인도네시아인 동료들과는 달리 급료를 루피아 대신 달러로 받는 것에 만족했다. 달러 환율이 높아 현지 통화로 받는 것보다 굉장히 유리했기 때문이다. 그러나 우리는 인도네시아 사람들과 비슷하게 살았던 것 같다. 그래도 어머니는 가끔씩 나를 아메리칸 클럽으로 데려가 수영장에서 헤엄치고 만화 영화를 보며 코카콜라를 실컷 마시게 했다.

우리 집에 인도네시아 친구들이 찾아오면 나는 외할머니가 보내 준 사진첩을 보여 주었다. 그 속에는 디즈니랜드와 엠파이어스테이트빌딩을 찍은 사진이 가득 들어 있었다. 시어스 로벅(Sears Roebuck, 미국의 종합 유통 업체)의 통신 판매용 카탈로그를 보면서 눈이 휘둥그레지기도 했다.

나는 내가 물려받은 이 모든 것들 덕분에 내가 인도네시아 친구들과는 다르다는 사실을 잘 알고 있었다. 어머니와 나는 미국 시민으로서 미국의 보호망 아래 안전하게 지내면서 막강한 힘을 자랑하는 미국의 덕을 톡톡히 봤던 것이다.

인도네시아에서 미국의 힘은 두드러졌다. 미군은 인도네시아군과 합동으로 군사 훈련을 하면서 인도네시아 장교들을 교육시켰다. 수하르토 대통령은 미국 경제 전문가들에게 인도네시아 개발 계획안을 만들어 달라고 요청했다. 물론 자유 시장 경제 원리와 외국인 투자를 바탕으로 하는 개발 계획이었다. 미국의 개발 전문 컨설턴트들은 미국국제개발처(USAID)와 세계은행에서 제공하는 막대한 규모의 원조 자금을 잘 활용할 수 있게 도왔다.

그러나 인도네시아 정부 곳곳에는 부정부패가 도사리고 있었다. 경찰이나 공무원과 관련된 하찮은 일조차 뇌물을 주지 않고는 처리되지 않았다. 원유에서 자동차에 이르는 온갖 물품의 수입과 수출은 수하르토 대통령이나 그의 친인척, 군부 실세들이 운영하는 회사를 통해야만 가능했다. 그래도 원유 수출로 벌어들인 돈과 외국 원조 자금 중 상당액이 학교와 도로, 그 밖의 인프라 구축에 투자되어 인도네시아 국민들의 전반적인 생활수준은 대폭 향상되었다. 1967년부터 1997년 사이에 인도네시아의 1인당 국민소득은 연 50달러에서 4,600달러로 늘어났다.

미국은 인도네시아가 안정을 이룩한 본보기 국가라고 생각하였다. 뿐만 아니라 인도네시아는 미국에 원자재를 안정적으로 공급해 주고 서방 상품을 계속 수입해 주며 반공의 보루 구실을 하는 든든한 동맹국이었다.

나는 인도네시아에서 오랫동안 살지 않았기 때문에 이런 번영을 이룩하는 과정을 직접 보지는 못했다. 군대에서 제대한 의붓아버지가 미국 석유 회사에 들어가 일하게 되면서 우리는 큰 주택으로 이사하고 기사가 딸린 승용차를 갖게 되었으며 냉장고와 텔레비전도 들여놓았다. 그러나 어머니는 나의 교육 문제와 의붓아버지와의 관계를 우려해 1971년쯤 나를 하와이로 보내 외할아버지, 외할머니와 함께 살게 했다.

그로부터 1년 뒤 어머니는 누이동생과 함께 하와이로 돌아왔다. 그후로도 20여 년간 어머니는 인도네시아와 연관된 일을 계속했다. 인도네시아를 드나들면서 6개월이나 1년 정도씩 국제 기구에서 일했다. 주로 여성 인력 개발 분야의 전문가로서 농촌 여성들이 소규모 사업을 벌이도록 육성해 주거나 이들이 내놓는 작물이나 상품의 출하를 지원하는 계획을 수립하는 일이었다. 그러나 나는 10대에 인도네시아를 서너 차례 찾아가 잠깐 머물다 돌아왔을 뿐이다. 그때는 내 삶과 관심사가 서서히 다른 쪽으로 쏠리던 시기였다.

그 이후 인도네시아 사정을 책과 신문, 어머니의 이야기를 통해서 알게 되었다. 인도네시아 경제는 이후 25년 동안 계속 성장했다. 그에 따라 자카르타는 인구가 900만 명 가까이 되는 거대 도시로 바뀌었다. 자카르타에는 고층 건물들이 들어섰고 슬럼가가 형성되었을 뿐만 아니라 주민들은 스모그와 교통지옥에 시달리게 되었다.

외국인 투자로 세워진 수많은 생산 공장에서 임금 노동자로 일하기 위해 농촌에서 많은 사람들이 도시로 몰려와 나이키와 갭(Gap)에 납품할 운동화와 셔츠를 만들었다. 발리는 서핑을 즐기는 사람들과 록 스타들이 즐겨 찾는 고급 리조트가 되어 고급 호텔과 켄터키프라이드치킨 점포가 들어서고 인터넷 접속이 가능하게 되었다. 1990년대 초쯤 되자 인도네시아는 '아시아의 호랑이(Asian tiger)'로 불리면서 글로벌화한 세계에서 큰 성공을 거둔 나라 축에 들게 되었다.

인도네시아의 정치와 인권 문제도 개선될 조짐을 보였다. 잔혹성이라는 측면에서만 살펴본다면 1967년 이후 수하르토 정권은 사담 후세인 치하의 이라크와 비교할 정도는 아니었다. 수하르토 대통령은 대체로 부드럽고 차분한 스타일이어서 이란의 팔레비 국왕이나 칠레의 피노체트 같은 독재자처럼 감정을 노골적으로 드러내면서 세계의 이목을 집중시키는 일은 없었다.

그러나 수하르토의 통치는 어느 모로 보나 폭압적이었다. 반체제 인사의 체포와 고문은 흔한 일이었고 언론의 자유는 존재하지도 않았으며 선거는 형식적인 절차일 뿐이었다. 아체 같은 지역에서 분리 독립 운동이 일어났을 때 인도네시아군은 저항 운동을 벌인 게릴라만을 공격 목표로 삼지 않았다. 민간인도 곧바로 보복의 대상으로 삼아 살육하고 마을을 불태우는 일을 서슴지 않았다. 1970~1980년대에 걸쳐 이런 온갖 잔혹 행위는 미국 정부가 겉으로 승인하진 않았지만 충분히 인지하는 가운데 감행되었다.

그러나 냉전이 끝나자 워싱턴의 태도는 바뀌기 시작했다. 국무부는 인도네시아의 인권 유린 행위를 억제시키기 위해 압력을 행사하기 시작했다. 1992년 인도네시아군이 동티모르 딜리에서 평화 시위를 벌이던 군중을 학살하자 의회는 인도네시아 정부에 대한 군사 원조를 중단시켰다. 1996년에는 인도네시아의 개혁을 부르짖는 사람들이 거리로 뛰쳐나오기 시작해 고위 공직자들의 부정부패와 군의 잔학 행위를 공개적으로 규탄하고 자유롭고 공정한 선거를 요구했다.

그 뒤 1997년 인도네시아의 경제 기반이 허물어졌다. 아시아 전역의 통화 가치 및 증권 시세 폭락이 인도네시아 경제도 휩쓸어 버렸다. 그러잖아도 수십 년간의 부정부패가 좀먹은 경제였다. 그에 따라 루피아의 가치는 불과 몇 달 사이에 무려 85퍼센트나 폭락했다. 달러로 차입한 인도네시아 기업들은 부채를 감당할 길이 없었다. 서방이 좌지우지하는 국제통화기금(IMF)은 430억 달러의 긴급 구제 금융을 제공하는 조건으로 정부 보조금 지급 삭감과 금리 인상 같은 긴축 조치를 요구했고, 이런 긴축 조치는 쌀과 등유 같은 생활필수품의 가격을 두 배 가까이 폭등하게 만들었다.

위기가 극복될 즈음 인도네시아 경제는 14퍼센트 정도나 추락해 있었다. 폭동과 시위가 날이 갈수록 거세지자 수하르토가 마침내 권좌에서 물러나고 1998년 인도네시아 최초의 자유선거가 실시되었다. 이 선거에는 무려 48개 정당이 의석을 차지하기 위해 나섰고 9,300만 명의 유권자가 투표권을 행사했다.

인도네시아는 적어도 겉으로는 금융 위기와 민주화라는 두 가지 쇼크를 극복했다. 증권 시장은 주가 상승세가 계속 이어지는 가운데 활기를 띠고 두 번째 선거도 별다른 문제 없이 치러져 평화로운 정권 교체가 이루어졌다. 부정부패가 여전하고 군부 또한 계속 막강한 영향력을 행사하고 있지만 국민들의 불만을 적절하게 표출시킬 독립적인 신문과 정당도 폭발적으로 늘어났다.

그러나 민주화가 이루어졌다고 해서 경제적 번영까지 되찾은 것은 아니었다. 1인당 국민소득은 1997년에 비해 22퍼센트 가까이 줄어들었다. 빈부 격차는 더욱 심화된 듯했다. 또한 인터넷과 위성 TV를 통해 런던과 뉴욕, 홍콩, 파리의 엄청난 부를 멋진 이미지를 통해 접하다 보니, 인도네시아 서민들의 박탈감은 더욱 깊어졌다. 그런 부는 이들 서민이 도저히 넘볼 수 없는 것이었다. 수하르토 통치 시대에는 전혀 찾아볼 수 없었던 반미 정서도 널리 확산되었다. 뉴욕 투기꾼들과 IMF가 의도적으로 아시아 금융위기를 일으켰다는 인식이 그런 반미 의식의 한 원인이 되었다. 2003년의 어느 여론 조사 결과를 보면 대부분의 인도네시아인들은 조지 W. 부시 대통령보다 오사마 빈 라덴의 주장을 더 높이 평가한 것으로 나타났다.

이런 정황들은 인도네시아에 호전적인 이슬람 근본주의가 확산될 것임을 예고해 준다. 이것은 어쩌면 인도네시아에서 일어나는 가장 의미심장한 변화일지 모른다. 지금까지 인도네시아 이슬람교는 너그러웠을 뿐만 아니라 다른 종교와 잘 융화된 모습을 보여 주었다. 인도네시아 이슬람교에는 불교와 힌두교, 그리고 옛 정령 숭배의 전통까지 가미되어 있었다.

비종교적인 색채가 뚜렷했던 수하르토 정권은 음주를 허용했고 다른 종교를 믿는 사람들이 아무런 불편 없이 신앙생활을 할 수 있도록 했다. 또한 여성들은 버스를 타거나 스쿠터로 출근할 때 스커트나 사롱(sarong, 이슬람교도들이 남녀 구분 없이 허리에 둘러 입는 옷으로 스커트와 비슷하다 – 옮긴이 주) 중에서 마음대로 입을 수 있고 남성들에게 주어진 모든 권리를 똑같이 누릴 수 있었다.

그러나 요즘 거대한 정치 세력을 형성한 이슬람 정당들 중 상당수가 샤리아, 즉 이슬람 율법의 적용을 요구하고 있다. 중동 지역의 자금에 얹혀 전파된 와하비즘(Wahhabism, 이슬람 원리주의를 이어받은 복고주의 운동이다. 이슬람의 근본 교리와 코란으로 되돌아가야 한다고 주장하면서 음주, 도박, 춤과 같은 비이슬람적 행태를 철저하게 배격한다 – 옮긴이 주)은 성직자와 학교, 사원을 통해 인도네시아 전역으로 확산되고 있다.

인도네시아의 많은 여성들은 아프리카 북부와 페르시아만 일대의 이슬람 국가에서 흔히 볼 수 있는 히잡을 쓰기 시작했다. 이슬람 활동가들과 스스로 '풍속 범죄 단속반'이라 부르는 사람들은 교회와 나이트클럽, 카지노, 사창가를 공격했다. 2002년 발리에 있는 한 나이트클럽에서 폭발물이 터져 무려 200여 명이 목숨을 잃었다. 그 뒤 2004년과 2005년에 각각 자카르타와 발리에서 비슷한 자살 폭탄 테러가 잇달았다. 알 카에다와 연결된 호전적인 이슬람 단체인 제마아 이슬라미아(Jemaah Islamiah)의 멤버들이 이 같은 폭탄 테러로 재판을 받았다. 그러나 폭탄 테러와 연관된 3명이 사형 선고를 받긴 했지만 그 단체의 정신적 지도자였던 아부 바카르 바시르(Abu Bakar Bashir)는 26개월간 복역한 뒤 석방되었다.

내가 발리에 마지막으로 갔을 때 머물렀던 곳은 폭탄 테러가 일어난 곳에서 몇 킬로미터밖에 안 떨어진 해변이었다. 나는 발리와 인도네시아 전체를 생각할 때마다 온갖 추억에 사로잡힌다. 논으로 들어가 이리저리 거닐 때 맨발에 전해지는 진흙의 촉감도 떠오르고 새벽녘 화산 봉우리 너머로 동이 트는 모습도 생각난다. 또 한밤중 이슬람교도들에게 기도 시간을 알려 주는 사람의 외침과 나무 타는 냄새, 길가의 과일 좌판 앞에서 벌어지는 가격 흥정, 가믈란 합주단의 격렬한 연주와 불빛에 번들거리는 연주자들의 모습 등도 떠오른다.

나는 아내와 두 딸과 인도네시아로 가서 내 유년기의 편린을 느끼게 해주고 싶다. 또한 천 년 세월을 이겨 낸 힌두 유적지 프람바난(Prambanan)에 오르거나 발리 섬의 고원 지대를 흐르는 강에서 수영을 하고 싶다.

그러나 이런 여행 계획은 번번이 미루어지고 있다. 항상 바쁘기도 하지만 어린 두 딸을 데리고 여행길에 나선다는 것도 쉬운 일이 아니다. 그러나 내가 어린 시절을 보낸 그곳이 더 이상 추억 속의 모습을 간직하고 있지 않으면 어쩌나 하는 걱정 때문에 선뜻 나서지 못하는 것일 수도 있다. 직항로가 생기고 세계 어디에서나 휴대 전화를 사용하며 CNN과 인터넷 카페에 힘입어 세계가 날이 갈수록 좁아지고 있지만 어쩐지 인도네시아는 지금이 30년 전보다 더 멀게 느껴진다.

그래서 인도네시아가 나에게 낯선 땅이 되어 간다는 생각이 든다.

국제 문제를 다룰 때 어느 한 나라의 체험에 바탕을 두고 다른 나라의 정황을 추정하면 안 된다. 역사와 지리, 문화, 갈등 상황 등의 측면에서 보면 각국은 저마다 다른 면모를 보인다. 하지만 인도네시아는 여러 면에서 미국 너머의 세계를 은유적으로 바라보고 추정해 볼 수 있는 유용한 대상이다. 미국 너머의 세계에서는 세계화와 종파주의, 빈곤과 풍요, 현대와 과거의 충돌이 끊임없이 이어지고 있다.

우리는 인도네시아를 통해 지난 반세기 동안 미국 외교 성책의 전반적인 모습을 파악할 수 있다.

과거의 식민지를 해방시키고 전후 세계 질서를 관리해 나갈 국제기구를 창설하는 데 미국이 떠맡은 역할, 국가와 분쟁을 냉전의 프리즘을 통해 바라보려는 경향, 미국식 자본주의와 다국적 기업을 성장시키기 위한 끊임없는 노력, 국익에 보탬이 될 때는 독재와 부정부패, 환경 악화를 묵인하고 때로는 조장한 사례, 냉전이 끝나면 빅맥 햄버거와 인터넷 때문에 역사적 분쟁과 대립이 종결될 것이라고 생각한 낙관주의, 아시아의 경제력 증대와 세계 유일의 초강대국을 자처하는 미국에서 점차 커지는 분노, 최소한 단기적으로는 민주화가 민족적 증오와 종교적 불화를 완화시키기보다는 오히려 표출시킬지 모른다는 우려, 그리고 세계화라는 놀라운 현상이 경제적 취약성과 테러 행위, 유행병의 세계적 확산을 촉진시킬 수도 있다는 인식이 그것이다.

우리의 대외 정책에는 성패가 뒤섞여 있다. 인도네시아뿐만 아니라 전 세계적으로도 그렇다. 미국 외교 정책이 미국의 국익과 원칙에 충실하면서 다른 나라의 국익에 부합한 적도 있었다. 그러나 미국의 외교 정책이 잘못된 방향으로 나아가기도 했다. 미국의 외교 정책이 다른 나라 국민들의 정당한 열망을 도외시함으로써 미국의 신뢰를 떨어뜨리고, 세계를 더욱 큰 위험에 빠뜨리는 그릇된 가정에 바탕을 두고 수립되었을 때 잘못된 방향으로 흘러갔던 것이다.

이처럼 외교 정책의 방향이 일관되지 못하고 혼란스럽다는 것은 별로 놀랄 일이 아니다. 미국의 외교 정책에는 항상 대립되는 욕구들이 뒤엉켜 있었기 때문이다. 건국 초기에는 고립주의 정책이 대세를 이룬 경우가 많았다. 독립 전쟁을 거쳐 막 건국된 국가로서는 외국의 온갖 술책을 경계해야 했을 것이다.

조지 워싱턴은 그 유명한 고별 연설을 통해 이렇게 반문했다.

유럽의 어떤 부분과 우리의 운명을 엮어 놓음으로써 유럽의 야망과 경쟁의식, 이익, 유머 또는 변덕의 함정 속에 우리의 평화와 번영이 휩쓸려 들어가게 할 이유가 어디 있겠는가?

워싱턴의 이런 주장은 이른바 '분리되고 뚝 떨어진 아메리카의 상황', 즉 신생 미국이 외부의 골칫거리로부터 물리적인 손상을 입지 않게 해주는 지리적 요인 때문에 한층 설득력을 지니게 되었다.

더구나 혁명을 통한 아메리카 건국과 공화제 정부 형태 때문에 자유를 찾는 다른 나라 사람들에게 호의적이긴 하지만 정작 건국 초기의 지도자들은 미국의 생활 방식을 외국으로 수출하려는 이상주의적 시도를 경계했다. 존 퀸시 애덤스(John Quincy Adams, 국무 장관을 거쳐 미국 6대 대통령에 선출된 정치인 – 옮긴이 주)는 미국이 "파괴해야 할 괴물을 찾아 해외로 나가서도 안 되며, 전 세계의 독재자가 되어서도 안 된다"고 역설했다. 신이 아메리카에 부여한 임무는 구세계를 개혁하라는 것이 아니라 신세계를 만들라는 것이었다. 대양으로 보호받고 대륙을 통째로 하사받은 아메리카는 스스로의 발전에만 전념하면서 모든 나라와 전 세계 사람들에게 희망의 등대 구실을 함으로써 자유라는 대의를 가장 잘 수호할 수 있었다.

　그러나 대외 관계에 대한 경계와 의혹이 미국의 DNA 속에 각인되어 있다면 지리적·이념적으로나 또는 통상 면에서 팽창을 추구하는 욕구도 마찬가지다. 토머스 제퍼슨은 초기 13개 주의 영역을 넘어 팽창을 추구할 수밖에 없다는 뜻을 일찌감치 표명했다. 그가 영토 확장을 위해 만든 시간표는 루이지애나 매입과 루이스·클라크 원정대의 활동으로 크게 촉진되었다. 또한 미국의 대외 모험주의를 경고했던 손 퀸시 애넘스도 대륙 팽창을 열정적으로 옹호하고 서유럽 열강의 관여를 배제하는 먼로 독트린(Monroe Doctrine, 1823년 미국의 먼로 대통령이 제창한 것으로 유럽 제국과 미국이 서로 정치에 간섭하지 않는다는 주의 – 옮긴이 주)을 만드는 주역이 되었다.

　미국 군대와 이주민들이 계속 서부 지역과 서남부 지역으로 파고들면서 미국 정부는 준주(territory, 아직 주의 자격을 얻지 못한 지역 – 옮긴이 주)의 병합을 '명백한 운명'으로 표현했다. 즉 이런 팽창이 이미 운명적인 것으로서 앤드루 잭슨(Andrew Jackson)이 말하는 이른바 '자유의 영역'을 대륙 전체로 확대시키려는 신의 계획이라는 믿음이었다.

　물론 명백한 운명은 피를 뿌리는 무력 정복을 뜻하기도 했다. 그 대상은 자신들의 땅에서 강제로 내몰린 아메리카 원주민들과 자신들의 영토를 지키려는 멕시코 군대였다. 이런 정복은 노예 제도와 마찬가지로 미국 건국의 기본 원칙과는 상충되는 것이지만 인종 차별적인 측면에서 이를 정당화시키는 경향을 보였다. 이것은 미국의 신화 속에 받아들이고자 할 때에는 늘 망설일 수밖에 없는 정복 행위였고, 다른 나라들은 이를 현실 그대로, 다시 말해 노골적인 군사력의 행사로 받아들였다.

　남북 전쟁이 끝나고 미 대륙이 지금과 같은 형태를 갖추자 미국의 막강한 세력은 그 누구도 부인할 수 없게 되었다. 미국은 자국 상품의 수출 시장을 넓히고 산업 생산에 필요한 원자재를 안정적으로 확보하며 무역 활동에 필요한 해상로를 유지하기 위해 해외로 눈길을 돌리게 되었다. 미국은 우선 하와이를 병합하면서 태평양으로 진출할 발판을 마련했다. 또한 스페인과의 전쟁에서 승리해 푸에르토리코와 괌, 필리핀을 차지하게 되었다.

상원에서는 몇몇 의원들이 약 1만 1,200킬로미터나 떨어져 있는 필리핀 군도를 무력으로 점령하는 데 반대했다. 필리핀 독립 운동을 분쇄하기 위해 수천 명의 미군을 파견해야 하기 때문이었다. 그러나 다른 의원은 필리핀을 차지하면 미국이 중국 시장에 접근할 수 있기 때문에 '통상과 부, 영향력 면에서 엄청난 이득'이 된다고 주장했다.

미국은 유럽 국가들처럼 식민지를 차지하기 위해 조직적인 노력을 한 적이 한 번도 없었지만 전략적으로 중요하다고 판단되는 국가와 관련된 문제에 대해서는 관여 금지 규제를 모두 풀어 버렸다. 예를 들어, 시어도어 루스벨트(Theodore Roosevelt)는 라틴아메리카와 카리브 해 국가 가운데 미국이 문제가 있다고 판단할 경우에는 그 나라에 개입할 것임을 선언했다. 루스벨트는 먼로 독트린을 새롭게 해석하고 적용 범위를 추가하면서 이렇게 주장했다.

미국은 세계에서 중대한 역할을 담당할 것인가 말 것인가에 대해 선택의 여지가 없다. 마땅히 중요한 역할을 담당해야 한다. 미국은 그런 역할을 잘 감당할 것인가 아니면 서툴게 수행할 것인가를 결정할 수 있을 뿐이다.

20세기로 들어서면서 미국의 외교 정책을 움직이는 핵심 요인은 다른 강대국과 별 차이가 없는 듯했다. 물론 현실 정책(realpolitik, 국가 이익을 우선시하는 정책)과 무역상의 이해가 핵심 요인이었다. 국민 대다수의 고립주의 정서는 특히 유럽의 분쟁과 연관될 때와 미국의 중대한 이해가 직접적인 위협을 받지 않은 상황에서는 여전히 강하게 표출되었다.

그러나 기술 발전과 통상 확대로 지구는 날로 좁아지고 있었다. 게다가 이해관계의 우선순위를 따지는 일도 날이 갈수록 어려워졌다. 1차 세계 대전 중 윌슨은 미국의 선박이 독일의 U-보트에 계속 격침되고 유럽 대륙의 붕괴로 중립 유지가 불가능해질 때까지 가능한 한 참전을 회피했다. 전쟁이 끝나면서 미국은 전 세계를 지배하는 강대국으로 등장했다. 윌슨 대통령은 미국의 번영이 아득하게 멀리 떨어진 국가들의 평화 및 번영과 연결되어 있음을 깨닫게 되었다.

윌슨은 이 같은 새로운 현실을 타개하기 위해 노력하는 가운데 미국의 이른바 명백한 운명론을 재해석했다. 윌슨은 '민주주의가 꽃필 수 있도록 이 세계를 안전하게' 만든다는 것이 오로지 전쟁을 승리로 이끈다는 것을 의미하는 것은 아니라고 주장했다. 그보다는 미국이 모든 민족의 자결을 권장하고 앞으로 대립과 전쟁을 피하기 위해 다른 나라 국민들이 정당한 체제를 수립하는 일을 지원하는 것이 국익에 보탬이 된다는 것이었다. 윌슨은 독일의 항복 조건을 상세하게 규정한 베르사유 조약의 일환으로 국가 간 분쟁을 중재하는 국제 연맹의 창설을 제안했다. 또한 국제 재판소 설치와 약소국은 물론, 강대국도 구속하는 국제법 제정의 필요성을 역설했다.

지금은 모두가 함께하는 시대이다. 따라서 민주주의가 그 순수성과 그 고상한 힘을 널리 확산시킬 수 있다는 사실을 입증해야 한다. 미국이 앞장서서 이런 정신이 널리 확산되도록 노력해야 한다. 이것이 바로 명백한 운명임에 틀림없다.

월슨의 제안은 미국은 물론 전 세계로부터 열렬한 환영을 받았다. 그러나 미국 상원은 썩 달갑게 생각하지 않았다. 상원 공화당 원내 대표인 헨리 캐벗 로지(Henry Cabot Lodge)는 국제 연맹과 국제법이라는 개념 자체가 미국 주권을 침해하는 것이라고 생각했다. 게다가 그는 이런 것들이 전 세계에 미국의 의지를 보여 줄 수 있는 능력을 스스로 제한하는 어리석은 행위라고 생각했다. 상원은 고립주의 성향이 강한 민주·공화 양당 의원(이들 중 상당수는 미국의 1차 세계 대전 참전에 반대했다)들의 도움을 받아 의회와의 타협을 거부하는 월슨의 완강한 태도를 빌미로 미국의 국제연맹 가입 비준안을 부결시켰다.

그 이후 20년 동안 미국은 국내 문제에만 관심을 쏟았다. 육군과 해군도 감축하고 국제 재판소에도 참여하지 않았다. 또 이탈리아와 일본, 나치 독일이 군사력을 증강할 때도 수수방관했다. 상원은 고립주의의 온상이 되어 추축국들의 침략을 받은 국가들에게 미국이 차관을 제공하지 못하게 금지시킨 중립법(Neutrality Act)을 통과시켰다. 또 히틀러의 군대가 유럽 대륙을 파죽지세로 밀고 들어갈 때 대통령의 거듭된 호소를 번번이 외면했다. 결국 진주만 기습을 당한 뒤에야 비로소 이런 중립 유지가 실책이었음을 깨닫게 되었다. 진주만이 공격당한 뒤 프랭클린 D. 루스벨트 대통령은 전국에 중계된 연설을 통해 이렇게 밝혔다.

갱단의 법칙 아래 있는 세계에서는 어느 국가나 어느 개인에게도 안전이란 것이 존재할 수 없다. 우리는 이제 더 이상, 지도상으로 몇 킬로미터 떨어져 있는가를 기준으로 우리의 안전을 판단할 수 없다.

미국은 2차 세계 대전의 여파 속에서 이런 여러 교훈을 외교 정책에 활용할 기회를 갖게 되었다. 유럽과 일본이 전쟁으로 폐허가 된 가운데 소련도 동부 전선의 전투로 엄청난 피해를 입었지만 공산주의를 널리 확산시키겠다는 의도를 숨기지 않았다.

이런 상황에서 미국은 선택을 하지 않을 수 없었다. 보수 세력 쪽에서는 일방주의적 외교 정책과 즉각적인 소련 침공만이 점차 그 모습을 드러내는 공산주의 위협을 무력화할 수 있다고 주장했다. 또 1930년대를 풍미했던 고립주의가 이제 완전히 외면을 당하긴 했지만, 진보 세력 쪽에서는 소련의 침략 가능성을 가볍게 보면서, 소련이 전쟁에서 엄청난 피해를 입었고, 연합국 승리에 결정적으로 기여했다는 점을 감안해 스탈린과 화해해야 한다고 주장했다.

미국은 보수와 진보 쪽이 주장하는 방향을 모두 거부했다. 그 대신 트루먼 대통령과 딘 애치슨(Dean Acheson), 조지 마셜(George Marshall), 조지 케넌(George Kennan) 등 전후 미국을 이끈 지도부는 윌슨의 이상주의와 냉철한 현실주의를 접목시킨 새로운 전후 질서를 만들어 냈다. 전 세계의 모든 사태를 통제할 수 있는 미국의 막강한 힘을 겸손한 자세로 받아들였던 셈이다. 이들은 이렇게 주장했다.

세계 도처에 위험이 산재해 있고 소련의 위협은 현실적이다. 미국은 군사적 지배력을 유지하면서 미국의 이익을 지키기 위해 전 세계 어디에서나 무력을 행사할 태세를 갖추고 있어야 한다. 그러나 미국의 군사력도 한정되어 있다. 또한 공산주의와의 싸움이 이념 투쟁으로서 어느 쪽 체제가 전 세계 수많은 사람들의 꿈과 희망을 가장 잘 충족시켜 줄 것인지에 대해 겨루는 것이므로, 군사력만으로 미국의 장기적 번영이나 안전을 보장할 수 없다.

따라서 미국에는 안정적인 동맹국들이 필요했다. 자유, 민주주의, 법치와 같은 이상적 원칙을 공유하고 시장 중심 경제 체제에 이해관계가 있는 동맹국들이 필요했던 것이다. 경제와 군사 양면에 걸친 이런 동맹 관계는 상호 합의에 따라 자유롭게 맺어져야 했다. 미국이 제국주의 방식으로 여러 속국을 거느릴 수야 있겠지만 이런 방식보다는 상호 합의에 따른 동맹 관계가 더욱 지속적인 데다 반감을 자아내는 일도 훨씬 적다. 마찬가지로 미국이 다른 나라들과 협력해 국제 기구를 만들고 국제 규범을 강화하는 것도 국익에 도움이 되었다. 국제법과 조약만으로는 국가 간의 분쟁을 해결할 수 없었고, 미국이 군사적 행동을 취할 필요성을 없앨 수도 없었다. 그보다는 국제 규범이 더욱 강화되고 미국의 무력 사용 자제 의사가 좀 더 명확하게 표명될수록 국제 분쟁의 발생건수는 그만큼 줄어들 것이었다. 또한 미국이 어쩔 수 없이 군사적 조치를 취할 경우에도 미국의 대응이 국제 사회에서 그만큼 더 정당하게 보일 것이었다.

새로운 세계 질서는 10년도 채 안 되어 그 기반을 다지게 되었다. 공산주의의 팽창에 대처하는 미국의 봉쇄 정책은 미국의 군사력뿐만 아니라 북대서양조약기구(NATO) 및 일본과의 안보 조약으로 뒷받침되었다.

마셜 플랜은 전쟁으로 피폐해진 유럽 여러 나라의 경제를 재건하는 데 도움을 주었고, 브레턴우즈협정(Bretton Woods agreement)은 세계 금융 시장을 안정시켰다. 또 관세 및 무역에 관한 일반 협정(GATT)은 국제 무역에 관한 여러 규칙을 만들었다.

미국은 과거 유럽 국가들의 식민지였던 나라들의 독립을 지원했고 IMF와 세계은행은 이들 신생 독립국이 세계 경제 체제로 편입되도록 지원했다. 국제 연합은 집단 안보와 국제 협력을 모색하는 포럼 구실을 했다.

전후 이런 엄청난 일을 시작한 지 60년이 지난 지금, 우리는 그런 활동의 결실을 눈앞에 두고 있다. 냉전의 성공적인 마무리와 핵 참화의 회피, 초강대국 간 대립의 실질적인 종식, 나라 안팎에서 맞은 전례 없는 경제 성장의 시대가 그것이다.

이런 결실은 정말 대단한 업적이라 할 만하다. 어쩌면 파시즘을 꺾고 승리한 위대한 세대가 우리에게 전해 준 가장 큰 선물인지도 모른다. 그러나 인간이 만드는 다른 제도와 마찬가지로 전후의 이 거창한 활농에도 결함과 모순이 적지 않았다. 그 때문에 정치적 왜곡과 오만에 따른 실책, 진실을 와전하는 공포의 힘에 희생될 수도 있었다. 소련의 위협이 엄청난 데다 중국과 북한이 공산당의 수중에 떨어진 충격까지 겹쳐 미국의 정책 수립자들은 전 세계의 민족주의 운동과 민족 간 투쟁, 개혁 노력, 좌경 정책을 모두 냉전의 렌즈를 통해 바라보게 되었다. 여기서 느끼는 잠재적 위협들이 우리가 다짐한 자유와 민주주의에 대한 헌신을 압도했다.

그래서 미국은 지난 수십 년 동안 모부투 세세 세코(Mobutu Sese Seko, 콩고 민주 공화국의 정치가로 1965년 쿠데타로 대통령에 취임했고 경제 발전과 성장에는 성공하지 못했다 - 옮긴이 주) 같은 도둑과 노리에가(Manuel Antonio Noriega, 파나마의 군인 정치가. 오마르 토리호스의 군사 쿠데타 후 토리호스가 비행기 사고로 사망하자 실권을 장악해 대통령에 취임했다 - 옮긴이 주) 같은 흉악범이라도 공산주의에 반대하기만 하면 그대로 내버려 두었을 뿐만 아니라 심지어 지원하기까지 했다.

게다가 미국은 가끔 비밀 활동을 통해 이란 같은 국가에서 민주적으로 선출된 지도자들을 제거하려고 획책하기도 했다. 이런 행동이 엄청난 반발을 불러일으켜 그 후유증이 오늘날까지 이어지고 있다.

미국의 봉쇄 정책은 엄청난 군비 증강을 가져왔다. 소련 및 중국과 비슷한 규모로 군사력을 키우다가 나중에는 이들 국가보다 훨씬 더 큰 규모로 군사력을 증강했다. 시간이 지나면서 국방부와 방위 산업체, 국방 예산이 대규모로 집행되는 지역구에 속한 하원 의원들로 구성된 이른바 '철의 삼각 지대(iron triangle)'가 미국 외교 정책 수립에 엄청난 영향력을 행사했다. 핵전쟁 발발 위협으로 경쟁 관계에 있는 초강대국과의 직접적인 군사 대결 가능성이 거의 사라졌는데도 미국의 정책 수립자들은 세계 여러 지역에서 발생하는 문제들을 점차 외교적 관점이 아닌, 군사적 측면에서 바라보게 되었다.

가장 중요한 점은 전후 시스템이 시간이 지나면서 지나친 정략과 불충분한 토의 그리고 국민적 합의의 실패로 타격을 받았다는 것이다. 종전 직후 미국이 지닌 장점 중 하나는 국내에서 외교 정책에 대한 합의가 어느 정도 이루어져 있다는 점이었다. 공화, 민주 양당은 심한 의견 대립을 보이다가도 더 이상 나아갈 수 없으면 대개 그 부분에서 손을 털었다. 그다음 단계에서는 백악관이나 국방부, 국무부, CIA 등에서 일하는 전문가들이 이데올로기나 선거 운동의 관점에서가 아니라 사실과 건전한 판단력을 바탕으로 결정을 내리게 했다. 더구나 합의를 도출하는 과정은 일반 국민까지 대상으로 삼았다. 마셜 플랜처럼 미국의 대규모 자금 투자가 뒤따르는 프로그램은 정부에 대한 국민의 기본적인 신뢰가 없다면 진척될 수 없었을 것이다. 또한 정부 쪽 관계자들도 국민에 대한 믿음을 견고히 지키고 있다. 그들은 세금을 쓰거나 젊은이들을 전쟁터로 파견하는 결정을 내릴 때 자신들이 참고한 여러 사실과 정보를 국민들이 믿을 만한 것으로 인정할 것이라고 생각했다.

냉전이 지속되면서 이 같은 합의의 핵심이 약화되기 시작했다. 정치인들은 경쟁자보다 공산주의에 더 강경한 입장을 보여야 표를 얻을 수 있다는 사실을 알게 되었다. 민주당은 "중국을 잃었다"는 공격을 받았다. 매카시즘(McCarthyism)은 유력 인사들의 경력을 망가뜨렸을 뿐만 아니라 이의 제기를 억눌렀다.

케네디는 라이벌인 닉슨을 공격하는 과정에서 존재하지도 않는 '미사일 격차'를 들어 공화당을 비난했다. 닉슨은 반대 세력을 공산주의자로 몰아붙여 출세한 인물이었다. 아이젠하워와 케네디, 존슨 등 여러 대통령은 "공산주의에 온건하다"는 꼬리표가 붙을 것을 두려워한 나머지, 어떤 판단을 내릴 때 그런 불안을 낳임없이 의식했다.

비밀주의와 탐색, 잘못된 정보 제공 등 냉전의 수법들은 외국 정부와 외국인을 대상으로 사용되었지만 이제는 국내 정치에 활용되어 비판 세력을 괴롭히고 의심스러운 정책에 대한 지지를 끌어 모으며 실책을 은폐하는 도구로 쓰였다. 미국이 다른 나라에 널리 전파하기로 다짐했던 이상적인 원칙 자체가 바로 미국 내에서 배반당하고 있었다.

이 같은 흐름은 베트남 전쟁을 계기로 위기를 맞게 되었다. 여러 문헌과 자료는 이 전쟁이 얼마나 끔찍하고 파멸적인 영향을 미쳤는지를 잘 보여 준다. 베트남 전쟁은 미국의 대외적인 신뢰와 국위를 땅에 떨어뜨렸을 뿐만 아니라 이 전쟁에 참여했던 군인들까지 파멸로 몰아넣었다. 미군이 이 전쟁으로 입은 손해를 회복하는 데는 한 세대가 걸릴 정도였던 것이다.

그러나 베트남 전쟁이 초래한 가장 큰 손실은 국민과 정부 간, 그리고 국민들 간의 신뢰라는 유대 관계의 파괴였을지도 모른다. 언론의 적극적인 취재로 전사자들의 모습이 여과 없이 안방에 방영되면서 국민들은 자신들의 목소리를 내기 시작했다. 워싱턴에서 가장 뛰어나고 명민한 인재들은 자신들이 어떤 일을 벌이고 있는지 정확하게 인식하기 시작했고, 언론이 사실을 있는 그대로 전하지도 않는다는 것을 깨닫기 시작했다. 그러자 진보 세력에 속하는 많은 사람들은 점차 베트남 전쟁뿐만 아니라 미국 외교 정책이 추구하는 포괄적인 목표에 대해서도 반대의 목소리를 높였다. 진보 세력들은 존슨 대통령이나 웨스트모어랜드 장군(William C. Westmoreland, 베트남 전쟁이 한창 격화되었던 1964년부터 1968년까지 베트남 주재 미군 총사령관을 지낸 인물이다. 끊임없이 병력 증파와 확전을 요구한 강경파 군인으로 후에 육군참모총장을 역임했다-옮긴이 주), CIA, 군산 복합체(military-industrial complex, 군부와 대기업이 공동의 이익을 위해 서로 의존하는 체제로서 2차 세계 대전 이후 특히 미국에서 군부와 독점 대기업이 유착하는 형태로 나타났다-옮긴이 주), 그리고 세계은행과 같은 국제 기구들을 미국의 오만이나 강경 외교 정책, 인종 차별주의, 자본주의, 제국주의의 표상으로 간주하였다.

보수 세력 쪽에서도 비슷한 반응을 보였다. 베트남 전쟁의 실패뿐만 아니라 전 세계에서 미국의 체면을 실추시킨 책임을 '미국 탓부터 하는' 사람들에게 전가했던 것이다. 보수 세력은 항의 시위자들과 히피족, 제인 폰다(Jane Fonda, 아카데미상을 두 차례나 수상한 미국의 유명 여배우이자 문필가이며 사회 운동가이다. 특히 베트남 전쟁 중 반전운동을 펼쳐 주목을 끌었으며 최근 이라크 전쟁에 대해서도 반대 활동을 벌이고 있다-옮긴이 주), 동북부 명문 대학 출신 지식인들, 그리고 진보 성향의 미디어들을 '미국 탓부터 하는 무리'라고 불렀다. 보수 세력은 이들이 모두 애국심을 모독하고 상대론적인 세계관을 신봉하며, 무신론적 공산주의와 대결하는 미국의 결의를 약화시킨다고 보았다.

하지만 이와 같은 일련의 흐름은 적극적인 활동가와 정치 컨설턴트들이 조장한 풍자성 지적에 불과했다. 많은 국민은 중도 입장을 견지하면서 공산주의를 꺾으려는 미국의 노력을 계속 지지하였고, 미국인 희생자가 많이 발생할 수 있는 정책에 대해서는 회의적인 태도를 보였다. 1970년대와 1980년대에는 민주당이 강경한 반면 공화당이 온건파로 보였다. 의회에는 오리건 주 출신의 마크 하트필드(Mark Hatfield)와 조지아 출신의 샘 넌처럼 초당적 외교 정책의 전통을 계속 유지하려는 의원들이 있었다.

그러나 이런 풍자성 지적은 선거 운동 기간 중 일반인이 받은 인상을 그대로 보여 주었다. 공화당이 민주당은 국방 문제에 취약하다고 비판의 강도를 점차 높이자 군과 해외 비밀 활동에 의혹의 눈초리를 보내는 사람들도 점차 민주당을 정치적 안식처로 표현하는 일이 삿아졌다.

오늘날 국민들의 외교 정책에 관한 인식은 바로 이 같은 배경 속에서 형성된 것이다. 다시 말해 합의의 시대가 아닌 분열의 시대라는 배경 속에서 만들어진 것이다.

분열의 시대란 닉슨과 키신저(Kissinger)가 주도하던 시대였다. 이들이 요리한 여러 외교 정책은 책략 면에서는 뛰어났으나 제반 국내 정책과 캄보디아 폭격으로 그 빛을 잃었다. 캄보디아 폭격은 윤리적으로 방향타를 상실한 조치였다.

민주당 행정부인 지미 카터 대통령의 재임 기간도 분열의 시대였다. 인권 문제에 역점을 둔 카터는 윤리 문제에 대한 관심과 강력한 방위력 유지를 조화시키고자 하는 의지를 보여 주는 것 같았다. 하지만 결국 석유 파동과 이란의 미 대사관 점거 및 인질 사건이라는 치욕을 맛보았으며, 소련의 아프가니스탄 침공으로 말미암아 경험이 부족하고 무력하다는 인상을 심어 주었다.

그러나 로널드 레이건이야말로 분열의 시대에서 가장 두드러졌다. 그는 공산주의에 대해서는 명확한 입장을 보였지만 전 세계 도처에서 끔찍한 고통을 자아내는 다른 문제들에 대해서는 눈을 감아 버렸다. 나는 레이건 대통령 재임 기간 동안 컬럼비아 대학에서 국제 문제를 공부한 뒤 시카고에서 사회 운동을 벌이고 있었다. 당시 많은 민주당원들처럼 나도 레이건의 제3세계 정책이 초래한 악영향을 개탄했다.

당시 레이건 행정부는 인종 차별을 하는 남아프리카공화국 정부를 지지했고 엘살바도르의 살인조(death squad, 엘살바도르 내전 중 오스카 로메로 대주교 암살을 포함해 비판·저항·반대 세력을 제거하기 위해 온갖 만행을 저지른 극우 세력으로, 정부군과 깊숙한 연계를 맺고 있었다 – 옮긴이 주)들에게 자금 지원을 했으며, 작고 힘 없는 그레나다(Grenada)를 침공했다.

나는 핵무기 정책을 폭넓게 공부하면 할수록 별들의 전쟁(Star Wars, 소련의 핵 공격에 대비하여 제안된 미국의 전략 방어 체제)의 착상이 잘못된 것이라는 점을 좀 더 분명히 알게 되었다. 한편, 레이건은 입으로는 온갖 번지르르한 말을 늘어놓으면서도 뒤로는 이란 – 콘트라 사건(Iran-Contra Affair, 1986년 11월 미국 레이건 행정부의 국가안정보장회의가 레바논에 억류되어 있는 미국인 인질을 석방시킬 목적으로 비밀리에 이란에 무기를 판매하고 그 대금의 일부를 니카라과의 콘트라 반군에 지원한 사건 – 옮긴이 주)이라는 추악한 거래를 벌였다. 나는 이 양자 간의 엄청난 괴리에 입이 딱 벌어졌다.

그러나 가끔 진보 성향의 친구들과 논쟁을 벌이다 보면 내가 신기하게도 레이건의 세계관 중 몇몇 측면을 옹호하고 있다는 사실을 발견하곤 한다. 예를 들어, 나는 진보 세력이 칠레의 잔혹 행위는 규탄하면서 철의 장막 뒤에서 벌어진 온갖 억압 행위에 대해서는 그 정도의 관심을 기울이지 않는 것을 이해할 수 없었다. 전 세계 빈곤의 원인이 오로지 미국의 다국적 기업과 불공정 무역에만 있다는 주장도 납득할 수 없었다. 제3세계의 부패한 지도자들이 국가와 국민의 재산을 빼돌리도록 강요한 사람은 아무도 없었다. 레이건의 군사력 증강 규모에 대해서는 이의가 있지만 소련의 아프가니스탄 침공을 감안할 때 소련보다 우세한 군사력을 유지하는 것은 현명한 대응으로 보였다. 조국에 대한 자긍심과 군사력 중시, 미국 바깥의 위험한 상황에 대한 견실한 판단, 동·서 사이에는 동등한 가치를 가진 대상을 쉽게 찾을 수 없다는 주장 등에 대해서는 레이건에게 별다른 불만이 없었다. 그리고 베를린 장벽이 붕괴되는 것을 지켜보면서 못마땅하더라도 인정할 것은 인정해야 한다고 생각하게 되었다.

민주당 지지자를 포함해 많은 사람들이 레이건에게 표를 던졌다. 그 때문에 공화당은 레이건이 백악관을 차지하면서 미국 외교 정책상의 합의가 회복되었다고 주장했다. 물론 이런 합의는 진정한 의미의 시련과 시험을 한 번도 거친 적이 없었다. 레이건이 공산주의와 벌인 전쟁은 미군의 배치와 전진이 아니라 주로 대리전과 재정 적자를 통해 이루어졌다.

그러나 냉전이 끝나고 나자 레이건의 방식이 새로운 세계에는 부적합한 것으로 비치게 되었다. 조지 H. W. 부시 대통령은 한층 더 현실적이고 전통적인 외교 정책을 취함으로써 소련의 붕괴 과정을 절도 있게 관리하고, 1차 걸프 전쟁도 잘 마무리할 수 있었다. 그러나 국민의 관심이 온통 경제문제에만 쏠리는 바람에 그가 국제적 연대를 구축하거나 군사력을 현명하고 적절하게 행사하는 데 상당한 능력을 발휘했는데도 대통령 재선에는 아무런 도움이 되지 못했다.

빌 클린턴이 백악관을 차지할 즈음에는 미국의 냉전 이후 외교 정책이 탱크보다는 통상 위주로 전개되었다. 따라서 일반적으로 사람들은 외교 정책이 미국인의 생명보다는 저작권 보호에 역점을 둬야 한다고 생각했다. 클린턴 자신은 세계화로 말미암아 새로운 형태의 경제적 도전은 물론, 안보 면에서도 새로운 과제들이 제기된다는 점을 잘 인식하고 있었다. 그래서 클린턴 행정부는 무역 자유화를 촉진시키고 국제 금융 제도를 뒷받침하는 정책을 마련했다. 뿐만 아니라 오랫동안 곪아 온

발칸 지역 및 북아일랜드의 분쟁을 종식시키고 동유럽과 중남미, 아프리카, 옛 소련의 민주화를 증진시키는 데 많은 노력을 기울였다.

하지만 일반 국민들은 1990년대의 외교 정책에는 다른 모든 요인을 압도할 수 있는 뚜렷한 근거나 절박하면서도 거창한 의무 같은 것이 없다고 생각하였다. 특히 미국의 군사적 조치는 불가피한 행동이 아니라 오로지 선택의 문제로 비쳤다. 즉 국제 규범을 무시하고 제멋대로 행동하는 나라들을 응징해야겠다는 생각에서 취한 군사 행동이거나 아니면 소말리아나 아이티, 보스니아, 그 밖의 지역에서 참혹한 고통을 겪는 사람들을 구출해야 한다는 도덕적 책무에 따라 인도적 견지에서 행한 일이었다.

그러다가 9·11 사태가 터졌고, 미국인들은 세상이 완전히 엉망이 되었다고 느꼈다.

2006년 1월 나는 군용 수송기 C-130을 타고 이라크로 향했다. 이라크 방문은 처음이었다. 동행한 두 동료 의원이 나에게 몇 가지 충고를 해주기도 했다. 인디애나 주의 에번 베이 상원 의원과 테네시 주의 해럴드 포드 하원 의원은 이라크 방문이 처음이 아니었기 때문에 바그다드 공항에 도착할 때 약간 불편한 일이 벌어질 수 있다고 주의를 주었다. 혹시라도 이라크 저항세력의 공격이 있을 수 있기 때문에 이를 피하기 위해 군용기들이 바그다드 공항을 이착륙할 때는 속이 울렁거릴 정도의 이상한 비행 형태를 여러 차례 취한다는 것이었다. 그러나 안개 낀 아침, 수송기가 고도를 잡고 순항하자 걱정하는 분위기는 찾아볼 수 없었다. 범포(帆布) 시트에 안전벨트를 하고 앉아 있는 승객들은 대부분 잠에 떨어졌다. 승무원 한 사람은 비디오 게임을 즐기고 있는 듯했고 다른 사람은 비행 계획표를 찬찬히 살펴보고 있었다.

세계 무역 센터 건물에 항공기가 충돌했다는 뉴스를 들은 지 벌써 4년 반이 지났다. 당시 시카고에 있던 나는 그 시간, 도심에서 열릴 주 의회 청문회에 참석하기 위해 운전 중이었다. 승용차 라디오에서 흘러나온 첫 보도 내용은 상세하지 않아 소형 프로펠러기가 항로를 벗어나면서 빚어진 사고일 것이라고 생각했다. 그러나 청문회장에 도착할 즈음에는 이미 두 번째 항공기가 무역 센터 건물에 충돌했고 우리는 일리노이 주 청사에서 모두 나가야 한다는 이야기를 들었다. 거리 이곳저곳에는 사람들이 모여 110층짜리 시어스타워를 바라보고 있었다. 그 뒤 내 법률 사무소에 모인 우리 일행은 TV 스크린에 뒤늦게 비춰진 끔찍한 장면을 숨죽인 채 지켜보았다. 그림자처럼 검게 보이는 비행기 한 대가 유리와 강철로 지어진 무역 센터 건물 속으로 사라지고 창턱에 매달려 있던 사람들이 곧 수십 층 높이에서 아래로 추락하며 지상에서는 비명과 흐느낌이 터져 나오고 마침내 검은 연기와 분진이 뭉게구름처럼 피어오르면서 하늘을 덮어 버렸다.

나는 그 후 몇 주 동안 다른 사람들과 마찬가지로 뉴욕과 워싱턴 D.C.의 친지들에게 안부 전화를 하고 의연금을 내며 대통령의 연설에 귀를 기울이고 희생자들을 애도했다. 다른 사람도 마찬가지이겠지만 나에게도 9 · 11 사태는 개인적으로 깊은 상처를 남겼다.

파괴의 규모가 엄청나다거나 5년간의 뉴욕 생활에 얽힌 갖가지 추억 때문에 큰 상처를 받은 것은 아니었다. 그보다는 9 · 11 희생자들이 죽기 몇 시간 전에 했을 여러 일상적인 행동들이 눈에 선하게 비쳤기 때문이었다. 현대 생활의 일상은 단순하다. 비행기에 탑승해 출장길에 오르고 서로 어깨를 부딪치면서 출근 지하철에서 내리며 아침 커피를 서둘러 마시고 가판대에서 조간신문을 사고 엘리베이터에 올라 다른 사람과 몇 마디 잡담을 나누는 모습이 그것이다. 대부분의 미국인은 질서가 혼돈을 압도한 결과가 이런 평온한 일상이라고 생각했다. 따라서 우리가 부지런히 운동을 하고 안전벨트를 꼭 착용하며 여러 혜택이 따르는 일자리를 구하고 특정 타입의 이웃을 피하면 대체로 안전이 보장되고 가족을 보호할 수 있다고 믿었던 것이다.

이제 혼돈의 물결이 문 앞에까지 밀려왔다. 그 결과 우리는 전과 다르게 행동하고 이 세계를 전과 다르게 인식하지 않으면 안 되었다. 우리는 또 국가의 부름에 응해야 했다. 9·11 테러 공격을 받은 지 일주일도 채 안 되어 상원은 98 대 0으로, 하원은 420 대 1로 대통령에게 비상 대권을 부여하는 내용의 결의안을 채택했다.

부시 대통령은 이런 비상 대권에 따라 테러 공격의 배후에 있는 국가와 단체, 개인에게 필요하고 적절한 온갖 무력을 행사할 수 있게 되었다. 미국 전역에서 수많은 젊은이들이 조국에 봉사하겠다는 결의를 다지면서 군 복무에 대한 관심이 높아지고 CIA 지원이 급증했다. 게다가 미국만 아픔을 겪은 것이 아니었다.

파리에서 『르몽드』지는 '우리 모두가 미국민이다' 라는 문구를 1면 표제로 뽑았다. 케이로에서는 이슬람교 사원들이 미국을 위로하는 기도를 올렸다. 나토(NATO)는 1949년 창설 이래 처음으로 헌장 제5조를 발동하면서 한 가맹국에 대한 무력 공격은 '가맹국 전체를 공격한 행위로 간주된다' 는 점을 재확인했다. 미국은 정의와 전 세계 여론의 뒷받침을 받으면서 불과 한 달 만에 탈레반 정권을 카불에서 몰아냈다. 그 과정에서 알카에다 요원들은 도주하거나 체포 또는 사살되었다.

나는 부시 행정부의 출발이 좋다고 생각했다. 최소한의 인명 손실로 차근차근, 절도 있고 신중하게 목표를 달성해 나갔기 때문이다. 토라보라에 알카에다 저항 세력을 몰아넣고도 제대로 군사적 압박을 가하지 못해 결국 빈 라덴을 놓쳤다는 사실은 나중에 확인되었다.

그에 따라 전 세계와 마찬가지로 나도 얼마간의 기대를 가지고 내가 예상하는 후속 조치가 뒤따를 것이라고 생각하며 기다렸다. 21세기에 걸맞은 미국 외교 정책의 천명이 그것이었다. 이런 외교 정책은 미국의 군사력 운용 계획과 정보 활동, 국토 방위를 테러리스트 네트워크라는 새로운 위협 상황에 알맞게 조절할 뿐만 아니라 초국가적 위협에 대처하기 위한 새로운 국제적 합의도 구축할 수 있는 것이어야 했다.

그러나 이 같은 새로운 청사진은 끝내 제시되지 않았다. 그 대신 지난 세월에 활용했던 낡은 정책들을 끌어 모아 먼지를 떨어내고 적당히 구색을 맞춘 뒤 새로 그럴듯하게 라벨을 붙여 내놓았던 것이다. 레이건의 '악의 제국'은 이제 '악의 축'이 되었다. 시어도어 루스벨트판 먼로 독트린은 이제 부시 독트린이 되었다. 다만 차이가 있다면 선제 조치의 대상 지역이 서반구에서 세계 전역으로 확대된 점이었다. 명백한 운명론도 되살아났다.

부시에 따르면 필요한 것은 미군의 화력과 미국의 의지, 그리고 '자발적 참여 연합(coalition of the willing, 기존 동맹과 국제 연합 체제의 제약을 넘어 미국 주도 하에 과제마다 임기응변으로 대처하는 안전 보장 시스템이다. 아프가니스탄 전쟁과 이라크 전쟁이 실례가 되지만 실제로는 미국 일방주의를 정당화한 데 불과해 오히려 국제 관계를 불안정하게 만든다는 비판을 받고 있다 – 옮긴이 주)' 뿐이었다.

게다가 부시 행정부는 냉전 후 찾아볼 수 없었던 정치적 술책을 되살려 내 활용했다. 사담 후세인의 축출이 '예방 전쟁(preventive war)'이라는 부시 독트린을 시험하는 첫 번째 케이스가 되면서 이라크 침공을 뒷받침하는 부시 행정부의 논리적 근거에 의문을 제기한 사람들은 '테러 행위에 너그럽거나 비미국적인 인물'이라는 비난을 받았다. 부시 행정부는 또 이라크 전쟁의 이해득실을 정직하게 따져볼 생각은 하지 않고 적극적인 홍보전을 펼쳤다. 정보 보고 내용을 자신들의 주장을 뒷받침하게끔 적절하게 조절하고 군사 작전의 비용과 소요 병력 규모를 대폭 줄여서 발표하였다. 뿐만 아니라 9 · 11 버섯구름의 끔찍한 상황을 되풀이해서 상기시켰다.

이 같은 홍보 전략은 상당한 효력을 발휘했다. 2002년 가을 무렵 대다수의 미국민은 사담 후세인이 대량 살상 무기를 보유하고 있다고 확신했다. 미국인 가운데 적어도 66퍼센트는 후세인이 개인적으로 9 · 11 테러 공격에 연루되어 있다는 잘못된 판단을 내렸다. 이라크 침공에 대한 여론의 지지와 부시에 대한 지지율은 60퍼센트 수준을 맴돌았다. 공화당은 중간 선거를 의식해 후세인에 대한 비난 공세를 강화하면서 이라크에 대한 무력 사용을 승인하는 내용의 결의안 표결을 추진했다. 그리고 2002년 10월 11일 상원은 마침내 부시가 원하던 권한을 부여하는 결의안을 통과시켰다. 이 결의안에는 50명의 민주당 상원 의원 중 28명이 찬성했고 공화당은 1명을 제외하고 전원이 찬성표를 던졌다.

나는 민주당이 굉장한 압박을 받았던 점에 동정을 하면서도 그런 결의안 채택에 동조한 점에 실망했다. 그때 나 자신도 그런 압박을 어느 정도 느끼고 있었다. 2002년 가을, 나는 이미 연방 상원 의원 출마를 결심했고 또 이라크와의 전쟁 가능성이 선거 운동에서 큰 이슈가 되리라는 점도 알고 있었다. 그런데 시카고의 여러 사회 운동가들이 나에게 10월로 예정된 대규모 반전 집회에서 연설을 해줄 수 있느냐고 물었다. 그러자 많은 친구들이 그렇게 폭발성이 큰 민감한 쟁점에 대해 공개적으로 입장을 밝히는 것은 좋지 않다고 주의를 주었다. 사실 이라크 침공이 점차 여론의 지지를 얻었지만 나는 이와 관련된 논란 중 전쟁에 반대하는 논거가 진부하다고는 생각하지 않았다. 대부분의 전문가들과 마찬가지로 나도 사담이 생화학 무기를 보유하고 있고 또 핵무기를 갈망하고 있다고 믿었다. 또 그가 국제 연합 결의안과 무기 사찰단을 계속 조롱한 만큼 그에 대한 대가를 치러야 한다고 생각했다. 사담이 자국민을 학살한 것도 의심할 여지가 없었다. 그에 따라 전 세계는 물론, 이라크 국민도 그가 사라지면 살기가 좋아질 것이라고 믿었다.

하지만 사담의 위협이 임박한 것은 아니며, 전쟁의 불가피성을 뒷받침하기 위해 부시 행정부가 내세운 논리적 근거가 대체로 취약하다고 생각했다. 이라크 전쟁이 이념적인 동기에 이끌리고 있으며 또 아프가니스탄 전쟁도 아직 마무리되지 않았다는 점을 분명하게 인식하고 있었다. 또한 미국이 적극적이고 끈질긴 외교적인 노력 대신에 무모하고 일방적인 군사 조치를 취하고 고압적인 사찰과 빈틈없는 금수 조치를 선택함으로써 제반 정책에 대한 폭넓은 지지 기반을 구축할 기회를 상실하고 있다고 확신했다.

그래서 반전 집회에서 연설을 했다. 시카고 페더럴플라자에 모인 2,000명의 군중 앞에서 나는 일부 참가자와는 달리 모든 전쟁에 반대하는 것은 아니라고 설명했다. 나는 외할아버지가 진주만이 일본군에 피습당한 그다음 날 군에 자원 입대해 패턴 장군 휘하에서 싸웠다고 설명했다. 나는 내 입장을 다음과 같이 밝혔다.

인명의 대량 살육과 파괴, 분진과 눈물을 지켜본 뒤 종교적 편협성의 미명 아래 무고한 사람들을 살해하는 자들을 추적해 체포하고 뿌리 뽑겠다는 이 행정부의 다짐을 지지하며 이런 비극이 재발하지 않도록 막기 위해 내 자신이 기꺼이 무기를 들고 나설 것입니다.

나는 '어리석은 전쟁(dumb war), 무모한 전쟁, 이성이 아닌 감정에 치우친 전쟁, 원칙이 아닌 정략에 바탕을 둔 전쟁'을 지지할 수 없었다.

내 연설은 계속 이어졌다.

이라크와의 전쟁에서 승리한다 하더라도 미국은 비용과 결과가 명확하지 않은 가운데 확정되지 않은 기간 동안 이라크를 점령해야 할 것입니다. 나는 이 점을 잘 알고 있습니다. 명확한 논리적 근거와 국제 사회의 강력한 지지 없이 이라크를 침공한다면 중동의 타오르는 불길에 부채질을 하는 꼴밖에 되지 않습니다. 아랍 세계에 최악의 충동을 부추기며 알카에다의 인력 충원 조직을 강화시킬 뿐이라고 생각합니다.

내 연설은 좋은 반응을 얻었다. 집회를 주관한 사회 운동가들은 나의 연설 내용을 인터넷에 올려 널리 퍼뜨리기 시작했다. 나는 어렵고 민감한 문제에 대해 입장을 밝혔다는 이유로 높은 평가를 받게 되었다. 이런 명성에 힘입어 민주당 내의 힘겨운 예비 선거를 끝까지 버텨낼 수 있었다. 그러나 이라크 상황에 대한 내 판단이 옳은지 그 당시로서는 알 길이 없었다. 마침내 침공 작전이 개시되어 미군이 바그다드를 향해 파죽지세로 밀고 나가고 사담 후세인의 동상이 쓰러지고 대통령이 '우리의 임무는 완수되었다' 라는 깃발을 등진 채 항공모함 링컨 호에 서 있는 모습을 TV로 지켜보면서 우리가 잘못된 방향으로 나가고 있는 듯하다는 의심이 들기 시작했지만, 그래도 미군 사상자의 숫자가 얼마 안 된다는 데 마음이 놓였다.

그로부터 3년이 지난 지금 전사자 숫자는 2,000명을 넘어섰고 부상자 숫자는 1만 6,000명에 이르렀다. 직접적인 전비로 이미 2,500억 달러가 들어갔고 앞으로 여러 해 동안 채무를 상환하고 불구가 된 전역병들을 돌보는 데 수천억 달러의 자금이 추가로 들어갈 것이다.

이라크에서는 전 국민이 참여하는 선거가 두 차례 실시되었고 헌법 관련 국민 투표도 있었다. 이 전쟁으로 목숨을 잃은 이라크인 숫자는 수만 명에 달했다. 전 세계적으로 반미 감정은 극에 이른 상태이고 아프가니스탄은 다시 혼돈으로 빠져 들고 있다. 바로 이런 상황에서 나는 바그다드로 날아가고 있었다. 한 사람의 상원 의원으로서 이런 난맥상을 어떻게 풀어 나가야 좋을지 고민해야 할 의무가 있었던 것이다.

바그다드 국제 공항 착륙은 생각처럼 그렇게 나쁘지 않았다. 그래도 수송기는 착륙 진에 덜컹거리면서 힌쪽으로 동체를 기울인 채 선회하다가 급강하하는 특이한 비행 형태를 보였다. 그나마 창문으로 바깥을 내다볼 수 없게 해놓은 것이 다행이라는 생각이 들었다. 국무부에서 파견된 직원 한 사람이 공항에서 우리를 맞았는데, 그 옆에는 소총을 등에 비껴 멘 일단의 군사 요원들이 서 있었다. 우리는 안전 문제에 대한 간단한 브리핑을 받고 헬멧과 방탄조끼를 착용한 뒤 블랙호크 헬리콥터에 올라 저공 비행으로 그린존(Green Zone, 티그리스 강을 끼고 바그다드 중심부에 있는 넓이 10제곱킬로미터의 안전 지대로 미국, 영국 등의 대사관과 국제 기구, 취재 기관 등이 자리 잡고 있고 높은 장벽과 철조망 등으로 에워싸여 있다-옮긴이 주)으로 향했다.

우리는 진흙이 많은 불모지 위를 몇 킬로미터 가량 날았는데 이 불모지에는 좁은 도로가 종횡으로 뚫려 있고 군데군데 작은 규모의 대추야자나무 숲과 납작한 콘크리트 대피호들이 자리 잡고 있었다. 콘크리트 대피호는 대부분 비어 있는 듯했고 일부는 불도저로 허물어 버린 상태였다.

잠시 후 바그다드가 눈에 들어왔다. 원형의 이 모래빛 대도시는 탁트인 중심부로 티그리스 강이 유유히 흐르고 있었다. 하늘에서 내려다보기에도 바그다드는 파괴되고 피폐해진 모습이었다. 거리를 달리는 차량도 많지 않았다. 그러나 거의 모든 주택의 옥상에는 위성 안테나가 설치되어 어수선해 보였는데, 미국 관리들은 이런 안테나와 휴대 전화 서비스 재개가 전후 복구의 성공적인 사례 중 하나라고 자랑했다.

이라크에서 하루 반을, 그것도 대부분의 시간을 그린존에서 보낼 예정이었다. 바그다드 중심부에 자리 잡은 그린존은 사담 후세인 정권의 심장부 구실을 한 지역이지만 지금은 미국의 장악 아래 장벽과 철조망에 둘러싸여 있었다. 이라크 재건 업무를 담당한 팀은 반군 세력의 사보타주로 전력 공급과 원유 생산을 계속해 나가는 데 어려움이 많다고 설명했다. 정보 관계자들은 종파별로 조직된 민병대의 위협과 이들이 이라크 보안군으로 파고들 가능성이 점차 커지고 있다고 전했다.

뒤이어 우리는 이라크선거관리위원회 위원 몇 사람과 만났다. 이들은 최근 실시된 선거에서 투표율이 상당히 높았다고 열을 올렸다. 할리자드(Zalmay Khalizad) 대사와는 1시간 정도 면담을 가졌다. 눈빛에 염세적인 기미가 엿보이는 이 빈틈없고 세련된 외교관은 시아파와 수니파, 쿠르드의 3자가 참여하는 통합 정부를 만들어 내기 위해 현재 조심스럽고 민감한 셔틀 외교를 펼치고 있다고 설명했다.

오후에는 과거 사담 후세인의 대통령궁이었던 장소에서 병사들과 함께 점심을 나눌 기회를 가졌다. 대통령궁 안의 수영장 옆에 있는 큰 회식 장소였다. 병사들 중에는 정규군 외에도 예비군, 주 방위군이 섞여 있었다. 대도시 출신은 물론, 조그만 도회지 출신도 있었다. 또 흑인과 백인, 라틴계가 뒤섞여 있었고 상당수는 규정된 파견 복무 기간을 끝낸 뒤 두 번째 또는 세 번째 파견 근무를 되풀이하고 있었다. 이들은 자부심이 가득 찬 표정으로 그동안 소속 부대가 수행한 재건 활동과 성과를 전했다. 학교를 세우고 송전 시설을 지키며 이라크 신병들과 함께 순찰 활동을 벌이고 오지에 생활필수품을 공급하는 수송로를 열었다는 것이다. 나는 이 병사들로부터 여러 차례 똑같은 질문을 받았다. 왜 미국 언론은 폭발 사건과 인명 희생만 보도하느냐는 것이었다. 이들은 자신들의 노력이 진전을 보이고 있다고 주장했다. 나는 돌아가서 미국민들에게 그들의 노력이 헛되지 않다는 점을 알려야 한다고 생각했다.

나는 이들 병사에게, 그들이 느끼는 좌절감이 어떤 것인지 충분히 이해할 수 있다고 서슴없이 말할 수 있었다. 군인이건 민간인이건 간에 내가 이라크에서 만난 모든 미국인들이 그들의 헌신적인 노력과 능력으로 깊은 인상을 심어 주었기 때문이다. 이들은 또 이미 저질러진 잘못뿐만 아니라 앞으로 수행해야 할 과제가 얼마나 어려운가에 대해서도 솔직하게 인정했다.

사실 이라크에서 벌이는 온갖 활동을 보면 미국의 재간과 부, 기술적 노하우가 어느 정도인지를 그대로 보여 주었다. 그린존이나 이라크 내의 다른 큰 규모의 작전 기지에서 살펴보면 적대적인 영토 안에서 사실상 도시 하나를 통째로 만들어 나가는 미국의 대단한 능력에 그저 경탄할 따름이었다. 미국인들이 세우는 도시는 자체의 발전 시설과 오수 처리 시설 외에도 컴퓨터망과 무선 통신망, 농구 코트, 아이스크림 판매점까지 갖춘 독립적인 자족 사회였다. 또한 미국인 특유의 낙관적인 기질을 새삼 확인할 수 있었다. 위험과 희생, 그리고 겉보기에 끝이 없어 보이는 좌절의 연속에도 불구하고 냉소적인 태도를 보이지 않으면서, 하루의 일과가 끝나면 잘 알지도 못하는 사람들이 우리의 노력으로 좀 더 나은 삶을 누리게 될 것이라고 고집스럽게 생각하는 그런 낙관적 기질이었다.

그런데도 그 이후에 가진 세 차례의 대화는 이라크에서 미국이 기울이는 노력이 아직도 얼마나 비현실적으로 비치는지 새삼 일깨워 주었다. 또한 미국의 인명 희생과 엄청난 자금 투입, 더할 수 없는 선의에도 불구하고 미국이 애써 세우고 있는 것이 사상누각일지 모른다는 생각을 지울 수 없었다.

첫 번째 대화는 우리 대표단이 초저녁에 바그다드 주재 외신 기자단과 가진 기자 회견장에서 있었다. 나는 질문과 답변이 끝난 뒤 오프더레코드(off-the-record)로 비공식 대화를 갖고 싶다고 기자단에 요청했다. 그린존 바깥의 삶이 어떤 것인지 좀 알고 싶다는 취지였다. 이들은 흔쾌히 응했지만 45분 정도밖에 시간을 낼 수 없다고 밝혔다. 날이 어두워지면 바그다드에 사는 대부분의 사람들과 마찬가지로 바깥출입을 피해야 하기 때문이라고 기자들은 말했다.

기자들은 대체로 젊은 편이었다. 대부분 20대와 30내 초반이었다. 더구나 모두가 캐주얼 복장이어서 언뜻 보기에 대학생 같았다. 그러나 이들의 얼굴을 보면서 상당한 스트레스에 시달린다는 느낌을 받았다. 그때까지 이미 60명의 언론인이 이라크에서 피살되었다. 이들은 대화를 갖기 전에 분위기가 다소 산만할 것이라고 양해를 구했다. 방금 동료 기자인 『크리스천 사이언스 모니터』지의 질 캐럴이 납치되었다는 소식을 들었다는 것이다. 그녀가 탄 차량의 운전기사는 길가에서 피살된 시체로 발견되었다. 지금 모두가 나서서 취재원들과 부지런히 접촉하면서 캐럴의 소재를 파악하려고 애쓰고 있다는 것이었다. 이들은 요즘 바그다드에서는 이런 폭력 사태가 흔한 일이라고 전했다. 이런 폭력의 대상이 주로 이라크인임은 물론이다. 시아파와 수니파 간의 싸움이 광범하게 확산되고 있지만 전략적 측면을 찾을 수 없거나 까닭을 알 수 없는 폭력 행사가 많았다. 그저 충격과 공포감을 심어 주려는 폭력이 난무했다. 선거 실시를 통해 이라크 사회의 안전성이 한결 강화될 것이라고 생각하는 기자들은 아무도 없었다. 나는 이들에게 미군 철수가 이라크 내 긴장을 완화시킬 가능성이 있느냐고 물었다. 나는 수긍하는 답변이 나올 것으로 기대했지만 이들은 고개를 가로저었다.

기자 중 한 사람이 이렇게 대답했다.

"아무리 생각해 봐도 이라크는 몇 주 안에 내전 상황으로 치닫게 될 것으로 보입니다. 그러면 10만, 어쩌면 20만 명의 인명이 희생될지도 모릅니다. 오직 미군만이 지금의 상황을 그런대로 유지시킬 수 있지요."

그날 밤 우리 일행은 할리자드 대사와 함께 잘랄 탈라바니(Jalal Talabani) 임시 대통령의 만찬 초대를 받고 그의 별장으로 향했다. 경비는 삼엄했다. 그린존을 빠져나갈 때는 호송대가 바리케이드의 미로를 헤치면서 나선형으로 전진했다. 그린존을 벗어난 뒤에는 한 블록마다 미군이 배치되어 만약의 사태에 대비했고 우리 일행은 만찬장에 도착할 때까지 헬멧과 방탄조끼를 착용하고 있으라는 지시를 받았다.

10분 만에 이라크 임시 대통령의 큰 별장에 도착했다. 대통령과 이라크 임시 정부 각료 몇 사람이 우리를 맞았다. 모두 체격이 크고 대부분 50~60대였다. 그들은 활짝 미소를 짓긴 했지만 눈빛으론 별다른 감정을 드러내지 않았다. 이중에서 내가 얼굴을 아는 사람은 한 사람뿐이었다. 시아파로서 서방 세계에서 교육을 받고 망명 단체인 이라크국민회의를 이끌던 아메드 찰라비(Ahmed Chalabi)였다. 그는 이라크전이 벌어지기 이전에 미국 정보 기관과 부시 행정부 정책 수립자들에게, 이라크 침공 결정의 근거가 된 몇 가지 정보를 제공한 것으로 알려졌는데 그 대가로 찰라비 중심의 망명 단체는 수백만 달러를 받았지만 나중에 그런 정보는 가짜로 드러났다. 그 이후 찰라비는 미국 후원자들과 사이가 틀어졌다. 그가 미국의 비밀 정보를 이란 쪽에 흘려주었다는 보도가 나오는가 하면, 요르단 사법 당국은 그를 횡령과 절도, 예금자 기금 유용, 통화 투기 등 31개 항목의 혐의로 기소해 궐석 재판에서 유죄 선고를 내린 뒤 체포 영장을 발부해 아직도 유효한 상태였다. 그러나 찰라비는 이런 어려움 따위를 거뜬히 극복한 듯했다. 깔끔한 복장으로 성년이 된 딸을 데리고 만찬장에 나타난 그는 현재 임시 정부의 석유상 서리였다.

만찬이 진행되는 동안 찰라비와 별 이야기를 나누지 않았다. 그 대신 임시 정부의 재무 장관을 지낸 인물이 옆자리에 앉아 있어 주로 그와 대화를 나눴다. 그는 이라크 경제 전반을 훤히 꿰고 있어 나에게 깊은 인상을 심어 주었다. 그는 이라크가 외국인 투자를 유치하려면 경제 운용상의 투명성을 높이고 법적 장치를 충실하게 갖춰야 한다고 역설했다. 만찬이 끝난 뒤 나는 대사관 관계자 한 사람에게 그에 대해 좋은 인상을 받았다고 밝혔다.

그러자 이 관계자는 이렇게 말했다.

"그가 똑똑하다는 것은 아무도 의심하지 않습니다. 그는 이라크이슬람혁명최고위원회(SCIRI)의 지도자 가운데 한 사람이기도 하지요. 이들은 내무부를 장악하고 있고 내무부는 경찰을 통제하고 있습니다. 그런데 이 경찰 조직에 민병대원들이 침투해 있는 것이 문제죠. 이들이 수니파 지도자들을 잡아가고 다음 날 아침 잡혀간 사람들이 시체로 발견된다는 비난이 일고 있는데, 그런 일이 되풀이……."

이야기가 슬그머니 끊어지더니, 이 관계자는 어깨를 한 번 으쓱한 뒤 말을 맺었다.

"우리는 역량대로 부딪쳐 나간답니다."

나는 그날 밤 선뜻 잠이 오지 않았다. 그래서 과거 사담과 그의 손님용으로 쓰였던 수영장 옆 영빈관에서 위성을 통해 라이브로 전송되는 레드 스킨 게임을 시청했다. 나는 몇 차례나 TV 소리를 죽인 채 한밤의 정적을 깨뜨리는 박격 포탄 소리에 귀를 기울였다. 다음 날 아침 우리는 다시 블랙호크 헬리콥터를 타고 팔루자에 있는 미군 해병대 기지로 향했다.

팔루자는 안바르 주라는 이라크 서부 불모지대에 있는 도시였다.

수니파가 지배하는 안바르 주에서는 미군과 반군 사이에 몇 차례 치열한 전투가 벌어졌다. 그 때문에 해병대 캠프의 분위기는 그린존보다 훨씬 엄중했다. 바로 하루 전에 순찰 중이던 해병대원 5명이 길가에 설치된 폭탄과 소화기 총격으로 목숨을 잃었던 것이다. 이곳 병사들은 그린존의 병사들보다 경험이 적고 숙련되지 않은 것처럼 보였다. 대부분 20대 초반의 나이로 아직도 여드름이 남아 있고 10대처럼 신체적으로 덜 성숙한 것처럼 보이는 병사들이 적지 않았다.

캠프의 지휘관이 브리핑을 주선해 우리는 몇몇 고급 장교로부터 미군의 딜레마에 대한 설명을 들었다. 역량이 강화되면서 이곳 해병대는 날이 갈수록 저항 세력 지도자들을 많이 체포하고 있지만 시카고의 갱단처럼 한 사람을 잡으면 그 자리를 차지하겠다고 나서는 사람이 두 명꼴은 된다는 것이었다. 이처럼 저항 세력의 힘이 줄어들지 않는 것은 정치적인 면보다는 오히려 경제적인 측면이 더 크게 작용하는 것 같다고 설명했다. 중앙 정부가 안바르 지역을 외면하고 있어 성인 남자의 실업률이 무려 70퍼센트 수준을 맴돌고 있었기 때문이다.

한 장교는 이렇게 말했다.

"2~3달러만 주면 젊은이에게 폭탄을 장치하도록 시킬 수 있습니다. 여기에서는 그 정도만 해도 큰돈이기 때문입니다."

브리핑이 끝날 즈음 옅은 안개가 밀려와 키르쿠크로 떠나는 일정이 다소 지체되었다. 안개가 걷히기를 기다리는 동안 마크 리퍼트가 고급 장교 한 사람과 이야기를 나누기 위해 자리를 떴다. 그는 내 밑에서 외교 정책 보좌관으로 일하는 친구이다.

나는 마침 반란 활동 대응 전략을 담당하는 소령과 이야기를 나누게 되었다. 그 소령은 키가 작은 데다 말씨가 부드럽고 안경을 낀 탓인지, 고등학교 수학 선생 같은 인상을 주었다. 그는 해병대에 들어오기 전에 평화봉사단원으로 필리핀에서 여러 해 동안 활동했다고 했다. 필리핀에서 배운 여러 교훈을 이라크 내 군사 활동에 활용해야 한다고 나에게 설명하면서 아랍어를 구사하는 사람이 얼마나 있어야 이라크인들의 신뢰를 얻을 수 있는지는 모르겠다고 말했다. 그러나 장병들이 문화적 민감성을 키우고 현지 지도자들과 장기간 지속될 수 있는 관계를 맺으며 보안군을 재건 활동 팀과 연결시켜야 한다고 강조했다. 그래야 이라크인들이 미국의 노력을 통해 얻게 될 구체적인 혜택을 직접 볼 수 있다고 했다. 그는 이런 성과를 얻으려면 얼마간의 시일이 걸리겠지만 미군이 이라크 전역에서 이런 노력을 기울임에 따라 이미 개선의 기미를 엿볼 수 있게 되었다고 말했다.

그때 호송 장교가 헬리콥터가 이륙할 준비를 갖췄다고 전했다. 나는 소령에게 행운을 빈다고 말한 뒤 헬리콥터 이륙장으로 가기 위해 밴에 올랐다. 마크가 내 곁에 앉자 나는 그 고급 장교에게서 무슨 이야기를 들었느냐고 물었다.

"이 상황에서 가장 적절하게 대처하려면 우리가 해야 할 일이 무엇이냐고 물었지요."

"그래, 그 장교가 뭐라고 대답했소?"

"떠나야 한다더군요."

미국이 이라크에 휘말려 들어간 과정은 앞으로도 여러 해 동안 분석과 논란의 대상이 될 것이다. 사실 그 과정은 지금도 끊임없이 다루어지고 있다. 현재 이라크의 상황은 나빠지고만 있어 소소한 내전이 이미 벌어진 것처럼 보일 지경이다. 지금 모든 미국인들은 이라크에서 웬만한 성과가 나타나기를 바라겠지만, 솔직히 이라크 상황의 단기적 전망에 대해 낙관한다고는 차마 말할 수 없는 실정이다.

나는 지금 단계에서 이라크 상황을 좌우하는 것은 군사력이 아니라 정치력 발휘라는 점을 분명하게 인식하고 있다. 함께 만찬을 즐긴 냉혹하고 비정한 사람들의 계산법이 놀라울 따름이다.

또 현 단계에서 미국이 추구할 전략적 목표가 무엇인지 명확하게 설정해야 한다는 점도 잘 알고 있다. 이라크에 어느 정도나마 안정을 이룩하고 이라크의 집권 세력이 미국에 적대적인 태도를 취하지 않게 하며 또 이라크가 테러 활동의 근거지가 되지 않도록 만드는 것이 전략적인 목표가 되어야 할 것이다. 나는 이런 목표를 추구하면서 미군이 2006년 말까지는 단계적 철수를 시작하는 것이 미국과 이라크에 다 같이 이득이 될 것이라고 믿는다. 물론 얼마나 신속하게 완전 철수를 할 수 있느냐 하는 점은 결국 불완전한 판단으로 그칠 수밖에 없을 것이다. 이런 판단은 아무리 적절하다고 해봤자 추측에 불과한 것을 근거로 삼기 때문이다. 가령 이라크 정부가 국민들에게 안심하고 살 수 있는 기본적인 질서 유지와 기초적인 행정 서비스를 제공할 수 있는 능력을 언제 갖추게 될지, 미군의 주둔이 반군의 저항 활동을 어느 정도나 자극하는지, 그리고 미군이 완전히 철수했을 때 이라크가 전면적인 내전 상태로 빠져 들 가능성은 얼마나 되는지 등이 모두 그런 추측의 대상이다. 전투로 단련된 해병대 장교들은 철수해야 한다는 의견을 내놓고 이라크 상황을 회의적으로 바라보는 바그다드 주재 외국 특파원들은 미군이 철수해서는 안 된다고 주장하는 상황이니, 쉽사리 해답을 찾기는 어렵다.

그럼에도 현시점에서 우리가 이라크에서 취한 조치로부터 어떤 결론을 이끌어 내는 것은 시기상조가 아니다. 이라크에서 부딪치고 있는 어려움은 실행을 잘못해서가 아니라 착상이 잘못돼서 빚어진 일이기 때문이다. 사실 9·11 테러가 벌어진 지 5년 가까이 지났고 소련이 붕괴된 지 15년이 지났음에도 미국은 아직도 일관성 있는 안보 정책을 갖추지 못하고 있다. 우리는 지도적인 원칙 대신에, 그때그때 상황에 따라 결정을 내렸을 뿐이다. 이런 결정들은 의심스러운 결과를 가져왔을 뿐이다. 이라크는 침공하면서 왜 북한이나 미얀마는 그대로 내버려 두는가? 보스니아 사태에는 개입하면서 다르푸르 상황을 외면하는 이유는 무엇인가? 우리가 이란에서 노리는 목표는 정권 교체, 핵 개발 능력 분쇄, 핵 확산 방지 중 어느 것인가? 이 전부인가? 우리는 자국민을 탄압하는 독재정권이 있는 곳이면 어디에서건 무력을 사용할 것인가? 그렇게 한다면 민주주의가 제대로 뿌리 내리도록 하기 위해 얼마나 오랫동안 주둔할 것인가? 중국처럼 경제 면에서는 자유화 조치를 취하면서도 정치 면에서는 그렇지 않은 나라는 어떻게 다룰 것인가? 우리는 국제연합을 통해 모든 쟁점에 접근해 갈 것인가, 아니면 우리가 이미 내린 결정을 국제 연합이 추인할 뜻이 있을 경우에만 그렇게 할 것인가?

어쩌면 백악관에 있는 누군가는 이런 의문에 대해 분명한 해답을 가지고 있을지도 모른다. 그러나 우리의 동맹국들이나 그런 문제에 관련된 적대국들도 분명 그 해답이 무엇인지 모르고 있다. 더욱 문제가 되는 것은 국민들도 그런 해답을 모른다는 점이다. 국민이 지지하고 전 세계가 이해할 만한 명확한 안보 전략을 제시하지 못한다면 미국은 오늘날보다 세계를 더욱 안전하게 만드는 데 필요한 정당성과 궁극적으로는 그런 영향력을 갖지 못할 것이다. 미국은 전후 트루먼이 취한 대담하고 폭넓은 제반 정책에 비길 만한 새로운 외교 정책상의 기본 틀이 필요하다. 이 같은 외교 정책은 새로운 밀레니엄이 안겨 준 도전적 과제와 호기를 적극적으로 다뤄 나가며, 무력 사용의 지침을 제시하면서 우리의 크나큰 이상과 헌신의 대상을 드러내는 것이어야 한다.

그렇다고 내가 이런 거창한 전략을 준비해 뒷주머니에 넣고 있다는 이야기는 아니다. 다만 나는 내가 믿는 바를 잘 알고 있다. 또한 미국민이 의견을 모을 수 있는 몇 가지 주제를 제시해 새로운 합의를 이루는 출발점으로 삼고자 한다.

　먼저 우리는 고립주의나 종종 필요한 군사력의 대외 배치조차 부정하는 접근 방식으로 되돌아간다면 기대하는 성과를 얻을 수 없다는 점을 인식해야 한다. 대외 문제에서 손을 떼려는 욕구는 민주·공화 양당에서 아직도 강한 기류로 남아 있다. 특히 미국인의 인명 손실이 큰 쟁점이 될 때 그렇다. 예를 들어, 1993년 미군 병사들의 시신이 모가디슈 거리에서 질질 끌려 다니자 공화당은 잘못된 임무에 군사력을 헛되게 썼다고 클린턴 대통령을 비난했다. 2000년 대통령 선거에서 조지 W. 부시 후보가 다시는 국가 개조(nation building, 자국에게 익숙한 모델에 따라 타국의 기구, 제도 등을 뜯어고치거나 새로 설치하는 의도적인 노력을 지칭하는 말로서 타국에 생소하고 이질적인 제도나 조직이 뿌리내리지 못해 결국 실패로 끝나는 사례가 많다 - 옮긴이 주) 활동에 미국의 군사적 자원을 투입하지 못하게 하겠다고 다짐한 것도 소말리아에서 벌어진 이런 참혹한 장면이 부분적으로 원인이 되었다. 따라서 부시 행정부가 이라크에서 취한 일련의 조치들이 훨씬 큰 반발을 불러온 것은 이런 측면에서 이해할 만한 일이다. 퓨 리서치 센터(Pew Research Center)가 9·11 테러 공격이 일어난 지 5년 가까이 지난 시점에서 실시한 여론 조사 결과를 보면 국민 중 46퍼센트는 미국이 "국제 무대에서 자신과 연관된 문제에나 신경을 쓰고 다른 나라 문제는 그들대로 최선을 다해 꾸려 나가도록 내버려 둬야 한다"는 분명한 입장을 보인 것으로 나타났다.

　이 같은 반응은 특히 자유주의적 성향의 사람들에게서 두드러졌다. 이들은 미국이 베트남에서 저지른 잘못을 이라크에서 되풀이한다고 보고 있다. 더구나 이라크 상황이 잘 풀려 나가지 못하는 데다, 당초 이라크전 개전 필요성을 뒷받침하기 위해 부시 행정부가 활용했던 여러 책략이 의혹의 대상이 되면서 진보 세력 쪽의 많은 사람들은 테러 집단과 핵 확산을 추구하는 나라들의 위협마저 무겁게 받아들이지 않게 되었다. 2005년 1월의 어느 여론 조사 결과에 따르면 보수주의자로 자처하는 사람들은 외교 정책의 우선적 목표 중 하나로 알카에다의 분쇄를 꼽은 비율이 진보적인 사람들보다 무려 29포인트나 높았다. 또한 미국에 적대적인 조직이나 국가가 핵무기를 보유하지 못하게 해야 한다고 응답한 비율은 26포인트나 높게 나타났다. 반면에 진보 세력은 외교 정책상의 3대 우선적인 목표로 이라크 주둔 미군의 철수와 에이즈 확산 방지, 동맹국과의 협력 강화를 꼽았다.

진보 세력이 꼽은 우선적인 목표에 그 나름의 값어치가 있음은 물론이다. 그러나 진보 세력은 그동안 일관된 안보정책을 거의 제시하지 못했다. 여기서 두 가지 사실, 즉 오사마 빈 라덴이 호치민이 아니라는 점과 오늘날 미국이 당면한 위협이 실질적이고 복합적이며 또 참혹한 결과를 낳을 가능성이 있다는 점을 돌이켜 생각해 보는 것이 좋을 것이다. 미국이 최근에 취한 여러 정책은 오히려 사태를 악화시켰다. 그러나 이라크에서 내일 당장 미군을 철수시킨다 하더라도 현행 국제 질서에서 미국이 차지하는 지배적인 위치를 감안할 때 여전히 테러 대상에서 벗어날 수 없을 것이다. 만약 보수 세력이 '못된 짓을 한 자들'만 없애 버리면 세계 각국은 제 힘으로 헤쳐 나갈 수 있다고 판단한다면, 그 또한 잘못된 생각임은 물론이다. 세계화로 말미암아 미국의 경제와 안보, 심지어 우리의 건강까지도 지구 반대편에서 벌어지는 사태와 꼼짝없이 엮이게 된다. 또한 이 지구 상에는 글로벌 시스템을 구체화하고 발전시키거나, 자유의 영역과 개인의 안전, 경제적 복리를 확대시킬 새로운 국제 규율에 관해 세계 각국의 합의를 모아 나갈 만한 능력을 갖춘 나라가 미국 외에는 없다. 좋든 싫든 우리가 좀 더 안전하게 살고자 한다면 세계 전체를 더욱 안전하게 만드는 일을 거들지 않으면 안 될 것이다.

우리가 인식해야 할 두 번째 문제는 현재 우리가 당면한 안보 환경이 50년 전이나 25년 전, 심지어 10년 전의 상황과도 근본적으로 다르다는 점이다. 트루먼과 애치슨, 케넌, 마셜이 2차 세계 대전 이후의 세계질서 기본 틀을 짜기 위해 한자리에 모였을 때, 이들이 참고할 만한 것은 19세기와 20세기 초를 지배했던 강대국들의 경쟁 상황이었다. 그런 상황에서는 나치 독일이나 소련 같은 팽창 지향적인 국가들이 미국의 가장 큰 위협이 되었다. 이런 국가들은 요충지를 침공할 만한 대규모 병력과 강력한 병기를 전개하거나 배치시키고 중요한 자원에 접근하려는 미국의 노력을 차단하면서 그들이 원하는 국제 통상 조건을 강제할 수 있었다.

그런 세계는 더 이상 존재하지 않는다. 독일과 일본이 자유 민주주의와 자유 시장 경제를 바탕으로 하는 국제 시스템에 편입됨에 따라 자유 세계 내부에서 강대국 사이에 알력과 충돌이 생길 위험성은 사실상 사라졌다. 또한 핵무기의 출현과 '상호 필멸 전략(mutual assured destruction)' 때문에 미국과 소련 간의 전쟁 발발 위험은 베를린 장벽이 붕괴되기 이전에도 상당히 희박했다. 오늘날, 점차 국력이 커지는 중국을 포함해 가장 유력한 국가들과 이런 국가에 사는 엄청난 규모의 인구는, 비록 자국 영역 안에서 넓은 의미의 자유나 민주주의를 폭넓게 용인하지 않고 있긴 해도, 무역과 경제 정책, 적법한 절차와 외교 활동을 통한 분쟁의 해결 등을 규율하는 일반적인 국제 법규만은 대체로 충실하게 지키고 있다.

따라서 점증하는 위협은 주로 글로벌 경제의 변두리에 위치한 지역에서 비롯된다. 이런 지역은 국제 '통행 규칙(rules of the road)'이 확립되지 않은 곳으로서 취약하거나 휘청거리는 국가 권력 하에 전제 정치와 부정부패, 만성적인 폭력 사태가 난무한다. 또한 대다수의 국민들이 제대로 교육을 받지 못한 채 가난에 허덕이며 글로벌 정보망에서 완전히 차단되어 있다. 이런 지역의 통치자들은 세계화가 그들이 지배권을 약화시키고 전통문화를 손상시키며 고유한 제도와 관행을 밀어낼 것이라고 불안해한다.

과거에는 외따로 떨어진 이들 지역의 나라나 주민들을 외면하고 방치해도 별 탈이 없을 것이라고 생각했다. 이들은 우리의 세계관에 적개심을 품거나 미국인이 소유한 사업을 국유화하거나 미국의 1차 생산품 가격을 동결하거나 소련이나 중국의 영향권으로 들어가거나 아니면 해외에 있는 미국 대사관이나 군사 요원들을 공격할 수도 있었다. 그러나 본토에 있는 미국인들을 공격할 수는 없었다. 9·11 테러 공격이 벌어지면서 이런 공식도 깨져 버렸다. 전 세계를 하나로 묶는 상호 연결성 자체가 그런 세계를 깨뜨리고자 하는 세력에게 큰 힘을 안겨 주었다. 이제 테러 조직들은 자신의 믿음과 주장을 순식간에 널리 전파시킬 수 있다. 이들은 글로벌 경제 시스템의 가장 취약한 연결 고리가 어디인지를 찾아낼 수 있고 또 런던이나 도쿄에 타격을 가하면 그 파장이 뉴욕이나 홍콩에까지 미친다는 점을 잘 알고 있다. 과거에 국가 기관이 거의 독점하다시피 한 무기와 첨단 기술도 이젠 암시장에서 쉽게 구매할 수 있고 인터넷을 통해 그 설계도와 사용 방법을 다운로드받을 수 있다. 인력과 상품이 전 세계의 수많은 국경을 자유롭게 넘나들면서 글로벌 경제에 활력을 불어넣은 그 혈류(life blood)가 이제 살인과 잔혹한 목적에 얼마든지 활용될 수 있다.

만약 국가가 더 이상 대규모적인 폭력을 독점하지 못하는 상황이라면, 다른 나라들이 미국의 보복 대응 능력 때문에 우리를 직접적으로 공격할 가능성이 점차 줄어드는 상황이라면, 또한 급증하는 위협이 세계화를 막으려는 테러 조직이나 전 세계로 확산될 가능성이 있는 조류 인플루엔자 같은 질병이나 파멸적인 결과를 초래할 수 있는 기후 변화처럼 초국가적인 성격을 띠고 있다면 우리의 안보 전략은 이에 어떻게 대응해야 할까?

우선 새로운 현실에 맞춰 국방비 지출과 군사력 구조를 조정해야 한다. 냉전이 시작된 이래 미국은 특정 국가의 침략 행위를 저지할 수 있는 능력으로 국제 법규와 국제 규범을 준수하는 모든 국가의 안전을 상당 부분 보장했다. 미국은 대양 해군으로 전 세계를 초계할 수 있는 유일한 국가인 만큼 해로를 안전하게 열어 놓는 책임도 미국 함정에 있었다. 냉전 기간 중 유럽과 일본이 군비 경쟁에 뛰어들지 못하게 만든 것과, 최소한 최근까지도 대부분의 국가들이 핵무기를 골치만 아플 뿐, 그만한 값어치가 없다고 생각하게 만든 것은 모두 미국의 핵우산 때문이었다. 그러나 러시아와 중국이 저마다 엄청난 군사력을 유지하면서 무력을 행사해 보겠다는 충동을 완전히 떨쳐 버리지 않고, 사담 후세인이 1991년 쿠웨이트를 침략한 것처럼, 국제 규범을 따르지 않는 소수의 불량 국가들(rogue states)이 다른 주권 국가를 공격하려 하는 한 미국이 달갑잖아도 세계의 경찰관 노릇을 다시 해야 할 때가 있을 것이다. 이런 역할은 바뀌지 않을 것이고 또 바뀌어서도 안 된다.

다른 한편, 주로 3차 세계 대전이 일어날 가능성에 대비해 편성된 국방 예산과 군사력 구조가 이제 전략적 의미를 거의 상실했다는 점을 인정해야 한다. 미국의 2005년도 국방 예산 총액은 5,220억 달러를 웃돌았다. 국방 예산 순위 면에서 미국 다음의 2위부터 30위까지를 차지한 29개국의 방위 예산 총액을 합쳐도 미국의 국방 예산에 못 미친다. 미국의 국내 총생산(GDP)은 세계에서 인구가 가장 많고 가장 급속한 경제 성장을 거듭하고 있는 두 나라인 중국과 인도의 GDP를 합친 것보다도 많다. 미국은 북한이나 이란처럼 국제 규범을 무시하는 국가들의 위협에 대응하면서 중국 같은 잠재적 경쟁 국가의 도전을 뿌리치기 위해 전략적 군사력 운용 태세를 갖춰야 한다. 사실 이라크, 아프가니스탄과 두 차례 전쟁을 치르면서 미국의 전력이 많이 소모된 점을 감안할 때, 임전 태세를 회복하고 장비를 교체하기 위해서라도 당장은 국방 예산을 다소 늘려야 할 것 같다.

그러나 미국이 낭면한 가장 난해한 군사적 과제는 중국을 능가하는 군사력을 유지하는 것이 아니다. 오히려 중국과 연관된 가장 큰 난제가 있다면 그것은 군사적 과제가 아닌, 경제적 과제일 것이다. 그보다는 정부가 제구실을 못 하거나 테러 분자들이 들끓는 적대적인 지역에 미군이 투입될 때 그런 복잡한 과제가 제기될 가능성이 더 많다. 이런 난제를 감안해 미국은 최신 병기의 구매와 인력 투자 간의 적절한 균형을 맞춰야 한다. 이는 곧, 근무 교대 일정을 적정하게 유지하기 위해 병력을 늘리고, 장병들에게 알맞은 장비를 갖춰 주며, 날로 복잡해지고 힘들어지는 임무를 성공적으로 수행하는 데 필요한 여러 기능, 즉 현지 언어 습득과 재건 활동, 정보 수집, 평화 유지 등의 임무를 수행하는 능력을 교육시키는 것을 의미한다.

그러나 군사력 구조를 바꾸는 것만으로는 충분하지 못할 것이다. 미국이 앞으로 당면하게 될, 테러 조직과 이런 조직을 지원하는 소수의 국가가 가하는 위협인 비대칭적 위협에 대처하는 데는 궁극적으로 군사력 구조보다는 그런 군사력의 동원을 결정하는 방법이 더 중요하다. 미국이 냉전에서 승리한 것은 단순히 소련보다 군사력이 우세했기 때문이 아니라 공산 정권 치하에서 살았던 사람들과 국제 여론을 미국의 가치 기준이 지배하다시피 했기 때문이다. 냉전 상황보다, 이슬람에 바탕을 둔 테러 활동과의 싸움에서 여론 경쟁이 더 치열할 것 같다. 군사 작전

뿐만 아니라 이슬람 세계와 동맹국은 물론, 미국 국민의 마음까지 얻으려고 하는 치열한 여론 형성 노력도 필요한 것이다. 오사마 빈 라덴은 재래식 전쟁 방식으로는 미국을 꺾거나 무력화시킬 수 없다는 것을 잘 알고 있다. 따라서 이들은 계속 고통을 가해 우리가 이라크에서 목격한 것과 같은 반응을 유도하는 방식을 취한다. 즉, 미국이 이슬람교 국가인 이라크에 어설프고 경솔한 군사적 침공을 감행하고 이런 침략이 종교적 정서와 민족주의적 자긍심에 바탕을 둔 반란 활동을 자극한다. 다시 이런 저항 때문에 미군은 꼼짝없이 장기간의 힘겨운 이라크 점령을 이어가야 하며 이런 점령은 미군과 이라크 민간인 희생자 숫자를 날이 갈수록 늘린다. 이러다 보면 반미 감정을 부채질해 테러리스트가 되겠다는 지원자가 늘어나고 한편 미국민들은 전쟁뿐만 아니라 우리를 이라크에 밀어 넣은 제반정책 자체에 대해서도 의문을 품게 된다.

이것이 바로 동굴 속에 앉아서 전쟁을 승리로 이끄는 계획이며 최소한 지금까지는 미국이 그런 각본에 따라 놀아나고 있다. 이런 각본을 바꾸려면 미국은 군사력 사용이 우리의 폭넓은 목표를 방해하는 것이 아니라 뒷받침하는 것임을 분명하게 입증해야 한다. 여기서 폭넓은 목표란, 테러 조직의 파괴적인 잠재력을 무력화시켜 전 세계에서 벌어지는 사상 전쟁(battle of ideas)을 승리로 이끄는 것이다.

이런 상황이 실제로 어떤 것을 의미하는 것일까? 우선 이런 전제에서 출발해야 한다. 즉 미국도 다른 모든 주권 국가와 마찬가지로 외부의 공격으로부터 자신을 방어할 일방적인 권리가 있다는 것이다. 따라서 알카에다의 근거지와 이들을 감춰 주는 탈레반 정권을 제거하는 군사 작전은 100퍼센트 정당성을 지니고 있었다. 대부분의 이슬람 국가에서도 그런 정당성을 인정했다. 이런 군사 작전에 대해 동맹국들의 지지와 지원을 받았다면 좋았겠지만 그런 국제적 합의가 이뤄지기를 기대하는 마음에서 당장의 안전 확보를 외면할 수는 없는 일이다. 우리가 단독으로 나서야 한다면 국민은 조국을 지키기 위해 어떠한 희생도 기꺼이 치르고 또 어떠한 부담도 흔쾌히 질 것이다.

나도 우리 안보에 대한 긴박한 위협을 제거하기 위해 일방적인 군사 행동을 취할 권리가 있다고 주장할 것이다. 단, 그런 긴박한 위협이 미국이나 미국과 상호 방위 조약을 체결한 동맹국들을 목표로 삼아 공격할 준비를 적극적으로 갖추고 임박한 장래에 그런 공격을 감행할 수단을 갖고 있거나 갖게 될, 그런 국가나 단체, 개인임이 명확해야 한다. 알카에다가 바로 이런 기준에 적합하기 때문에 미국은 선제 공격을 벌일 수 있고 또 그래야 한다. 그러나 사담 후세인 치하의 이라크는 이런 기준에 맞지 않았다. 우리의 이라크 침공이 전략상의 큰 실책이었음은 바로 그 때문이다. 우리가 일방적인 타격을 가할 생각이라면 목표가 되는 나라나 단체의 범죄를 입증할 확증을 잡아야 할 것이다.

나는 자위의 문제를 벗어나 다른 지역에서 무력을 행사할 때에는 일방적인 것보다 다자적인 접근 방식이 거의 언제나 전략적인 이득이 된다고 확신한다. 그렇다고 해서 내 말은 국제 연합 안전보장이사회가 미국의 군사 행동에 거부권을 행사해야 한다는 의미가 아니다. 안보리는 그 구성과 규정 때문에 냉전 시대의 관점이라는 시간 왜곡(time warp) 속에서 꼼짝달싹 못한 경우가 너무 잦았다. 또한 우리의 군사 행동에 영국과 토고를 끌어들인다면 마음대로 할 수 있다는 뜻도 아니다. 다자적 대응이란, 조지 H. W. 부시 행정부가 1차 걸프 전쟁 때 했던 것처럼 하는 것을 말한다. 당시 (아버지) 부시 대통령은 끈질긴 외교 활동을 통해 세계 대다수 국가들이 미국의 군사 행동을 지지하게 만들었고 미국의 군사 행동을 통해 전 세계가 국제 규범을 한층 분명하게 인지하도록 했다.

미국이 이런 노력을 기울인 이유는 어디에 있을까? 국제적인 '통행 규칙'의 준수를 통해 미국이 다른 어느 나라보다도 많은 이득을 얻기 때문이다. 만약 미국이 자신을 제외한 다른 나라들에만 그런 규칙이 적용되는 것처럼 처신한다면 그런 규정을 따를 나라가 없을 것이다. 그러나 세계 유일의 초강대국인 미국이 자진해서 자신의 실력 행사를 자제하면서 국제적으로 합의된 행동 기준을 그대로 따른다면 이런 규정이 따를 만한 것이라는 분명한 메시지를 던져 줄 수 있다. 그리고 이런 규칙이 미 제국주의의 도구에 불과하다는 테러 분자와 독재자들의 주장을 무색하게 만든다.

전 세계로부터 동의를 받아 낸다면 군사 행동이 필요할 때도 미국의 부담은 가벼워지고 군사 행동의 성공 가능성도 높아진다. 동맹국 대다수의 국방 예산이 비교적 적은 점을 감안할 때 군사비를 분담하는 일은 일부의 경우 환상에 그칠 수 있다. 그러나 발칸 지역과 아프가니스탄에서 군사 작전을 펼칠 때는 나토 가맹국들이 실제로 리스크와 군사비를 분담했다. 게다가 미국이 개입할 가능성이 가장 큰 형태의 전투에서는 초기의 군사 작전이, 그 작전에 뒤따를 후속 작업보다 덜 복잡하고 희생이 덜한 경우가 많다. 여기서 후속 작업이란, 현지 경찰을 훈련시키고 전기와 상수도 공급을 재개하며 사법 제도를 되살리고 독립적인 미디어를 육성하며 공중 보건 인프라를 구축하고 선거 실시를 계획하는 등의 활동을 말한다. 이때 동맹국들은 화물 운송비를 분담하고 발칸 지역이나 아프가니스탄에서 했던 것처럼 핵심 업무에 필요한 전문 기술을 제공할 수 있다. 이럴 때 미국이 처음부터 국제 사회의 지지를 받으면서 군사 행동을 벌였다면 이런 지원을 받을 가능성은 훨씬 높아질 것이다. 군대 용어로 말하자면 정당성 확보가 '군사력 승수 효과(force multiplier)'를 발휘하는 것이다.

다른 나라와 연합을 이뤄 나가려면 상당한 공을 들여야 한다. 이런 과정 때문에 미국은 다른 나라의 견해에 귀를 기울이지 않을 수 없고 움직이기 전에 한번 살펴보게 된다. 이런 점도 역시 중요한 문제다. 미국이 긴박한 직접적 위협에 맞서 자위에 나선 것이 아닌 경우에는 종종 시간 여유에 따른 이득을 볼 수 있다. 사실 군사력은, 비록 가장 중요한 요소이긴 하지만, 사태 추이를 좌우하면서 국제 무대에서 미국의 이익을 증진시킬 수 있는 많은 도구 중 하나에 불과하다. 가령 중요한 에너지원을 지속적으로 활용하거나 국제적으로 인정된 국경을 존중하도록 만드는 일, 금융 시장의 안정을 유지하는 일, 그리고 대량 학살을 예방하는 일 같은 국익을 추구하면서 무력 사용을, 사태 추이에 영향을 미칠 수 있는 다른 도구와 비교하면서 그 비용과 이득을 현실적으로 분석해야 한다.

값싸게 원유를 확보하는 일이 인명 희생과 부의 손실이 따르는 전쟁을 감수할 만한 값어치가 있는 것일까? 미국이 특정 민족 분규에 군사적 개입을 하는 것이 정치적인 측면에서 항구적인 해결을 가져올 것인가, 아니면 그 분규에 무한정 얽매이는 상황이 초래될 것인가? 미국과 다른 나라와의 갈등이 외교 활동이나 상호 연계된 일련의 제재 조치로 해결할 수는 없는가? 우리가 넓은 의미의 사상 전쟁에서 승리를 거두고자 한다면 이런 고려나 셈법에 국제 여론도 포함시켜야 한다. 그런데 미국의 보호 아래 있는 유럽 동맹국들이 가끔 반미 자세를 취하는 것을 보면 좌절감을 느낄지 모른다. 또한 어떤 사태에 대해 미국이 아무런 조치를 취하지 않는 것을 두고 국제 연합 총회에서 찬반이 엇갈린 다양한 반응이 쏟아져 나오는 것을 보면 실망감을 느낄지 모른다. 그러나 표면적인 태도나 온갖 요란한 수사에 얽매이지 않고 그 이면을 들여다보면, 현 상황을 파악할 수 있을 뿐만 아니라 좀 더 나은 전략적 결정을 내리는 데도 도움이 될 균형 잡힌 시각을 찾아낼 수 있을 것이다.

　마지막으로 이런 접근 방식은 동맹국들을 끌어들여야만 테러 분자들의 공격 능력을 억제시킬 노력을 공동으로 주관한다는 느낌을 이들 국가에 줄 수 있다. 테러 집단의 공격 능력을 억제하는 노력은 매우 중요하고 어려운 작업이며 상호 협력이 필수적이고 또 조직적으로 전개해야 한다. 이런 활동으로는 테러 분자들의 돈줄을 차단하고 정보 공유를 통해 테러 용의자들을 추적·체포하며 이들의 세포 조직으로 침투하는 일이 포함될 것이다. 그동안 정보 수집 활동의 조정은 미국 정보 기관 사이에서도 효율적으로 이뤄지지 못한 데다, 실질적인 정보 수집 능력조차 계속 떨어졌다. 이런 점은 변명의 여지가 없는 일이다. 가장 중요한 점은 대량 살상 무기가 테러 분자들의 수중에 들어가지 않도록 힘을 합치는 것이다.

　그 같은 상호 협력의 가장 적절한 사례 중 하나는 1990년대 인디애나 출신 공화당 소속 상원 의원인 딕 루거와 조지아 출신의 민주당 소속 전직 상원 의원인 샘 넌이 만들어 냈다. 두 사람은 위기가 닥치기 전에 협력 관계를 다져 놓을 필요가 있다는 인식 아래 우선 핵 확산이라는 중대한 문제에 눈길을 돌렸다. 흔히 넌-루거 프로그램(Nunn-Lugar program)으로 알려진 이들의 구상은 다음과 같은 단순한 전제에서 출발했다. 소련이 붕괴한 이후 미국이 당면한 가장 큰 위협은 고르바초프나 옐친의 선제 핵공격 명령이 아니었다. 우발적인 발사가 있을 수도 있겠지만 그런 가능성을 제외한다면 선제 공격 명령보다는 핵 물질이나 핵 기술이 테러 분자들이나 국제 규범을 무시하는 무절제한 국가들의 수중으로 넘어가는 것이 가장 큰 위협이었다. 핵 물질이나 핵 기술이 이런 단체나 국가들로 이전될 가능성이 있다고 본 근거는 러시아의 경제적 혼란과 군부의 부정부패, 러시아 과학자들의 궁핍한 생활, 보안 및 통제 시스템의 손상 등이었다. 미국은 넌·루거 프로그램에 따라 이 같은 여러 시스템을 바로잡을 수 있는 재원을 제공했다. 그러자 여전히 냉전 시대의 사고방식에서 벗어나지 못한 사람들이 기겁을 했지만 이런 자금 지원은 미국을 파국적인 사태로부터 구해 낸 가장 중요한 투자 중 하나였던 것으로 드러났다.

2005년 8월 나는 이 같은 노력을 살펴보기 위해 루거 상원 의원과 함께 러시아와 우크라이나를 찾았다. 나로서는 첫 방문이었지만 동행한 루거 의원이 최상의 가이드 역할을 해주었다. 73세의 고령에 비하면 놀랄 정도로 정정한 그는 부드럽고 침착한 매너에, 뜻 모를 미소를 자주 지으며 가끔 지루함을 자아내는 두 나라 외교 관계자들과의 회담 자리를 주도해 나갔다. 우리는 함께 사라토프에 있는 핵 시설을 살펴보았다. 그곳 러시아 장성들은 최근에 완공된 방벽과 보안 시스템을 자랑스러운 표정으로 설명했다. 그 뒤 이들은 러시아식 수프인 보르시치와 보드카, 감자 스튜, 디저트 식품인 젤로를 곁들인 점심 식사를 대접했다. 전술 미사일인 SS-24와 SS-25의 해체 작업이 진행 중인 페름에서 우리는 높이 2.5미터 정도의 빈 미사일 케이스가 쌓여 있는 곳을 지나면서, 지금은 창고에 안전하게 보관되어 있지만 과거엔 유럽의 대도시들을 겨냥했던, 아직도 발사 가능한, 반질반질 윤이 나는 거대한 미사일들을 말없이 바라보았다.

다시 우리는 우크라이나 키예프의 조용한 주거 지역에 자리 잡은, 미국의 질병통제본부와 같은 구실을 하는 기관을 찾았다. 3층짜리 수수한 건물은 고등학교 실험실 같은 분위기를 풍겼다. 냉방 장치가 안 되어 있는 탓인지, 건물의 창문은 모두 열려 있었고 문설주에는 길쭉하고 가느다란 금속판을 엉성하게 붙여 놓아 쥐가 드나들지 못하게 해놓았다. 우리는 조그만 냉동 장치가 갖춰진 곳으로 안내되었는데 이곳의 보안 통제는 줄 한 가닥을 쳐놓은 것이 전부였다. 실험실 가운과 외과용 마스크를 착용한 중년의 여인이 냉동 장치에서 시험관 몇 개를 꺼내 우리 얼굴 앞에 흔들어 보이면서 우크라이나 말로 뭐라고 말했다.

"탄저균입니다."

통역을 맡은 사람이 그 여인이 오른손에 들고 있는 시험관을 가리키면서 말했다. 통역자는 다시 여인의 왼손에 들려 있는 시험관을 가리키면서 "이긴 페스트균입니다"라고 말했다.

돌아보니 루거가 몇 걸음 떨어진 뒤쪽에 서 있었다.

"가까이서 보고 싶지 않습니까?"

나는 몇 걸음 뒤로 물러서면서 이렇게 물었다.

"그렇게 가까이 있었으니 이제 뒤로 물러서 봤자 소용없소."

루거가 웃으면서 말했다.

시찰을 계속하는 동안 옛 냉전 시대를 연상하게 되는 때도 있었다. 페름 공항에서 20대 초반의 한 관리는 우리가 타고 온 항공기의 수색을 허용하지 않는다는 이유로 우리 일행을 3시간 동안이나 억류시켜 수행원들이 모스크바에 있는 미국 대사관과 러시아 외교부에 전화를 걸어 거세게 항의하는 소동을 빚었다. 그러나 우리가 러시아와 우크라이나에서 보고 들은 바에 의하면, 정치는 아니라 하더라도 경제 면에서는 돌이킬 수 없을 듯한 동서 간의 통합 과정이 분명히 진행되고 있었다. 붉은 광장 쇼핑 몰에 있는 캘빈클라인 매장과 고급 승용차 마세라티 전시관, 음식점 앞에 우르르 주차한 SUV 차량 행렬(이들 차량을 몰고 온 사람들은 건장한 체격에, 다소 어울리지 않은 복장을 하고 있었다. 이들은 과거에 크렘린 관리들보다 한 걸음 먼저 나가 문을 열어 주던 일을 했을 법한 사람들로 지금은 러시아 어느 억만장자의 경호 팀 선발 대원으로 일하고 있었다), 그리고 티셔츠와 골반바지 차림으로 담배를 나눠 피우고 아이파드(iPod)로 음악을 들으면서 키에프의 멋진 거리를 어정거리는 무뚝뚝한 10대 청소년들의 모습에서 뚜렷한 변화를 감지할 수 있었다.

　나는 동서 간의 경제적 통합 과정도 우리 일행이 여러 군사 시설에서 따뜻한 환대를 받았던 이유 중 하나라고 판단했다. 우리 일행이 그런 시설을 방문한 것은 그들이 보안 시스템과 방벽 설치, 모니터 등의 설비를 갖출 자금 지원을 받을 수 있음을 의미한다. 그뿐만 아니라 이런 군사 시설에서 근무하는 사람들에게 그들이 아직도 관심의 대상이 되고 있음을 보여 주는 것이기도 했다. 그들은 과거 전쟁의 도구나 수단을 개선하고 개량하는 활동으로 경력을 쌓으면서 존중받았다. 그러나 이제 과거의 유물이나 관리하는 신세가 되었다. 또한 그들이 근무하는 조직이나 기관은 쉽게 돈 벌 궁리만 하는 국민들에겐 별다른 관심의 대상이 되지 못했다.

　우크라이나 동남부의 공업 도시 도네츠크에서도 사람들이 이와 같은 느낌을 갖고 있음을 분명하게 감지할 수 있었다. 우리는 재래식 무기를 해체·파괴하는 시설을 살펴보기 위해 도네츠크에 들렀다. 이 시설은 시골에 자리 잡고 있어 우리 일행은 구불구불한 좁은 도로를 따라 한참을 달린 뒤에야 도착할 수 있었고, 염소 떼 때문에 몇 차례 차를 멈춰야만 했다. 이 병기 해체 공장의 책임자는 투실투실 살이 찌고 명랑한 인물이어서 시카고 어느 구역의 경찰서장을 연상시켰다. 그는 우리 일행을 어두컴컴한 창고 같은 구조물들로 안내했는데, 정도의 차이는 있어도 전부 황폐하다는 느낌을 주었다. 이런 구조물 안에서 인부들은 잽싼 손놀림으로 지뢰나 탱크, 대포 따위를 해체하고 있었고 그 옆에는 빈 포탄 외피가 우리 어깨 높이까지 수북하게 쌓여 있었다. 공장 책임자는 우크라이나로서는 냉전 시대와 아프가니스탄 전쟁에서 쓰고 남은 온갖 무기를 처리할 자금 여유가 없기 때문에 미국의 지원이 필요하다고 말했다. 그는 현재와 같은 작업 진행 속도라면 이런 병기들을 모두 수집해 폐기하는 데 60년쯤 걸릴 것이라고 설명했다. 그동안 재래식 무기는 우크라이나 전역에 그대로 방치되어 있을 것이 분명했다. 때로는 맹꽁이자물쇠도 없는 오두막에 쌓인 채 비바람에 시달릴 수도 있다. 이런 재래식 병기로는 탄약뿐만 아니라 고성능 폭발물과 어깨에 얹은 채 발사할 수 있는 견착식 대공 미사일도 있다. 파괴력이 큰 이런 무기는 소말리아 군벌이나 스리랑카의 타밀 반군, 이리크 저항 세력의 수중에 들어갈 수도 있다.

우리 일행은 그의 설명을 들으면서 다른 건물로 들어갔다. 그곳에서는 마스크를 쓴 여인들이 테이블 주위에 둘러선 채 갖가지 탄약에서 군용 폭발 물질인 헥소겐을 뽑아내 가방에 담았다. 다른 방으로 들어가 보니 내의 차림의 남자 두 명이 낡은 보일러 옆에서 담배를 피우는 있었는데 이들은 주황색 물이 흐르는 하수용 도랑에 담뱃재를 떨고 있었다. 그때 일행 중 한 사람이 나를 불러 벽에 붙어 있는 빛바랜 포스터를 보여 주었다. 아프가니스탄 전쟁 때 쓰던 포스터로서 어린이 장난감에 은밀하게 폭발물을 장착하는 요령을 설명한 내용이 담겨 있었다. 이런 장난감을 마을마다 놓아두면 아무것도 모르는 어린이들이 집에 들고 갔다가 참극이 벌어진다.

인간의 광기를 보여 주는 증거물이자 소련 제국의 자멸 과정을 보여 주는 기록이기도 하다는 생각이 들었다.

이제 전쟁의 회피보다는 평화의 증진에 더 무게 중심을 둔 미국 외교 정책의 마지막 차원을 살펴보기로 하자. 내가 태어나던 해인 1961년 케네디 대통령은 취임사에서 이런 뜻을 밝혔다.

전 세계 절반쯤 되는 지역에서 오두막과 촌락에 살면서 빈곤의 굴레에서 벗어나기 위해 발버둥 치는 사람들에게 우리는 이들의 자조 노력을 돕기 위해 최선의 노력을 다하겠다고 다짐하고자 합니다. 그것은 공산국가들이 그렇게 할 가능성이 있기 때문도, 그들의 지지를 구하기 때문도 아니고 오로지 그렇게 하는 것이 옳기 때문입니다. 자유로운 사회가 빈곤에 허덕이는 많은 사람들을 도울 수 없다면 부유한 소수도 구할 수 없을 것입니다.

그로부터 45년이 지났지만 아직도 대규모 빈곤 상태는 남아 있다. 우리가 케네디의 약속을 실천에 옮기고자 한다면, 그리고 장기적으로 우리의 안보를 공고히 하고자 한다면, 무력 사용에 한층 신중을 기한다는 차원을 넘어서야 할 것이다. 즉, 전 세계에서 불안정과 빈곤, 폭력에 찌든 지역을 줄여 나가고 미국의 국익에 큰 도움이 되었던 세계 질서에 더 많은 사람들의 이익이 좌우되게 만드는 방향으로 미국의 정책을 조정해 나가야 하는 것이다.

물론 미국에서와 비슷한 방식으로 구축된 글로벌 시스템이 가난한 나라들의 고통을 덜 수 있다는 전제에 이의를 제기할 사람들이 있을 것이다. 이들이 보기에 미국이 바람직하다고 생각하는 자유 무역과 시장 개방, 제약 없는 정보 유통, 법치, 민주적인 선거 등을 글로벌 시스템으로 정착시키는 것은 미제국주의를 그대로 표출시킨 것에 불과하다. 즉, 다른 나라의 값싼 노동력과 천연자원을 수탈하고 토착 문화를 퇴폐적인 믿음으로 오염시키고자 하는 제국주의의 발로라는 것이다. 따라서 다른 나라들은 미국의 규범을 따를 것이 아니라 헤게모니를 확대하려는 미국의 노력에 저항해야 한다는 것이다. 또한 베네수엘라의 우고 차베스 대통령 같은 좌경적인 포퓰리스트의 본을 좇아 독자적인 방식으로 개발을 추구하거나 아니면 이슬람 율법과 같은 전통적인 사회 조직 원리에 눈길을 돌려야 한다는 것이다.

사실 현행 국제 시스템을 만들어낸 것은 분명 미국과 서방 협력국가들이었다. 지난 50여 년 동안 전 세계가 적응해야만 했던 업무 처리 방식과 내용도 미국의 방식이었다. 전 세계는 미국의 회계 처리 기준, 미국식 영어, 달러화, 미국의 저작권법, 미국의 기술과 미국의 대중문화에 적응해야 했다. 전반적으로 이런 국제 시스템은 선진국들에게 엄청난 번영을 안겨 줌으로써 결국 다른 많은 사람들은 뒤처지게 만들었던 셈인데, 서방 세계의 정책 당국자들은 종종 이런 사실을 외면하는 바람에 상황을 더욱 악화시키는 경우가 많았다.

그러나 궁극적인 면에서 볼 때 세계의 빈곤층이 자유 시장 경제와 자유 민주주의의 원칙을 거부할 경우 이득을 보게 될 것이라고 이들이 생각한다면 그것은 잘못된 생각이라고 나는 믿는다. 세계 여러 나라에서 인권 운동을 벌이는 사람들이 내 사무실로 찾아와 신념 때문에 투옥되거나 고문당하는 사람들 이야기를 전한다고 해서 이들이 미국의 끄나풀로 활동하는 것은 아니다. 케냐에 있는 내 사촌이 집권당의 어느 요원에게 뇌물을 주지 않으면 일자리를 구할 수 없다고 불평을 털어놓는다고 해서 그가 서방식 관념에 세뇌된 것은 아니었다. 자유롭게 선택할 수 있다면 북한 주민들이 남한에서 살고자 한다거나 또는 쿠바의 많은 사람들이 마이애미로 건너가는 것도 괜찮겠다고 여긴다는 점을 누가 의심하겠는가?

어떠한 문화권에서도 남으로부터 들볶이고 위협받는 것을 좋아할 사람은 없다. 생각이 다르다는 이유로 불안 속에 살아야 하는 처지를 좋아할 사람도 없다. 가난과 굶주림을 원하는 사람도, 노동의 대가를 앞으로도 계속 제대로 받지 못하는 그런 경제 체제에서 살고자 하는 사람도 없을 것이다. 현재 대부분의 선진국에서 볼 수 있는 자유 시장 경제와 자유 민주주의에도 결함이 있을 수 있다. 이런 체제가 힘 없는 사람보다는 힘 있는 사람들의 이익을 반영하는 경우가 훨씬 많기 때문이다. 그러나 이런 체제는 끊임없이 개혁과 개선의 과정을 거치고 있다. 시장 중심적 자유 민주주의 체제가 전 세계 인류에게 더 나은 삶을 추구할 수 있는 기회를 더 많이 제공할 수 있는 것은 변화와 개혁을 받아들이는, 바로 이 같은 개방성 때문이다.

따라서 우리는 여러 정책을 통해 국제 시스템이 공평성과 정의, 번영을 증진시킬 수 있는 방향으로 운용되게끔 만들어야 한다. 이는 곧, 미국이 내세운 규범이 우리의 이익뿐만 아니라 가난에 시달리는 나라들의 이익에도 기여할 수 있게 만드는 것이다. 그렇게 하기 위해서는 몇 가지 기본적인 원칙에 유념해야 할 것이다. 첫째, 미국만이 압제로부터 다른 나라 사람들을 벗어나게 할 수 있다고 생각하는 사람들을 믿지 말아야 한다. 나는 조지 W. 부시 대통령이 2기 취임사에서 밝힌 것처럼 모든 인류는 자유를 갈망한다고 믿는다. 그러나 지난 역사를 돌이켜 보면 인류가 외부의 개입을 통해 갈망하는 자유를 얻은 경우는 거의 없다. 영국 식민 통치에 맞선 간디의 비폭력 저항 운동에서부터 폴란드의 자유 노조 운동(Solidarity movement)과 남아프리카공화국의 인종 차별 철폐운동에 이르기까지 20세기에 성공을 거둔 대부분의 사회 개혁 운동을 살펴보면 그런 운동이 전개된 국가의 국민들이 각성하고 팔을 걸어붙이고 나섬으로써 민주주의를 쟁취했다.

우리는 다른 나라 국민들이 자유를 요구하도록 격려하고 유도할 수는 있다. 국제 포럼과 협정을 통해 다른 나라들이 따라야 할 기준을 제시할 수도 있다. 또 이제 갓 시작된 민주주의 국가에 자금 지원을 해 공정한 선거 제도를 확립하고 독립적인 언론인들을 양성하며 시민들에게 참여 의식을 심어 줄 수 있도록 도와줄 수도 있다. 또한 권리가 침해된

지도자들을 위해 대신 나서서 항의할 수도 있고 자국민의 권리를 계속 침해하는 국가들에게 경제적·외교적 압력을 가할 수도 있다.

그러나 우리가 총포를 앞세워 민주주의를 강요하거나 내세운 경제 정책이 미국에 더욱 유리하다고 판단되는 정당들에게 자금을 집중적으로 지원하거나 야심만 클 뿐, 그에 걸맞은 국민의 지지도 받지 못하는 찰라비 같은 망명객들에게 놀아난다면 그저 실패나 자초하고 끝나는 것이 아니다. 우리는 억압적인 정권들이 민주적인 활동가들을 외부 세력의 앞잡이로 몰아붙이는 행위를 돕고 진정한 의미의 자생적 민주주의가 등장할 가능성까지 막아 버리는 셈이 된다.

자유가 선거에 그치지 않고 그 이상의 것을 의미함은 물론이다. 프랭클린 D. 루스벨트 대통령은 1941년 이 세계가 표현의 자유와 신앙의 자유, 궁핍으로부터의 자유, 공포로부터의 자유 등 네 가지 기본적인 자유에 바탕을 두기를 기대한다고 밝혔다. 미국의 경험에 비춰 보면 궁핍으로부터의 자유와 공포로부터의 자유는 다른 모든 자유의 선행 조건이다. 전 세계 인구의 절반을 차지하는 약 30억의 인류는 하루 생계비가 2달러도 채 안 된다. 이들에게 선거란, 목표가 아니라 기껏해야 수단일 뿐이며, 생활고로부터의 해방이 아니라 거기에서 벗어나기 위한 첫걸음일 뿐이다. 이들이 바라는 것은 선거 독재(electocracy, 국민이 투표권을 행사할 수는 있지만 정책을 위시한 정부의 갖가지 결정에 직접 참여할 수 없는 정치 제도로서, 투표권과 함께 자신에게 영향을 미치는 정부의 정책 결정에 국민이 참여할 수 있는 민주주의와는 다르다. 이런 선거 독재 체제에서는 선출된 개인이나 집단만이 의사 결정에 참여할 수 있다고 보기 때문에 그런 개인과 집단이 다음 선거 때까지 별 책임을 지지 않으면서 권력을 독단적으로 행사할 수 있다. 이라크가 이런 선거 독재의 대표적인 사례로 꼽힌다 – 옮긴이 주)보다는 기본적인 생활 여건의 보장이다. 여기서 말하는 기초적인 생활 여건이란, 우리가 인간다운 삶에 필요하다고 보는 먹을 것과 거주할 공간, 전기 공급, 기본적인 의료 시설, 자녀 교육, 부정부패와 폭력, 독재 권력에 시달리지 않는 삶 등을 의미한다. 우리가 카라카스나 자카르타, 나이로비, 테헤란 시민들의 마음을 얻고자 하다면 투표함을 나눠 주고 선거가 실시되게 하는 것만으로는 부족하다. 우리가 내세우는 국제적인 규범이 이들의 물질적·개인적 안전성을 저해하는 것이 아니라 증진시킨다는 점을 확인시켜 주는 것이 필요하다.

이를 위해 우리 자신을 돌이켜 보는 일이 필요할 듯하다. 미국과 다른 선진국들은 개빌도상국들이 외부 경쟁으로부터 자국 산업을 보호하기 위해 세운 무역 장벽을 철폐하라고 끊임없이 요구하면서도 정작 미국은 가난한 나라들의 빈곤 탈출에 도움이 될 만한 상품 수출이 국내 산업에 영향을 미칠 것을 걱정해 이를 막는 데 여념이 없다. 미국은 또한 자국 제약 회사들의 특허권을 보호하겠다는 생각으로 브라질 같은 나라들이 에이즈 치료제 복제약을 생산하지 못하게 했는데, 이런 복제약은 수백만 명의 인명을 살릴 수 있다. 전후 미국의 주도 아래 최후의 대출 창구 구실을 하도록 만들어 놓은 IMF는 인도네시아처럼 금융위기에 휩싸여 있는 나라들에게 금리의 대폭 인상과 사회 관련 재정 지출의 삭감, 핵심 산업 부문에 대한 보조금 지급 금지와 같은 힘겨운 구조 조정을 거치도록 계속 강요해 이들 나라의 국민들에게 엄청난 고통을 안겨 주었다. 미국이 자국에게라면 지우기 어려운 가혹한 처방이었다.

국제 금융 제도의 또 다른 축인 세계은행은 주로 거액의 자금이 소요되는 대규모 프로젝트에 차관을 제공한다. 이런 프로젝트는 고액의 사례비를 받는 컨설턴트와 현지 엘리트에게나 큰 도움이 될 뿐, 해당 지역의 일반 국민들에겐 별다른 혜택이 없다. 그러나 이런 차관의 상환 기일이 되면 그 부담은 온통 국민들이 져야 한다. 한편 신생 산업 부문을 보호하고 적극적인 산업화 정책을 취하는 식으로 워싱턴의 경직된 경제 처방을 따르지 않았어도 현행 국제 시스템 아래서 경제 개발에 성공을 거둔 국가들이 종종 있었다. 이제 IMF와 세계은행은 모든 국가의 개발에 그대로 적용될 수 있는 단 하나의 판에 박힌 공식이 있을 수 없다는 점을 인정해야 한다.

가난한 나라에 개발 원조를 제공하는 문제에 관한 한, '장기적인 도움이 되게끔 엄격한 집행을 해야 한다(tough love, 장기적으로 도움이 되게 하려면 대상자를 엄격하거나 가혹하게 다뤄야 한다는 의미다 – 옮긴이 주)'는 방침이 적절하다. 가난한 나라 중에는 재산이나 금융 관련 법규가 낡고 심지어 봉건적이기까지 해서 어려움을 겪는 나라들이 너무 많다. 지난날에는 외국의 원조 자금이 그저 수원국 엘리트들의 배만 불려 주면서 스위스은행 계좌로 빠져나가는 경우가 너무나 많았다. 실제로 오랜 세월 동안 국제 원조 계획은 법치와 투명성의 원칙이 대상국의 발전에 얼마나 중요한 역할을 하는지 간과하고 있었다. 요즘에는 이행이 가능한 확실한 계약에 따라 국제 금융 거래가 이뤄지는 만큼, 글로벌 비즈니스가 활성화되려면 대대적인 법 제도 개혁이 이뤄져야 한다. 그러나 인도나 나이지리아, 중국 같은 나라는 그동안 사실상 이중적인 법 제도를 운용했다. 하나는 외국인과 엘리트를 위한 법 제도이고 다른 하나는 남보다 앞서고자 하는 보통 사람들을 위한 법 제도였다.

소말리아나 시에라리온, 콩고 같은 나라에는 아예 법 제도 같은 것이 거의 존재하지도 않는다. 수백만 명에 달하는 에이즈 환자와 끊임없는 가뭄과 기근, 독재 정치, 부정부패의 만연, 칼이나 AK-47을 휘두르며 전쟁밖에 모르는 12세 게릴라들의 잔혹성 같은 아프리카의 참담한 상황을 생각하면 나 자신도 냉소와 절망감에 빠져 들 때가 있다. 그러나 이런 사실을 떠올리면 그런 절망감도 사라진다. 즉, 3달러짜리 모기장만 있으면 말라리아를 막을 수 있고 우간다에서 무상으로 실시해 신규 감염률을 대폭 떨어뜨린 에이즈 바이러스 검사는 건당 불과 3~4달러의 경비로 계속 진행할 수 있으며, 국제 사회의 무력 시위나 민간인 보호 구역 설정 등 얼마간의 관심만 기울이면 르완다의 대량학살을 막을 가능성이 있고, 한때 어려운 고비를 많이 겪었던 모잠비크는 개혁 쪽으로 큰 진척을 보이고 있다.

프랭크린 D. 루스벨트는 "우리는 한 국가로서 우리 자신이 너그럽다는 사실에 자부심을 느끼지만 그렇다고 멍청해져서는 안 된다"고 말했는데 이런 지적은 확실히 옳았다. 결국 아프리카가 자조의 의지가 있음을 입증해 보이지 않는 한 우리도 아프리카를 돕겠다는 생각을 해서는 안 된다. 그러나 절망적인 뉴스만 들리는 것은 아니다. 아프리카에도 종종 암울한 뉴스에 가려진 긍정적인 변화가 나타나고 있다. 우선 민주주의가 확산되고 있다. 여러 나라에서 경제도 성장하고 있다. 우리는 이런 가냘픈 희망의 불씨를 키워 주고 아프리카 전역의 헌신적인 지도자들과 시민들이 우리처럼 그토록 열망하는 보다 나은 미래를 건설할 수 있게 도와야 한다.

어떤 논평가는 "죽어 가는 사람을 그냥 차분하게 지켜보는 법을 배워야 한다"는 표현을 썼는데, 우리가 그에 따른 결과는 생각하지 않은 채 그런 식으로 방치해도 된다고 생각한다면 그것은 우리 자신을 기만하는 것이다. 혼란은 무질서를 낳을 뿐이다. 타인에 대한 무관심은 우리 사이에서 그런 마음가짐을 확산시키기 쉽다. 어떤 조치를 취하기에는 도덕적인 정당성이 부족함에도 미국과 동맹국들이, 자국을 제대로 통치하지 못하고 전염병을 막지도 못하는 데다 내전과 잔학 행위로 마비되다시피 한 파산 상태의 국가들에게 계속 관심을 기울이는 데에는 분명 그럴 만한 이유가 있다. 사실 탈레반이 정권을 장악한 것은 아프가니스탄이 이런 무법천지 상태에 빠져 있을 때였다. 몇 년 전 빈 라덴이 캠프를 설치했던 곳도 오늘날 인종 청소(genocide)로 악명 높은 수단이었다. 살인을 꾀하는 다음 번 바이러스가 나타날 곳도 어느 이름 없는 빈민굴의 참상 속일 것이다.

아프리카건 다른 지역이건 간에 이런 끔찍한 문제들을 미국 혼자서 감당할 수 없음은 물론이다. 그 때문에 우리는 여러 국제 기구를 강화해 이런 조직이 우리의 역할 중 일부라도 떠맡을 수 있게 더 많은 노력과 자금을 들여야 한다. 그런데 미국은 그동안 정반대의 방향으로 나아갔다. 미국의 보수 세력은 그동안 국제 연합에서 빚어진 여러 문제에 대해 계속 칼을 갈고 있었다. 이스라엘만을 규탄하는 위선적인 결의안 채택, 짐바브웨와 리비아를 국제 연합 인권위원회 위원국으로 선출한 부조리한 행태, 그리고 가장 최근의 일로 이라크 석유 – 식량 프로그램(oil-for-food program, 쿠웨이트 침공 이후 경제 제재를 받고 있던 이라크가 국제 연합 관리 하에 석유를 수출해 그 대금으로 식량과 의약품 등 인도적 물자를 구입할 수 있도록 한 정책 – 옮긴이 주)의 실행을 어렵게 만든 뇌물 사건 등이 그런 문제들이었다.

이런 문제를 비판하는 것은 옳다. 국제연합아동기금(UNICEF) 같은 국제 연합 산하 기관들은 제구실을 잘 하고 있지만 회의나 하고 보고서나 만들면서 국제 공무원치고는 3류 축에 드는 사람들에게 한직이나 안겨 주는 일 외에는 아무것도 하지 않는 듯한 기관들도 꽤 있기 때문이다.

그렇다고 해서 이런 점이 미국의 국제 기구 관여를 축소시켜야 할 논거가 될 수도, 미국이 일방주의 정책을 추구할 구실이 될 수도 없다. 국제 연합 평화 유지군이 내전과 종파 간 싸움을 효과적으로 잘 처리하면 할수록, 안정화를 바라는 지역에서 우리가 감당해야 할 세계 경찰관 역할은 그만큼 줄어들게 된다. 국제원자력기구(IAEA)가 제공하는 정보의 신빙성이 높으면 높을수록, 동맹국들을 규합해 국제 규범을 무시하는 국가들이 핵무기를 취득하지 못하도록 공동으로 대처할 가능성은 그만큼 높아진다. 세계보건기구(WHO)의 역량이 강화되면 될수록, 미국 내 독감 전염에 대처할 부담은 그만큼 줄어든다. 국제 기구의 강화로부터 가장 큰 이득을 얻는 것은 바로 미국이다. 우리가 여러 국제 기구의 창설을 주도한 것도 그 때문이고 이의 개선에 앞장서야 하는 이유도 거기에 있다.

끝으로 미국이 당면한 절박한 글로벌 과제를 해결하기 위해 동맹국들과의 협력 가능성을 모색하는 것을 못마땅하게 생각하는 사람들이 있다면 나는 이들에게, 우리가 일방적으로 행동하면서도 국제 무대에서 우리의 입지를 강화시킬 수 있는 부문이 최소한 한 곳은 있다고 지적하고 싶다. 즉, 우리의 민주주의 체제를 제대로 가꿔 솔선수범하는 것이다. 우리가 효용성이 의심스러운 무기 체계 개발에 계속 수백억 달러를 쏟아 부으면서도 대도시에 자리 잡고 있어 공격의 대상이 되기 쉬운 화학 공장을 보호하는 데는 돈 쓸 생각을 하지 않는다면 다른 나라에게 원자력 발전소를 보호하라고 요구하기가 더욱 어려워진다. 우리가 재판도 없이 혐의자들을 무기한 억류하거나 아니면 고문을 받을 것이 뻔히 예상되는 나라들로 이들을 한밤중에 이송해 버린다면 독재 국가들에게 인권 보호와 법치를 강하게 촉구할 능력이 약화될 수밖에 없다. 전 세계에서 가장 부유하고 세계 화석 연료의 25퍼센트를 소비하는 우리가, 사우디아라비아산 원유 의존도를 줄이고 지구 온난화를 늦추기 위해 조금이라도 연료 효율성 기준을 끌어올리려고 노력하지 않는다면, 앞으로 중국에게 이란이나 수단 같은 원유 수출국과 거래하지 말라고 설득하기가 어려울 것이 분명하고, 미국 연안에도 영향을 미칠 환경 문제를 해결하는 데 다른 나라의 적극적인 협력을 기대할 수 없을 것이다.

우리가 어려운 선택을 하려 하지 않고 우리 자신의 이상을 실천에 옮기려는 의욕을 보이지 않는다면 미국에 대한 국제 사회의 신뢰는 약화될 것이다. 그뿐만 아니라 국민들의 대정부 신뢰도 떨어질 것이 분명하다. 궁극적으로 외교 정책의 성공 여부를 결정짓는 것은 헌법 제정자들이 물려준 자치제도와 미국 국민 그 자체처럼 더할 수 없이 귀중한 자원을 어떻게 운용하고 활용하느냐에 달려 있다. 외부 세계는 위험하고 복잡하다. 이런 세계를 개조하는 일은 힘들고 장기간이 소요되며 얼마간의 희생이 따르게 된다. 미국민들은 앞에 놓인 여러 선택 방안들을 충분히 이해하기 때문에 이런 희생을 감수한다. 우리 민주주의 체제에 대한 신뢰가 있기 때문이다. 프랭클린 D. 루스벨트가 진주만 피습 이후 "이 정부는 미국인들의 정력을 신뢰할 것이다"라고 말했을 때도 국민들의 그런 정서를 잘 알고 있었다. 트루먼도 마찬가지였다. 그는 딘 애치슨과 힘을 합쳐 CEO와 학자, 노조 지도자, 성직자, 그 밖의 인물들로 마셜플랜위원회를 구성했다. 모두 미국 전역에서 마셜 플랜을 널리 홍보해 미국민의 지지를 끌어 모을 수 있는 인물들이었다. 미국 지도부가 다시 배워야 할 교훈이 바로 이런 것이 아닌가 하는 생각이 든다.

나는 사람들이 과연 역사 속에서 교훈을 얻을 수 있을까 하는 생각이 들 때가 가끔 있다. 즉, 우리가 한 단계에서 다음 단계로 한 걸음 올라서는 방향으로 나아가고 있는지, 아니면 그저 호황과 불황, 전쟁과 평화, 오르막과 내리막의 순환 과정을 따르고 있는 것인지 잘 알 수 없을 때가 있는 것이다. 나는 바그다드를 방문한 길에 이스라엘과 요르단 서안 지역을 일주일간 돌아보면서 양쪽 고위 관계자들을 두루 만났다. 두지역은 그동안 수많은 유혈 투쟁이 난무했던 곳이다. 나는 나치의 유대인 대학살로 부모를 잃고 자살 폭탄 공격으로 형제를 잃은 유대인들과 만나 대화를 나눴다. 팔레스타인 사람들로부터는 이스라엘 쪽 검문소에서 느끼는 굴욕감과 빼앗긴 땅을 그리워하는 추억담을 들었다. 나는 헬리콥터를 타고 유대인과 팔레스타인 사람들을 갈라놓는 경계선을 넘어 보았지만 유대인 지구와 아랍인 거주 지역을 구별할 수 없었다. 돌이 많은 녹색의 구릉 지대에 자리 잡은 양쪽 거주 지역은 다 같이 변경 지대의 허술한 취락지 같은 인상을 주었다. 나는 산책로를 따라 예루살렘의 높은 지대로 올라가 구시가지와 바위 돔 사원(Dome of the Rock), 통곡의 벽(Western Wall), 성묘 교회(Church of the Holy Sepulchur)를 바라보며 이 작은 땅에 서려 있는, 2천 년에 걸친 전쟁과 전쟁에 얽힌 풍문의 세월을 생각했다. 또한 어떻게든 우리 시대에 이 분쟁을 종식시킬 수 있지 않을까 하는 믿음이나 막강한 힘이 있다 하더라도 미국이 과연 이 세계의 진전 방향에 대해 지속적인 발언권을 행사할 수 있을 것인가 하는 회의가 들며 분쟁이 종식되리라는 기대가 모두 허망하게 무너질 수도 있다는 생각이 들었다.

그러나 나는 이런 생각에 얽매인 채 시간을 허비할 생각이 없다. 어려운 과제이긴 하지만 우리에게, 중동 지역에 평화를 정착시키기 위해 노력할 의무가 있다고 믿는다. 중동의 평화는 그 지역 사람들에게만 도움이 되는 것이 아니라 우리 자식들의 안전에도 보탬이 된다.

또한 이 세계의 운명이 전쟁터에서 벌어지는 일들에만 좌우되는 것은 아닐 것이다. 평온하지만 도움이 필요한 지역에서 우리가 벌이는 노력과 활동에도 세계의 운명이 그만큼 큰 영향을 받을지 모른다. 나는 2004년 동아시아를 강타한 지진해일 관련 뉴스 보도를 잘 기억하고 있다. 당시 인도네시아 서부 해안 마을은 상당수가 쑥대밭이 되었고 수천 명이 파도에 휩쓸려 희생되었다. 그로부터 몇 주 동안 미국에서는 민간 부문에서 구호 기금을 모아 10억 달러 이상을 보냈고 미국 군함 여러

척이 수천 명의 병력을 싣고 가 구호와 재건 활동을 도왔다. 나는 이런 모습을 지켜보면서 뿌듯한 자부심을 느꼈다. 어느 신문 보도에 따르면 인도네시아 국민을 대상으로 한 여론 조사에서 이런 지원으로 미국에 호감을 갖게 되었다고 응답한 비율이 65퍼센트나 되었다고 한다. 나는 지진해일 구호 및 재건 지원과 같은 한 차례의 도움으로 수십 년간 쌓인 불신의 벽이 허물어질 것이라고 생각할 만큼 순진하지는 않다.

그러나 첫발은 될 수 있다.

제9장

가족

BARACK OBAMA
The AUDACITY of HOPE

점차 나이가 들면서 집안에 힘 있는 남자가 버텨주지 않는 상황에서
어머니와 외할머니가 우리들을 키우는 데 얼마나 힘이 들었을지 깨닫게 되었다.
나는 또 아버지가 곁에 없다는 것이 어린이에게 어떤 상처를
남기는가도 알게 되었다. 자식을 나 몰라라 하는 생부의 무책임함과
의붓아버지의 서먹한 태도, 외할아버지의 실패와 좌절이
모두 나에게 생생한 교훈이 되었고, 그래서 내 자식들에게는
믿음직한 아버지가 되겠다고 결심했다.

●●● 연방 상원 의원이 된 지 1년쯤 지나 임기 2년째로 접어들면서 나는 비로소 생활 리듬을 찾게 되었다. 이제 나는 상원의 표결 스케줄에 따라 월요일 밤이나 화요일 새벽에 시카고 집에서 워싱턴으로 가게 되었다. 그때부터 3일간은 매일 가는 상원 체육관에서의 운동과 친구들과 어쩌다 갖는 점심이나 저녁 식사 약속 외에는, 예상되는 일련의 과제를 일정에 따라 처리하면서 보냈다. 상임위원회의 최종적인 법안 절충 작업, 표결, 오찬을 겸한 의원 총회, 성명서 발표, 연설, 인턴들과의 사진 촬영, 저녁 시간의 정치 자금 모금, 전화 답변, 편지 쓰기, 법안 검토, 기고문 작성, 파드캐스트(podcast, 라디오 방송을 디지털로 녹음해 인터넷에서 개인 오디오 플레이어로 다운받게 한 것) 녹음, 정책 브리핑, 유권자와의 다과회, 수없이 계속되는 갖가지 회의 등이 일상적인 업무이다. 목요일 오후가 되면 의원 휴게실에서 마지막 표결이 몇 시에 있을 것인지 전해 듣는다. 그러면 정해진 시간에 상원 본회의장 통로에 동료 의원들과 줄 지어 서서 차례대로 투표를 한 뒤 서둘러 빠져나와 의사당 계단을 종종걸음으로 내려간다. 두 딸이 잠자리에 들기 전 집에 도착할 수 있도록 시간 맞춰 비행기에 오르겠다는 욕심 때문이다.

이처럼 눈코 뜰 새 없는 일정에 쫓기더라도 의원 생활은 상당히 재미있었다. 그러나 때때로 좌절감을 느낄 때도 있었다. 일반적으로 알려진 것과는 달리 해마다 상원 본회의에 상정되어 호명 투표의 대상이 되는 중요한 법안은 20건 남짓밖에 안 된다. 그러나 이중에는 소수당 소속 의원이 발의한 법안은 거의 없다. 그 때문에 내가 제안한 대부분의 중요한 안건들은 상임위원회에서 낮잠을 자고 있었다. 나는 그동안 공립 학교를 혁신하기 위한 학구 편제안, 자동차 제조 업체들에게 연료 효율성 기준을 끌어올리는 대가로 정년퇴직자 의료비 부담을 지원해 주는 계획안, 저소득 가정 대학생들이 해마다 인상되는 등록금을 감당할 수 있도록 지원하는 펠 그랜트(Pell Grant) 프로그램의 확대 방안 등을 제안했다.

그러나 보좌진이 열심히 노력한 덕분에 가결시킨 수정안은 상당한 숫자에 이르렀다. 우리는 이런 수정안을 통해 집 없는 재향 군인들에게 자금을 지원하고, 휘발유와 식물성 에탄올을 15 대 85로 섞은 E85 주유 펌프를 설치한 주유소에 세액 공제 혜택을 제공했다. 우리는 또한 세계 보건기구가 조류 인플루엔자의 광범한 전염 · 확산 가능성을 감시하고 대처할 수 있도록 이를 지원하는 자금을 확보했다. 카트리나 수해 복구 사업을 수의 계약으로 발주할 수 없게 하는 수정안도 통과시켰다. 그에 따라 결과적으로 더 많은 자금이 수재민의 수중으로 떨어지게 되었다. 이런 여러 수정안 중 그 어느 것도 미국을 크게 변화시킬 만한 내용을 담고 있는 것은 아니지만 그래도 그 하나하나가 사람들에게 그런대로 도움을 주었거나 법 집행이 좀 더 실속 있고 공정하며 책임감 있게 이뤄지도록 자극했다는 점을 확인하는 것으로 나는 만족했다.

2006년 2월 어느 날 나는 날아갈 것처럼 기분이 좋았다. 딕 루거 의원과 함께 무기의 무분별한 유입과 암시장 거래를 막기 위한 법안을 공동으로 발의했는데, 그때 이 법안에 대한 청문회를 막 끝마쳤기 때문이다. 딕은 상원에서 손꼽히는 무기 확산 문제 전문가일 뿐만 아니라 상원 외교위원회 위원장이기 때문에 이 법안의 통과 전망은 낙관적이었다. 나는 이런 기쁜 소식과 유쾌한 기분을 혼자만 즐길 수 없어 워싱턴 집무실에서 아내 미셸에게 전화를 걸어 이 법안의 중요성에 대해 한바탕 설명을 늘어놓기 시작했다. 즉, 견착식 대공 미사일이 엉뚱한 사람들의 손에 들어갔을 때 민간 여객기들이 어떤 위험에 빠질 수 있는지, 냉전 종식의 유물로 잔뜩 쌓여 있는 화기들이 세계 도처로 흘러들어 가면서 얼마나 많은 분쟁을 계속 야기하고 있는지 장황하게 설명했다. 그러자 미셸이 내 말을 끊었다.

"집에 개미가 들어왔어."

"정말?"

"주방에서 개미들이 기어 다니는 걸 봤어. 그리고 2층 화장실에도 있고."

"알았어."

"내일 집으로 올 때 개미약을 몇 개 사와야겠어. 내가 사도 되지만 난 오늘 아이들 수업이 끝나면 예약한 대로 두 애를 의사에게 데려가야 해. 사올 수 있지?"

"개미약이라, 알았어."

"개미약이야. 잊어버리지 않겠지, 여보? 그리고 하나만 사오면 안 돼. 난 지금 회의에 참석해야 돼. 여보, 사랑해."

나는 수화기를 내려놓으면서 에드워드 케네디나 존 매케인도 의원 활동을 끝내고 돌아가면서 개미약을 사가지고 갔을까 하는 생각을 해보았다.

대부분의 사람들은 내 아내를 만나 보면 곧바로 대단하다는 반응을 보인다. 이런 평가는 맞는 말이다. 아내는 빈틈없고 재미있으며 더할 수 없이 매력적이기 때문이다. 아내는 굉장히 아름답기도 하다. 그렇다고 남자들이 위협적으로 느끼거나 여자들이 반감을 품는, 그런 형태의 아름다움은 아니다. 광택지를 쓴 대중 잡지 표지에서 흔히 볼 수 있는, 가공된 이미지보다는 어머니의 역할과 전문직 여성의 분주한 일상에서 우러나는 생활 속의 아름다움이다. 가끔 어떤 행사에서 아내가 발언한 내용을 듣거나 어떤 프로젝트를 아내와 함께 진행해 본 사람들은 나에게 다가와서 "버락, 잘 알겠지만, 당신 아내는…… 정말 굉장해!"라는 말을 하곤 한다. 그러면 나는 고개를 끄덕여 동의한다. 공직에 출마해 아내와 대결을 벌여야 하는 상황이라면 아내는 어렵잖게 나를 꺾을 것이라는 점을 잘 알기 때문이다.

나로서는 다행스러운 일이지만 미셸은 절대로 정치판에 뛰어들 사람은 아니다. 그렇게 묻는 사람이 있으면 아내는 "난 참을성이 없다"고 대답한다. 항상 그렇지만 이 말 또한 속내를 그대로 밝힌 것이다.

나는 1988년 여름 시카고에 있는 대형 법무 법인인 시들리&오스틴에서 일할 때 미셸을 만났다. 그녀는 나보다 세 살 어렸지만 대학을 졸업하면서 곧바로 하버드 법과대학원에 들어간 탓으로 이미 변호사로 활동하고 있었다. 나는 그때 하버드 법과대학원 첫 해를 막 끝마치고 여름철 준변호사로 고용되어 있었다.

내 인생에서 그때는 힘겹고 과도기적인 시기였다. 나는 3년간 사회운동가로 일한 뒤 법과대학원에 들어갔는데, 공부는 재미있었지만 이런 결정이 과연 옳은 것인지 아직 회의를 품고 있었다. 마음속으로는 법과대학원에 들어간 것이 젊은이로서 품고 있던 이상을 포기하고 돈과 권력이 좌우하는 냉혹한 현실을 그대로 받아들인 것이라는 생각이 들었다. 즉 바람직한 세상(the world as it should be)이 아닌, 현실 그대로의 세계(the world as it is)를 받아들였다는 생각이 들었던 것이다.

법무 법인은 나에게 친숙한 곳이긴 해도, 내 친구들이 열심히 일하는 빈곤층 거주 지역과는 크게 동떨어진 곳이어서 마음은 더욱 불안해질 뿐이었다. 그러나 학자금 융자가 계속 쌓이다 보니 시들리가 제안한 여름철 3개월 준변호사 근무의 월급을 마다할 형편이 못 되었다. 그래서 세낸 집을 다시 남에게 세주는, 그런 임대료가 가장 싼 아파트를 구하고 처음으로 양복 세 벌을 한꺼번에 사서 옷장에 넣고 반 사이즈 정도 작아 9주일 동안 내 발에 엄청난 고통을 안겨 주었던 새 구두 한 켤레를 사 신은 뒤, 6월 초순 이슬비가 내리는 어느 날 아침 법무 법인에 출근해 여름철 근무 기간 중 내 조언자로 지정된 젊은 여자 변호사의 사무실로 안내되었다.

미셸과 처음 나눈 대화의 내용을 세세하게 기억하지는 못한다. 기억으로는 미셸이 키가 크고(뒤축이 있는 구두를 신으면 신장이 거의 나와 같다) 멋진 데다, 전문가다운 상냥한 매너가 맞춤 정장과 블라우스와 잘 어울린다는 인상을 주었다. 그녀는 업무가 배정되는 방식과 부문별 업무의 특성, 대금 청구를 할 때 기준이 되는 시간 계산 방식 등을 설명했다. 이어 내가 근무할 사무실을 보여 주고 자료실을 안내한 뒤 다른 변호사에게 넘기면서 나와 점심을 함께할 것이라고 말했다.

나중에 미셸은 자기 사무실로 들어서는 나를 보고 약간 놀라우면서도 재미있었다고 말했다. 법무 법인 전화번호부에 사진을 넣어야 한다기에 어느 약국에서 스냅 사진을 찍어 제출했는데 코가 본래 모습보다 약간 크게 나온 데다(미셸은 약간이 아니라 굉장히 크게 나왔다고 한다), 인터뷰할 때 나를 지켜보았던 비서들이 멋지다고 말했지만 미셸은 별로 동의할 수 없었기 때문이다. "흑인이 양복을 차려입고 괜찮은 일자리를 갖게 된 점을 사람들이 인상 깊게 받아들였을 뿐이라고 생각했다"는 것이다. 그러나 미셸이 나를 인상 깊게 보았다 하더라도 점심 식사를 하러 갔을 때는 그런 느낌을 확실하게 드러내지 않았다. 나는 그녀가 사우스 사이드에서 자랐다는 것을 알았다. 내가 사회 운동을 펼쳤던 지역 바로 북쪽에 있는 조그만 목조 단층집에서 성장했던 것이다. 아버지는 시 양수장 관리자였고 어머니는 아이들이 자랄 때까지는 집에서 살림을 했지만 그때는 은행 서기로 일하고 있었다. 미셸은 브린모어 공립 초등학교를 다녔고 휘트니영마그넷 학교를 거쳐 오빠와 마찬가지로 프린스턴 대학에 진학했는데 오빠는 대학 농구 팀의 스타였다. 그녀는 법무 법인에서 지적 재산권 부문에 속했으며 연예오락 산업 관련법을 전문적으로 다뤘다. 언젠가 그녀는 자신의 발전을 위해 로스앤젤레스나 뉴욕으로 옮겨 가는 문제를 생각해 봐야겠다고 밝힌 적이 있었다.

그즈음 미셸은 숨 가쁘게 돌아가는 업무 일정으로 꽉 차 있어 한눈 팔, 특히 남자들에게 눈길을 돌릴 시간 여유가 없다고 말했다. 그래도 그녀는 자주, 활짝 웃음을 터뜨리는 것을 잊지 않았고, 나는 그녀가 사무실로 되돌아가는 일을 크게 서두르지 않는 듯한 느낌을 받았다. 그 밖에도 내가 그녀를 쳐다볼 때마다 둥글고 검은 두 눈에서 무엇인가 알 수 없는 어렴풋한 기운이 약동하는 것처럼 느껴졌다. 마치 내심으로는 일 따위가 실제로는 얼마나 덧없는 것인지를 잘 안다는 것처럼, 그래서 잠시라도 손을 놓아 버리면 그녀의 온갖 업무 처리 계획이 곧바로 와르르 허물어질지 모른다는 불안감이 살짝 드러나는 것 같았다. 어쨌든 이런 연약함의 징후가 내 마음을 흔들었다. 나는 그녀의 그런 부분을 캐고 싶었다.

그로부터 몇 주 동안 우리는 법률 자료실이나 카페에서 매일 만나게 되었고 법무 법인이 여름철 준변호사들에게 법조인 생활이 각종 자료나 끊임없이 검토하면서 세월을 보내는 것이 아님을 납득시키기 위해 마련해 준 여러 차례의 피크닉에서도 한 번 마주쳤다. 그녀는 내가 옷이 몇 벌 안 된다는 점까지 눈치 안 채게 감안하면서 한두 차례 파티장에 데려가 자신의 친구 두어 명을 소개시켜 주려고까지 했다. 그러면서도 나와 정식으로 데이트하는 것은 거절했다. 자신이 내 조언자로 지정되었기 때문에 그런 데이트는 부적절하다는 것이 그녀의 얘기였다.

나는 "그런 변명은 너무 궁색해요"라고 말했다. "자, 어떤 조언을 해줄 생각인가요? 복사기 사용법을 설명해 주고 먹을 만한 음식을 파는 식당을 가르쳐 주세요. 내 생각에는 데이트 한 번 하는 걸 회사의 방침을 크게 어기는 거라고 생각할 동료 변호사들은 없을 거예요."

그녀는 고개를 가로저으면서 "미안해요"라고 말했다.

"좋아요. 데이트는 포기하지요. 그런데 당신이 내 조언자인 만큼 내가 대화해야 할 사람이 누구인지 알려 줘요."

이런 식으로 나는 미셸의 진을 빼놓았다. 회사 피크닉을 다녀오면서 그녀는 내 아파트까지 차를 태워주었다. 그래서 나는 길 건너편에 있는 배스킨라빈스에서 아이스크림 하나를 사주겠다고 말했다. 그날 오후 우리는 후텁지근한 날씨임에도 길거리에 앉아서 아이스크림콘을 먹었다. 나는 10대에 배스킨라빈스에서 아르바이트를 한 적이 있었고 그때 갈색 앞치마에 캡을 쓴 채 멋지게 보이려고 애를 썼지만 여의치 않았다고 말했다. 미셸은 어릴 때 땅콩버터와 젤리만 먹으면서 지낸 적이 있다고 말했다. 내가 그녀의 가족을 만나고 싶다고 말하자 미셸은 좋다고 대답했다.

내가 키스를 해도 되겠냐고 물었다. 초콜릿 맛이었다.

우리는 여름 내내 함께 지냈다. 나는 사회 운동을 조직하는 일과 인도네시아에 살았던 일, 그리고 서프보드 없이 파도를 타는 재미에 대해 미셸에게 말해 주었다. 미셸은 어린 시절 사귄 친구들과 고등학교 시절 다녀온 파리 수학 여행, 그리고 자신이 좋아하는 스티비 원더의 노래에 관한 이야기를 들려주었다.

그러나 나는 미셸의 가족을 만난 뒤에야 비로소 그녀를 이해하기 시작했다. 로빈슨 가족을 만나 보니 〈비버는 해결사 Leave It to Beaver〉(말썽꾸러기 소년의 가족을 중심으로 잔잔한 감동과 따뜻한 웃음을 전해 주는 코믹 드라마로서, 1960년대 TV 드라마로 큰 인기를 끌었고, 1990년 대 가족 코미디로 새롭게 각색되었다–옮긴이 주)라는 드라마의 세트장을 찾아온 듯한 느낌이 들었다. 친절하고 명랑한 아버지 프레지어는 단 하루도 결근하는 일이 없고 아들의 농구 경기 관람을 한 번도 놓친 적이 없었다. 깔끔하고 현명한 어머니 마리안은 생일 케이크를 굽고 집안 살림을 하며 전에는 자녀들이 예절 바르게 행동하고 교사들이 제 역할을 다할 수 있도록 뒷받침하기 위해 학교에서 자원 봉사를 했다. 농구 팀 스타인 오빠 크레이그는 큰 키에, 친절하고 예절 바르며 재미있는 젊은 이로서 투자 은행가로 일하고 있지만 언젠가는 농구 코치를 하겠다는 꿈을 버리지 않고 있었다. 또한 삼촌과 숙모, 사촌들도 여럿 있었다. 이들은 오다가다 들러 식탁에 둘러앉아 실컷 먹고 신바람 나게 떠들다가 할아버지가 모아 놓은 옛날 재즈 곡들을 들으며 밤늦게까지 놀았다.

그러나 눈에 띄지 않아 서운한 것이 하나 있었다. 개가 없었다. 마리안이 집안 이곳저곳을 물어뜯는 개를 기르고 싶어 하지 않았기 때문이었다.

이 같은 행복한 가정의 모습이 한층 강한 인상을 준 것은 로빈슨 씨 가족이, 요즘 황금 시간대 TV 프로그램에서는 좀처럼 볼 수 없을 정도로 힘겨운 고난을 이겨 냈다는 사실 때문이었다. 우선 이들에게 그 흔한 인종 문제가 따랐음은 물론이다. 1950~1960년대 시카고에서 성장한 미셸의 부모에게는 기회가 한정되어 있었다. 또한 부동산 업자들이 특정 인종이 많이 사는 지구의 매물을 각각 다른 인종에게 내놓지 않는 식의 부당 유도 행위를 하는 데다, 공연히 공포감을 조성하는 소문이 퍼지면서 백인 가족들이 대부분 빠져나가 그들의 주거지는 완전히 흑인 거주 지역으로 바뀌었다. 한편 흑인 부모는 적은 수입을 보충하기 위해 많은 노력을 기울여야 할 뿐만 아니라 거리 폭력이 빈발하며 운동 시설이 제대로 갖춰지지 않고 학교가 별다른 관심의 대상이 되지 못하는 그런 환경에서 자녀들을 키우고 교육시키기 위해서도 각별한 열성을 기울여야 했다.

그러나 로빈슨 가족은 이런 일반적인 어려움 외에도 따로 비극적인 문제를 안고 있었다. 미셸의 아버지가 한창 일할 나이인 30세 때 다발성 경화증이란 진단을 받았던 것이다. 그 이후 증상이 계속 악화되었음에도 그는 25년 동안 자기 연민의 기색조차 보이지 않으면서 가족에 대한 의무를 다하기 위해 남보다 한 시간 먼저 일어나 출근 준비를 했고 승용차 운전부터 셔츠의 단추를 끼우는 일에 이르기까지 모든 것을 스스로 하기 위해 갖은 노력을 했다. 그는 또 아들의 경기를 보기 위해 운동장을 가로질러 가려고 처음에는 절뚝거리며 걸어가다가 나중에는 목발에 의지한 채 대머리에 땀이 송골송골 맺힌 채로 안간힘을 다하면서도, 딸에게 키스하기 위해 거실을 가로질러 가려고 용을 쓰면서도, 웃음과 유머를 잃지 않았다.

우리가 결혼한 뒤 미셸은 아버지의 병으로 가족들이 소리 없이 치렀던 희생이 어떤 것이었는지 내게 어느 정도 이해시켜 주었다. 즉 미셸의 어머니가 질 수밖에 없었던 부담이 얼마나 컸는지, 아무리 간단한 피크닉이라도 어떤 문제나 말썽이 생기지 않도록 하기 위해 면밀한 준비를 갖추는 등 가족의 삶이 얼마나 제약을 받고 조심스러웠는지, 그리고 미소와 웃음 밑에 숨겨진 삶이 얼마나 무서울 정도로 안정감을 잃고 있었는지에 대해 알게 되었던 것이다.

그러나 당시 내 눈에는 로빈슨 가족의 행복한 모습만이 비쳤다. 더구나 나처럼 아버지를 거의 모르는 데다, 그 아버지마저 인생의 상당 부분을 이곳저곳으로 떠돌아다니면서 혈육을 사방에 퍼뜨린 경우에는, 프레지어와 마리안 로빈슨 부부가 그들 자신과 자녀들을 위해 꾸려 놓은 안온한 가정이, 내가 미처 느끼지 못한 안정에 대한 갈망과 한곳에 오래 머물러 사는 정착 의식을 일깨워 주었다. 어쩌면 미셸은 이와 정반대로 나에게서 모험과 위험, 이국적인 나라로의 여행을 즐기는 삶을 주목했을 법하다. 지금까지 그녀에게 허용되지 않았던 드넓은 지평을 보았을 것이다.

내가 미셸을 만난 지 반년쯤 지났을 때 그녀의 아버지가 신장 수술을 받은 뒤 합병증으로 갑자기 숨을 거두었다. 나는 시카고로 달려가 묘지에서 미셸의 머리를 어깨로 받쳐 주었다. 하관식을 지켜보면서 나는 프레지어 로빈슨에게 딸을 돌봐 주겠다고 마음속으로 약속했다. 아직 확정되지는 않았지만 나는 그녀와 내가 이미 한 가족이 되었다고 이심전심으로 느끼고 있었다.

요즘 미국 가정이 기울어지고 있다는 소리가 많이 들린다. 보수 성향의 사람들은 할리우드 영화와 의기양양하게 퍼레이드를 벌이는 동성애자들이 전통적인 가정에 맹렬한 공세를 퍼붓고 있다고 주장한다. 진보 성향의 사람들은 경제적인 요인 탓으로 돌린다. 제자리걸음을 하는 임금에서부터 탁아 시설 부족에 이르기까지 여러 경제적 요인들이 날이 갈수록 가정을 옥죄고 있다는 것이다. 대중문화도 이런 불안을 부채질한다. 평생 독신으로 지내겠다는 여성이나 지속적인 관계 유지를 꺼리는 남성, 그리고 끊임없는 성적 일탈에 빠져 드는 10대 청소년들을 대중문화가 즐겨 다루기 때문이다. 그 때문에 지난날처럼 영속적인 것처럼 보이는 것이 하나도 없다. 사람 사이의 역할과 관계는 모두 쉽사리 얻을 수 있는 것처럼 느껴진다.

이처럼 절망적인 느낌이 든다면 한걸음 뒤로 물러나서, 결혼 제도라는 것이 가까운 시일 안에 사라지지는 않으리라는 점을 돌이켜 생각해보는 것이 좋을 것이다. 1950년대 이래 결혼율이 계속 떨어지고 있음은 분명하다. 이렇게 결혼율이 떨어진 이유 중 일부는 학업을 마치거나 경력을 쌓기 위해 결혼을 늦추는 사람이 많아진 데 있다. 그러나 45세 연령층을 기준으로 살펴보면 여성의 89퍼센트와 남성의 83퍼센트가 최소한 한 번은 결혼을 한 것으로 드러났다. 미국 가정의 67퍼센트는 여전히 결혼한 부부로 이루어져 있고 대다수의 미국인들은 여전히 결혼이 개인적인 친밀감과 경제적 안정, 자녀 양육의 가장 좋은 밑바탕이 된다고 생각한다.

그러나 지난 50년 동안 가족이나 가정의 특성이 바뀌었다는 점은 부인할 수 없다. 이혼율은 1970년대 말과 1980년대에 걸쳐 절정에 이르렀다가 그 이후 21퍼센트나 줄었지만 그래도 첫 결혼의 절반은 이혼으로 끝난다. 조부모 시절과 비교한다면 우리는 혼전 섹스에 더 관대하고 미혼 남녀의 동거나 독신 생활의 비율이 더 높다. 또한 전통적인 형태의 가정과는 다른 여건에서 자녀를 양육할 가능성도 훨씬 더 높다. 이혼 가정의 60퍼센트는 자녀가 있고 사생아로 태어나는 어린이는 33퍼센트에 이르며 34퍼센트의 어린이는 생부 밑에서 자라지 않는다.

이런 추세는 유독 흑인 사회에서 두드러져 핵가족제가 거의 허물어지기 직전 상태다. 1950년 이래 흑인 여성의 결혼율은 62퍼센트에서 36퍼센트로 급락했다. 1960년부터 1995년 사이에 부모 양쪽과 모두 함께 사는 흑인 어린이 숫자는 절반 이상이나 줄어들었다. 오늘날에는 흑인 어린이 중 54퍼센트가 편모나 편부 슬하에서 자란다. 백인 어린이는 그 비율이 약 23퍼센트에 불과하다.

이런 변화가 성인에게 미치는 영향은 일률적으로 말하기 어렵다. 어느 연구 결과에 따르면 대체로 결혼한 부부가 더 건강하고 행복하게, 더 여유 있게 사는 것으로 나타났지만 형편없거나 싸움이 잦은 결혼 생활이 의미 있는 일이라고 말하는 사람은 아무도 없다. 한편, 결혼을 늦추는 사람이 늘어나는 것은 분명 의미 있는 일이다. 오늘날과 같은 정보 기반 경제 체제에서는 수학 기간을 늘려 더 많은 것을 배워야 한다. 그뿐만 아니라 결혼을 20대 후반이나 30대 초반으로 늦췄던 부부는 일찍 결혼한 부부보다 결혼 생활을 장기간 이어 갈 가능성이 더 높다.

성인에게 미치는 영향이 어떻든 이런 흐름이 어린이들에게는 좋지 않은 영향을 미쳤다. 나를 길러 준 어머니를 포함해 혼자 자식을 길러야 하는 많은 어머니들은 거의 초인적인 노력을 기울인다. 지금도 편모 슬하에서 자라는 어린이들은 부모가 있는 가정에서 자라는 어린이들보다 빈곤층인 비율이 5배쯤 높다. 또한 편모나 편부 슬하에서 자란 어린이가 학교를 중퇴하고 10대에 자식을 가질 가능성도 그만큼 높다. 10대 청소년에게 자식이 생기더라도 소득이 있을 리 없다. 지금까지 밝혀진 여러 증거에 비춰 보면 대체로 친부모와 함께 사는 어린이가 양부모나 동거 가정에서 자라는 어린이보다 품행이나 학업 성취도가 더 낫다.

이런 사실에 비춰 볼 때 정부가 제반 정책을 통해 결혼 생활을 뒷받침하고 사생아 출산을 억제하는 것은 바람직한 일이다. 예를 들어, 대부분의 사람들은 연방 복지 제도나 세법이 결혼한 부부에게 불리하게 운용되어서는 안 된다고 생각한다. 그 때문에 클린턴 행정부 때 법제화된 복지 개혁의 내용과 기혼자에 대한 불리한 조건을 줄인 부시 행정부의 감세안이 국민들로부터 적극적이고도 초당적인 지지를 받고 있다.

10대 임신 예방도 마찬가지다. 10대 소녀의 임신이 모자 모두에게 온갖 어려움을 겪게 만들 위험이 크다는 점에 이의를 제기할 사람은 없다. 1990년 이래 10대 임신율은 28퍼센트나 떨어졌다. 매우 반가운 뉴스다. 그러나 10대의 사생아 출산은 전체 사생아의 근 4분의 1을 차지한다. 더구나 10대 어머니는 그 이후에도 사생아를 더 출산할 가능성이 많다. 성적 욕구의 절제와 알맞은 피임법 활용을 적극 권장하는 형태로 원치 않는 임신을 예방하는 데 뚜렷한 실적을 올린 지역 사회 중심의 실행 계획이 있다면 적극적인 뒷받침을 해줘야 마땅하다.

마지막으로 예비 조사 결과에 따르면 결혼 교육을 위한 워크숍이 결혼 생활을 꾸준하게 지속시키고 동거 중인 커플이 결혼을 포함해 좀 더 지속적인 유대 관계를 맺도록 권장하는 데 실효성이 있는 것으로 나타났다. 따라서 저소득층에 대해 직업 훈련과 알선, 의료 혜택, 그 밖의 서비스와 함께 이런 결혼 교육도 받을 수 있게 하는 데 반대할 사람은 아무도 없을 것이다.

그러나 보수적 성향의 많은 사람들은 이런 상식적인 접근 방식이 별 가치가 없다고 생각한다. 이들은 지난 세월로 되돌아가고자 한다. 혼외 정사가 처벌과 수치의 대상이 되고 이혼이 지금보다 훨씬 까다로워지며 결혼이 개인적인 성취감은 물론, 남녀로 명확하게 구별된 사회적 역할을 부여했던 과거로 되돌아가고자 하는 것이다. 이들의 판단으로는 자신들이 부도덕하다고 생각하는 젊은 층에 대한 가족계획 권장이나 여성의 임신 중절 지원, 미혼모에 대한 복지 혜택 지원, 동성 결합에 대한 법적 인정 등의 행위에 대해 보상을 하거나 중립적인 태도를 취하는 것처럼 보이는 일체의 정부 정책은 근본적으로 결혼이라는 유대 관계를 유린하는 것이다. 이들은 정부가 그런 정책을 계속 편다면 남녀의 성적 차이가 없어지고 섹스가 오로지 기분 전환용이며 결혼은 마음대로 할 수도, 깰 수도 있는 것이고 어머니가 되는 것은 귀찮은 일이며 그리고 문명 자체가 사상누각이 되고 마는, 그런 세상으로 한 걸음 더 다가갈 것이라고 주장한다.

나는 끊임없이 변화하는 사회 문화 속에서 질서 의식을 되살리고자 하는 강한 욕구를 충분히 이해한다. 또한 부모 생각에 불건전해 보이는 몇몇 가치 기준에 자녀들이 노출되지 않도록 하겠다는 그 마음을 충분히 헤아릴 수 있다. 나도 유행가 가사에 귀를 기울이다 보면 그런 느낌이 들 때가 종종 있기 때문이다.

그렇지만 나는 성도덕을 역설하는 일에 정부를 끌어들이려는 사람들에 대해서는 동조하지 않는다. 섹스, 결혼, 이혼, 출산 등과 연관된 결정은 개인적인 성격이 강하며 그런 점이 개인의 자유를 바탕으로 하는 미국 제도의 핵심이기도 하다고 생각한다. 이런 개인적인 결정도 어린이 학대나 근친상간, 이중 결혼, 가정 폭력, 자녀 양육비 지불 거절 등 타인에게 큰 해를 끼칠 가능성이 있을 때는 사회가 개입할 권리와 의무가 있다(태아의 개체성을 믿는 사람들은 임신 중절도 이런 범주에 포함시킨다). 이런 경우가 아닌 한, 대통령이나 의회, 정부 기관이 미국인의 침실에서 벌어지는 행위를 규제하려는 것을 용인할 생각이 없다.

더구나 나는 가장 바람직한 형태의 관계를 맺게끔 사람들을 들볶거나 강제하는 방식으로는, 또는 적절한 성적 규범을 따르지 않은 사람들을 처벌하는 방식으로는 가족 제도를 충실하게 만들 수 없다고 믿는다. 젊은이들이 섹스와 육체 관계에 대해 좀 더 진지해지도록 권장해야 하고 부모와 교회, 지역 사회가 이런 메시지를 널리 전하는 활동에 나서야 한다고 생각한다. 그러나 동시에 10대 소녀가 피임법을 잘 몰라 평생을 생활고에 허덕이게 만들어서는 안 된다고 생각한다. 부부가 결혼에 따르는 헌신과 희생의 가치를 이해하기를 바란다. 그러나 개인적인 처지가 어떻든 상관없이 부부 관계를 유지시키기 위해 법의 힘을 빌리는 데는 찬성할 수 없다.

사람의 마음이 변화무쌍하고 내 인생도 매우 불완전하기 때문에 타인의 윤리적 문제에 대해 중재자 구실을 할 자격이 없다고 생각한다. 그러나 다행히도 미셸과 나는 14년 동안 결혼 생활을 해오면서 다른 사람들처럼 개인적인 삶 속에서 빚어진 일 때문에 입씨름을 벌인 적은 한 번도 없었다.

우리가 여러 차례 논쟁을 벌인 것은 미셸에게 알맞고 우리 아이들에게도 바람직한 형태로 일과 가정생활의 균형을 어떻게 맞출 것인가 하는 점이었다. 우리만 이런 문제에 부딪힌 것은 아니다. 1960년대와 1970년대 초까지만 해도 미셸이 자란 가정의 모습이 표준이었다. 즉 미국 가정 중 70퍼센트 이상이 어머니는 집 안에서 살림을 하고 밥벌이는 아버지에게만 의존했던 것이다.

오늘날에는 이런 수치가 역전되었다. 요즘에는 자녀가 있는 미국 가정 중 70퍼센트는 부부가 맞벌이를 하거나 편모나 편부가 직장에 다닌다. 그 결과, 직장·가정 문제 전문가로서 정책 팀장을 맡고 있는 카렌 콘블러가 말하는 이른바 '곡예사 가정'이 등장하게 되었다. 이런 가정의 부모는 생활을 꾸려 나가고 자녀를 돌보며 가정을 지켜 나가고 인간관계를 유지하기 위해 안간힘을 다한다. 이 모든 일을 잘 해나가려 하니, 아무래도 가정생활이 희생될 수밖에 없다. 카렌은 뉴아메리카재단에서 직장·가정 프로그램 책임자로 일할 때 상원 자녀·가정소위원회 청문회에 나와 다음과 같은 증언을 했다.

오늘날 미국인들은 1969년에 비해 매주 자녀들과 보내는 시간이 22

시간이나 줄어들었다. 수많은 어린이들이 매일 미인가 탁아소에 맡겨지거나 아니면 보모 구실을 하는 거실 TV 앞에서 혼자 지낸다. 직장을 가진 어머니는 가정까지 잘 꾸려 나가기 위해 매일 한 시간 가까이 잠을 줄인다. 최근 자료에 따르면 취학 연령의 자녀가 있는 부모의 경우, 근무 시간에 신축성이 없고 방과 후 아동 보호 시설이 불안정할 때 스트레스를 많이 받는 것으로 니다났는데, 이런 스트레스는 생산성과 업무 추진에 영향을 미치게 된다.

익숙하게 들리지 않는가?

보수 성향의 많은 사람들은 여성들이 가정을 벗어나 우르르 직장으로 몰려간 것은 여권 신장 운동 이데올로기가 직접적인 영향을 미친 때문이라면서, 여성들이 제정신을 차리고 가정주부라는 전통적인 역할로 되돌아가면 이런 현실이 바뀔 것이라고 주장한다. 남녀 평등에 대한 새로운 인식이 직장에 큰 변화를 가져오는 데 결정적인 구실을 했음은 사실이다. 대부분의 미국인들은 여성이 남성과 동등한 입장에서 경력을 쌓고 경제적 독립을 이루며 자신의 능력을 발휘할 수 있는 기회를 갖게 된 것을 현대 생활의 두드러진 성취 중 하나로 받아들였다.

그러나 미국의 일반 여성들이 직장에 나가겠다고 결심한 것은 단순히 인식이나 태도의 변화 때문이 아니다. 생계를 위한 것이기도 하다.

현실을 한번 살펴보자. 지난 30년 동안 국민들의 평균 소득은 인플레이션율을 감안할 경우 1퍼센트도 채 늘어나지 않았다. 그러나 주거비에서부터 의료비에 이르기까지 생활과 관련된 온갖 비용은 그동안 계속 올랐다. 이런 상황에서 많은 세대가 중산층에서 밀려나지 않고 그대로 남아 있을 수 있었던 것은 맞벌이에 나선 어머니 쪽의 수입 때문이었다. 엘리자베스 워런(Elizabeth Warren)과 에밀리아 티아기(Amelia Tyagi)

는 함께 펴낸 저서 『맞벌이의 함정 The Two-Income Trap』에서 어머니가 벌어들이는 수입이 사치품을 사들이는 데 쓰이지 않는다고 지적한다. 이런 수입의 거의 대부분은 자녀들의 장래를 생각하는 투자, 즉 유아원이나 유치원 교육비, 대학 등록금, 그리고 학군이 좋고 안전한 주거 지역에 집을 장만하거나 그런 집을 유지하는 데 쓰인다는 것이다. 이런 고정 비용과 맞벌이 때문에 추가로 드는 비용(특히 탁아 비용과 승용차 한 대를 더 운행하는 비용)을 감안한다면 일반적인 맞벌이 가정은 주로 아버지 혼자 생활비를 벌었던 30년 전의 가정에 비해 오히려 가계의 여유 자금이 더 적은 형편이다. 그 때문에 가계의 안정성도 약화되었음은 물론이다.

그렇다면 보통 가정이 옛날처럼 주로 아버지 한쪽의 수입에만 의존해서 사는 것이 가능한 일일까? 다른 사람들이 모두 맞벌이를 하고 주거비와 교육비, 대학 등록금이 계속 올라가는 상황에서는 불가능하다. 워런과 티아기는 오늘날 맞벌이를 하지 않으면서도 중산층의 생활수준을 그대로 유지하고 있는 일반 가정은 1970년대의 가정에 비해 가계 여유 자금의 규모가 60퍼센트 정도나 적다고 밝혔다. 달리 말하자면 어머니가 맞벌이를 하지 않고 집에서 살림만 하는 대부분의 가정은 안전하지 못한 주거 지역에 살고 경쟁력이 떨어지는 학교에 자녀들을 보내고 있다는 것을 의미한다.

이쯤 되면 대부분의 국민들은 맞벌이를 포기하려 하지 않는다. 그 대신 현재의 여건에서 최선을 다하려고 한다. 그들 자신이 자랄 때 경험한 그런 가정 형태, 프레지어와 마리안 로빈슨이 자녀를 키운 형태의 가정을 유지하는 일이 훨씬 더 어려워졌음을 알기 때문이다.

남녀가 모두 이 같은 새로운 현실에 적응해야만 했다. 그러나 현대 생활의 여러 부담이 여성들에게 더 많이 지워지고 있다는 미셸의 주장을 반박하기는 어렵다.

결혼한 뒤 몇 년 동안 미셸과 나는 다른 부부들과 마찬가지로 서로 적응하는 과정을 거쳤다. 서로의 기분을 헤아리는 방법도 배우고 이상한 생각과 생소한 버릇도 거슬리긴 하지만 익숙해져야만 했다. 가령 미셸은 아침에 일찍 일어나는 대신에, 밤 10시만 지나면 밀려오는 잠에 취해 눈을 제대로 뜨지 못할 정도였다. 반면에 나는 밤늦도록 자지 않는 올빼미형이지만 아침에 잠자리에서 일어나면 금방 정신을 차리지 못하고 30분 정도는 시무룩한 표정(미셸의 표현에 따르면)을 짓고 있다. 나는 첫 번째 책을 집필 중이기도 하고, 그동안 대부분의 인생을 외아들로 지낸 탓도 있어 저녁 시간에는 걸핏하면 우리의 기차칸식 싸구려 아파트(railroad apartment) 뒤쪽에 있는 사무실에 틀어박혀 지내는 일이 많았다. 내가 예사롭게 생각하고 행동한 것이 미셸을 쓸쓸하게 만든 일이 잦았던 것이다. 나는 또 아침 식사를 끝낸 뒤 늘 버터를 그대로 내버려 두었고 빵 봉지를 잘 묶어 두는 일도 번번이 잊어버렸다.

그러나 대체로 결혼 초기에는 함께 영화를 보러 가고 친구들과 식사를 하며 간간이 음악회를 찾는 일상적인 즐거움으로 가득 찼다. 우리는 다 같이 일에 파묻혀 살았다. 나는 주로 민권 문제를 다루는 소규모 법무 법인에 다니면서 시카고 대학 법과대학원에 출강하기 시작했고 미셸은 다니던 법무 법인을 사직하고 처음엔 시카고 기획국에서 일하다가 그 뒤에 퍼블릭얼라이즈(Public Allies)라는 연방 서비스 프로그램의 시카고 지부를 운영하는 책임을 맡았다. 그러다가 내가 주 상원 의원으로 출마하면서 아내와 함께 보낼 시간은 더 줄어들었다. 아내는 대체로 정치를 싫어하고 내가 집을 많이 비우게 될 것임이 분명한데도 그런 출마 결심을 지원해 줬다.

"당신이 하고 싶은 일이 정치라는 걸 아니까."

아내가 나에게 한 말이었다.

내가 일리노이 주 의사당이 있는 스프링필드에 계속 머물러야 할 때는 밤마다 전화로 온갖 이야기를 나누면서 깔깔댔다. 농담도 주고받고 서로 떨어져 지내면서 느끼는 아쉬움과 언짢음도 나누면서 마음을 풀고, 그러면서 서로에 대한 사랑을 확인한 다음 푸근한 마음으로 잠자리에 들었던 것이다.

그리고 얼마 뒤 말리아가 태어났다. 독립 기념일에 태어난 말리아는 조용하고 예뻤다. 최면에 걸린 듯한 큰 눈은, 눈을 뜬 순간부터 이 세상을 이해할 것 같았다. 말리아는 우리 두 사람의 형편에 알맞은 때에 태어났다. 내 경우는 주 의회가 휴회 중인 데다, 여름 방학이라 강의도 없어 저녁마다 가족과 함께 지낼 수 있었다. 한편 미셸은 시카고 대학의 시간제 근무 업무를 받아들이기로 결정했는데 그 일은 10월부터 시작하면 되었다. 그 때문에 아내도 새로 태어난 아기와 많은 시간을 보낼 수 있었다. 그로부터 3개월은 신기함의 연속이었다. 아기를 가운데 두고 야단법석을 떨면서 보냈던 것이다. 어떤 때는 말리아가 숨을 쉬는지 확인하기 위해 아기 침대를 찬찬히 살펴보는가 하면, 어르고 달래 아기가 미소 짓게 만들며 좋아했다. 아기에게 노래도 불러 주고 사진을 너무 많이 찍어 아기의 눈이 상하지 않을까 걱정하기도 했다. 미셸과 내가 서로 생체 리듬이 다른 점이 말리아를 돌보는 데는 쓸모가 많았다. 미셸은 일찍 잠이 들지만 나는 새벽 한두 시까지 잠을 자지 않기 때문에 아기의 기저귀를 갈아 주고, 우유를 데워 먹이며, 재우기 위해 안아 흔들어 주면서 우리 딸의 부드러운 숨소리를 가슴으로 느끼고 또 아기가 무슨 꿈을 꿀까 생각할 수 있었다.

그러나 가을이 되어 개강을 하고 주 의회 회기가 시작된 데다, 미셸이 시간제 근무를 시작하면서 우리 관계에 긴장이 생기기 시작했다. 나는 연달아 3일씩 집에 들어오지 못하는 때가 종종 있었고 시카고로 돌아왔을 때도 저녁 회의에 참석하거나 수강생이 제출한 보고서에 점수를 매기거나 아니면 소송 사건 적요를 작성해야 했다. 그런데 미셸의 시간제 업무 역시 슬금슬금 늘어났다. 우리는 근무 때문에 집을 비울 때 말리아를 돌봐 줄 훌륭한 입주 보모를 구했는데, 종일 근무를 하는 사람을 고용하니, 가계가 빠듯해졌다.

우리는 스트레스와 피곤에 지친 탓으로 낭만적인 무드는커녕, 일상적인 대화를 나눌 시간도 거의 없었다. 내가 불운으로 끝난 연방 하원 의원 도전에 나서자 미셸은 그런 결정이 달갑지 않다는 뜻을 굳이 감추지 않았다. 내가 설거지를 못한 것도 전과는 달리 별로 사랑스럽게 비치지 않았다. 아침에 집을 나서면서 미셸에게 키스를 해도 형식적인 볼키스만 돌아올 뿐이었다. 둘째 딸 사샤(언니처럼 예쁘고 거의 비슷할 정도로 조용한 아이)가 태어날 즈음이 되자 나에 대한 아내의 분노가 거의 폭발 직전인 것처럼 보였다.

"당신은 당신 생각만 하고 있어."

아내의 말이었다.

"아이들을 나 혼자 키워야 한다고 생각한 적은 한 번도 없었어."

이런 비난에 속이 쓰렸다. 나는 아내가 부당하다는 생각이 들었다. 내가 밤마다 친구들과 어울려 술판을 벌인 것도 아니잖은가. 더구나 나는 아내에게 거의 아무런 요구도 하지 않았다. 양말을 꿰매 주기를 바라지도 않았고, 내가 올 때까지 기다렸다가 함께 저녁 식사를 해주기를 바란 적도 없었다. 짬이 나는 대로 아이들과 열심히 놀아 주기도 했다. 내가 바란 것은 그저 약간의 친절과 따뜻함이었다. 그 대신 나는 집안일을 어떻게 분담할 것인지를 놓고 시시콜콜하게 따지고 절충하는 일에 끊임없이 시달렸다. 그 과정에서 내가 해야 할 일이나 하지 않고 넘어간 일을 낱낱이 적어 놓은 기나긴 목록이 제시되고 언짢아하는 모습도 뒤따랐다. 나는 대부분의 가정에 비해 우리가 굉장히 다행스러운 편이라는 점을 미셸에게 상기시켰다. 또 내가 여러 결점이 있긴 하지만 그 무엇보다도 아내와 두 딸을 사랑한다는 것을 아울러 상기시켰다. 내 사랑이 충분하다고 생각했다. 나에 관한 한 아내가 불만을 품을 일이 없다는 것이 내 생각이었다.

그러나 그 어려운 시기가 지나고 두 아이가 학교에 들어간 뒤, 그 시절을 돌이켜본 뒤에야 비로소 그 당시 미셸이 겪고 있었던 고통이 어떤 것이었는지 제대로 인식하게 되었다. 그 어려움은 오늘날 일하는 어머니들이 겪는 전형적인 고통이었다. 내가 스스로 열린 생각을 가진 사람이라고 아무리 자처해 본들, 즉 미셸과 내가 동등한 파트너이고 아내의 꿈과 포부가 나 자신의 야망처럼 중요하다고 아무리 외쳐 본들, 아이들이 태어났을 때 그에 맞춰 직장 근무를 조정해야 했던 쪽은 내가 아닌, 미셸이었다는 사실은 바뀔 수 없었다. 나도 분명히 도왔지만 항상 내 형편과 내 일정에 따른 것이었다. 결국 자신의 경력을 추구하는 일을 중지해야 했던 쪽은 미셸이었다. 매일 밤마다 아이들이 제대로 먹고 목욕을 했는지 점검하는 일도 어머니의 역할이었다. 말리아나 사샤가 아프거나 보모가 사정이 있어 오지 못할 때 종종 전화로 예정된 회의를 취소해야 했던 쪽도 미셸이었다.

미셸이 처한 상황을 그토록 어렵게 만든 것이 일과 육아 사이의 끊임없는 갈등만은 아니었다. 미셸 스스로 일과 육아를 제대로 감당하지 못하고 있다고 생각하는 점도 고통을 안겨 주었다. 물론 이런 판단은 잘못된 것이었다. 미셸을 고용한 쪽에서는 그녀에게 크게 만족했고 모든 사람들은 그녀가 어머니 구실을 훌륭하게 잘하고 있다고 말했다. 그러나 미셸은 마음속에서 자신의 두 가지 욕구가 상충하고 있음을 알았다. 자신의 어머니와 마찬가지로 충실하고 믿음직하며 자녀들을 위해 항상 같은 자리에서 지켜봐 주고 싶다는 욕구와 다른 하나는 전문 영역에서 남보다 앞서고 이 세상에 두드러진 성취를 남기며 또 우리가 처음 만났을 때 털어놓았던 여러 계획을 모두 이루고 싶은 욕구였다.

결국 우리가 이런 어려움을 극복할 수 있었던 것은 나와 두 딸을 위해 두 욕구의 상충에 따른 긴장을 누그러뜨리고 자신을 희생했던 미셸의 정신력 덕분이다. 그러나 우리에겐 많은 가정이 지니지 못한 자원이 있었다. 우리에겐 상황을 어느 정도 통제할 수 있는 재량이 있었다. 즉, 미셸과 내가 전문직 종사자이기 때문에 뜻밖의 사태를 처리하거나 업무 처리 스케줄을 재조정할 수 있어 가령 하루 정도 결근하더라도 일자리를 잃을 염려가 없었다. 그러나 미국 노동자의 57퍼센트는 이런 재량권이 없다. 아이를 돌보기 위해 하루를 결근하면 임금이 깎이거나 월차를 쓰지 않을 수 없는 것이 보통이다. 만약 자녀가 있는 노동자가 개인적인 일정에 따라 움직이려 하다 보면 시간제 근무나 임시직으로 밀려나 승진을 못하고 부가 급부를 거의 또는 전혀 받지 못하게 된다.

미셸과 나는 맞벌이 부모가 받는 여러 압박을 덜어 줄 온갖 서비스를 감당할 만한 수입이 있었다. 믿을 만한 탁아 시설, 필요할 때 부를 수 있는 보모, 식사 준비를 할 시간도 기력도 없을 때 활용하는 테이크 아웃 저녁 식사, 1주일에 한 번씩 찾아와 청소를 해주는 도우미, 사설 유치원, 그리고 아이들이 어느 정도 컸을 때 이용할 수 있는 여름철 주간 캠프 등이 그런 서비스들이다. 대부분의 미국인 가정에서는 이런 도움을 두루 받는다는 것이 가계 수지상 불가능하다. 특히 탁아비가 굉장히 비싸다. 서방 세계에서 정부의 보조를 받는 질 좋은 탁아 서비스를 모든 노동자들에게 제공하지 않는 나라는 사실상 미국뿐이다.

더구나 미셸과 나는 장모의 도움도 많이 받았다. 장모는 미셸이 자랐던 집에서 그대로 살고 있는데 우리 집에서는 불과 15분 거리였다. 장모는 현재 60대 후반이지만 겉보기에는 10년쯤 젊어 보이는데, 미셸이 지난해 전처럼 종일 근무로 복귀하자 은행 근무 시간을 줄이고 매일 두 외손녀를 학교에서 집으로 데려와 오후 시간 동안 돌봐 주었다. 이런 도움을 받지 못하는 가정 또한 많다. 부모의 도움을 받기는커녕, 오히려 연로한 부모를 돌봐야 하는 딱한 처지의 가정도 많다.

물론 연방 정부가 우리처럼, 훌륭한 인품을 지니고 건강하며 반은 퇴 상태인 데다 사위집 가까이 사는 장모를 각 가정마다 한 명씩 배치해서 도움을 받도록 보장할 수는 없을 것이다. 그러나 우리가 가족이라는 가치를 진지하게 받아들인다면 일과 부모 역할의 힘겨운 조화를 조금이나마 거들어줄 수 있는 여러 정책을 마련할 수 있다. 우선 질 좋은 탁아 시설을 많이 만들어 필요한 가정이 모두 활용할 수 있게 하는 일부터 시작할 수 있다. 대부분의 유럽 국가들과는 대조적으로 미국의 탁아 시설은 엉망이다. 탁아 시설 허가 요건 및 보모 교육·훈련의 강화, 연방 정부와 주 차원의 양육 관련 세액 공제 확대, 그리고 세대별 소득 수준에 따른 보조금 차등 지급제 등은 중산층과 저소득층 부모들이 적어도 주중에는 다소나마 마음고생을 덜 수 있게 해줄 것이다. 이 같은 정책은 장기 결근을 줄임으로써 고용주에게도 득이 될 것이다.

이제 학교도 새롭게 설계할 때가 되었다. 일하는 부모를 위해서도 그래야 하지만 우리 자녀가 한층 치열해진 경쟁에 대비할 수 있도록 뒷받침하기 위해서도 재설계가 필요하다. 수많은 연구 조사 결과에 따르면 취학 전 프로그램의 내용이 충실할 경우, 상당한 교육적 효과가 있음이 거듭 확인되었다. 그 때문에 맞벌이를 하지 않는 가정에서도 가계의 어려움을 무릅쓰면서까지 유아 교육을 받게 하거나 유치원에 입학시키려는 경우가 적지 않다. 학교 수업 시간 연장이나 여름학교, 방과 후 교육 프로그램도 마찬가지다. 모든 어린이들이 이런 혜택을 누릴 수 있게 하려면 많은 비용이 들겠지만 대폭적인 학교 교육 개편 노력의 일환으로 시행한다면 우리 사회가 그 비용을 기꺼이 부담할 것이다.

무엇보다도 고용주들과 협력해 근무 시간을 한층 신축성 있게 운용해야 한다. 클린턴 행정부는 질병 치료·가족간병 무급휴가법(Family and Medical Leave Act)을 제정해 이런 방향으로 한 걸음 나아갔지만 무급 규정과 종업원수 50명 이상의 기업으로 한정시킨 탓으로 대부분의 노동자들이 활용할 수 없다. 현재 부유한 나라들 중에서는 한 나라를 제외하고 모두가 유급 육아 휴가를 주고 있는데 미국 업계에서는 의무적인 유급 휴가제에 완강하게 반대했다. 이런 제도가 중소기업에 미치는 영향을 걱정하는 점도 반대 이유 중 하나다.

약간의 창의력만 발휘한다면 이런 문제를 해결할 수 있다. 캘리포니아는 최근 신체 장애 보험 기금을 통해 유급 휴가제를 시행했다. 그 때문에 이런 제도 시행에 따른 비용을 고용주 혼자 부담하지 않게 되었다.

자녀가 있는 부모에게는 일상적인 근무 시간도 신축성 있게 조정할 수 있게 해야 한다. 이미 여러 대기업에서는 변형 근로 시간제를 시행하고 있는데, 이런 기업에서는 종업원들의 사기가 올라가 이직률도 낮아진 것으로 알려졌다. 영국에서는 이런 문제를 해결하기 위해 기발한 방식을 내놓았다. 즉 '균형 있는 직장-가정생활 캠페인'의 일환으로 시행된 이 인기 있는 방안에 따르면 6세 미만의 자녀가 있는 취업 부모는 고용주에게 근무 시간의 조정을 서면으로 요청할 수 있는 권리가 있다. 고용주가 이런 요청을 꼭 받아들여야 할 필요는 없다. 그러나 종업원을 만나 내용을 듣고 그 요청을 검토해야 한다. 지금까지 이런 요청 중 4분의 1 정도가 수용되어 육아에 알맞게 근무 시간이 조정되었지만 생산성에는 아무런 차질이 없었다. 이 같은 참신한 정책 수립과 기술적 지원, 일반의 인식 강화 등이 뒤따를 경우 정부는 기업이 얼마 안 되는 비용만으로 종업원들의 어려움을 덜어 주게끔 뒷받침할 수 있다.

가정에 따라서는 수입이 줄어드는 한이 있더라도 부모 중 한 사람이 가정을 지키기로 마음먹을 수 있는데, 이런 정책이 그런 결정까지 단념시킬 필요는 없을 것이다. 맞벌이를 하지 않는 것은 가정에 따라 여러 의미를 지닐 수 있다. 어떤 가정에서는 얼마 간의 물질적 혜택이 사라지는 것을 의미하고 다른 가정에서는 부모가 자녀를 직접 가르치는 홈스쿨링과 생활비가 싼 지역으로 이사하는 것을 의미하기도 한다. 어떤 가정에서는 아버지가 가정을 지키게 될 수도 있다. 물론 대부분의 가정에서는 어머니가 가정 살림을 이끌고 있다.

어떤 처지에서 그런 작정을 했건 이런 결정은 존중해야 한다. 보수주의자들이 지적한 내용 중 한 가지 옳은 것이 있다면, 오늘날의 사회문화가 가정에서 살림을 하는 어머니의 커다란 심리적·재정적 기여와 희생 및 엄청난 가사 부담을 제대로 인식하지 못하는 경우가 많다는 점이다. 그러나 보수 세력은 가정을 지키는 이런 전통적인 역할이 가장 바람직하거나 유일한 모성의 모델이며 이는 여성의 타고난 직분이라는 그릇된 인식을 드러내기도 했다. 나는 두 딸이 자신과 자신의 가족에게 최선이 되는 형태로 선택하기를 바란다. 그러나 이런 선택은 본인의 노력과 태도에만 좌우되는 것이 아니다. 미셸이 나에게 일깨워 준 것처럼 남성과 미국 사회가 그런 선택을 존중하고 받아들이느냐에 따라서도 좌우되는 것이다.

"아빠, 안녕"
"그래, 우리 딸."

금요일 오후, 미셸이 미장원에 간다기에, 아이들을 대신 돌보기 위해 일찍 귀가한 터다. 내가 말리아를 끌어안는데 큼직한 안경을 쓴 금발의 여자 아이가 주방에 서서 나를 빤히 쳐다보는 것이 눈에 띈다.

"이 앤 누구지?"

나는 안아 올린 말리아를 내려놓으면서 묻는다.

"샘이에요. 놀러 왔어요."

"안녕, 샘."

내가 악수를 청하자 샘은 잠시 생각하는 눈치더니, 마지못해 손을 잡는 체한다. 말리아가 언짢은 표정을 짓는다.

"아빠…… 어린애들과 악수하는 거 아니에요."

"안 된다고?"

"안 돼요."

말리아가 서슴없이 말한다.

"10대들도 악수 안 해요. 잘 모르시나 본데, 지금은 21세기잖아요."

말리아가 샘을 쳐다보자 샘이 억지웃음을 참고 있다.

"그럼, 21세기엔 어떻게들 하는데?"

"그냥 '헤이' 그래요. 손만 흔들 때도 있고요. 그걸로 충분해요."

"알았어. 내가 널 난처하게 만든 모양이구나."

"괜찮아요, 아빠. 다른 어른들과 악수나 하면서 지내느라, 몰라서 그런 거니까요."

말리아가 웃으면서 말한다.

"그래, 네 말이 맞다. 그런데 동생은 어디 있니?"

"2층에요."

2층에 올라가 보니, 사샤가 내복 바람에, 분홍색 윗도리를 입은 채서 있다. 나를 보고 끌어 앉히더니 목을 끌어안고 짧은 바지를 찾는데 보이지 않는다고 말한다. 나는 옷장을 열고 살피다가 사샤의 서랍장 위 오른쪽에서 파란색 바지를 찾는다.

"이거 아니니?"

사샤가 상을 찌푸리다가 마지못해 바지를 받아 입는다. 그러나 몇 분 뒤 내 무릎 위에 앉으면서 "아빠, 이 바지는 불편해"라고 말한다.

우리는 서랍장 쪽으로 다시 가서 다른 바지를 찾아내지만 그것도 파란색이다. "이건 어때?" 내가 묻는다.

사샤가 다시 얼굴을 찌푸린다. 흡사 키 1미터인 꼬마의 모습을 한 아이 어머니를 보는 듯하다. 말리아와 샘이 올라와 부녀간의 승강이를 말없이 지켜본다.

"사샤는 그런 바지를 안 좋아해요."

말리아가 사샤를 거든다.

나는 사샤에게 왜 안 좋아하는지 묻는다. 사샤는 내 의중을 헤아리려는 듯, 조심스러운 표정으로 나를 쳐다보다 마침내 입을 연다.

"분홍색과 파란색은 안 어울려요."

말리아와 샘이 킥킥거린다. 나는 이런 상황에서 미셸이 지을 법한 그런 엄격한 표정을 지으려고 애쓴 다음, 사샤에게 그 바지를 입으라고 말한다. 사샤가 시키는 대로 입지만 그저 내 기분이나 맞춰 주기 위한 것이라는 점을 깨닫는다.

내가 두 딸을 다루는 것처럼, 강하게 밀어붙여 고집을 꺾어야 하는 일상적인 역할을 달가워할 사람은 거의 없을 것이다.

오늘날 많은 남자들이 그렇듯이 나도 아버지가 없는 집안에서 자랐다. 부모님이 내가 두 살 때 이혼한 탓으로 아버지에 대해서는 그 이후 가끔씩 보내 주는 편지나 또는 어머니와 외할머니, 외할아버지가 들려주는 이야기를 통해 알 뿐이었다. 내 삶 주변에도 성인 남자들은 있었다. 내가 4년 동안 함께 살았던 의붓아버지와 그 이후 외할머니와 함께 나를 키워 준 외할아버지가 그들이었다. 두 분은 다 좋은 사람으로 나를 따뜻한 마음으로 대해 주었다. 그러나 이 두 분과의 관계는 부분적이고 불완전할 수밖에 없었다. 의붓아버지의 경우는 함께 지낸 기간이 얼마 안 되는 데다, 속내를 잘 드러내지 않는 그의 성격 때문이었다. 외할아버지와는 매우 가깝게 지내긴 했지만 너무 나이가 많고 걱정거리가 낳은 탓으로 내 삶을 이끌어 주는 데 큰 도움을 주지 못했다.

그 대신 내 삶의 중심을 잡아 준 것은 여성들이었다. 다름 아닌 외할머니와 어머니인데, 외할머니는 실용적인 생활 태도를 끝까지 견지해 가계가 빚에 쪼들리는 일을 막았고, 어머니의 사랑과 맑고 깨끗한 정신은 누이동생과 내 삶의 중심이 되었다. 이 두 분 때문에 내 삶에서 뭔가 중요한 것이 결여되어 있다고 느낀 적이 한 번도 없었다. 나는 이 두 분으로부터 오늘날까지 내 삶의 지침이 되는 여러 가치들을 받아들였다.

그러나 점차 나이가 들면서, 집안에 힘 있는 남자가 버텨 주지 않는 상황에서 어머니와 외할머니가 우리를 키우느라 얼마나 힘이 들었을까 하는 점을 깨닫게 되었다. 나는 또 아버지가 곁에 없다는 것이 어린이에게 어떤 상처를 남기는가도 알게 되었다. 자식을 나 몰라라 하는 생부의 무책임성과 의붓아버지의 서먹한 태도, 외할아버지의 실패와 좌절이 모두 나에게 생생한 교훈이 되었다. 그래서 내 자식들에게는 믿음직한 아버지가 되겠다고 결심했다.

가장 기본적인 측면에서 판단한다면 나는 성공한 케이스였다. 결혼은 아무런 문제가 없고 내 가족은 부족함이 없이 지내고 있다. 나는 사친회와 무용 발표회에 참석하고, 두 딸은 늘 내 찬탄의 대상이 된다. 그럼에도 내 삶의 모든 영역 중에서 가장 큰 의문은 여전히, 내가 남편과 아버지로서 제구실을 하고 있는가 하는 점이다.

이런 회의를 품고 있는 것은 나만이 아님을 알고 있다. 끊임없이 변화하는 경제 상황과 사회 규범 속을 헤쳐 나가면서 다른 아버지들도 상충되는 감정에 시달리고 있는데, 나도 어느 단계에 이르면서 그와 똑같은 어려움을 겪고 있다. 1950년대의 아버지는 아침 9시부터 저녁 5시까지 일해서 가족을 부양하고, 저녁마다 아내가 준비한 밥상에 식구들과 함께 둘러앉아 식사를 하며, 어린이 야구단을 코치하고, 전기 공구들로 집 안 구석구석을 수리했다. 이런 아버지상은 날이 갈수록 현실에서 멀어지고 있음에도 이런 이미지는 집 안에서 살림하는 어머니상 못지않게 우리 사회 문화 속에 짙게 남아 있다. 오늘날 많은 남성들은 혼자서 가족의 생계비를 감당하지 못한다는 점 때문에 좌절감과 함께 수치심까지 느낀다. 흑인 남성들이 부모 노릇을 제대로 하지 않고 결혼율이 낮은 것은 높은 실업률과 저임금에도 원인이 있다고 주장한다고 해서 경제 결정론자라는 소리까지 듣지는 않을 것이다.

취업 여성도 마찬가지지만 취업 남성의 경우도 그동안 고용 조건이 많이 바뀌었다. 고소득 전문직이건 조립 생산 라인의 노동자건 아버지들은 과거보다 더 오랜 시간 동안 일해야 한다. 그런데 벅찬 일을 더 많이, 더 오랫동안 해야 하는 시기가 하필이면, 자녀들의 생활에서 아버지의 적극적인 역할이 필요하고, 아버지 스스로도 그런 역할을 원하는 때와 딱 맞아떨어진다. 더구나 이런 아버지 역할은, 그들 자신이 과거 아버지에게서 받았던 것보다 더 적극적으로 발휘되어야 한다.

그러나 부모 역할에 대한 인식과 실행 사이에 차이가 있는 경우가 흔하다고 하더라도 내가 항상 가족들에게 최선을 다하고 있지는 않다는 생각을 떨쳐 버릴 수 없다. 지난 아버지의 날(Father's Day)에 나는 시카고 사우스사이드에 있는 살렘 침례교회의 신도들에게 강연을 해달라는 부탁을 받았다. 연설문을 미리 준비하지 않았지만 주제는 '성인 남자가 져야 할 책임'으로 정했다. 나는 이제 남성 일반과, 특히 흑인 남성들이 가족을 위한 자신의 자리를 비워 놓은 데 대해 변명할 생각을 하지 말아야 한다고 말했다. 나는 그 자리에 있는 남성들에게 다음과 같은 점을 상기시켰다. 아버지가 된다는 것은 자녀를 낳는다는 것 이상의 의미가 있고, 가정을 지킨다는 사람도 몸은 있지만 마음이 없는 경우가 종종 있으며, 우리 중 상당수가 아버지가 없는 집안에서 자랐기 때문에 더욱더 그런 악순환의 고리를 끊기 위해 갑절의 노력을 기울여야 하고, 우리가 자식들에게 큰 기대를 걸고 싶다면 우리 자신도 스스로에게 큰 기대를 걸어야 한다는 것이다.

내가 한 말을 돌이켜보면서 나 자신은 그런 충고를 얼마나 잘 실천하고 있는지 가끔 자문해 본다. 사실 나는 그날 내 이야기를 들은 적잖은 남성들과는 달리 생계비를 벌기 위해 한꺼번에 두 개의 일자리를 갖거나 야간 근무를 자청하는 처지는 아니다. 나는 저녁마다 귀가할 수 있는 일자리를 찾을 수 있었다. 또는 장시간 근무를 하면 그에 상응하는 대가를 충분히 받을 수 있어 아내의 근무 시간을 줄이거나 두 딸을 위한 신탁 기금을 더 넉넉하게 붓는 식으로 가족에게 상당한 도움이 될 만한 그런 일자리를 찾을 수 있었다.

그럼에도 내가 선택한 삶은 일정이 불규칙해서 일상을 엉망으로 만들었다. 가족과 장기간 떨어져 있어 아내가 온갖 스트레스에 시달리게 만드는 그런 삶이었다. 좀 넓은 의미에서 보자면 내 정치 활동이 말리아와 사샤를 위한 것이고 내가 하는 일이 이들에게 좀 더 나은 세상을 만들어 주기 위한 것이라고 스스로 위안할 수도 있다. 그러나 두 아이 학교에서 벌이는 포틀럭 파티(pot luck, 파티를 주최하는 쪽은 간단한 메인 메뉴만 준비하고 참석자들이 각자 취향에 따라 자신 있는 요리나 포도주 등을 가지고 와서 함께 즐기는 파티-옮긴이 주)에 표결 때문에 참석하지 못하거나 회기 연장으로 여름 휴가 일정을 늦춰야 한다고 전화로 미셸에게 알려야 할 때는 이런 합리화가 무색해지거나 그야말로 관념적인 것으로 비치기 십상이다. 최근 내가 정치 활동에서 상당한 성공을 거둔 것도 그런 죄의식을 누그러뜨리는 데 별다른 도움이 되지 못한다. 미셸이 언젠가 반농담 삼아 했던 말처럼 내 사진이 처음 신문에 나왔을 때는 멋지다는 느낌이 들었지만 늘 나오다 보니, 약간 난처하다는 생각이 들기도 한다.

또한 내 마음속에 떠오르는 이런 비난에 해답을 찾고자 안간힘을 다한다. 즉 나는 이기적이며, 나 자신만의 욕구를 충족시키거나 마음속의 허전함을 메우기 위해 이 일을 하고 있다는 것이다. 나는 시카고를 벗어나 있지 않을 때는 되도록 일찍 귀가해 가족과 함께 식사를 하고 말리아와 사샤의 그날 일과에 관한 이야기를 들어 주며 책을 읽어 주고 침대에 데려가 재워 준다. 또 일요일에는 특별한 일정을 잡지 않으려 하고 여름철에는 두 딸을 데리고 동물원이나 수영장에 다니면서 하루를 보낸다. 겨울철에는 박물관이나 수족관을 찾기도 한다. 아이들이 버릇없이 행동하면 가볍게 야단을 치고 TV나 몸에 안 좋은 음식에 빠져 들지 않도록 적당한 제약을 가하려고 한다. 미셸은 이런 노력을 칭찬하지만 내가 그녀의 영역을 침해하고 있다는 느낌과 또 내가 아버지 자리를 지키지 못함으로써 아내가 만들어 놓은 세계에 끼어들 권리를 상실했다는 느낌이 가끔 들기도 한다.

내가 자주 집을 비우는데도 두 딸은 잘 자라고 있는 듯하다. 대체로 이는 미셸의 양육 솜씨를 그대로 입증하는 것이다. 미셸은 말리아와 사샤에 관한 한 한 치의 흐트러짐도 용납하지 않는 것처럼 보인다. 숨 막힐 정도는 아니지만 분명한 한계를 설정해 놓고 있는 것이다. 그녀는 내가 연방 상원 의원이 된 뒤에도 아이들의 일상에 큰 변화가 없도록 해달라고 다짐을 받았다. 요즘 미국 중산층 가정 어린이들의 일반적인 생활이 부모의 가정교육 방식만큼이나 큰 변화를 겪었음에도 나에게 이런 다짐을 받아 냈다. 사실 부모가 아이들을 바깥이나 공원에 가서 놀게 하면서 저녁 전에는 들어오라고 이르던 시대는 지나갔다. 요즘에는 아이들의 하루 일과가 부모 못지않아 보인다. 친구와 어울려 놀기, 발레 강습, 체육 강습, 테니스 수업, 피아노 수업, 축구 경기, 1주일에 한 번쯤 돌아오는 듯한 생일 파티 등이 아이들의 하루를 분주하게 만든다. 나는 말리아에게, 어릴 때 남의 생일 파티에 가본 것은 딱 두 번뿐인데 보통 5~6명이 모여 윈뿔 모자를 쓰고 케이크를 나눠 먹는 것이 고작이었다고 말했다. 그러자 아이는, 외할아버지가 대공황 당시의 상황을 이야기할 때 내가 짓던 표정과 비슷한 얼굴로 나를 쳐다보았다. 재미있지만 믿기 어렵다는 감정이 뒤섞인 표정이었다.

두 딸의 온갖 활동을 조정해 주는 일은 미셸이 맡고 있는데, 대체로 효율적으로 잘 처리하고 있다. 형편이 되면 나도 자발적으로 거들지만 아내는 고마워하면서도 나에게 맡길 일을 조심스럽게 제한한다. 지난 6월 사샤의 생일 파티가 있기 전날 나는 풍선 20개와 아이들 20명이 먹을 치즈 피자, 아이스크림을 사오라는 부탁을 받았다. 이 정도 일이라면 거들 수 있을 것 같았다. 그런데 미셸이 파티가 끝날 때 아이들에게 나눠 줄 과자 봉지를 사러 갈 것이라고 말해, 그것도 내가 하겠다고 말했다. 그러자 미셸이 깔깔 웃었다.

"과자 봉지 사는 일은 당신이 못 해." 아내가 말했다. "그 일에 대해 설명해 줄게. 우선 생일 파티 용품을 판매하는 곳에 가서 봉지부터 골라야 해. 그다음에 봉지에 뭘 담을지 정해야 하는데 남자 아이들에게 줄 것과 여자 아이에게 줄 게 달라. 그러니 생일 파티 용품 판매점에 들어가 물건 찾고 고르는 일로 한 시간쯤 헤매다 보면 골치 아파 못 견딜 거야."

이런 말을 듣다 보니 약간 주눅이 들어 인터넷으로 예비 조사를 해 봤다. 생일 파티 장소인 체육 연습장 근처에 풍선 파는 곳이 있고 다음 날 오후 3시 45분에 배달해 주겠다는 피자 가게도 있었다.

그다음 날 둘째 딸 친구들이 나타날 즈음에는 풍선도 여기저기 제자리에 매달려 있었고 주스 상자도 냉장고에서 차가워진 상태였다. 나는 다른 부모들과 함께 앉아서 한 떼의 유쾌한 꼬마 요정들처럼 놀이 기구 위에서 뛰노는 20여 명의 다섯 살배기 아이들을 지켜보았다. 그런데 약속 시간에서 5분이 지난 3시 50분이 되었는데도 피자가 배달되지 않아 약간 초조한 느낌이 들었다. 그러다가 결국 피자가 도착했다. 아이들이 피자를 먹기로 한 시간보다 10분쯤 앞서 도착해 그나마 다행이었다. 처남인 크레이그가 내가 마음을 졸였을 것을 잘 안다는 듯, 한 손을 번쩍 들어 잘되었다는 신호를 보냈다. 미셸도 종이 접시에 피자를 나누면서 나를 쳐다보고 미소 지었다.

아이들이 피자를 다 먹고 주스를 마신 뒤 모두 생일 축하 노래를 부르고 케이크를 나눠 먹자 마침내 생일 파티의 피날레를 장식하게 되었다. 피날레를 위해 체육관 강사 한 사람이 나와 알록달록한 낙하산 주위로 아이들을 모두 불러 모은 뒤 사샤에게 낙하산 한가운데에 앉으라고 일렀다. 하나 둘 셋 하는 카운트가 끝나자 사샤의 몸이 공중으로 치솟았다가 제자리로 내려왔다 하기를 세 차례 반복했다. 낙하산이 확 부풀어 오르면서 몸이 솟구쳐 오를 때마다 사샤는 깔깔대면서 좋아서 어쩔 줄 몰랐다.

나는 사샤가 다 컸을 때 이런 일까지 기억할 수 있을까 하는 생각이 들었다. 아마 기억하지 못할 것이다. 나도 다섯 살 때의 일들 중 몇 가지 단편적인 것 외에는 거의 기억할 수 없기 때문이다. 그래도 이 낙하산 놀이에서 느꼈던 즐거운 기분은 사샤의 기억 속에 영원히 남아 있을 것 같다는 생각이 든다. 이런 즐거운 순간과 추억이 차곡차곡 쌓여 사샤의 마음속으로 스며들면서 정신의 일부를 이룬다. 가끔 나는 미셸이 장인 이야기를 할 때 가만히 그 이야기에 귀를 기울이다 보면 아버지 프레지어 로빈슨에 대한 그녀의 사랑과 존경심을 감지할 수 있었다. 장인이 대단한 명성을 누렸거나 뛰어난 공적을 쌓았기 때문이 아니라 소소한 일상적 행동을 통해, 즉 아버지 자리를 지킴으로써 얻게 된 사랑이었다. 그래서 나는 두 딸이 나를 그렇게 말할 수 있을까 자문해 보곤 한다.

그러나 부모와 그런 추억을 쌓는 일은 급속하게 줄어들고 있다. 말리아는 이미 성장의 다음 단계로 넘어가고 있는 듯하다. 남자 아이들이나 타인과의 관계에 더 호기심을 갖고 옷차림에 더 신경을 쓰고 있다. 말리아는 항상 나이보다 조숙하게 보이고 놀라울 정도로 총명하다. 말리아가 여섯 살 때 함께 호숫가를 산책하는데 불쑥 나에게 우리가 부자냐고 물었다. 나는 진짜 부자는 아니지만 보통 사람들보다는 재산이 많다고 대답했다. 뒤이어 그런 것이 왜 궁금하냐고 내가 물었다.

"음…… 그 문제를 생각해 봤는데, 아주 대단한 부자는 아니었으면 좋겠다고 생각했어요. 이렇게 편하게 사는 것이 좋다는 생각이에요."

이런 대답이 너무 뜻밖이어서 나는 큰 소리로 웃었다. 말리아가 나를 쳐다보면서 미소를 지었다. 그 눈빛을 보니 그 애의 생각이 말 그대로임을 알 수 있었다.

나는 가끔 딸의 이런 이야기를 머리에 떠올린다. 그리고 편하지 않은 삶을 선택한 나를 말리아가 어떻게 생각할까 자문해 본다. 아이도 다른 집 아버지들이 자기 팀 축구 경기를 나보다 더 자주 지켜봐 준다는 점을 분명 알고 있다. 이런 일로 속이 상해도 딸아이는 내색하지 않는다. 다른 사람의 기분이 상하지 않게 배려하기 때문이다. 그래도 여덟 살짜리 딸아이가 아버지의 모자란 점을 눈감아 줄 정도로 나를 사랑한 다고 생각하니 얼마 간 위안이 되기도 한다.

나는 주간 의사 일정이 일찍 끝난 덕분에 최근 말리아의 축구 경기 를 구경할 수 있게 되었다. 그때는 여름철 오후로 날씨가 쾌청해 내가 도착했을 즈음에는 운동장 곳곳이 학생들의 가족들로 꽉 차다시피 했 다. 흑인, 백인, 라틴계, 아시아계 등 시카고 시 전역에서 가족들이 몰려 온 것 같았는데, 여자들은 야외용 접는 의자에 앉아 있고 남자들은 어린 아들과 공차기 연습을 하고 할아버지, 할머니 들은 아기들이 스스로 일 어서도록 도왔다. 내가 풀밭에 앉아 있는 미셸을 찾아내 그 옆에 앉자 사샤가 달려와 무릎 위에 앉았다. 말리아는 벌써 운동장으로 들어가 한 떼의 아이들과 공을 두고 다투고 있었는데, 그 애는 친구들보다 머리 하 나 정도가 더 컸지만 하체 발육은 좀 뒤처져서 축구가 다소 힘겨울 텐데 도 적극적으로 돌진하면서 열심히 뛰어 우리 가족의 환호성을 자아냈 다. 하프 타임 때 말리아가 가족이 있는 곳으로 왔다.

"어때, 재미있니?"

내가 물었다.

"굉장히 재미있어요."

말리아가 물을 꿀꺽꿀꺽 마시면서 말했다.

"아빠, 한 가지 물어볼 것이 있어요."

"말해 보렴."

"개 한 마리 키우면 안 될까요?"

"어머니가 뭐라셔?"

"아빠한테 물어보래요. 내가 졸라 대니까 못 견딘 모양이에요."

내가 미셸을 돌아보자 빙긋이 웃으면서 어쩌겠냐는 표정을 지어 보였다.

"경기 끝난 뒤에 의논해 보면 어떻겠니?"

"알았어요."

말리아가 물을 한 번 더 마시고 내 볼에 키스하면서 말했다.

"시카고로 돌아와서 기뻐요."

말리아는 내가 무슨 말을 하기도 전에 몸을 돌려 운동장으로 달려가기 시작했다. 그때 나는 늦은 오후의 강한 햇볕 속에서 잠시 상념에 빠져 들었다. 큰딸애가 한 걸음 한 걸음 옮길 때마다 점점 키가 크고 체형이 변화하면서 긴 두 다리로 자신의 삶을 이끌어 갈 성숙한 여인의 모습으로 변모하는 듯한 느낌이었다.

나는 무릎에 앉은 사샤를 꼭 끌어안았다. 이런 기분을 알아차리기라도 한 듯, 미셸이 내 손을 잡았다. 그러자 선거 운동 기간 중 미셸이 어느 기자로부터 정치인의 아내 노릇 하기가 어떠냐는 질문을 받고 대답했다고 인용 보도된 내용이 머리에 떠올랐다.

"힘들죠."

미셸의 대답이었다. 이 기사에 따르면 미셸은 뒤이어 장난기 어린 미소를 지으면서 이렇게 덧붙였다.

"그래서 버락이 고마운 거예요."

늘 그렇듯, 아내는 옳았다.

 2005년 1월 연방 상원 의원 취임 선서를 함으로써 나는 2년 전 출마를 선언한 그날부터 시작된 일련의 과정을 매듭지었다. 그리고 내 삶은 비교적 이름이 알려지지 않은 상태에서 거의 모든 것이 노출되는 공인의 처지로 바뀌었다.

 그럼에도 전과 다름없이 아무런 변화가 없는 것도 많았다. 우리 가족은 여전히 시카고에 살고 있다. 나는 아직도 전처럼 하이드파크 이발소를 찾아가 머리를 깎고 미셸과 나는 상원 의원 선거 이전과 똑같은 친구들을 집으로 초대하며 우리 두 딸은 전과 같은 놀이터에서 뛰놀고 있다.

 그러나 내 주변의 세상이 굉장히 변했음은 의심의 여지가 없다. 그것도 내가 항상 받아들이고 싶지 않던 그런 형태로 바뀌었다. 이제 내 언행이나 여행 계획은 물론, 소득 신고 내용까지 다음 날 조간이나 당일 밤 뉴스 시간에 모두 공개된다. 두 딸은 내가 동물원에라도 데려가면 그때마다 선의의 낯선 사람들로부터 지나친 관심의 대상이 되는 불편을 겪어야 한다. 시카고 바깥에서도 알아보는 사람들의 눈에 띄지 않은 채 공항을 빠져나가는 일은 날이 갈수록 어려워지고 있다.

이런 관심을 모두 진지하게 받아들이기는 어렵다. 사실 나는 아직도 상의와 하의가 잘 어울리지 않는 그런 복장으로 집을 나서는 때가 종종 있다. 더구나 지금 이 세상에 투영되는 내 이미지와는 달리 내 생각은 별로 정연하지 못하고 내가 하는 일과 빈틈없이 맞아떨어지는 것도 아니어서 가끔 우스꽝스러운 일들이 빚어진다. 내가 취임 선서를 하기 전날의 상황도 그런 경우였다. 그날 보좌관과 나는 사무실에서 기자 회견을 해야 한다고 판단했다. 당시 나는 상원 내 서열이 100명 중 99번째를 차지하고 있었는데도 상원 오피스 빌딩인 덕슨 빌딩 지하실에 있는 내 임시 사무실은 취재진으로 북적거렸다. 사실 나는 그때 덕슨 빌딩에 처음 들어가 봤고, 상원 표결에 한 번도 참여한 적이 없었으며 또 법안을 발의한 적도 없었다. 더구나 본회의장의 내 의석에 앉아 보지도 못했다. 그런 형편인데 회견장에 참석한 기자 한 사람이 손을 번쩍 쳐들더니 이런 질문을 던졌다.

"오바마 의원, 당신은 역사 속에서 어떤 위치를 차지하고 있습니까?"

다른 취재진 몇몇까지도 웃지 않을 수 없었다.

이런 식의 과장이 시작된 것은 내가 2004년 보스턴에서 개최된 민주당 전당 대회에서 한 연설로 거슬러 올라갈 수 있다. 이 연설로 나는 처음으로 전국적인 관심의 대상이 되었다. 사실 내가 이 대회 기조 연설자로 선정된 경위는 나에게 아직도 미스터리로 남아 있다. 나는 일리노이 주 예비 선거가 끝난 뒤 존 케리를 처음 만났다. 그때 나는 선거 자금 모금 행사장에서 연설한 뒤 취업 교육 프로그램의 중요성을 강조하는 캠페인 행사장에 케리를 수행했다. 그로부터 몇 주일 뒤 우리는 케리 진영으로부터 전당 대회에서 내가 연설해 주기를 바란다는 연락을 받았지만 어떤 자격으로 연설하라는 것인지는 명확하지 않았다. 어느 날 오후

스프링필드에서 저녁 선거 운동 행사에 참석하기 위해 시카고로 이동하던 중 케리 선거 운동 본부의 책임자인 메리 베스 커힐로부터 기조 연설을 해달라는 요청을 받았다. 통화가 끝난 뒤 나는 운전을 맡은 마이크 시그너터에게 이렇게 말했다.

"이건 정말 빅뉴스감이야."

마이크도 고개를 끄덕이면서 "그렇겠는데요"라고 대꾸했다.

나는 그때까지 민주당 전당 대회라곤 2000년 로스앤젤레스 대회에 참석한 것이 유일했다. 처음부터 로스앤젤레스 전당 대회에 참석할 생각이 없었다. 당시 나는 일리노이 주 연방 하원 의원 제1선거구 후보로 출마했다가 민주당 내 경선에서 참패한 지 얼마 안 되었다. 이 경선을 준비한답시고 그동안 미뤄 놓았던 법률 관련 업무가 많이 쌓여 여름철 대부분을 밀린 업무 처리에 전념해야 했고, 그 때문에 수입도 거의 없어 가계가 거의 파산 상태에 처했다. 그리고 지난 반년 동안 나를 보기 어려웠던 아내와 두 딸에게 진 빚을 벌충하기 위해 많은 시간을 함께 보내기로 결심한 시기였다.

그런데 전당 대회에 참석할 계획인 친구와 지지자 몇 사람이 대회가 임박해서야 나도 함께 가야 한다고 고집을 부렸다. 다시 출마하려면 전국적으로 두루 연줄을 만들어야 한다는 것이 이들의 권유였는데, 어쨌든 전당 대회 자체도 재미있을 것이란 생각이 들기도 했다. 당시에 이들이 입 밖에 내지는 않았지만, 낙마한 뒤에는 곧바로 말안장에 다시 앉히는 것이 최선이라는 이론에 따라 전당 대회를 참관하게 하면 내가 좌절감을 극복하는 데 도움이 될 것이라고 생각한 듯했다.

결국 나는 이들의 권유를 받아들여 로스앤젤레스행 항공편을 예약했다. 로스앤젤레스에 도착해 셔틀버스를 타고 헤르츠 렌터카 회사로 가서 카운터에 있는 여직원에게 아메리칸 익스프레스 카드를 내민 다음, 미리 찾아 놓은 베니스비치 근처의 싼 호텔로 가는 방향을 지도로 확인했다. 잠시 후 되돌아온 여직원이 난처한 표정을 지으며 말했다.

"미안합니다, 오바마 씨, 카드 승인이 거절되었습니다."

"그럴 리가 없는데요. 다시 한 번 해보실래요?"

"두 차례 해보았습니다. 아무래도 아메리칸 익스프레스로 직접 전화를 해보셔야겠군요."

30분간 통화한 끝에 아메리칸 익스프레스의 친절한 간부가 승용차 임차료 지불을 승인했다. 그러나 이런 가벼운 분란은 앞으로 겪게 될 일의 전조 구실을 했다. 나는 대의원이 아니기 때문에 대회가 열리는 본회의장에 입장할 수 없었다. 민주당 일리노이 주 당의장은 대회 참가 및 참관 요청이 쇄도해 자신이 해줄 수 있는 것은 대회 장소에 들어갈 수 있는 통행권을 발급해 주는 것이 고작이라고 했다. 나는 결국 전당 대회가 열리는 스테이플스센터 여러 곳에 설치된 TV 스크린을 통해 연설을 들을 수밖에 없었다. 그러다가 가끔씩 친구나 지인을 따라 개인 관람석으로 올라갈 수 있었지만 그곳은 분명 내가 활용할 수 없는 좌석이었다. 결국 화요일 밤 나는 전당 대회 참석이 나 자신과 민주당에 별 도움이 안 된다는 것을 깨닫고 수요일 아침 첫 항공편으로 시카고로 돌아왔다.

나는 지난번 전당 대회 때는 불청객으로 참석했다가 이번에는 기조 연설자라는 새로운 역할을 떠맡고 참석하는 것에 대해 상당한 거리감을 느낀 탓인지, 행여 이번 보스턴 대회 참석이 잘 풀려 나가지 못할 수도 있다는 걱정이 들기도 했다. 그러나 이번 당내 예비 선거 운동 중에 희한한 일들을 많이 겪은 탓으로 별로 신경이 예민해지지는 않았다. 존 케리 선거 운동 본부 책임자인 커힐로부터 전화를 받고 며칠 지난 뒤 나는 스프링필드의 내 호텔방으로 돌아와 농구 경기를 시청하면서 기조 연설문 초안용 메모를 했다. 우선 당내 경선 과정에서 밝혔던 몇 가지 테마를 정리해 보았다. 즉 기회를 주면 사람들이 열심히 일할 의욕이 있다는 점, 정부가 그런 기회를 포착할 바탕을 마련해 주어야 한다는 점, 국민들은 서로에게 책임 의식을 갖고 있다는 믿음 등이었다. 나는 또 의료 문제, 교육 문제, 이라크 전쟁 등 내가 제기할 수 있을 만한 쟁점들을 모아 목록을 만들었다.

그러나 무엇보다도 내가 많은 생각을 했던 것은 선거 유세 중 만났던 수많은 사람들의 목소리였다. 나는 게일즈버그에서 만난 팀 휠러와 그의 아내의 호소를 기억했다. 이 부부는 어떻게 하면 10대 아들에게 간 이식 수술을 해줄 수 있을지 노심초사했다. 나는 이스트몰린에서 만난 시머스 에어런이라는 젊은이의 자부심을 기억해 냈다. 이라크 출정 길에 오른 그는 조국에 봉사해야 한다는 의욕이 넘쳤지만 자부심과 함께 아버지에 대한 염려가 얼굴 표정에 드러났다. 나는 이스트세인트루이스에서 만난 이름 모를 젊은 흑인 여성을 기억했다. 그녀는 가족 중에 고등학교를 제대로 마친 사람조차 없지만 자신은 대학에 진학하고자 애쓰고 있다고 말했다.

내 마음을 움직인 것은 이들 남녀의 안간힘만이 아니었다. 이들은 그 어려운 상황에 처해 있음에도 결의가 흔들리지 않았고 자립 정신을 잃지 않았으며 집요할 정도로 낙관적인 자세를 고수해 나갔다. 오히려 이런 점이 내 마음을 움직였다. 우리 교회 담임 목사인 제레미아 A. 라이트 목사는 언젠가 설교 중에 이런 표현을 썼다.

'희망을 지키는 대담성'

나는 이것이 미국 정신의 정수라고 생각했다. 모든 증거가 반대쪽을 뒷받침하고 있음에도 갈등으로 분열된 나라에 공동체 의식을 되살릴 수 있다고 믿는 대담성과, 개인적인 좌절이나 실직, 가족의 발병, 빈곤의 수렁에서 헤어나지 못했던 유년 시절에도 불구하고 우리가 자신의 운명을 얼마 간 지배할 수 있고, 그에 책임을 지겠다는 강한 정신력이었다.

나는 우리 모두를 한 국민으로 결합시킬 수 있는 것이 바로 이런 대담성이라고 생각했다. 이런 대담성은 우리 가족의 이야기가 더욱 큰 아메리카의 이야기로 연결되고 나 자신의 이야기가, 내가 대표하고자 하는 유권자들의 이야기로 이어지게 만드는, 널리 퍼져나가는 희망의 정신이었다.

나는 농구 경기를 중계하는 TV를 끄고 기조 연설문을 쓰기 시작했다.

몇 주 뒤 나는 보스턴에 도착해 3시간쯤 눈을 붙인 다음, 플리트 센터로 가서 〈언론과의 만남 Meet the Press〉(NBC의 일요 시사 토크 쇼 프로그램 – 옮긴이 주)에 처음으로 출연했다. 이 프로그램이 거의 끝나 갈 무렵 사회자인 티머시 러서트(Timothy Russert)가 1996년 『클리블랜드 플레인-딜러』에 실린 내 인터뷰 기사의 일부 내용을 스크린에 내보냈다. 나는 이 기사를 까맣게 잊어버리고 있었는데 기사를 보니, 당시 일리노이 주 의회 상원 의원 입후보자로서 정계에 갓 진출한 나에게 기자가 시카고에서 개최된 민주당 전당 대회를 어떻게 생각하느냐고 물어보아 이렇게 대답한 것으로 되어 있었다.

전당 대회는 장사를 위한 행사라고 봐야 맞다…… 1인분에 1만 달러짜리 최고급 클럽(Golden Circle Clubs)의 만찬이다. 나는 일반 유권자들이 이런 것을 본다면 자신들이 완전히 배제되었다는 느낌을 가질 것이 분명하다고 생각한다. 이들은 1만 달러짜리 식사에는 도저히 참석할 수 없다. 일반 유권자들은 그런 자리에 참석할 수 있는 사람들은 그들이 상상도 할 수 없는 것에도 접근할 수 있다는 점을 잘 알고 있다.

러서트는 스크린에서 이런 자막을 없앤 뒤 나에게 이렇게 말했다. "150명이 이번 전당 대회에 4천만 달러를 헌금했습니다. 이것은 당신의 기준에 비춰 보면 시카고 대회 때보다 악화된 것입니다. 여기에 대해 언짢게 생각하나요? 또 이런 현상이 일반 유권자들에게는 어떤 메시지를 전해 줄까요?"

나는 정치와 돈이 얽히는 것이 양당에 다 같이 문제가 되지만 존 케리나 나 자신의 표결 기록을 살펴보면 우리가 나라에 최선이 되는 방향으로 투표했음을 알 수 있을 것이라고 대답했다. 나는 전당 대회에서 그런 것을 바꾸지는 못하겠지만 그럼에도, 더 많은 민주당원들이 그런 과정에서 배제된다고 느끼는 사람들의 참여를 권장할 수 있다면, 또 우리가 보통 사람들의 정당이라는 태생적 근원에 더욱 충실하면 할수록, 우리는 정당으로서 더욱 튼튼해질 것이라고 밝혔다.

개인적으로는 1996년에 언급한 본래의 응답 내용이 더 좋았다는 생각이 들었다.

한때 정당의 대규모 집회가 긴박한 정치 드라마처럼 전개되던 적이 있었다. 그럴 때는 회의를 주도하는 인물들과 머릿수, 측면 거래, 강제 수단 등에 따라 지명이 결정되거나 또는 열기나 오산으로 말미암아 투표가 2차, 3차, 4차까지 이어지기도 했다. 그러나 그런 시절은 오래전에 끝났다. 구속력 있는 당내 경선제가 등장하고 보스들의 당 지배와 담배 연기 자욱한 방에서 이뤄지는 밀실 거래가 사라지면서 오늘날의 전당 대회에서는 이변을 찾아볼 수 없다. 그보다는 정당과 대통령 후보 지명자에게 1주일간 정보성 광고(informercial)를 제공하는 구실이 되어 주고, 아울러 충실한 지지 세력과 거액 헌금자들이 4일 동안 먹고 마시고 즐기며 직업과 관련된 이야기들을 실컷 할 수 있는 자리를 마련해 주는 일종의 보답으로 활용된다.

나는 전당 대회가 개막된 뒤 첫 3일간은 대부분의 시간을, 이 화려한 이벤트 속에서 내가 감당해야 할 역할을 충실하게 수행하면서 보냈다. 거액 헌금자들이 꽉 찬 방들을 돌며 이야기를 나누고 50개 주에서 올라온 대의원들과 아침 식사를 함께 했다. 비디오 모니터 앞에서 기조 연설 연습을 했고 TV 중계에 대비한 리허설을 하는가 하면, 어디에 서고 어디에서 손을 흔들며 마이크를 어떻게 적절하게 이용할지 연습했다. 나는 커뮤니케이션 담당자로서 나를 돕는 로버트 기브스와 함께 플리트 센터 계단을 오르내리면서 계속 인터뷰를 했는데, ABC와 NBC, CBS, CNN, 폭스 뉴스, NPR 등과 불과 2분 간격으로 인터뷰를 진행하면서 케리-에드워즈 팀이 역점을 둬 언급하도록 요청한 내용에 맞춰 비슷한 요점을 되풀이해서 강조했다. 케리-에드워즈 팀이 제공한 내용은 그 단어 하나하나까지도, 많은 표본을 대상으로 한 여러 차례의 여론 조사 결과와 대규모 포커스 그룹을 통해 검증된 것임이 분명했다.

하루하루가 정신없이 돌아가다 보니 내 연설이 어떤 평가를 받게 될지 걱정할 짬도 없었다. 마침내 화요일이 되었다. 내 보좌관과 미셸은 내가 맬 넥타이 모양을 놓고 30분간이나 입씨름을 벌였고(결국 로버트 기브스가 매고 있던 넥타이를 빌려 착용하는 것으로 낙착이 되었다), 플리트 센터로 가던 우리 일행은 낯선 사람들로부터 "행운을 빕니다!"라거나 "그들을 혼내 줘라, 오바마!"라는 외침을 들었으며, 친절하고 익살맞은 테레사 하인즈 케리(2004년도 보스턴 전당 대회에서 민주당 대통령 후보로 확정된 존 케리의 부인 - 옮긴이 주)의 호텔방으로 찾아가 이야기를 나누었고, 마지막에는 미셸과 함께 무대 뒤쪽에 앉아 전당 대회를 실황

중계하는 방송을 시청했다. 그제야 나는 약간 불안해지기 시작했다. 나는 미셸에게 위장이 좀 불편하다고 말했다. 그러자 아내가 나를 끌어안은 채 내 눈을 들여다보면서 "너무 긴장하지만 않으면 괜찮아, 친구!"라고 말했다.

우리는 함께 웃었다. 바로 그때 진행 요원 한 사람이 대기실로 들어와 무대 뒤에 서 있어야 할 시간이라고 알려 주었다. 나는 검은색 장막 뒤에 서서 딕 더빈이 나를 소개하는 말을 들으면서 어머니와 아버지, 외할아버지를 머리에 떠올리고 세 분이 이 대회장에 참석했다면 어땠을까 생각했다. 하와이에 있는 외할머니도 생각났다. 등이 몹시 불편해서 여행을 할 수 없기 때문에 외할머니는 TV로 이 전당 대회를 지켜보고 있을 것이었다. 또한 그동안 나를 위해 열심히 뛰어 준 일리노이 주의 자원 봉사자와 지지자들도 머리에 떠올랐다.

주여, 이들의 목소리를 올바르게 전하게 해주소서. 나는 이렇게 중얼거린 뒤 무대로 걸어 나갔다.

보스턴 전당 대회 기조 연설에 대한 긍정적인 반응이 개인적으로 달갑지 않다고 말한다면 그건 거짓말일 것이다. 내가 받은 편지들과 일리노이로 되돌아간 뒤 집회장에서 만난 많은 군중이 그 연설을 긍정적으로 평가했다. 결국 내가 정치판에 뛰어든 것은 공론을 형성하는 데 어느 정도 영향력을 행사하기 위함이었다. 나는 미국이 하나의 국가로서 어떤 방향으로 나아가야 하는가에 대해 내가 의견을 제시할 수 있다고 스스로 판단했다.

이 연설 이후 온갖 평판이 쏟아져 나오는 것을 보고 나는 명성이란 것이 얼마나 덧없는지 깨달았다. 또한 명성은 수많은 우연과 온갖 사태의 진전이나 변화에 따라 얼마든지 바뀔 수 있는 우발적인 것이라는 점을 더욱 실감하게 되었다. 사실 나는 내가 6년 전 로스앤젤레스 국제공항에서 카드 지급 정지로 잠시 꼼짝달싹하지 못했던 때보다 더 영리한 사람이 된 것이 아니라는 걸 잘 안다. 의료나 교육, 외교 정책에 대한 내 견해도 무명의 사회 운동가로 열심히 뛰던 시절보다 더 정교해지지는 못한 상태다. 다만 내가 전보다 더 슬기로워졌다면 그것은 주로 내가 스스로 선택한 정치의 길로 나아가다 보니, 좋든 나쁘든 정치가 이 세상을 이끌어 나가는 방향이 어떤 것인지를 한번 살펴볼 수 있었기 때문이다.

거의 20년 전쯤 친구와 나눈 대화가 생각난다. 나보다 나이가 훨씬 많은 이 친구는 1960년대 시카고에서 민권을 신장시키는 노력을 적극적으로 벌였고 노스웨스턴 대학에서 도시학을 강의하고 있었다. 당시 나는 3년 동안 사회 운동을 벌인 뒤 법과대학원에 입학하기로 작정한 직후였다. 그는 내가 아는 몇 안 되는 학자 중 한 사람이었기 때문에 나는 그에게 내 추천장을 써줄 수 있겠냐고 물었다.

그는 추천장을 흔쾌히 써주겠다고 말하면서도 먼저 내가 법과대학원을 나와 무엇을 할 생각인지 알고 싶다고 했다. 나는 민권 변호사로 활동하고 싶고 어느 시점이 되면 공직에 출마해 볼 생각이라고 말했다. 그는 고개를 끄덕인 뒤, 그런 진로를 선택하면 어떤 일들에 얽혀 들어갈 수 있는지 생각해 보았는지, 내가 법과대학원 학보를 만들 생각이 있는지, 첫 공직에 당선되면 그보다 높은 공직으로 진출할 생각인지 물었다. 그는 또 대체로 법률과 정치는 다 같이 절충을 필요로 하는 분야라고 말했다. 그것도 어떤 쟁점에 한정되는 것이 아니라 한층 근본적인 문제, 즉 자신의 가치 기준과 이상적인 원칙에서도 타협이 필요하다는 것이다. 그는 이런 이야기를 하는 것이 나를 설득해 법과대학원 진학을 단념시키려는 것은 아니라고 말했다. 그저 현실이 그렇다는 것이었다. 그는 자신이 젊은 시절에 여러 차례 정치 입문을 권유받고도 계속 거절했던 것은 그런 타협을 하고 싶지 않았기 때문이라고 말했다.

"타협이 본래 그릇된 것은 아니야."

그가 나에게 말했다.

"난 그저 그런 것이 만족스럽지 않을 뿐이야. 그리고 내가 나이가 들면서 한 가지 깨달은 점은 스스로 만족할 수 있는 일을 해야 한다는 거지. 사실 나이가 지긋해지면서 얻게 되는 한 가지 이점이 있다면, 자신에게 중요한 것이 무엇인가를 마침내 알게 되는 것이라고 생각해. 26세의 나이로는 그런 것을 깨닫기 힘들겠지. 그리고 다른 그 누구도, 자신에게 중요한 것이 무엇인지 가르쳐 줄 수 없어. 자신만이 그것을 찾아낼 수 있지."

20년이 지난 지금, 나는 그때의 대화 내용을 돌이켜 생각해 보면서 나이 많은 내 친구의 말에 그 당시보다도 더 큰 고마움을 느낀다. 내가 만족을 느끼는 것이 무엇인지를 깨달을 만한 나이가 되어 가고, 또 내가 그 친구보다는 쟁점을 놓고 타협할 의향이 더 많을지는 모르겠으나 눈부신 TV 카메라 조명이나 군중들의 환호성 속에서 만족을 구하는 것은 아니라는 점을 잘 알기 때문이다. 그보다는 사람들이 어느 정도의 존엄성을 지닌 채 살아갈 수 있도록 내가 도울 수 있다는 점을 비교적 뚜렷하게 확인할 때 만족을 얻는 경우가 요즘에는 더 많은 것 같다. 나는 벤저민 프랭클린이 어머니에게 보낸 편지에서, 자신이 그 많은 시간을 공익에 바치는 이유에 대해 다음과 같이 설명한 내용을 곰곰이 생각해 본다.

"저는 후세 사람들에게 '부자로 살다 죽었다' 라는 말보다는 '쓸모 있게 살았다' 라는 소리를 듣고 싶습니다."

지금 나를 만족시키는 것이 있다면 그것은 바로, 내 가족과 나를 뽑아 준 사람들에게 쓸모가 있고 우리 자식들의 삶이 우리 자신보다 더 희망차도록 만들 그런 유산을 남기는 것이라고 생각한다. 나는 워싱턴에서 의정 활동을 펼치면서 나 자신이 그런 목표를 충족시킨다는 느낌이 들 때가 있다. 그러나 다른 때는 그런 목표가 내게서 멀어지면서 청문회와 연설, 기자 회견, 의견서 공표 같은 나의 모든 활동이 아무에게도 도움이 되지 않는 헛된 노력처럼 느껴지기도 한다.

나는 이런 기분에 젖을 때면 내셔널몰을 따라 달리곤 한다. 보통 이른 서녁 시간에 나서는데, 특히 여름과 가을철에 달리는 걸 즐긴다. 그때는 워싱턴의 공기가 차지 않고 바람도 거의 없으며 나뭇잎도 거의 바스락거리지 않는다. 날이 어두워지면 바깥으로 나오는 사람들이 많지 않다. 그저 부부 몇 쌍이 산책을 하거나 노숙자들이 벤치에 앉아 소지품을 정리할 뿐이다. 달리기는 대체로 워싱턴기념비 앞에서 멈추지만 가끔은 그 너머 2차세계대전기념관을 지나 리플렉팅풀(Reflecting Pool)을 따라서 베트남참전용사기념관과 링컨기념관 계단까지 이어질 때도 있다.

밤이 되면 이 거대한 기념관에는 불이 환히 켜져 있지만 사람들을 찾아볼 수 없는 경우가 많다. 나는 대리석 기둥 사이에 서서 링컨의 게티즈버그 연설문과 재선 취임 연설문을 읽는다. 리플렉팅풀을 내려다보면서 킹 박사 연설의 힘찬 리듬에 조용히 귀를 기울이던 군중의 모습을 머리에 떠올리고 다시 투광 조명에 휩싸인 오벨리스크와 환한 불빛으로 둘러싸인 의사당 돔에 눈길을 준다.

나는 그 자리에 서서 미국과 이 나라를 세운 사람들을 생각한다. 이들 건국의 주역은 하찮은 야심과 편협한 타산에서 벗어나 대륙 전체에 걸치는 국가 건설을 꿈꾸었다. 한편 링컨이나 킹과 같은 사람들은 불완전한 결합을 온전하게 만들기 위해 목숨을 내던졌다. 또한 이름 없는 모든 사람들과 노예, 군인, 재단사, 도살업자들은 벽돌을 쌓고 레일을 깔며 못이 박힌 손을 맞잡은 채, 그들 자신과 자식, 손자 들을 위한 삶을 만들어 가면서 우리 모두의 꿈이 영그는 풍경을 채워 나가고 있다.

나는 이런 과정 속에서 한 부분이 되고자 한다.

내 가슴은 이 나라에 대한 사랑으로 가득 차 있다.

찾아보기

● 감사의 글 ●

이 책은 많은 사람들의 각별한 도움이 없었다면 출간되지 못했을 것이다.

우선 아내 미셸의 도움부터 언급하고자 한다. 상원 의원과 결혼생활을 한다는 것은 보통 고달픈 일이 아니다. 더구나 책까지 써 출간하겠다는 상원 의원과 함께 산다는 것은 엄청난 인내가 필요하다. 미셸로서는 집필이 끝날 때까지 계속 정서적 뒷받침을 해줘야 할 뿐만 아니라 이 책에 담긴 수많은 생각과 느낌을 포착하는 데도 도움을 주어야 했다. 나는 하루하루 지날수록 미셸이 내 인생의 동반자가 된 것이 얼마나 큰 행운인지 새록새록 알게 된다. 내가 아내를 한없이 사랑한다는 것이, 끊임없이 내 일에만 몰두하는 데 대한 약간의 위안이 되기를 바랄 뿐이다.

나는 이 책의 편집자인 레이첼 클레이먼에게도 감사의 뜻을 밝히고자 한다. 내가 연방 상원 의원 당내 경선에서 승리하기도 전에, 이미 절판된 지 꽤 된 나의 첫 번째 책『내 아버지로부터의 꿈 Dreams from My Father』을 크라운퍼블리셔스 출판사가 주목하게 만든 사람이 바로 레이첼이었다. 또 이 책을 쓰겠다는 내 제안을 옹호하고 나선 것도 레이첼이었다. 이 책을 탈고하기까지 늘 즐거웠지만 때로는 힘들기도 했는데 그 과정에서 계속 파트너로서 힘을 보태 준 것도 레이첼이었다. 단계별 편집 과정에서도 레이첼은 통찰력과 치밀함, 그리고 지칠 줄 모르는 열정을 과시했다. 레이첼은 또 내가 이 책에서 이루고자 하는 것이 무엇인지 나보다 먼저 간파하는 일이 많았고, 나 자신의 본래 목소리에서 벗어나 허튼소리나 위선적인 말투, 거짓된 감정으로 빠져 들면 그때마다 부드럽지만 단호하게 제자리에 끌어다 앉혔다. 게다가 레이첼은 전혀 융통성이 없는 내 상원 의성 활동 일정과 집필을 진척시키지 못하고 쩔쩔매는 정기적인 슬럼프를 무던히도 참아 주었다. 편집과 출간 작업을 계획대로 진행시키기 위해 레이첼이 잠을 줄이거나 주말을 날리거나 가족과의 휴가 여행을 희생시킨 경우도 한 번에 그치지 않았다.

한마디로 레이첼은 이상적인 편집자였고 귀중한 친구였다.

물론 레이첼은 크라운퍼블리싱그룹의 출판 부문 책임자인 제니 프로스트와 스티브 로스의 전폭적인 지원을 받지 않았다면 내 책을 펴낼 수 없었을 것이다. 출판이 예술과 상업성이 맞물리는 활동이라면 제니와 스티브는 이 책을 최대한 잘 만들겠다는 쪽에만 치우쳐 상업성을 도외시하는 잘못을 계속 저질렀다. 이들은 이 책에 확신을 가진 나머지, 거듭 갑절의 노력을 기울이는 성의를 다했다. 나로서는 고맙기 그지없다.

이 책을 만드는 데 많은 노력을 기울인 크라운사의 모든 관계자들도 똑같은 마음과 열의를 보여 주었다. 에이미 부어스타인은 마감 시간이 굉장히 빡빡함에도 제작 과정을 무리 없이 진행시키는 데 대단한 열정을 보였다. 티나 컨스터블과 크리스틴 애런슨은 이 책의 내용에 열렬하게 찬동한 나머지, 내 의정 활동에 맞춰 일정을 능숙하게 조정하고 또 재조정하기를 반복했다. 질 플랙스먼은 랜덤하우스 판매 팀 및 서적상과 긴밀한 협력 아래 이 책이 독자들의 수중에 들어가는 일을 도왔다. 제이콥 브론스타인은 여건이 별로 좋지 않음에도 내 첫 번째 책에 이어 두 번째로 이 책의 오디오판을 훌륭하게 만들어 냈다. 이들 모두에게 나는 깊은 감사를 전한다. 그 밖에 크라운사 편집·제작 팀의 여러 직원들에게 심심한 사의를 표하고자 한다. 이들은 루신다 바틀리, 휘트니 쿡먼, 로렌 동, 로라 더피, 스킵 다이, 리타 에번시스, 크리스틴 카이저, 도나 패서넌트, 필립 패트릭, 스탠 레드펀, 바바라 스터먼, 돈 위즈버그 등이다.

데이비드 엑설로드, 카산드라 버츠, 포러스트 클레이풀, 줄리어스 게너초프스키, 스콧 그레이션, 로버트 피셔, 마이클 프로먼, 도널드 깁스, 존 쿠퍼, 앤서니 레이크, 수전 라이스, 진 스펄링, 캐스 선스타인, 짐 월리스 등 여러 친구들은 짬을 내 이 원고를 읽고 매우 귀중한 의견을 주었다. 특히 사만다 파워의 한없는 너그러움에 각별한 사의를 전하고 싶다. 그녀는 자신도 저서를 집필하고 있었음에도 마치 자신의 책인 양, 장 별로 꼼꼼하게 검토해 계속 유용한 코멘트를 해주었고 내가 의욕이나 에너지가 떨어지면 그때마다 힘을 북돋워 주곤 했다.

상원 의정 활동을 뒷받침하는 보좌관 중에서도 피트 루즈와 카렌 콘블러, 마이크 스트라우트마니스, 존 파브로, 마크 리퍼트, 조슈아 뒤부아, 특히 로버트 기브스와 크리스 루는 자신의 시간을 아껴 가면서 내 원고를 읽고 내용과 정책 면에서 의견을 제시했고, 지난 일을 상기시키는 메모를 전해 주었으며 잘못된 내용을 바로잡아 주었다. 사실상 본래의 임무를 벗어난 수고를 해준 데 대해 이들 모두에게 감사의 뜻을 전하고자 한다.

보좌관으로 일했던 매더리 콤마레디는 예일 대학 법과대학원에 입학하기 전에 원고 전체의 사실 확인 작업으로 여름 내내 땀을 흘렸다. 외교 정책을 다룬 장과 관련된 사실 확인 작업 중 상당 부분의 조사를 자발적으로 도운 힐러리 슈레널에게도 고마움을 전한다.

끝으로 에이전트 윌리엄스&코놀리사의 보브 바네트에게 감사의 뜻을 전하고 싶다. 그의 우정과 능력, 지원 활동은 엄청난 차이를 불러왔다.

버락 오바마, 담대한 희망

1판 1쇄 발행 2007년 7월 13일
1판 14쇄 발행 2008년 11월 24일

지은이 버락 오바마
옮긴이 홍수원

발행인 양원석
총편집인 김기중
편집장 신선영
책임편집 백지선
영업마케팅 정도준, 김성룡, 백준, 백창민, 김규형

펴낸 곳 랜덤하우스코리아(주)
주소 서울시 강남구 삼성동 159번지 오크우드호텔 별관 B2
편집문의 02)3466-8925 구입문의 02)3466-8955
홈페이지 www.randombooks.co.kr
등록 2004년 1월 15일 제2-3726호

ISBN 978-89-255-1105-4 03300